Advancing the Study of International Cooperation
for Educational Development

教育開発国際協力
研究の展開

EFA（万人のための教育）
達成に向けた実践と課題

Practice and Challenges towards Achieving
Education for All

澤村 信英 編著

明石書店

はしがき

　国際開発の研究と実践において、教育分野は中心的な位置を占めるようになった。とりわけ、1990年代半ば以降、開発課題を調整する国際会議において、基礎教育支援は主要議題として取り上げられることが多くなり、日本もそのような国際的潮流に呼応し、さまざまな形態により教育プロジェクトを実施してきた。この様相は、1990年の「万人のための教育（EFA）世界会議」開催後も、しばらくの間、日本が基礎教育分野に対する協力に対して消極的であったことを経験した関係者にとっては、隔世の感がある。

　このような変化とともに、発展途上国の開発問題、なかでも教育に関心を持つ学生、若手研究者が増えたことは、この分野の最近の研究報告や学会発表の数から見れば明らかである。これは、1990年代以降、日本において、国際開発・国際協力に特化した大学院に教育関連のプログラムが開設された影響が大きいであろうし、また、教育協力の実践を経験した者が大学院に戻り研究を行っていることもあるだろう。

　本書の主題にある「教育開発国際協力研究」は、発展途上国の開発と教育をめぐる多種多様な研究の総称として使っている。教育分野の国際協力の政策や実践に直結するものもあれば、もう少し距離を置いた基礎的な研究も含まれる。本書を刊行した理由は、ここ十数年で教育分野の国際協力の実践とともに研究も大きく進展し、これまでに関係者が達成した成果をある程度集大成したいと思ったからである。したがって、多くの執筆者は、これまで国際教育協力に関わり、この分野の研究を先導してきた方々である。

　このような形での出版が可能となった背景には、2007年に『国際開発研究』（国際開発学会）および『国際教育協力論集』（広島大学教育開発国際協力研究センター）において、それぞれ関連の特集を組む機会に恵まれたことがある。本年（2008年）の刊行にこだわったのは、5月に第4回アフリカ開発会議が横浜で、7月に北海道洞爺湖サミットがそれぞれ開催されたこと、ならびに、初等教育の普遍化を含むミレニアム開発目標（MDGs）の目標達成年である2015年までの中間年に当たるためである。日本がアフリカ諸国をはじめとする発展途上国の開発にどのように取り組んでいくのか、あるいは世界に対してどのようなメッセージを発するのか、日本の国際協力にとって節目に

なる年である。

　本書は3部、16章から構成されている。第Ⅰ部では、多様な研究方法について、事例を含めて紹介している。研究者は自分の得意とする手法から離れられないものであるし、そのような確固としたものを持つことは重要である。しかし、言うまでもなく、それらの手法の長所、短所、あるいは制約要件を意識し、複眼的に複雑な教育事象を捉えることが大切である。第Ⅱ部と第Ⅲ部は、教育開発・教育協力分野における執筆者の得意とする分野や手法により、比較的自由に執筆いただいた。読者に少しでも教育開発国際協力研究の多様性を実感して欲しかったからである。第Ⅱ部では教育開発政策や課題にかかる研究を、第Ⅲ部では教育協力政策や実践をめぐる研究をそれぞれ収録しているが、この両者を分類することはもとより困難であるし、国際教育協力の質を高めるために相互補完的な位置にある研究である。

　編者の所属する教育開発国際協力研究センターは、1997年にその当時の文部省令により日本で初めての国際教育協力センターとして広島大学に設置された。学内だけではなく、援助関係機関や他大学の方々との人的ネットワークはセンターの財産であるし、このような出版が実現したのも、これら関係者からの継続的な支援の賜物である。明石書店の大江道雅取締役には、これまでも教育開発関係の出版を快く引き受けていただき、今回もお願いすることになった。本書の編集では、森富士夫さんに大変お世話になった。

　最後に、本センターがこれまで円滑に活動を続けられたのは、センター長を歴任された二宮皓教授、石井眞治教授のリーダーシップ、ならびに事務室を切り盛りしてくれた西谷直美さん、中川敦子さん、友久幸子さんのおかげである。ここに記して謝意を表したい。本書が日本における教育開発国際協力研究の一里塚となり、このような成果が発展途上国の教育に対する理解を深め、国際協力の実践に寄与し、発展途上国の教育課題の解決に少しでも役立つことを願いたい。

2008年10月

編者　澤村信英

教育開発国際協力研究の展開
―EFA（万人のための教育）達成に向けた実践と課題―

目次

はしがき　　　　　　　　　　　　　　　　　　　　　　　　　　3

第Ⅰ部　教育開発研究の多様な研究方法　　　　　　　　　　9

第1章　教育開発研究における計量的アプローチ
―家計調査にもとづくミクロデータ分析―

　　　　　　　　　　　　　　　　　小川啓一・野村真作 ……… 10

　1. はじめに　2. レソトの中等教育におけるアクセスに関する問題点　3. 本研究の分析手法　4. 実証分析結果　5. おわりに

第2章　教育開発研究における質的アプローチ
―フィールドワークから現実を捉える―　　澤村信英 ……… 27

　1. はじめに　2. 教育開発研究の特異な傾向　3. 質的方法と量的方法　4. フィールドワークを必要とする背景　5. ケニアでのフィールドワーク経験　6. 質的研究アプローチの必要性と展望　7. おわりに

第3章　教育開発を社会学する
―分析者としてのスタンス―　　　　　　　山田肖子 ……… 48

　1. はじめに　2. 社会学的発想の大きな流れ　3. グローバル社会における発展途上国の位置づけとその理論　4. 社会学にもとづく教育観　5. おわりに―分析者としてのスタンス

第4章　教育開発研究における教室からの視点
―理数科教育の位置づけと課題―　　　　　馬場卓也 ……… 67

　1. 教育開発研究における教科教育の位置　2. 理数科教育開発研究の動向　3. 今後の研究課題にむけて

第Ⅱ部　教育開発政策・課題にかかる諸研究　　　　　　　89

第5章　教育の地方分権化と初等教育無償化政策の矛盾
―低所得国における住民参加をめぐる政策対立―

　　　　　　　　　　　　　　　　　笹岡雄一・西村幹子 ……… 90

　1. はじめに　2. 分権化の分析枠組み　3. 教育の地方分権化の制約　4. 分権化の初等教育普遍化（UPE）政策が持つ矛盾と分裂　5. おわりに―政策的示唆

第 6 章　女子就学振興政策の社会経済開発効果
　　　―分析手法と政策の関係性に関する批判的考察―　　黒田一雄 ……… 110

　　1．はじめに　2．経済開発に女子の教育は男子の教育より有用か　3．女子教育はいかにして経済開発に貢献するのか　4．女子教育の経済効果と経済発展の段階　5．結語

第 7 章　パキスタンにおけるパラフォーマル教育の可能性
　　　―初等教育普及の観点から―　　　　　　　　　　高柳妙子 ……… 122

　　1．はじめに　2．識字教育活動とパラフォーマル教育　3．パキスタンの初等教育の現状と政府の取り組み　4．コミュニティ支援によるへき地学校プログラム（CSRSP）事業　5．コミュニティスクール運営上の課題　6．パラフォーマル教育による初等教育水準向上の可能性　7．おわりに

第 8 章　ケニアの牧畜社会における学校の意味
　　　―マサイランドの「小さい学校」をめぐって―　　内海成治 ……… 143

　　1．はじめに　2．遊牧民の教育に関するユネスコ IIEP 報告書　3．「小さい学校」の機能に関する仮説　4．調査概要　5．調査結果　6．考察

第 9 章　ボリビアにおける教育政策形成の構図
　　　―政府と教員組合の対立と協調―　　　　　　　　岡村美由規 ……… 160

　　1．はじめに　2．歴史的経緯―1985年以前の教育政策形成の構図　3．1994年教育改革―新自由主義時代の教育政策　4．受容における困難―対立が顕在化した 2 つの領域　5．法制化における協調―異文化間二言語教育　6．教員組合の政策形成への関与の変化　7．結語

第Ⅲ部　教育協力政策・実践をめぐる諸研究　　　　　　　　181

第10章　発展途上国の教育「セクター・プログラム支援」をめぐる政治経済学的接近
　　　―「自立発展的」教育開発モデル構築への展望―　廣里恭史 ……… 182

　　1．はじめに　2．教育開発における国際援助思潮の変遷と教育「セクター・プログラム支援」　3．教育開発における政治経済学モデルの輪郭　4．結び

第11章　発展途上国に対する初等教育支援
　　　　　—EFAファスト・トラック・イニシアティブ (FTI) —　　北村友人 ……… 202

1. はじめに　2. FTIの導入　3. FTIプロセスの促進　4. 財政上の課題とインディカティブ・フレームワーク　5. 結び

第12章　スキル・ディベロプメントへの国際協力
　　　　　—再興する期待に応えるために—　　　　　　　吉田和浩 ……… 222

1. はじめに　2. スキル・ディベロプメントの役割　3. スキル・ディベロプメント再興の背景　4. 経験から得られる教訓と改革の試み　5. おわりに

第13章　ジェンダー平等を目指した女子教育の拡充
　　　　　—UNGEIとユニセフ—　　　　　　　　　　　勝間　靖 ……… 243

1. はじめに　2. 女子教育への関心の高まり　3. ユニセフの教育開発戦略　4. UNGEIの意義　5. おわりに

第14章　留学効果評価のための能力開発論からのアプローチ
　　　　　—インドネシア行政官の日本留学を事例として—　黒田則博 ……… 255

1. はじめに　2. コンピテンシー論と「大学の職業的レリバンス」論の活用　3. インドネシアの行政官に有用と思われる能力の抽出プロセス　4. 調査の方法・内容　5. 主な調査結果　6. まとめと結論

第15章　教育援助プロジェクトの事後評価
　　　　　—厳密性と有用性—　　　　　　　　　　　　長尾眞文 ……… 274

1. はじめに　2. 事後評価の理論的裏づけ　3. ロジック・モデルの活用による理論と実践の橋渡し　4. 教育援助分野の事後評価の実践—世界銀行の場合　5. 教育援助評価の実践的課題　6. 結びに代えて

第16章　国際教育協力事業の評価　—課題と展望—　　　牟田博光 ……… 295

1. 国際教育協力事業の変容　2. 評価の範囲とレベル　3. 各種レベルの評価結果　4. 評価の活用　5. 国際教育協力事業評価の課題

索引　　　　　　　　　　　　　　　　　　　　　　　　　　　……… 318
執筆者紹介　　　　　　　　　　　　　　　　　　　　　　　　……… 322

第Ⅰ部
教育開発研究の多様な研究方法

ケニア・ラム島の村落での家庭調査（2007年　撮影：澤村信英）

第Ⅰ部　教育開発研究の多様な研究方法

第1章

教育開発研究における計量的アプローチ
― 家計調査にもとづくミクロデータ分析 ―

小川啓一・野村真作

1. はじめに

　本章では、教育開発研究における計量的アプローチについて、家計調査にもとづくミクロデータを用いることにより、教育の需要サイドからその問題点を分析する手法を紹介する。この手法を説明するにあたり、アフリカ南部の内陸国の一つであるレソト王国（以下、レソト）の中等教育を事例に用いる。本章ではレソトの教育システムと中等教育の問題点をはじめに概説し、現在、レソトの中等教育が抱えているアクセスに関するジレンマを需要の側面から考察した上で、今後の教育政策に向けての課題を提示することを目的とする。教育の需要側とは教育サービスを受ける側であり、生徒および家計をさす。

1-1　問題の所在

　1990年の「万人のための教育世界会議」以降の国際的な初等教育完全普及達成という目標により、初等教育の重要性は広く認知されるようになり、2000年に設定されたミレニアム開発目標（Millennium Development Goals：MDGs）においても2015年までに初等教育課程を全児童が修了することが目標として掲げられた。これにより世界中の発展途上国（以下、途上国）において初等教育の拡充政策が展開されている。一方、教育政策においては、初等教育の他にも、高等教育が古くから経済発展のための重要な人材育成機関として認知されており、近年、世界銀行とユネスコが発表した『発展途上国における高等教育―危機と約束』(2000年)という題の報告書からもわかるように、あらためてその重要性が認識されたといえる（吉田，2005）。しかし、中等教育は教育システム上、初等教育と高等教育の間に位置づけられているため、その定義もあいまいで、主要な教育のサブセクターとして日の目を見る

ことがあまりなく、特に初等教育の拡充が最優先とされている多くの途上国において中等教育はあたかも無視されているかのような存在であった（Lewin & Caillods, 2001）。

当然のことながら初等教育の修了生が次に向かうのは中等教育であり、現在の世界的な初等教育完全普及政策の先に待つのは中等教育への膨大な需要である。よって今後、どの国においてもより包括的な教育の発展計画において、中等教育の重要性を認識する必要が生じてくるであろう。実際に徐々にではあるがその重要性は世界的に認識されるようになり、アフリカでは2003年に15カ国および国際援助機関が参加した中等教育会議が初めてウガンダで開催され、アフリカの中等教育の現状と改革の必要性、今後の発展の重要性などが確認された（Bregman & Armstrong, 2004）。中等教育は初等教育と高等教育、そして労働市場を直接つなぐ重要な役割を担っており、その政策により国の進む方向が大きく変わる可能性を秘めている。よって初等教育拡充を進める現段階から今後の中等教育の需要を見据えた中等教育政策を醸成していく必要がある。

1-2 計量的アプローチによる研究の意義

これまでアフリカにおける初等教育や高等教育開発について書かれた文献は数多いが、前述のように2003年に初めて国際会議が開かれ中等教育の今後について議論されたように、未だ中等教育に主眼をおいた研究は、あまり多くなされていない。世界的に見ても1990年からの初等教育に関するイニシアティブやそれ以前の高等教育に関する文献は多く見られるが、途上国の中等教育のみにフォーカスされたものは少ない。レソトにおいても、国家教育戦略では中等教育の重要性は述べられているが、初等教育の拡充が最優先の現在において、中等教育のアクセスの問題に関して、何が原因で何を政府がすべきかという分析はなされていない。よって、本研究において、計量的アプローチを用い、中等教育のアクセスに関してレソトをケーススタディとして分析することは、今後アフリカ諸国が経験するであろう、初等教育拡大から中等教育開発への移行を考える上で大変重要なマイルストーンになると考える。また、本研究ではミクロデータを使用し、需要サイドを中心に分析するが、中等教育の需要サイドの分析は新しい開拓分野であると考える。

2. レソトの中等教育におけるアクセスに関する問題点

2-1 レソトの教育システムの概要

　まず初めにレソトの特徴とその教育システムについて簡単に概説する。アフリカ大陸の南部に位置し、国境の全てを南アフリカ共和国と共有する内陸国、レソトは1966年に独立した人口200万人程度の小さな国である。人口の43％が一日当たり平均所得で1ドル以下という貧困下で生活を強いられており、2006年の一人当たり国民総所得 (GNI) は1030ドルの後発途上国である (World Bank, 2007)。国土の大部分を山岳地帯が占めているため、農業に適した土地は国土の10％未満しかなく、天然資源も乏しいため、人的資本を唯一の持続的開発可能な国の資源と位置づけている。貧困削減戦略文書 (Poverty Reduction Strategy Paper：PRSP) においては、その教育政策の目標を「全ての生徒が質の高い初等教育及び中等教育を修了すること」としており、特に教育に力を入れている国である。教育予算は国内総生産 (GDP) 比にして過去3年連続で10％を超えるなど、世界でも指折りの高い比率となっている (Ogawa et al., 2005)[1]。

　レソトの教育システムは7年間の初等教育、3年間の前期中等教育、2年間の後期中等教育を経て3年から4年間の高等教育[2]へとつながっている。初等教育以前には3歳から5歳児を対象にした最大で3年間までの就学前教

表1　レソトの教育課程

教育段階＼年齢	3	4	5	6	7	8	9	10	11	12	13	14	15	16	17	18	19	20	21	22	23
就学前教育	■	■	■																		
初等教育				■	■	■	■	■	■	■											
前期中等教育											■	■	■								
後期中等教育														■	■						
高等教育																■	■	■	■	■	■
前期中等職業訓練教育											■	■	■								
後期中等職業訓練教育														■	■						
高等職業訓練教育																■	■	■			

（出所）Ministry of Education and Training (2004)

育にも力が入れられており、また中等教育レベルからは職業・技術教育[3]という経路がある。他の国では職業教育や高等教育は別の省庁の管轄である場合もあるが、レソトの場合は全て中央の教育訓練省が管轄しており、人口200万人という小さな国であるがゆえに、全体として非常に包括的な教育プランが組まれているといえる。

レソトの教育システムにおいて、特に中等教育に関しては主要な試験が3つある。一つ目は初等教育7年生修了時点に受験するPrimary School Leaving Examination (PSLE) であり、これに合格しない限り中等教育への進学は閉ざされてしまうが、この試験に合格しても点数によっては必ずしも希望の学校に進学できるとは限らない。次に前期中等教育の修了時点に受験するJunior Certificate (JC) 試験がある。これも生徒にとっては後期中等課程へ進学するための大きな難関である。そして最後に後期中等課程の修了時に受験するCambridge Overseas School Certificate (COSC) 試験がある。

2-2 レソトの中等教育のアクセスに関する問題点

レソトは2000年から初等教育の無償化を段階的に導入し、初等教育の就学率向上に大きな成果をあげている。初等教育の総就学率は2003年に124.9%となり1999年の106.5%と比べ大きく上昇したが、対照的に中等教育の総就学率の低さが目につく（表2）。2003年の初等教育総就学率に対し、中等教育の34.5%は非常に低い数値であり、今後まず中等教育へのアクセスの面で大

表2 レソトの初等教育と中等教育の就学率（1999-2003年）

年度	初等総就学率			中等総就学率			中等純就学率		
	男子	女子	合計	男子	女子	合計	男子	女子	合計
1999	102.3	110.7	106.5	25.5	35.4	30.4	12.8	22.3	17.5
2000	118.1	122.6	120.3	25.8	34.9	30.3	14.5	24.2	19.2
2001	120.6	123.2	121.9	27.9	36.6	32.2	16.4	26.3	21.3
2002	122.7	124.9	123.8	29.0	38.3	33.6	17.2	27.0	22.0
2003	128.3	125.9	124.9	30.1	39.1	34.5	17.9	27.9	22.8

（注）総就学率は粗就学率ともいい、就学者数を学齢人口で割った率であり、中途退学者の再入学、留年者、学齢以上の就学者等も含んでいる。純就学率は学齢人口でその年齢の就学者数を割った率。
（出所）Ministry of Education and Training (2003)

きな改善が必要なのは明白である。政府の教育戦略文書では、2011年までに中等教育において40%の純就学率が目標とされている (Ministry of Education and Training, 2004)。2003年時点の22.8%からは2倍近い数値であるがその達成にあたっては現状の背景となる原因分析が必要である。

初等教育と比較して極端に中等教育の就学率が低いレソトでは、ただ就学率が低いというだけでなく、就学率の男女、地域、経済社会階層間の格差が顕著である。レソトの男子は小さいうちは家畜の世話をし、働ける年代になると鉱山へ出稼ぎに行くという昔ながらのライフサイクルがあり、男子にはこれまであまり教育機会がなかった。男子の就学率が低いのは統計上からも明らかであり、表2が示すように2003年において女子の中等教育総就学率は39%であるが、男子のそれは30%でしかない。この点は需要側の問題としてこの後の分析で再び検証する。また、地域間のアクセスの格差も深刻なものがある。表3が示すように首都のマセルや近隣のブサブセやレリベのような、いわゆる低地の州は総就学率が40%を超えるなど、比較的就学率が高いが、逆に3000メートルを超える山々に囲まれたツァバツェカでは中等教育の総就学率はたったの12.8%でしかないことがわかる。前者の低地の比較的人口の集中した地域においては学校数も多く、中等学校へのアクセスが比較的容易であるといえるが、ツァバツェカのような山岳地域では人口が離散しており中等学校の数も少ない。2003年には228校の中等学校があったが、そのうち

表3 州別の中等教育の総就学率およびその他の指数（2003年）

	中等教育総就学率			学校数	生徒数	教員数	有資格教員%	教員生徒比率	クラス生徒比率
	男子	女子	合計						
ブサブセ	40.0	52.8	46.4	16	6649	252	84.5%	26.4	44.6
レリベ	35.4	45.3	40.3	50	16869	717	87.4%	23.5	40.0
ベレア	25.5	30.8	28.1	26	9534	386	87.3%	24.7	42.4
マセル	39.3	47.3	43.3	52	21414	954	93.7%	22.4	40.8
マフェテング	32.6	43.0	37.7	26	10385	403	89.6%	25.8	42.4
モハルスホック	20.6	30.7	25.5	17	5950	265	92.1%	22.5	39.4
クティング	26.2	29.1	27.6	12	4422	165	87.3%	26.8	47.0
カチャズネック	28.3	43.2	35.8	11	3272	142	82.4%	23.0	40.9
モコトロング	19.4	36.1	27.2	9	2658	104	79.8%	25.6	46.6
ツァバツェカ	10.0	15.5	12.8	9	1951	82	89.0%	23.8	43.4
全体	30.1	39.1	34.5	228	83104	3470	89.1%	23.9	41.7

（出所）Ministry of Education and Training（2003）

80校は3年までしかクラスがなく、それ以上の進学は別の遠い学校へ転校しなければいけないなどの問題もある。つまり地方格差は依然として供給側の大きな問題として残っているといえよう。また、これらの遠隔地では費用対効果が比較的高いといわれる教育機会提供手段として、ICT（情報通信技術）を使った遠隔教育や通信教育といった新しい方法も取り入れていく必要があるだろう（横関, 2005）。

3. 本研究の分析手法

3-1 論理構成

　前節で見たように、レソトの中等教育へのアクセスが依然として限定的であるということは明らかである。これに対してレソト政府は、2011年までに純就学率を2003年のほぼ倍に近い40％まで上げることを目標としている（Ministry of Education and Traininig, 2004）。よって、そのためには生徒が就学するか否かを決定するさまざまな要因を分析し、何が問題なのかを特定し、その対策を講じることが重要である。特に中等学校へ通う年齢である13歳から17歳の子どもは労働力としても必要とされる年代であり、子ども自身の問題だけでなく、貧困で働かせなければならないような家庭環境を考慮することも必要である。よって、本章の分析ではこれらの中等学校へ通う年代の子どもたちとその家庭がどれだけ中等教育のニーズを持っているのかということを分析し、現在の低い中等教育の就学率の需要側の問題点を探る。

　小川・野村（2006）はレソトの初等教育の需要側の問題に関して計量モデルの一つであるプロビットモデルを使用し、さまざまな個人、家庭に関する変数を説明変数として取り入れ、初等教育に通う年代の子どもが就学しているか否かという変数を被説明変数とし、教育の需要と個人および家庭の環境がどのように関連しているかを分析している。プロビットモデルを使用した分析は初等教育の需要分析でいくつか例があるが、中等教育に関しては、Liang（2002）がウガンダで同様の分析を行っている。リアンの研究では中等教育へ進学する規定年齢の13歳から25歳までを含んでいるが、本分析では、初等教育を修了したという子どものみに焦点を絞り、中等教育に就学している最年長のケースの17歳までを分析に取り入れている。

3-2 仮説

レソト政府は教育戦略文書において、中等教育の問題点において特に需要側の問題を指摘している。それによると需要側の問題点は直接費用である学費、間接費用である家庭内労働、貧困、気候の4つが挙げられている。間接費用である家庭内労働は男子生徒の場合は家畜の世話、女子生徒の場合は家族や兄弟の世話を挙げているが、HIV／エイズが急速に広がる中、病気の家族の世話をするために女子生徒は学校を辞めざるを得ない可能性がある（Ministry of Education and Training, 2004）。よって、本研究では、個人要因および家庭要因の両面から仮説を立て分析を行う。

● 仮説1：生徒個人要因の考察

個人に関する問題としては、男女の別、年齢、結婚出産といったこの年代特有の問題が考えられる。本分析においてもそのような結果が考えられる。また、結婚出産といったライフイベントは、男女ともに経済的自立が要求されるなどのために学校からのドロップアウトに結びつく可能性が高い。また、聾学校や盲学校というハンディキャップを持つ生徒のための中等学校が首都のマセルおよび限られた都市にしかないため、ハンディキャップを持つ生徒は中等教育への就学がより困難であると考える。年齢に関しては、年齢が上がるほどより労働力としての価値が上がり、より家計への責任力も増すと考え、年齢の上昇は生徒にとって中途退学の要因になると考えられる。

● 仮説2：家庭要因の考察

家庭に関する要因としてはまず貧困が挙げられる。家計の経済状況と就学率が関連しているとの考えは二つの理由にもとづく。一つ目は授業料およびその他の教育費という直接費用であり、二つ目は機会費用である。初等教育の無償化が進む一方で、中等教育には依然として大きな費用がかかる。費用の内訳は登録費、授業料といった基本的なものから、図書館・実験室使用料、スポーツ科目料など教科に課されるもの、また教科書代や制服代といった個人所有のものにかかる費用などがある。レソトの中等学校はほとんどが私立学校のため、授業料も学校によって大きく異なるが、授業料だけを取り上げても生徒一人当たり年間授業料は25マロチ（約3ドル）から1750マロチ（約230

ドル）の幅があり、平均633マロチ（約84ドル）[(4)]と非常に高額であることが就学機会の妨げになっている。また、機会費用に関しては中等教育の就学年齢である13～17歳は労働力としても貴重な存在であるために、特に農業に従事する家庭においては機会費用が大きくなると考えられる。

　しかし、この分析に使用する家計調査には残念ながら学費のデータは含まれていない。よって直接費用の効果は観察することができないが、家畜の世話や、家族の面倒を見るといった間接費用に関する問題は見ることができる。また同時にHIV/エイズ患者を抱える家庭においてはこのような間接費用が高まり、就学率が低くなることが予想される。また、重要な家庭内労働として考えられる、水および薪などの家庭用燃料へのアクセスも家庭変数として取り入れることにする。もし上水道や井戸が近くにない場合は、遠くの川に水を汲みに行くことや、電気やガスへのアクセスがない場合は薪を拾いに行かなければならないなど、家庭生活の重要な毎日の仕事になるため、就業の妨げになる可能性が高くなるためである。これらの仕事は初等学校に通うような低い年齢の子どもが行う仕事であるかもしれないが、水や燃料のアクセスが悪い場合は就学確率が低下すると予想する。

　また、家庭に関する要因として、この分析では世帯主に関する変数も含めることにする。これは世帯主の雇用状況や性別が、その家庭の経済的安定性を暗示していると考えるためである。当然世帯主が非雇用の場合、労働力として考えられるこの年代の子どもは働くことを強いられる可能性が高く、世帯主が女性の場合、男性がHIV/エイズ等で死亡していることや出稼ぎにでているなど、経済的に不安定である可能性があると考えられる。また、さらにここでは世帯主の教育水準を変数として含めた。世帯主の教育水準が高いほど、教育の重要性への理解度も高く、また職業等もより安定していると考えられるためである。また、家庭変数の延長として、居住地域を示す都市部・農村部の別、および、中等学校への距離を含むことにする。これは当然近くに学校がある場合、より学校へ行きやすく、これは唯一教育の供給側の変数でもあると考えられる。都市部と農村部に関しては都市部のほうが非農業就業機会が多いなど、より高学歴が求められる環境であると推測し、都市部において中等教育への需要は農村部よりも高いと考える。

3-3　データ

　本分析には、世界銀行が中心となり開発し、2002年にレソト政府が実施した、Core Welfare Indicator Questionnaire（CWIQ）という家計調査を用いる。この家計調査の目的は経済社会グループ間の個々のニーズおよび問題等を取り上げ、政策決定のための重要な情報を提供することである。調査項目は、家族構成、教育、保健衛生、生活水準、雇用状況など多岐にわたるが、10あるレソトの州の中で各都市部、農村部において1：2の割合でサンプリングがなされ、1996年の国勢調査の人口データをもとに各データにウェイトがかけられている。5200の家計が調査対象となり、そのうち、95.3％の4954の家計からの回答が得られ、合計2万2031人の個人データが含まれている。本節の分析においてはこれらのデータにウェイトをかけずに標本データとして扱う。

　CWIQのデータには中等教育の正規学齢である13〜17歳の世代の生徒の標本総数は2995であったが、その内訳は中等学校就学が784、初等学校就学が1306、非就学が902、そして大学、職業・技術学校が各1人、2人であった。本分析の目的は初等教育から中等教育へと進学し、中等教育を無事修了することができる生徒像の背景となる特徴を探ることにあるため、初等教育就学者と、初等教育時点で既に中途退学していたものは対象からはずし、初等教育課程を修了した13歳から17歳の子どものみを対象に分析を行った。結果、本研究で用いた総標本数は1094であった。

3-4　モデル

　本章では計量モデルの一つであるプロビットモデルを使い、どういった子どもの就学率が高く、またどういった子どもの就学率が低いのかを分析する。被説明変数に、子どもが現在就学している場合1、就学していなければ0をとるダミー変数をおき、個人および家計のさまざまな特性を説明変数として、子どもの就学確率を推計する。確率モデルにおいては比較的解釈の容易な線形確率モデルなど、幾種かの方法があるが、線形確率モデルは推定確率が100％を超えてしまうこと、そして常に限界効果が一定であることが問題として挙げられる（Wooldridge, 2003）。

　ここでは、非線形モデルのほうがより正確に推計することが可能であると

判断し、プロビットモデルで推計することにした。

以下に簡単にモデルを示す。

まず子どもが就学するか否かの潜在需要を y^* とすると、その式を
$$y_i^* = x_i \beta + e_i \quad (1)$$
で表すことができ、x は子どもの家庭環境や個人的な情報を含むベクトル、β は変数にかかる係数、e は誤差項、i はそれぞれの観測値を表す。実際に子どもが就学しているかどうかという変数 y_i は潜在需要が臨界点、ゼロを超えたか超えていないかで判断し、$y_i^* > 0$ の時 $y_i = 1$、$y_i^* \leq 0$ の時 $y_i = 0$ となる。よって子どもが就学する確率を潜在需要から導くように表すと、
$$\Pr(y = 1 | x) = \Pr(y^* > 0 | x) \quad (2)$$
となり、変形すると
$$\Pr(y = 1 | x) = \Pr(e > -x_i \beta | x) = \Phi(-x_i \beta) \quad (3)$$
となる。この時、誤差項に平均 0、分散 1 の標準正規分布を仮定すると、確率が誤差項 e_i の分布に依拠しているため右辺のような形になり、Φ は標準密度関数を表す。これを最尤法により推計する。説明変数には以下のものを含めた。

1. 子どもの性別（1 = 男子、0 = 女子）。
2. 子どもの年齢。
3. 結婚しているかどうか（1 = している、0 = していない）。
4. 子どものハンディキャップの有無（1 = 有、0 = 無）。
5. 過去12カ月の間に出産したか（1 = した、0 = していない。男子の場合は自動的に 0）。
6. 家計の大きな家畜（牛など）の数。1頭から10頭と、10頭以上という2つのダミー変数に分けた。
7. 家計の中程度の家畜（ヤギ、羊など）の数。1頭から10頭と、10頭以上という2つのダミー変数に分けた。
8. 家計の水源ダミー。1は水道および、整備された井戸などの比較的容易なアクセスで、0は整備されてない井戸、川、湖などの比較的困難なアクセスのケースとした。

9. 家計の料理燃料ダミー。1は灯油、電気、ガスなど、より近代的な燃料とし、0は薪、動物の排泄物等の近代的とはいえない燃料とした。
10. 中等学校への徒歩での距離（1＝60分以上、0＝60分以内）。
11. 家庭内の人数。
12. 地域（1＝都市部、0＝農村部）。
13. 世帯主の教育水準。初等教育以下、初等教育修了以上、中等教育修了以上という3つのダミー変数に分けた。基準は教育経験なしである。ちなみに標本内に識字教育という回答はなかった。
14. 家計内の病人の有無（1＝有、0＝無）。HIV／エイズに関するデータは知識調査のみであり、CWIQにはHIV／エイズの有無のデータはなかったため、近似データとして過去1年間に3カ月以上病気をしている人が家計内にいるかどうかという項目を変数に加えた。病人がいると看病しなければいけないため学校に行けない子どもがいるかもしれないためである。
15. 世帯主の雇用状況（1＝非雇用、0＝雇用）。非雇用には現在仕事を探していないと回答した、労働力に参加していないものを含む。
16. 世帯主の性別（1＝男性、0＝女性）。
17. 家計の生活水準。5階層で表されるこの経済社会階層はソファーや電話など10項目の家財道具の所有の有無からCWIQがインデックス化したものであり、回答者の判断によるもの、もしくは消費や所得から判断されるものではない。最下層の20％である第1階層を基準とし、第2階層から最上層の第5階層までをダミー変数として取り入れた。この変数はモデル2で取り入れた。

4．実証分析結果

これらの変数の基本統計量として**表4**には平均と観測数を記した。1094の標本数のうち就学している子どもは587であった。また、初等教育を修了した子どものみに限定して分析を行っているため、標本に含まれる社会階層は第5階層の割合が多くなっている。

表 4　中等教育就学確率におけるプロビット推計結果

	記述統計量		モデル 1		モデル 2	
観測数			1094		1094	
就学している生徒数			587		587	
対数最大尤度（LL）			-613.0		-611.9	
正しい予測割合			0.531		0.530	
R2 乗			0.189		0.190	
	平均値	標準偏差	限界効果	標準誤差	限界効果	標準誤差
被説明変数	0.54	0.50				
個人変数						
男子	0.45	0.50	-0.14	0.03**	-0.14	0.03**
年齢	15.41	1.34	-0.04	0.01**	-0.04	0.01**
結婚	0.03	0.17	-0.48	0.06**	-0.48	0.06**
ハンディキャップ	0.01	0.12	-0.21	0.14	-0.21	0.14
出産	0.02	0.13	-0.49	0.07**	-0.49	0.07**
家庭変数						
家畜						
家畜大 1-10	0.05	0.22	-0.01	0.09	-0.01	0.09
家畜大 10 以上	0.37	0.48	-0.02	0.04	-0.03	0.04
家畜中 1-10	0.10	0.29	0.09	0.06	0.10	0.06
家畜中 10 以上	0.18	0.39	0.03	0.05	0.03	0.05
水源	0.82	0.38	0.07	0.05	0.06	0.05
料理燃料	0.46	0.50	0.19	0.04**	0.16	0.05**
学校への距離	0.36	0.48	-0.20	0.04**	-0.19	0.04**
世帯人数	6.20	2.44	-0.01	0.01	-0.01	0.01
都市部	0.42	0.49	-0.01	0.05	-0.03	0.05
病人	0.08	0.27	0.04	0.06	0.04	0.06
世帯主変数						
世帯主教育水準						
初等教育中退	0.40	0.49	0.15	0.05**	0.14	0.05**
初等教育修了以上	0.28	0.45	0.25	0.05**	0.25	0.05**
中等教育修了以上	0.12	0.33	0.30	0.05**	0.30	0.05**
世帯主失業	0.37	0.48	-0.01	0.04	-0.01	0.04
世帯主性別	0.64	0.48	0.14	0.04**	0.14	0.04**
経済社会階層						
第 1 階層	0.14	0.35	-	-	-	-
第 2 階層	0.16	0.37	-	-	0.03	0.06
第 3 階層	0.19	0.39	-	-	0.06	0.06
第 4 階層	0.21	0.41	-	-	0.07	0.06
第 5 階層	0.30	0.46	-	-	0.10	0.07

（注）統計的有意確率を * で示してある。** が 0.01、* が 0.05 で有意である。
　　　係数は全て限界効果であるが、ダミー変数の場合、0 から 1 への二項間の変化であることに留意する必要がある。子どもの年齢と世帯人数以外は全てダミー変数である。
　　　R2 乗値は MacFadden の pseudo R-squared である。
（出所）CWIQ（2002）を使い筆者が分析

プロビット分析による結果を個々の係数から見ていくと、家畜数など、レソトの生活の背景となるような変数に有意性が検証されなかったのは少し意外な結果であったといえるが、全体としてはおおむね当初予想した通りの結果であった。また、係数が比較的大きいものが多く、0をとるか1をとるかで、就学確率に非常に大きな影響を与える変数が多かったといえる。表4は他の説明変数を平均値においたときの当該変数の変化を限界効果で示している。

まず個人変数に関しては、この中で特徴的な数値を挙げると、まず男子は女子に比べてマイナス14％と非常に大きく就学確率が下がることが統計的な有意水準で実証された。レソト男子の低い就学率は需要側の分析からも具体的な数値として実証された。しかし、家庭変数の家畜の変数には有意性が見出せず、レソト男子の伝統的なライフサイクル自体は変化しているように見受けられる。また全ての変数の中で最も大きい係数を示したのは個人変数である出産、結婚、というものであり、これらは中等教育を受ける年代からの特有のものであるといえる。出産は女子のみにしか適用されず、男子の場合は自動的に0をとるが、出産の場合にマイナス49％と非常に大きいことが実証された。また、結婚もマイナス48％となり、結婚した子、さらに出産した女子の就学確率は著しく低く、こういった子どもはほぼ必然的に学校教育からはじき出されるという結果となった。

次に家庭変数に関しては、都市部、農村部の別、世帯内の人数、水源に関しては統計的な有意性が得られなかったが、料理燃料、中等学校への距離の変数に関しては有意な結果が得られた。都市部、農村部の別に関しては、有意性がない上に、都市部の場合、係数がマイナスになっている。この点においては、仮説と全く反対であるが、標本に含まれる子どもが都市部の第1階層と農村部の第5階層というように性格づけられていたわけでもないので、説明がつけられない。料理燃料はガス、電気といった容易なアクセスの場合に子どもの就学率を19％と大きく上昇させることが実証された。薪拾いなどの仕事が子どもの仕事分担となっていて、それが就学の妨げになる場合があるが、レソトでは中等学校に通う年代においても同様の結果であったといえる。しかし、水源に関して係数の向きはプラスで仮定どおりであったが、有意性が得られなかったのは、標本に含まれる82％の子どもの家庭では水源が

容易なアクセスになっていたため、水汲みに行かなければならない子どもたちの標本数が不足していたからと予測される。また、学校への距離も就学確率に大きく影響し、学校から徒歩1時間以上の距離にある生徒は、中等学校は通いにくい環境にあるといえる。世帯人数に関していえば、人数が多くなるほど就学する確率が下がるという係数の向きは予想通りであったが、有意性が見えなかったのは残念である。

　そして世帯主変数に関しては、世帯主の教育水準には1％の有意水準で子どもの中等教育就学確率に非常に大きな影響を与えることが実証された。基準となる無教育と比べ、初等教育中退、初等教育修了、中等教育の修了と高くなるにつれて、その子どもの就学確率も段階的に15％、25％、30％と上昇している。これらの数値は小川・野村（2006）が行った初等教育の場合の就学率のケース（5％、9％、7％）と比べてかなり大きい。中等教育に通う年代の子どもは労働力としても大きな存在であり、中等教育に通わせるかどうかは家計の大きな決断である。この決断に大きな影響を与えるのが世帯主の教育水準であり、世帯主の教育水準が低い場合、中等教育の有効性を見出せないということであろうか。少なくとも世帯主の教育水準が子どもの中等教育参加確率に、初等教育参加確率の場合よりも強く関連していることは興味深い発見である。

　このように中等教育へのアクセスの問題は生徒の特徴だけでなく親の教育水準や家庭の経済環境といった、家計の特徴を反映するものであるということが実証された。これまでの社会の中では年齢的には貴重な収入源となるべき10代半ばの若者を中等教育に就学させるか否かは親の理解や、家計の生活水準が大きく反映されているといえる。また、学校への距離といった供給側の問題も依然として残されており、生徒が行きたくても学校に行けないという状況を生み出さないように政府側は対応することが迫られる。また、政府がPRSPの通りに中等教育までの完全普及を将来目指すのであれば、結婚、出産をまずは遅らせるような配慮が必要であるとともに、このような理由で中途退学した子どものために、再度学校に戻って来られるようなシステムを考案することも必要となってくるであろう。

　次にモデル2で取り入れた経済社会階層別の就学率を統計的に見ると以下の図1が示すように、経済社会階層別の就学率に違いがあることがわかる。

図1　経済社会階層別による中等教育の総就学率（2002年）

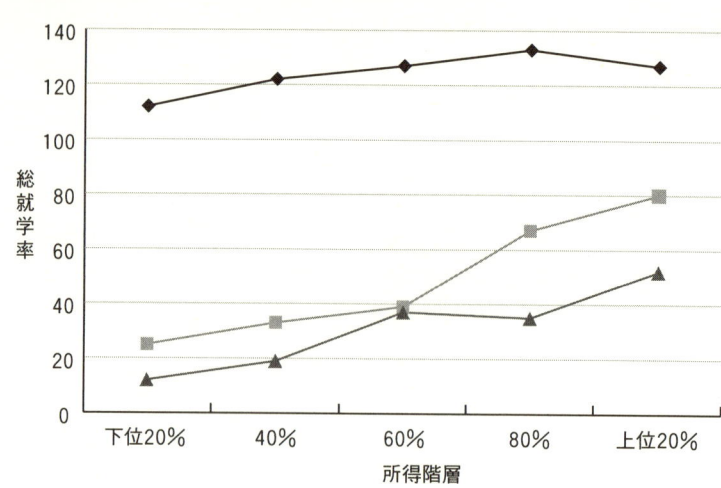

（出所）CWIQ（2002）を使い筆者が分析

これによると初等教育においては上位20％も下位20％も100％を超えており、就学率に大差はないが、中等教育を見ると前期中等教育では下位20％の階層の就学率が25％であるのに対し、上位20％の階層では80％と大きな差があることがわかる。後期中等教育でもその差は12％から51％と4倍以上の大きなひらきがあることがわかる。しかし、モデル2では、最下層と比べ第2層、第3層と上がるごとに係数は大きくなっていくことが認められたが、それらの変数の統計的有意性は見出すことができなかった。

5. おわりに

　本章では教育開発研究における計量的アプローチを用いて、レソトを事例にその中等教育の現状と課題を需要側の観点から分析した。途上国において現在の世界的な注目は初等教育の完全普及、そしてMDGsの達成であるが、その先に待つのは中等教育への膨大な需要であることを忘れてはならない。本分析においてレソトの中等教育にはアクセスの面から初等教育よりも未だ

遅れていること、また需要側には中等学校に通う子どもの抱える結婚や出産といった特殊要因を考慮する必要があることがわかった。今後、EFA (Education for All) が着実に進んでいくと中等教育へのニーズが大幅に高まることが予想されるが、その過程で、これまで学校へ行くことができない家庭環境や要因を抱えていた子どもが学校に行けるようになるように注視する必要がある。中等教育は初等教育と高等教育を結ぶ役目を果たし、また労働市場へと労働力を送り出す、非常に重要な役割を担っている。天然資源に乏しく農業開発にも適さない国土を有するレソトにとって、今後国の発展には中等教育を推進し人的資源を開発することがより重要になるであろう。

注

(1) UNESCOの統計によると、2001年の教育支出のGDPに占める割合は世界平均が4.5％、途上国平均が4.2％、サブサハラ・アフリカ地域では3.4％であった (UNESCO, 2004)。
(2) レソト教育大学 (Lesotho College of Education) が3年課程、レソト大学 (University of Lesotho) での課程が4年間である。またその後の大学院の課程も用意されている。
(3) 職業訓練は初等教育後の3年課程、前期中等教育後の3年課程、後期中等教育後の4年課程がある。
(4) これには全寮制学校の授業料も含まれているので、通学のみの授業料の場合はもう少し安くなると考えられる。

参考文献

小川啓一・野村真作 (2006)「レソト王国におけるEFA達成に向けての需要サイドからの分析―家計調査に基づくミクロデータ分析から―」『国民経済雑誌』193巻1号, 73-84頁.

横関祐見子 (2005)「中等教育」黒田一雄・横関祐見子編『国際教育開発論―理論と実践―』有斐閣, 103-120頁.

吉田和浩 (2005)「高等教育」黒田一雄・横関祐見子編『国際教育開発論―理論と実践―』有斐閣, 121-140頁.

Bregman J. & Armstrong, A. (2004). First Regional Conference on Secondary Education in World Bank. *Africa Region Human Development Working Paper Series.* Washington, D.C.: The World Bank.

Lewin, K. & Caillods, F. (2001). *Financing secondary education in developing countries: strategies for sustainable growth.* Paris: UNESCO International Institute for Educational Planning Publication.

Liang, X. (2002). Uganda Post-primary Education Sector Report. *Africa Region Human Development Working Paper Series.* Washington, D.C: The World Bank.

Ministry of Education and Training (2003). *Lesotho's Education Statistics Bulletin 1998-2003*. Maseru: MOET.

Ministry of Education and Training (2004). *Lesotho Education Sector Strategic Plan 2005-2015*. Maseru: MOET.

Ogawa, K., Nomura, S. & Lim, J. (2005). Demographic and Macroeconomic Settings toward Educational Development in Lesotho. *Journal of International Cooperation Studies*, 13(1), 53-65.

UNESCO (2004). *EFA Global Monitoring Report 2005 –Education for All, The Quality Imperative-*. Paris: UNESCO.

Wooldridge, J. M. (2003). *Introductory Econometrics*. Mason: Thomson South-Western.

World Bank (2007). *World Development Report 2008, Agriculture for Development*. Washington, D.C.: The World Bank.

第2章

教育開発研究における質的アプローチ
―フィールドワークから現実を捉える―

澤村信英

1. はじめに

　発展途上国(以下、途上国)における教育について調べるのであれば、一部の紛争国を除き、あらゆる国の就学率などの基本統計は、ユネスコや世界銀行のウェブサイトからオフィスに居ながらにして瞬時にわかる。また、教育政策や詳細な調査報告など、これまで現地に行かなければ入手できなかったものも、比較的簡単にダウンロードできるようになった。しかし、これらの統計や文書だけでは、教育の実態は理解できない。例えば、各学校がどのように運営され、教師がどのような授業を行っているかなど、学校内部の実情は判然としない。

　日本の教育について考えれば、日本人で日本に住みながら日本の学校の現実をよく知らない。文部科学省や教育委員会の情報は、政策的な動向を理解するには役に立つが、学校現場の問題や苦悩を描き出してはいない。しかし、日本の場合、このような情報を補完する現場の教師自身が執筆した、生き生きとした活動実践や体験をまとめた図書が数多く存在する。また、最近ではエスノグラフィーを書名に冠した著作もある(例えば、志水編, 1998；古賀編, 2004)。

　このような日本の状況に比べると、途上国において実施される教育研究(以下、教育開発研究)、特にサブサハラ・アフリカ(以下、アフリカ)諸国での研究は、学校での活動がブラック・ボックス化している。対象を深く掘り下げた事例研究が圧倒的に少ない。授業の方法がチョーク・アンド・トークだとか、教師中心、暗記中心といった一般的な記述はあっても、なぜそのような授業をするのか、教師側の理由(原因、背景、他との関係)が分析されていない。学校運営にしても、校長のリーダーシップが重要であることは言わ

れていても、その実態はよくわからない。調査する事象の何が (what) はわかっても、なぜそうなのか (why)、どのようになっているのか (how)、が解明されていないことが多い。

　これは調査者の専門領域や研究方法、あるいは研究資金を提供する側が期待する調査内容に影響を受けている。例えば、アフリカ諸国で調査する研究者の場合、概して、授業や学校での活動に関心を持つ者は少ない。日本のように教師自らが教育実践の報告書を書くような文化もない。大規模なサーベイ（質問紙を使って行ういわゆるアンケート調査）が行われることもあるが、学校現場の活動に関与しながらフィールドワークを行うようなことは、時間的な制約があり無理である。インタビュー調査を中心とした質的調査にしても、実際の学校での聞き取りは調査補助員が行い、そのデータに基づき別の「研究者」が論文を書くようなことが行われている。言ってみれば、都市をベースにした研究者が効率的に動けるように研究の枠組みが設計されている。

　本章では、まずアフリカを中心としたこれまでの教育開発研究の特徴を鳥瞰し（第2節）、量的方法と比較しながら質的方法の特色を整理し（第3節）、フィールドワークが重要となる背景と理由を探る（第4節）。そして、フィールドワークを通した質的調査の必要性と将来展望について、筆者自身のケニアをはじめとするアフリカ諸国でのフィールド体験とその反省を踏まえながら検証してみたい（第5、6節）[1]。

2. 教育開発研究の特異な傾向

2-1　アフリカ諸国における教育開発研究の特徴

　多くのアフリカ諸国のような低所得国で行われる教育開発研究は、国際援助が絡むことから、研究の対象や方法が通常の学術研究とは異なる。日本のように比較的自由度の高い科学研究費が援助とは関係のない組織から得られることは、例外的である。このように、アフリカにおける教育開発研究は、その資金源として援助機関が関係することに特徴がある。援助機関による調査、教育省による調査、大学人による研究という境界がはっきりしない。例えば、調査資金の提供者は援助機関でありながら、その調査は教育省の権限の下で行われ、実施は大学人がコンサルタントとして雇用される、という具

合である。

　学術研究として優れた成果が国際協力という実践において影響力を持つわけでもない。仮に現地の大学の修士論文、博士論文として教室レベルの地道な研究成果があったとしても、そのようなものが参考にされることはほとんどない。援助機関が行う調査研究はその目的がはっきりしており、大学研究者の独自の発想に基づく研究に資金が提供されるようなことはまずない。言い換えれば、社会的に役立つ調査研究を目指すのであれば、臨時収入も見込める援助機関のコンサルタントとして働くのが一番良い、ということになる。本来、批判的に物事を見ることを訓練されている研究者が、限りなく実践者に近い立場になり、健全な批判勢力ではあり得なくなるのである。

　農村（コミュニティ）開発の調査法に関して強い影響力を持ってきたロバート・チェンバースは、研究者と実践者は同じ外部者（アウトサイダー）であっても、2つの異なる文化を持っていると次のように指摘している。

> 一概にアウトサイダーと言っても、彼らは同じ文化に属しているわけではなく、その文化は二つの両極端に分かれる。一つは、主として社会科学者からなる否定的なアカデミック文化であり、彼らは時間にしばられることなく分析や批判を行う。もうひとつは、肯定的な実践者の文化であり、彼らはある一定の時間内に終えなければならない仕事に従事している。一方の文化に属している者は、もう一方の文化について好ましく思っておらず、往々にして両者に横たわる溝は深い。（チェンバース, 1995, p.65）

　チェンバースはこの両者間の溝を、物事を多元的に考察する上で肯定的に捉えている。これを教育開発の文脈に置き換えれば、研究者と実践者の間に溝がなく、このバランスの欠如が教育協力の効果的実施を妨げてきた可能性もある。さらに、このような二つの文化を持つ外部者に加え、農村の人々を最優先する第三の文化の創造を唱えている。すなわち「農村の貧困をよりよく理解し、何をすべきかについてのよりよい判断を下すためには、アウトサイダーたちは、彼らがどんな分野に関わっていようと、物事をこれまでの逆のもう一方の端から見ようとしなければならない」（チェンバース, 1995,

p.97）と述べ、「下から上へ、『周辺』から『中心』へ、遠隔地から中央部へ、という逆の理解の仕方」(Ibid., pp.96-97) に注視するよう訴えている。

このようなチェンバースによる著書は、1983年に発刊されて以来、広く読者を得ている。教育開発が近年のように関心を持たれ始めたのはせいぜい1990年以降のことである。教育開発研究者や教育協力実践者は、このようなコミュニティ開発の経験から学べることも多いのではないだろうか。

2-2　研究関心と研究方法の偏向

アフリカ諸国での教育開発研究では、学校レベルでの観察よりも教育政策や教育システム全体に関する現状と課題を議論することが多い[2]。例えば、国の政策が学校レベルの実践にどのようなインパクトがあるかを検証した研究、あるいは学校の状況を詳細に記述した学校文化に迫るような研究は少ない。学校レベルのデータを含む調査においても、計量化できる指標を集約したような報告が多く、事例研究はまれである。そして、授業や教育実践のようなミクロな事象に関心が寄せられることも少ない。教育開発研究において、社会学で活用されることの多い、エスノグラフィー、ライフヒストリー、グランデッド・セオリーなどを分析ツールとして使ったものは圧倒的に少ない。

教師が自ら授業研究や教材研究を行うことがないこととも関係するが、大学の研究者自らがフィールドに入るミクロな研究はあまり積極的に行いたがらない。効率の悪い研究より、副収入が得られるコンサルティングを優先するのは責められない。同じような調査をしながら、援助機関から委託を受けてコンサルタントとして働けば一日当たり数百ドルの報酬を得ることができるのであるから、地道な研究を行うことは今の大学の環境では難しい。何よりも、援助機関の仕事であれば、教育省などからもデータを得やすい。自然と、大学教員の研究の関心、方法、視点は、援助機関の「好み」に影響を受けることになる。最近では質的調査やインタビュー結果を中心とする記述的な報告も少なくないが、援助に影響力を持つ調査結果は、人々の感情や生活実態とはかけ離れた量的分析が多く、意味づけや解釈という点から分析されているものは多くない。

このような資金提供者と調査実施者の関係性が、調査研究のテーマと方法を左右している。これまで、表面的事実に関する調査研究が多い最大の理由

は、学校現場での質的な調査は、苦労が多い割に効率的にデータが収集できないこと、および援助機関の調査ニーズに合致しないことが挙げられる。取りあえず、学校現場に赴き、そこから研究課題を見つけ出すというような方法は、援助機関が行う調査研究では許されることではないし、それが研究全体の偏向に結びついてきた。しかし一方で、学術研究として行う場合、仮に何かが解明されても、援助を行うことを前提とした調査と異なり、その成果が社会に還元されにくいというジレンマもある。

このような問題とは別に、計量化した指標を使って統計分析することが実証的・科学的で、具体的な事例を深く掘り下げても客観性に乏しく、研究論文にはならないという主張（誤解）も一部にある。しかし、質的調査と量的調査は、それぞれの特色と長所・短所を知り、相互に補完することにより、問題をより深く多面的に分析することができる。個性記述的および法則定立的研究はそれぞれに重要であり、客観的なものが優れ、主観的な分析が非科学的なのではない。総じて、これまでの教育開発研究においては、事例研究を中心としたミクロな質的調査が不足している。

3. 質的方法と量的方法

3-1　各調査法の特徴

ある教育研究において、量的分析と質的分析の境界は必ずしも明確ではない。質的分析を中心とする論文であっても、就学率や生徒数の推移、質問紙を利用した調査など、計量化した議論も行う。逆に、量的な分析でも、学校現場を訪問し、関係者にインタビューするのが普通である。質的データは計量的研究でも使用するし、インタビューの記録を分析するコンピューター・ソフトもある。メリアム（2004）は、両者の調査法の特徴を表1のとおり整理し、質的調査を「社会現象の自然な状態をできるだけ壊さないようにして、その意味を理解し説明しようとする探求の形態を包括する概念である」（p.8）と定義づけしている。質的研究の特徴は、柔軟な調査枠組みの中で、調査者自身がデータ収集のツールとなり、インタビューや観察を通じ、データの意味づけや解釈を行うことにある。

質的調査法の議論においては、量的分析を批判的に捉えることにより質的

表1　質的調査法と量的調査法の特徴

比較のポイント	質的調査法	量的調査法
研究の焦点	質（特性、本質）	量（どのくらいの量や数か）
哲学的ツール	現象学、象徴的相互作用論	実証主義、論理的経験主義
関連用語	フィールドワーク、エスノグラフィック、自然主義的、グラウンデッド、構築主義的	実験主義的、経験主義的、統計的
調査の目標	理解、記述、発見、意味づけ、仮説生成	予測、統制、記述、確証、仮説検証
デザインの特性	柔軟的、発展的、創出的	事前に決定された、構造化された
サンプル	小集団、ノンランダム、目的的、理論的	大集団、ランダム、代表的
データ収集	調査の主たる道具としての調査者、インタビュー、観察、文献	無機的な道具（尺度、テスト、サーベイ、質問紙、コンピューターなど）
分析のモード	帰納的（調査者による）	演繹的（統計的手法による）
調査結果	理解的、全体論的、拡張的、分厚い記述	正確、数字を用いる

（出所）メリアム（2004, p.12）

　研究の長所を描き出すことになるが、これは量的研究に問題があるのではない。質的研究にも多くの批判はあり、この両者は相互補完的な関係にある。質的研究の創成期は1970年代初頭にあり、日本では1990年代になってそれまでの実証主義や量的な質問紙調査に対する批判として関心が高まってきた（デンジン・リンカン, 2006, p.iii）。それを裏付けるように、1990年代後半以降、世界的な質的研究の入門書が翻訳され、版を重ねている（例えば、グレイザー・ストラウス, 1996；ロフランド・ロフランド, 1997；フリック, 2002；メリアム, 2004；グッドソン・サイクス, 2006）。日本人研究者による質的調査法の解説書も数多く出版されている（例えば、北澤・古賀編, 1997；2008；佐藤, 2008）。質的調査の基本であるフィールドワークに関しては、さらに多数の図書が近年刊行されるようになった（例えば、箕浦編, 1999；中村・広岡, 2000；好井・桜井編, 2000；佐藤, 2002；2006）。

　量的研究の基本データは、定型化されたサーベイにより得られる。フィールドワークを中心とする調査者にとっては、サーベイから得られたデータは明らかに信頼度が低いように見える。構造化された質問には、調査者のバイ

アスが含まれるであろうし、浅薄な情報は人々の生活実態を反映していないように感じられる。教育に対する価値観など人々の考え方や意識を質問する場合、構造化された質問紙では回答は得られるであろうが、データの信頼性はかなり低くなる。この二次データである量的指標の妥当性と信頼度が低いだけに、それをどのように操作しようと出てくる結果は、ほとんど意味のないものか、分析などしなくても常識の範囲内でわかることも多い。さらに、当初設定した研究枠組みに沿った一部の側面だけを抽出しても、対象とする事象の全体像を捉えることはできない。

コミュニティ開発でよく行われるサーベイは、一般に考えられている以上に信頼性の問題がある（チェンバース, 1995）。普遍的法則性を調べようとするランダム・サンプリングにしても、結果として有意抽出になっているのが普通である。例えば、学校の保護者にアンケート調査をするような場合、仮に個別訪問調査であるにしても、全数調査でもしない限り、偏りは生じる。サーベイは、都市を拠点にした、フィールドに出ることを最小限にしたい調査者には便利な方法であるが、そのデータの解釈には往々にして誤解がある（Ibid., p.98）。

3-2　質的調査法の難しさ

それでは質的研究が優位のようであるが、この手法の問題点は誰でも勉強すればできるものではないことである。調査者はデータ収集と分析のツールである。メリアム（2004）は質的調査者が有すべき特性について「あいまいさへの寛容、文脈とデータへの感受性、すぐれたコミュニケーション能力の3つ」(p.36) を挙げている。佐藤（2006）は「フィールドワークに向く人、向かない人」(p.17) という表現を使い、同様に「というのは、フィールドワークというのは、人によってはまったく性に合わない方法であるかもしれないからです。向き不向きというのは何にでもまた誰にでもあることですが、フィールドワークの場合にはそれが極端で、『人がフィールドワークを（手法として）選ぶ』というよりは、『フィールドワークの方が人を選ぶ』といった方が正しいことも多いのです」(p.19) と述べている。これはフィールドワークが手法というより芸であり技であると表現される所以でもある。

それに比べると量的分析は、手法が明確であり、知識として理解できれば、

経験に左右される部分が少ないが、質的分析はそうはいかない。例えば、「数量的方法論は統計学の知識を必要とするが、系統だって学習していけば本質的にだれにも理解、習得できる、その意味で普遍的な方法論である。学習すべき内容は明確である。しかし、質的方法論では、優れた研究がなされてもそれはその研究者という特定個人の特別な能力によるものであり、いかなる方法で研究を行ったかは実はよく分からないし、そうした研究者自身方法論に関しては語っていない場合が一般的である」（木下, 1999, pp.167-168）。

　質的調査はその時その時が真剣勝負であり、生き生きとした情報が得られるが、それだけに調査者の力量により得られる情報の量と質が決まる。データを集めながら分析も同時に行い、次の問いも見つけなければならない。二次データにより研究室で分析を行い、不明な点が出てくれば後で誰かに確認する、という訳にはいかない。

　質的研究者にとって、量的分析は論理構造が明快であり調査の方法も間違っていないが、あらかじめ想定される平凡な調査結果に終わり、どうも現実とは違うのではないかと考えるしかない研究がある。多変量解析により因子分析することも重要であり、量的手法をある程度学んだ後に質的研究に取り組んだ方が質的研究の長所を最大限に利用できるともいわれる。しかし、量的研究では往々にして数字ばかりを操作するのに熱心になり、方法論は完全であっても、現実の子どもたちの姿が想像できるような生活観と人間味のある結論にはたどり着きにくい。

4. フィールドワークを必要とする背景

4-1　フィールドワークと人文科学

　フィールドワークは屋内での実験や文献検索などの作業に対置しての野外での調査であるが、本章で使うフィールドワークは佐藤（2006）が分類するところの参与観察や現場密着型のインタビュー調査などの「関与型フィールドワーク」であり、1回限りのインタビューやサーベイなどの「非関与型フィールドワーク」は含めていない。「フィールドワークというのは、とてつもなく非効率的で無駄の多い仕事です」（佐藤, 2006, p.40）と表現されるように、フィールドワークを通した質的研究の効率はよくない。今でこそ携帯

電話があり、必要な人にあらかじめインタビューの約束を取り付けることもできるが、それでも当初の計画を変更しなければならないことは多い。

　レヴィ＝ストロースによる『悲しき熱帯』は、フィールドワークや民族誌を語るときに必ず引用される古典であるが、彼は「どのようにして人は民族学者になるのか」という章において、ある1冊の民族学者による書を読み、次のように述べている。これは澤村 (2005) がフィールドワークの魅力として「学校現場のフィールドで長期にわたり調査を続けていると、妙な表現ではあるが、地球上に生きていることを実感させてくれ、心が豊かになるような気持ちにさせてくれる」(p.283) と記しているのと似ている。

> しかし、私はそこで出会ったのは、本から借りてきて直ぐに哲学の概念に変形させられる知識ではなく、原住民社会で生きた体験であり、しかも観察者が原住民社会に深く参与しているため、意味が損なわれずに保たれているような体験であった。私の思考は、哲学的思弁の訓練のために密閉された甕（かめ）に押し込められ、汗を流している状態を逃れた。外気の中に連れ出されて、私の思考は、新しい風に当って生気を取り戻すのを感じた。山の中に解き放たれた都会人のように、私は広々とした空間に陶酔し、そしてそのあいだにも、私の目は眩しさをこらえながら、私を取り巻く対象の豊かさと多様さを測っていた。(レヴィ＝ストロース, 1977, p.90)

　教育開発研究において実践しようとするフィールドワークは、その方法や関心において、人類学者のものとは異なる。伝統的人類学者や民族学者は伝統文化を侵食するものに対する怒りが根底にあり、学校という近代的組織の存在は好ましいものではなかった。したがって、伝統的人類学者の学校や開発に対する見方は冷ややかであり、国際協力や開発に関わる者が学校の役割を開発の文脈から積極的に活用しようとする姿勢とは異なる[3]。

　それでも、ここで人類学的アプローチを強調する背景には、次のような文章に代表される理由がある。「……人類学者は、『現実の人々』や『現実の生活』から離れて物事を抽象的に公式化するやり方を信用しない。彼らは、原住民の居住地に実際に赴き、彼ら自身の目を見開き、耳をそばだてることに

よって真実をつかみ出そうとする。こうした作業のことを、私たちは『フィールドワーク』と呼んでいるのである」(ピーコック, 1988, p.110)。このような「現実」を見極めるフィールドワークがこれまでの教育開発研究に不足しており、それが教育協力の実践に少なからぬ影響を与えているように思える。

4-2　教育開発研究におけるフィールドワーク

フィールドワークの重要性に関して、川合 (1999) は次のように記している。

> 現代においては自らが関わる生活世界、社会的現実、世界そのものが、制度や組織も、規範や価値も、シンボルや意味づけも、時間的位置づけや展望も、感情すらも、大きく揺らぎ変貌しつつあり、私たちが生きていくうえで新たな洞察や思考を試み深めていく必要に迫られている。そのためには、書物や限られた枠組みの中での洞察や思考に留まらずに、変貌する社会的・歴史的状況のなかで自らの経験や体験、観察を活用し自らをささえる意味づけや展望を探り出していく必要がある。(p.229)

フィールドワークが教育研究において求められる理由は、日本社会もアフリカなどの社会も変わらない。アフリカ社会も急速に変貌しつつあり、学校教育の役割は多様である。自らの五感を頼りにそのあり方を確かめ直す必要がある。学校での活動に参加し観察しなければ、机上で思考をめぐらすだけでは、新たな考え方は生まれてこない。社会の文脈性に対して感受性を高めなければならない。その意味でもフィールドに身を置くことは大切であり、参与観察が重視される理由である。しかし、調査に協力してくれる学校を選ぶのは容易ではない。適切な調査協力者 (情報提供者、インフォーマント) に巡り会えるまでにも時間を要するし、調査の基礎となる現地の人々との信頼関係 (ラポール) を構築するにはもっと時間がかかる。

学校に宿泊し生活を共にしながら話を聞くと、その内容の量と質は数時間滞在するだけの調査者とは全く異なる。生徒や教師の実際の活動を観察すれば、さまざまな実態を学ぶことができる。新たなアイデアは頭の中の思考だ

けで思いつくものではない。観察し、体験し、そして感じたことから生成される。机上で練った研究計画の枠組みに固執すると、重要な事柄を見過ごす危険性がある。ある程度の経験も必要である。計画が立てにくく、研究成果が出るのかも判然とせず、慣れるまでは不安になる。

　研究を行う以前の問題として、社会的立場も経済力も異なる調査者がフィールドに入ることは、その現場である学校を混乱させることは避けられない。さまざまな支援を求められることはごく普通であるし、いやおうなく彼らの期待を高めてしまう。活動に参加すればするほど、外部者ではいられなくなる。若い研究者は生活世界を知ろうとすればするほど、その現実の厳しさに驚き、冷めた調査者であり続けることが難しくなる。

　そのような困難はあっても、現場での体験を踏まえて論文を作成し、理論の生成を試みることは、十分に魅力的な作業である。それを途上国の教育現場に適応させる過程で、どのような具体的な問題が起こるのか、次に具体的経験をもとに検証してみたい。

5. ケニアでのフィールドワーク経験

5-1　現実世界に接近する技

　ケニアでのフィールドワーク経験は、数多くのことを教えてくれた。直接的、間接的に、論文の書き方にまで影響を受けた。フィールドワークとは反省の繰り返しであり、同じ学校に毎年通い、同じ人物から話を聞いても、いつも新しい発見がある。最初の学校訪問から自分なりに分析した結果は、調査を重ねるごとに修正されるもので、逆に言えば、一度の調査結果には正確でない解釈が含まれることが少なくない。何度も繰り返して同じ事象を観察、分析できることがフィールドワークの強みである。

　フィールドワークの基本は観察とインタビューである。そのような方法を駆使しても、現実世界へ接近することは容易でない。調査者側に熟練が必要であり、時として、それまでの調査が無駄になってしまうような話が突然飛び出してくることもある。現地の人々は親切である。調査者が期待するような、学校がいかに大切かを語ってくれる。親切のあまり、「知らない」と答えてくれず、適当な内容を、自信を持って話されることもある。分析結果に

対して意見を求めても批判的なコメントをしてくれることは少ないが、それをそのまま理解してはいけない。言葉以外の相手の表情にも重要な情報が含まれていることが多い。

インタビューは調査者と回答者の相互行為である。タテマエの話をしているのか、ホンネの話かは、その場の雰囲気からある程度察知できることもあるが、同じ内容を別の角度から確認したり、別の回答者に同様の内容を質問するなど、現実により接近するためにはトライアンギュレーション（三角測量的手法、方法論的複眼）が重要となる。例えば、同じ質問をA教師とB教師にした場合、全く回答が違うこともある。質問内容が各教師の考え方を問うものであれば、その違いが重要なデータにもなるが、ある一つの事実が異なっては困る。信頼できる調査協力者を探すことは、フィールドワークの重要な要素である。相互の信頼関係が構築されてくると、教師は校長に対する不満も含め、学校運営についての率直なホンネの話をしてくれる。ある小学校を初めて訪問し校長や教師に話を聞くと、明らかに歓迎されていない雰囲気があっても、気が進まないながら再訪すると、前とは別人のように笑顔で出迎えてくれることもある。

生徒の考え方を知るのはもっと難しい。普段、友人たちと内輪の話をするときは英語でもスワヒリ語でもない生活言語で話しており、それを理解できない調査者がデータを得るには、インタビューが中心にならざるを得ず、自然な観察の中で必要な情報を得ることは難しい。これは保護者に対するインタビューも同じであり、教師に通訳として同行してもらうと、当然ながら訪問する家庭は模範的で学校に協力的であり、聞ける話はいかに教育が大切かという、決まりきった話になり、学校に対する不満などのホンネを話してくれる可能性は低い。

若い学生がフィールドに入り、年配の教師から話を聞くのは簡単なことではない。当然ながら明らかに嫌な顔をする教師もいる。しかし一方で、学校での観察では、学生の方が、普段の自然な姿が見られる可能性が高い。生徒に対するインタビューであれば、年の離れた調査者には話してくれないような内容を聞くことができる優位性もある。

参与観察の古典として現在でも評価の高い『ストリート・コーナー・ソサエティ』を著したW．ホワイトは、スラムで長期にわたり生活を共にしてい

る。現地での調査に関して次のように述懐している。

> それが長い期間を要したのは、わたくしがもっとも関心をもった研究部分が、人びとや事物になじまなければならないものであったからである。（中略）このなじんでいく過程で、この本の中のアイデアは浮かんできた。これらのアイデアは思考だけで考えついたものではない。わたくしが見たり、聞いたり、やったり、そして感じたりしたものから出てきたものである。体験の混沌としたるつぼの中から努力してつまみ出したものだ。（中略）ただ時間だけがいたずらに過ぎ去っていく時期もあった。
> （ホワイト, 1974, pp.90-91）

　ホワイトの言う「なじんでいく過程」を担保できるだけの時間もなく、研究の効率を優先してきたのがこれまでの多くの教育開発研究である。そのために重要なデータに気づかず、現実世界へも接近できていなかったかもしれない。どれだけこの時間を確保できるかは別にして、調査者がこのような制約を意識化することが重要である。その上で内部者の視点から生活観を持って学校を観察することができれば、現実世界へより一歩近づけるのであろう。

5-2　調査者を魅了するフィールドワーク

　フィールドワークは誰にでもできるものではないが、この方法が性格に合えば、何よりも楽しい作業である。学校に接近すると、そこには情報があふれ、研究テーマが頭をぐるぐると回る。人々との雑談が研究のアイデアにつながることも多い。まさに、フィールドワークは人を惑わすだけの魅力がある。教師の家に泊めてもらったり、生徒の授業時間以外の生活を見たり、普段の生活を通して学校を観察することには常に新たな発見を伴う。
　これまで地域社会の文脈性から学校だけを取り出して研究することが多かったが、家庭から学校、学校から教育事務所など、通常の逆方向から中央部を眺めると、学校現場の見え方まで変わってくる。教師のモラルが低い、授業を休むなどの「問題行動」を一概に批判できなくなる。それは教師の生活という文脈性に寄り添うことになるからであろう。学校と家庭や地域社会の関係、小学校から見た中等学校のあり方など、研究観が180度転換するよ

うなインパクトがフィールドワークにはある。

　学校現場の苦悩は、意外に外部者には正確に理解されていない。ケニアの教育について、ケニア人の教育研究者以上に政策面での知識を持つことは難しいが、現場の学校の実態に関しては、フィールドに入る日数が物を言うだけに、日本人でもケニア人の専門家に負けない。あるいは日本人であることが現場では有利に働くこともある。すなわち、ケニアの教育界のヒエラルキーの外部にいるからこそ、観察できることがたくさんある。例えば、ケニア人の大学教員が小学校現場を訪問すると、現場の先生方の緊張する様子がよくわかる。そうなると学校現場の実態に接近することは難しくなる。

　チェンバース (2000) が「貧しい地域住民のリアリティ」の章で言及しているように、「貧しい地域住民の価値観、好み、基準は、非常に多く、多様で変化に富んでおり、専門家が考えるものとは往々にして異なっている」(p.376)。ケニアの牧畜遊牧民であるマサイは、学校教育に関して、まさにチェンバースの言う「地域ごとの暮らしの戦略」(p.378) として、伝統的な生活世界に取り入れられる部分においてうまく活用している（内海ほか, 2006）。この他にも、コミュニティの中で「学童」は学校が休みになる週末に放牧の手伝いをし、「牧童」はその週末に休みを取るような分業を行っている例も報告されている（湖中, 2006）。このような現実は短期しか滞在しない外部者にはなかなか認識できない。

　また別の事例として、ジェンダーの観点から「複数の兄弟姉妹がいる場合、長男が優先的に教育の機会を与えられる」ということが一般に言われるが、この背景には学校はどのような社会においても価値があり、誰もが行きたい場所であるという教育者（教育研究者）の期待と思い込みがある。例えば、マサイの家庭においては、長男が家督を継ぐために優遇されるのは同じであるが、それ故に学校へは行かせず、家畜の世話をさせることが多い。そのような社会においては、逆に女子や末っ子が教育の機会を優先的に与えられることがある。

5-3　共生的フィールドワークの試み

　教育開発研究におけるフィールドワークのあり方を模索する試みとして、研究や実践に関わる8名で試行的に「ケニア教育開発合宿」(2006年9月)を

実施し、小学校に泊まりながら2日間の簡易フィールドワークを行った (澤村編, 2007)。この8名はいずれも教育開発分野の研究者・実践者であるが、同じ学校現場を観察し、教員や生徒にインタビューする時も、個々に関心は異なる。教師に熱心に質問をする者、生徒用の机に座って授業をじっくり観察する者、授業など学校の活動にあまり関心のない者など、今まで同類だと思っていた仲間が、フィールドに出るとかなり違う関心と思考を有していることがわかった。逆に言えば、複数で同時にフィールドワークを行えば、孤独なはずのデータ収集と分析を複眼的に行うことが可能であり、調査の質を高めてくれる。

　当日訪問したある小学校の対応は、事前に8人で訪問することを連絡していると普段の様子とは驚くほど違っていた。それまでであれば授業を中断して筆者らを出迎えるか、授業をせずに職員室で雑談をしていることが多かったが、この時ばかりは我々はほとんど無視され、整然と授業が進行していた。このあまりに完璧に取り繕われた姿に感動を覚えたが、これは自然な姿ではない。しかし、これが初めての訪問であれば、この特別な状況を「日常」だと誤解してしまうであろう。

　これまでフィールドワークが重要なことを繰り返し述べてきたが、その行為は相手 (被調査者) にとって利益がないばかりか、負担になることが多い。いわゆる研究倫理の問題である。授業を中断して協力してもらい、忙しい時間の中でインタビューに付き合ってもらうなど、現地へのフィードバックがない限り、データを収奪していると言われても仕方がない。調査に協力してもらっている学校に対して多少の支援をすることはできても、それは言い訳程度のものである。ここで「共生的」フィールドワークと掲げたのは、現地の人々と外部者である研究者の理想的な関係性がそのあたりに存在するのではないかと思えたからである。まだまだ模索の段階ではあるが、調査だけを最終目的とせず、協働、交流の部分を少しでも増やすことも、そこに近づく方法の一つかもしれないと思っている。

6. 質的研究アプローチの必要性と展望

　従来の途上国における教育分析でよくある研究は、学校だけを抽出し、現

実の社会の文脈においての関連性を見出そうとしないものである。なぜそのような状況にあるのか、それが本当に問題なのか、現実の社会状況の中でその背景を探ろうとする研究は少ない。内海 (2003) は自らの反省も込めて「教室のある場面を取り出していくら綿密に分析しても、織物を小さく切って、糸を顕微鏡で見ているようなもので、全体を織り成す模様は分からないのである」(p.60) と表現している。

これはフィールドワークを中心とする質的調査を通して、教育のあり方を社会的・文化的文脈の中で分析するような試みがなされてこなかったことにも関係する。質的方法は量的方法に比較し、調査者により設定されたロジックを強制しない柔軟な調査技法である。現場での有用性や妥当性をより正確に知ることができる質的な事例分析は、実践を重んじる開発研究において欠かすことができない (佐藤, 2003)。人間の安全保障という考え方が主流になり、草の根の人々が援助の対象からアクターとして位置づけられ、また地方分権化が多くのアフリカ諸国で進展するなか、コミュニティのあり方を理解することは教育協力を効果的に行うための前提である。それにもかかわらず、コミュニティと地方分権化の諸課題はその複雑性がまだ十分理解されていない (笹岡ほか, 2007)。したがって、学校レベルの質的調査の役割は、ますます重要になっていくはずである。

言うまでもなく、質的調査にも短所はあり、さまざまな調査法を取り入れながら、複雑な教育事象を解明することが大切になる。社会調査の方法を「フィールドワーク」「サーベイ」「実験」「非干渉的技法」の4つに分類した場合、フィールドワークは「現実の複雑性に対する配慮」「現実の社会生活に対する調査者の近さ」「調査デザインの柔軟性」において特に優れているが、一方で「調べられる事例の数」「調査活動にともなう干渉のバイアスの排除」において問題がある (佐藤, 2006, p.141)。このような制約はあるにしても、これまでの教育開発研究の成果、および将来の教育協力において必要となる情報を考えると、今後とも質的研究の成果を蓄積することが重要になるであろう。

日本国内の学校現場で参与観察を行い、エスノグラフィーの方法により学校教育の現実に接近を試みる古賀らは、次のように述べている。「小さな1つの学校からの調査であっても、学校制度の矛盾や教育実践の可能性などを

描き出すことはできるということ。現場の文脈性に寄り添うことで、あるいはその学校の意味世界に寄り添うことで、マクロな社会的事実への新たな接近の視点を獲得することもできるということ」(古賀, 2004, p.ii)。このような指摘は、調査地がどこであれ、現場の状況に「寄り添う」ことを重視してこなかった研究者にとっては、貴重な示唆を含んでいる。

実証的なマクロ研究を得意とする研究者は、事例研究に対して、どれだけ一般性があるのか、と批判する。佐藤(2006)はこのような議論の前提には次のような誤解があると答えている。すなわち、「調査対象の数と調査の結果の一般性や妥当性に関する……理解は、〈対象を調べること〉と〈対象を通して調べられること〉との混同にもとづいています」(pp.118-119)。教育研究においてこの議論を当てはめると次のようになろう。多くの学校、多くの生徒を対象にサーベイ調査をしても、調査できる項目はごく限定的であり、1度や2度だけの調査なので間違いがあってもそれに気づかない。したがって科学性も客観性もない。それに比べれば、フィールドワークによる質的調査は、異なった人や時間において繰り返し数多くのことを調べることが可能であり、対象を通して一般的な問題を解明できる。

私たちの取り組むべき教育開発研究とはどのようなものなのだろうか。これまでの反省を踏まえ、筆者が将来取り組んでみたい研究の方向性は、次のようなものだ。

(1) 研究の枠組み

教育を取り巻く社会環境は急速に変化している。研究者が事前に設定した枠組みは現実に追いついていない。柔軟な枠組みの中で現場の体験から理論を作り上げてみたい。今の多くの教育開発研究は人々の意識とかけ離れたことを議論しているように思える。社会が急速に変化しているのであるから、時間軸においてある1点だけを押さえても動的な変化を捉えることができない。繰り返し訪問し、経年的な変化を観察することが重要である。そうしなければ、教育開発研究は実践の伴わない孤立した学問になってしまう。

(2) 研究の視点

これまでの教育開発研究には首都にある教育省から遠くの学校を眺めたよ

うなものが多かった。学校ベースの研究にしても、校長や教員から構造化された項目に基づきインタビューした結果をまとめたものがほとんどである。人々の暮らしに密着し、生活者の視点から社会全体の中での学校のあり方を読み解こうとする考えは不足していた。そのような関係者の生活観を理解することができれば、一方的な課題の分析や問題点の指摘に留まらない、学校現場の教育改善へ向けた協力において、より実効性の高い方策を見つけられるような気がする。

（3）研究の方法

　過度にフィールドワーク中心になると、特定の国・地域から離れられなくなる。研究テーマは次から次へと浮かんでくるので、他の国へ出かける必要もない。いわゆる地域研究者は、ある特定の国を一生かけて深く研究する。教育開発研究者があまりに1カ国に固執すると、見えるものも見えなくなってしまう。この点、周辺国と比較することは重要であり、例えば、ケニアだけを見ていてもケニア的な特質はわからないが、ウガンダやタンザニアを調査して比較すると、初めて気づくことも多い。また、複数で同じフィールドに入ることは、質的調査の質を高めてくれる。

7. おわりに

　多くの国際協力実施機関は教育協力の効果を草の根の人々にまで浸透させ、ミレニアム開発目標にある、2015年までにあらゆる国で初等教育の完全普及を達成するために支援を続けている。この目標を実現するためには、学校現場での実態や子どもを持つ家庭の生活状況を把握することが重要になり、そのために質的研究方法は有効な手段である。我々外部者はそれぞれの地域の学校文化に接近するような調査研究を十分してきたのだろうか。これまでの国際協力におけるニーズの把握は、外部者が不足しているであろうと考える物や知識を充足させる支援が中心であった。果たして、人々のニーズに合った協力を本当に行ってきたのか、今一度、謙虚に問い直してみる必要がある。

　教育の質的改善は、EFA (Education for All) 達成における重要な課題である。教育の質が低い、教員のモラルが低いと嘆いても、それが「なぜ」なの

か、「どのようにして」起こるのか、どれだけ理解してきたのだろうか。教員の知識不足が問題であれば教員研修を実施し、教科書が不足していれば教科書を配布してきた。一部には効果はあったかもしれないが、一般に自立発展性は期待できない。教員の生活実態を我々はどれだけ知っているのだろうか。教育分野の協力を考える上では、教師をはじめとする人々の生活の場、子どもたちの学習の場に近いところからの発想が重要なはずである。

　このような情報を得るにはフィールドワークの実践が不可欠である。しかし、援助機関関係者にこのような「非効率」な調査を行うゆとりはない。援助機関にとっては、マクロな政策研究や量的研究でなければ、援助の指針として活用しにくいこともある。ミクロな質的研究だけで複雑な教育事象の実態を解明することは困難であり、マクロな量的研究も引き続き行わなければならない。教育開発研究において、その適応する分析手法が、どの部分、どの次元の教育の実態を把握するために有利なのか、この点をもう少し意識化し、横断的連携を念頭に置き、それぞれの研究を遂行する必要がある。研究者には援助関係者では入手困難なデータに基づき独自の基礎研究を行うことも期待されている。そうすれば、研究と実践が相互補完的になり、教育協力を下支えするような教育開発研究を展開することが可能となるのではないだろうか。

注
(1) フィールドワークや質的調査の方法や技法についての詳細は、本章で引用しているような教科書、解説書が数多く存在し、参考になる。本章では質的調査の有効性を量的調査と対比しながら議論を進めているが、これは教育開発研究において質的調査が適しているといるものではなく、両者の有用性の違いを明らかにしようとするものである。
(2) 例えば、イギリス国際教育訓練フォーラム（UKFIET）は、途上国の教育と開発に特化した会合であり、大学研究者のみならず国際機関、二国間援助機関、NGO などの援助実践者により発表が行われる。この第9回会合（2007年9月開催）では、全体として半数以上はアフリカに関係する内容であったが、大学院生による研究成果の発表がほとんど行われないこともあり、調査手法としてフィールドワークを中心としたものは、わずか数件であった。参加者の関心は、政策研究を中心とした政策含意（policy implications）に向けられ、子どもや保護者の立場から見た教育現場の「現実」への関心は少なかった。

(3) 今やかなり奥地に行っても学校は存在し、その影響を伝統社会は受けており、現在では積極的に開発を志向した開発人類学や教育人類学と呼ばれる領域もあるので、人類学も変容し続けている。

参考文献

内海成治（2003）「国際教育協力における調査手法―ケニアでの調査を例にして―」澤村信英編『アフリカの開発と教育―人間の安全保障をめざす国際教育協力―』明石書店，59-81頁．

内海成治・澤村信英・高橋真央・浅野円香（2006）「ケニアの『小さい学校』の意味―マサイランドにおける不完全学校の就学実態―」『国際教育協力論集』9巻2号，27-36頁．

川合隆男（1999）「訳者　あとがき」L.シャッツマン／A.L.ストラウス『フィールド・リサーチ―現地調査の方法と調査者の戦略―』川合隆男監訳，慶應義塾大学出版会．（原著：L. Schatzman & A. L. Strauss, 1973, *Field Research: Strategies for a Natural Sociologist*. Prentice-Hall.）

北澤毅・古賀正義編（1997）『〈社会〉を読み解く技法―質的調査法への招待―』福村出版．

北澤毅・古賀正義編（2008）『質的調査法を学ぶ人のために』世界思想社．

木下康仁（1999）『グラウンデッド・セオリー・アプローチ―質的実証研究の再生―』弘文堂．

グッドソン, アイヴァー／サイクス, パット（2006）『ライフヒストリーの教育学―実践から方法論まで―』高井良健一・山田浩之・藤井泰・白松賢訳，昭和堂．（原著：I. Goodson & P. Sikes. 2001, *Life History Research in Educational Settings*. Open University Press.）

グレイザー, B.G／ストラウス, A.L.（1996）『データ対話型理論の発見―調査からいかに理論をうみだすか―』後藤隆・大出春江・水野節夫訳，新曜社．（原著：B. G. Glaser & A. L. Strauss, 1967, *The Discovery of Grounded Theory: Strategies for Qualitative Research*. Aldine Publishing Company.）

古賀正義編（2004）『学校のエスノグラフィー―事例研究から見た高校教育の内側―』嵯峨野書院．

古賀正義（2004）「はじめに」古賀正義編『学校のエスノグラフィー―事例研究から見た高校教育の内側―』嵯峨野書院, i-ii頁．

湖中真哉（2006）『牧畜二重経済の人類学―ケニア・サンブルの民族誌的研究―』世界思想社．

笹岡雄一・関谷雄一・吉田昌夫・阪本公美子・斎藤文彦（2007）「東アフリカにおける地域社会と地方分権化の諸課題①～⑤」日本アフリカ学会 第44回学術大会（長崎大学）研究発表要旨集，57-61頁．

佐藤郁哉（2002）『フィールドワークの技法―問いを育てる，仮説をきたえる―』新曜社．

佐藤郁哉（2006）『フィールドワーク　増訂版―書を持って街へ出よう―』新曜社．

佐藤郁哉（2008）『質的データ分析法―原理・方法・実践―』新曜社．

佐藤仁（2003）「開発研究における事例分析の意義と特徴」『国際開発研究』12巻1号，1-15頁．

澤村信英（2005）「教育現場における調査技法」黒田一雄・横関祐見子編『国際教育開発

論―理論と実践―』有斐閣，279-294頁．
澤村信英編（2007）『ケニア教育開発合宿―共生的フィールドワークを求めて―』広島大学教育開発国際協力研究センター．
志水宏吉編（1998）『教育のエスノグラフィー―学校現場のいま―』嵯峨野書院．
チェンバース，ロバート（1995）『第三世界の農村開発　貧困の解決―私たちにできること―』穂積智夫・甲斐田万智子監訳，明石書店．（原著：R. Chambers, 1983, *Rural Development: Putting the Last First*. Longman.）
チェンバース，ロバート（2000）『参加型開発と国際協力―変わるのはわたしたち―』野田直人・白鳥清志監訳，明石書店．（原著：R. Chambers, 1997, *Whose Reality Counts? Putting the First Last*. Intermediate Technology Publications.）
デンジン，N. K／リンカン，Y. S.（2006）『質的研究ハンドブック2巻 質的研究の設計と戦略』平山満義監訳，北大路書房．（原著：N. K. Denzin & Y. S. Lincoln, 2000, *Handbook of Qualitative Research, second edition*. Sage Publications.）
中村尚司・広岡博之編（2000）『フィールドワークの新技法』日本評論社．
ピーコック，L. ジェイムズ（1988）『人類学と人類学者』今福龍太訳，岩波書店．（原著：J. L. Peacock, 1986, *The Anthropological Lens: Harsh Light, Soft Focus*. Cambridge University Press.）
フリック，ウヴェ（2002）『質的研究入門―〈人間の科学〉のための方法論―』小田博志・山本則子・春日常・宮地尚子訳，春秋社．（原著：U. Flick, 1995, *Qualitative Forschung*. Rowohlt Taschenbuch Verlag GmbH.）
ホワイト，W. F.（1974）『ストリート・コーナー・ソサイエティ―アメリカ社会の小集団研究―』寺谷弘壬訳，垣内出版．（原著：W. F. Whyte, 1943, *Street Corner Society: The Social Structure of an Italian Slum*. The University of Chicago Press.）
箕浦康子編（1999）『フィールドワークの技法と実際―マイクロ・エスノグラフィー入門―』ミネルヴァ書房．
メリアム，S. B.（2004）『質的調査法入門―教育における調査法とケース・スタディ―』堀薫夫・久保真人・成島美弥訳，ミネルヴァ書房．（原著：S. B. Merriam, 1998, *Qualitative Research and Case Study Applications in Education*. John Wiley & Sons.）
好井裕明・桜井厚編（2000）『フィールドワークの経験』せりか書房．
レヴィ＝ストロース，クロード（1977）『悲しき熱帯 上』川田順造訳，中央公論社．（原著：C. Lévi-Strauss, 1955, *Tristes Tropiques*. Librairie Plon, S. A.）
ロフランド，J／ロフランド，L.（1997）『社会状況の分析―質的観察と分析の方法―』進藤雄三・宝月誠訳，恒星社厚生閣．（原著：J. Lofland & L. Lofland, 1995, *Analyzing Social Settings: A Guide to Qualitative Observation and Analysis, 3rd edition*. Wardsworth Publishing Company.）

第 3 章

教育開発を社会学する
―分析者としてのスタンス―

山田肖子

1. はじめに

　社会学とは、教育を含む社会の諸側面が人々の生活や文化、経済、政治、価値観などとどのように関わり、社会全体を構成しているかを観察、説明しようとする学問である。例えば、教育社会学の立場からは、学校は社会生活の一部であるから、社会との関わりを見ずにカリキュラムや教育プロセスを分析することはできないと考える。学校で教師が生徒にどのように接するかは、その社会全体が、どのような知識や人格を重視するかに深く関わっているからである。また、社会や教育のあるべき姿を追求する哲学や教育学と違い、社会学では目の前で起きていることを的確に観察し、なぜそのような状況が生まれているかを社会の諸要素に照らして解釈することを最大の目的としており、善悪の判断は必ずしもしない。

　本章では、このような社会学の視点から発展途上国（以下、途上国）の教育開発について研究する場合にどのような分析があり得るのかを、主要な学説を概観しつつ論じることとする。特に教育開発に関係するテーマとして、大きく分けて（1）グローバル社会における途上国の位置づけと、それへの援助を含む外部者の関わり、（2）特定の国／社会における教育の役割、意味を考察する。こうした理論的な枠組みに基づき、本章の最終節では、社会学を行う者としての分析の姿勢について、議論を提起することとする。既に述べたように、社会学は観察の学問であるから、分析の対象となる社会や教育現場になんらかの形で関わることなく、象牙の塔にこもって思索するだけでは十分な分析ができない。また、教育開発は、途上国への教育援助の実務や、援助を受けている国々の教育行政に直接・間接に関係することが多い分野である。実務とどのような距離感で、何を、どのように研究するかは、教育開

発研究に社会学からアプローチする場合に、極めて重要な問題であろう。

2. 社会学的発想の大きな流れ

　個別の議論に入る前に、まず社会学的な発想にはどのようなものがあるかを紹介したい。理論の細部を詳しく述べることは本章の目的ではないが、社会学の根底に流れる発想は、対象が国際社会であれ、教育であれ、共通している。したがって、大きな流れを把握することは、専門領域での社会学の位置づけを明確に理解する助けになると思われる。

　社会学による社会分析の姿勢を大胆に類型化するなら（異論があることは承知で）、その一つの軸は、社会は変わっていく、あるいは変わらなければいけないと考える変革の志向性が強いものと、その対極にある、社会の中で一時的な不調和があったとしても、それは一定の方向性に集約され、安定するためのプロセスに過ぎないと考える現状肯定型で統合の志向性が強いもの、という分類が考えられる。もう一つの分類の軸は、個人の集合体である社会を、よりマクロ的な視点から様々な機能が複雑に絡み合う構造として分析する立場と、社会を構成する個人の主体性や行動様式など、よりミクロで多様な現実に目を向ける立場、という対立項であろう（図1参照）。

図1　異なる理論による社会への視線

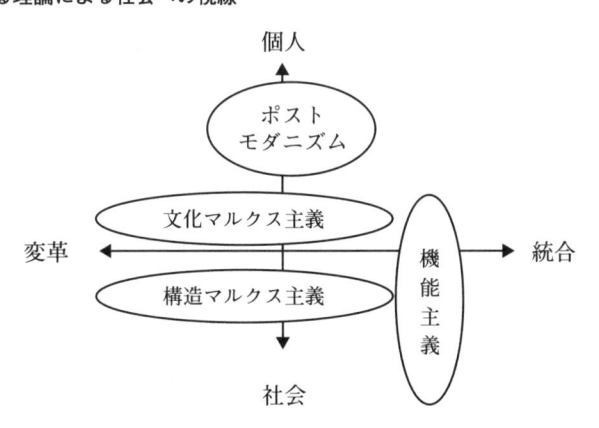

（出所）筆者作成

例えば、社会学の祖といわれるウェーバーの流れを汲む**機能主義**では、社会はそれを構成するパーツが総体としてつくる有機的システムであり、パーツは全体が円滑に一定の方向に統合するように機能すると考える (Weber, 1920)。例えば、人間の身体は様々な内臓 (パーツ) からできていて、これらは別々の役割を持って動いているのだが、全体としては、人間の身体を動かすためのシステムとして機能している。社会もそのようなものだと考えるのが機能主義の立場で、内臓が身体から飛び出していかないように、社会のパーツも、一時的に不調和をきたしたとしても、長期的には変化より維持の志向性を持つと考える。したがって、機能主義は、図1の中では、右寄りに位置する。また、社会を構成する個々人よりも、政治、経済、行政、文化など、社会の「パーツ」の相互作用に関心があるため、図の下のほうに近くなる。

　他方、**ネオマルクス主義**の系譜は、古典マルクス主義のブルジョワー労働者の階級闘争を軸にした社会理論を基礎とするため、被抑圧者による社会変革の志向性が強くなる。階級間の力関係に焦点を当てたネオマルクス主義の中でも、社会構造や権力による直接的支配に目を向けた構造マルクス主義 (Althusser, 1971)、教育や思想、メディアなどを通じて支配者から伝えられる思想 (ヘゲモニー) による、権力の直接介入によらない支配に焦点を当てた文化マルクス主義 (グラムシ, 1981) などがある。

　さらに、人間を集合体としてとらえるだけでなく、主観を持った個人の相互作用が社会全体に及ぼす影響を考えるようになったのが、1980年代以降に盛んになったポストモダニズムである。個人を基点として考えるため、社会がシステムとして一定の機能を持つというよりも、社会関係の多様性や相対性に着目することが多い。

　もちろん、これらの志向性の違いは程度の問題であって、研究者や分析対象とする社会によって、これらの二つの軸の間のどこに位置するかは異なってくる。したがって、過去の理論家の学説の分類方法に汲々としたり、自分を特定の学派に位置づけようとすることは、社会学を実践する上ではあまり意味がないだろう。むしろ、社会は、どの視点に立つかによって見え方が違うということを知り、自らがどこからどういう姿勢で分析しているかを客観視するための尺度として、理論をある程度整理しておくことが役立つといえ

る。

　機能主義、ネオマルクス主義、ポストモダニズムなどは、社会学理論の最も本質的な特徴の違いによって分類したものであるが、国際関係論や教育社会学などの学問分野では、これらの大きな流れを反映した、より特化した理論が提起されている。例えば、国際社会における途上国の位置づけを理論化したものとして、近代化論、従属論、世界システム論などがあるが、これらも、社会学理論全体から見ると、機能主義やマルクス主義の流れを汲んでいるということができる。

　近代化論は、社会は発展していけば、皆、資本主義経済に基づく民主国家という理想形に至るという「統合」の志向性を持ち、途上国が先進国の軌跡を踏襲して発展していけるよう、先進国は先達として、援助をする義務があると考える。それに対し、**従属論**や**世界システム論**では、途上国は、先進国の発展の踏み台にされ、先進国が発展すればするほど、従属的立場に追いやられるというのが国際社会の構図であり、現状の悪循環を断ち切らなければ途上国の置かれた抑圧的立場は変わらないという「変革」の志向性がある。総じて、近代化論は機能主義の特徴を多くそなえ、従属論・世界システム論はネオマルクス主義に分類されることが多い (So, 1990)。

　また、近代化論と従属論に見られるような社会観の違いは、教育と社会の関係を分析しようとする教育社会学にも見られる。上記の対比と同じような例を挙げれば、学校教育は、既存の社会でうまくやっていくための知識や行動規範を身につけて、社会の現状を維持する人材を育てる場であると考える立場が「統合的」であるとすれば、パウロ・フレイレに見られるような批判的教育学は「変革的」だということになる（詳細は後述）。

　さて、社会学では、「社会」を分析対象とすると述べた。しかし、「社会」が何であるかを規定するのは容易ではない。広辞苑は、社会とは「人間が集まって共同生活を営む際に、人々の関係の総体が一つの輪郭をもって現れる場合の、その集団。諸集団の総和から成る包括的複合体をもいう。自然的に発生したものと、利害・目的などに基づいて人為的に作られたものとがある。家族・村落・ギルド・教会・会社・政党・階級・国家などが主要な形態」（新村編, 1998）としている。言い換えれば、人と人のインターアクションが

何らかのパターンや規範を持って行われていれば、そこには「社会」があるといえ、最小単位である家族から国家、エスニック・グループ、地球社会といったレベルまで、「社会」は多層的に重なり合っており、「個人」は複数の「社会」に属していると考えられる。

　こうした重なり合う社会の中で、途上国と先進国の関係を含む国際関係や、教育開発についての研究は、暗黙のうちに「国家」を分析の基本単位としていることが多い。多国籍企業を通じた経済関係やエスニック・グループの国際ネットワークなどと違い、制度化された外交・行政は、国家という単位で行われるものだという認識は広く共有されている。国内紛争があったり、脆弱な国家であっても、開発援助は政府を通じて行われることが圧倒的に多いし、国内の教育行政は、分権化が進んで地方政府が中心に行っている場合であっても、国家の教育政策に従ってカリキュラム開発や人材、資金などの資源配分が行われている。しかし、このように自明化された「国家」の存在が社会のゆがみの原因になることもあり、国家によって制度化された教育制度そのものが特定の社会でどのような意味、役割を持っているかは、状況に応じて分析しなければならない。また、「社会」は多層的に重なり合っているから、ある社会の価値観や利益と、別の社会のそれが整合しない場合もあり、しかも、同じ個人が両方の社会に属しているという可能性がある。例えば、フランスで、公立の学校に通うイスラム系の女生徒がイスラム教徒の伝統的なスカーフ（チャドル）を身につけることの是非が社会問題となり、様々な議論を巻き起こした。これは、国家という社会の支配的な価値観（政教分離）を公教育制度の中で実践することが、重なり合う他の社会（イスラム系フランス人）の価値と矛盾を生じている例である。

　「社会」には、それを構成する個人と、その個人を結びつける共通の文化や伝統、社会として存続するための資源（お金、食料、空間など）、そして、逸脱を規制し、一定のルールを持って機能していくための規範や機構が必要になる。国家の場合、規範や機構をつかさどるのが政府（立法、行政および司法府）であり、規範に反した者を罰する規則と警察機能がある。機構は、社会の諸側面が円滑に機能することを助け、社会を統合するための明示的な権力を発揮する。しかし、そのような目に見える機構がなくとも持続している社会は数多く存在しており、そこでは、目に見えない価値や利害が人々を結び

つけていると考えられる。例えばエスニック・グループは、国家のような機構とは別個の社会だが、言語や歴史、伝統を共有しているという意識を持つメンバーの間には強い結束と、時には逸脱を許さない拘束力がある。

　また、社会は変化する。例えば、「日本」という社会において、政府（機構）は存続しているが、そこに属する個人をつないでいる価値観や文化は、時代とともに変化しており、現代において、キモノを着て日本髪を結うことは、アイデンティティの象徴として、儀式的には存在し続けていても、日常生活で、そのような恰好をすることが「日本人性」を示すと思っている人は少ないだろう。

　このように、社会は、様々な要素で成り立っており、個人の意思と政府の方針は必ずしも一致しない。そして、社会の構成要素と、それらの間の関係性が刻々と変化することによって、社会自体も変質している。社会というものが多様である以上、その分析アプローチも一つに凝り固まる必要はなく、一人の分析者が機能主義的な考え方とポストモダニズム、あるいはネオマルクス主義的な考え方を併せ持つことは十分にあり得る。むしろ、社会を複眼的に見て、いかにその姿を読み解くかが社会学の姿勢の重要な点であり、そのためには、国家の制度、政策だけでなく、よりミクロな学校や村といった単位に落として分析を行ったり、有形・無形の関係性に目を向けたりする必要がある。

3. グローバル社会における発展途上国の位置づけとその理論

　教育開発の研究において、途上国がグローバル社会の中でどのような位置を占め、他国とどのようにインターアクションしているかを知ることは非常に重要である。そもそも、我々外部者が途上国の教育開発を議論するにあたり、国際協力・援助を提供する側と受ける側という関係性を無視できない場合が多い。また、グローバル化する現代社会において、ある国の教育政策が、他国での実践例やトレンドに影響されずに全く独自の道を行くということは考えにくい。例えば、日本でも、最近、ゆとり教育や学校週休二日制を見直すといった議論がされているが、これは、OECDが実施する15歳生徒の学習到達度調査（Programme for International Student Assessment：PISA）において、

日本の順位が下がってきているという危機感に起因するところが大きい。PISA自体の趣旨が曲解されている、授業時間を増やせばいいというものではない、といった批判はさておき、このような国際指標が国内の教育政策の変更を促しうるのは事実である。

　さて、PISAのように、途上国の教育開発に大きく影響している国際指標や指針といえば、ミレニアム開発目標（Millennium Development Goals：MDGs）や「万人のための教育（Education for All：EFA）」開発目標などが想起される。EFAは、1990年にタイのジョムティエンで行われた「万人のための教育世界会議」で採択され、次いで2000年に「世界教育フォーラム」（セネガルのダカールで開催）で再合意された6つの目標からなる教育分野の国際的開発アジェンダである。一方、「世界教育フォーラム」が開催された2000年に、MDGsも採択された。MDGsは貧困削減のための社会経済活動を広くカバーする8つの目標群であるが、教育に関しては、EFAの中から「初等教育の普遍化」と「教育における男女間格差の解消」の2つが取り入れられた。これらの目標は、多国間援助機関、援助国政府、および途上国政府によって批准されている。すなわち、これらの目標達成のために国際社会が一致して努力するということが公式に宣言されたということであり、また、目標達成に向け、各途上国がどれだけ前進しているかを測定する各種の指標が設定されている。このEFA-MDGsの枠組みの中で、先進国から途上国の教育分野への援助も増加しており、国際社会での合意が、各国の教育政策に実質的な影響を及ぼしていると言っていいだろう。

　また、EFA-MDGsのように、途上国の教育政策に直接関わる事柄でなくとも、ある国の政府がグローバル経済の中での自国の立場をどのように考え、今後どのような方向に発展しようとするか、他国との外交上の力関係をどのように見ているか、といったことは、教育政策に重大な影響を及ぼす。すなわち、教育政策とは、「どのような人材を育てたいか」という国家のビジョンが具現化されたものであり、その国が、他国との相対関係で自らをどう認識しているかに深く関係するからである。例えば、シンガポール、韓国、台湾、香港など、1970〜80年代に急成長を遂げたアジア諸国が、マクロ経済における自国の位置を把握した上で、国家の産業育成戦略の一環として教育政策を位置づけていたことはよく知られている（Ashton et al., 1999）。

では、国際関係に関する諸理論の中で、途上国はどのように認識されてきたのだろうか。本節では、多くの植民地が独立した1950年代後半以降、先進国および途上国の研究者によって提起されてきた学説を、先に示した社会学理論の大きな流れ（機能主義、ネオマルクス主義、ポストモダニズムなど）と関連付けながら説明していくこととする。

まず、植民地宗主国であったヨーロッパを中心に、第二次大戦後の新興独立国の開発理論として発展したのが、近代化論である。これは、全ての社会は近代化という共通の理想に向かって進化しているという考えがもとにある理論で、途上国の開発は、植民地時代の遺産を排除すること（断絶）ではなく、より潤滑な資本主義経済への移行によって達成されるとした（So, 1990, pp.17-37）。この頃の父権的な発想では、遅れて来る子どもか弟を手助けするような感覚で、欧米には途上国を支援する責任があると考えられた。社会は一時的に分散化・不安定化するとしても、いずれはいろいろな側面が相互に有機的に作用しあって、「近代化」という一つの方向に向けて安定的に秩序を保って発展を続ける、という考え方は、機能主義の系譜に属する。また、近代化論では、「伝統社会」が多様なのは、これらの社会が未熟なためで、発展が進むうちに、理想形に近づき、統合されていくと考える（図2）。

近代化論が生まれた背景には、次々に独立していく植民地との関係を理論付けようとするヨーロッパの当時の時代状況があるが、この理論と同じよ

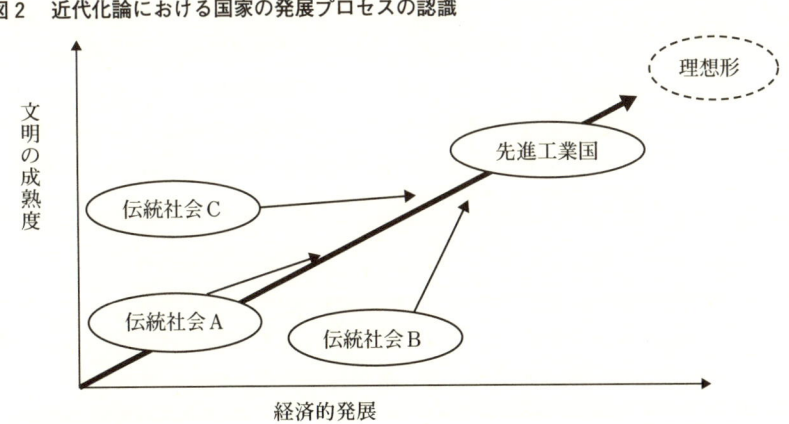

図2　近代化論における国家の発展プロセスの認識

（出所）筆者作成

な発想は現代でも多い。例えば、EFA-MDGsがなぜ正当性のあるものとして国際社会や途上国政府によって受け入れられているかといえば、そこには、全ての国に当てはまる普遍的な教育目標というものがあり、その達成に少しでも近づかなければならないという共通認識があるからである。発展段階によっては、初等教育の就学率が低い、教育の質が低い、高等教育が不足している、等の多様な問題があるが、理想形に近づくほど、問題の偏差は少なくなると見られている。そうした発想が実証的に裏付けられるかどうかは、ここで議論するテーマではないが、近代化論は、発生の時系列から言えば古いが、社会の変化とともに修正されつつも現代に受け継がれていることを指摘したい。

　さて、ヨーロッパで近代化論が生まれた頃、アフリカやアジア、ラテンアメリカの理論家も途上国と国際社会の関係について議論していた。抑圧からの解放を目指したこの時期の思想は、欧米文化の拒絶と理想化された土着文化への憧憬に彩られていた。初期のポスト植民地主義を代表するカリブのマルチニック出身のフランツ・ファノンは、『黒い皮膚、白い仮面』の中で、白人文化を押し付けられて主体性を失ってしまったことを嘆き、自らの文化のプライドを呼び覚まし、回帰することを強く呼びかけた（ファノン, 1969）。また、1940年代後半にパリ在住の黒人たちによって、ネグリチュードと呼ばれる黒人文化賞揚運動が起きたり、アメリカの学者デュボイスやガーナの初代首相エンクルマ、タンザニアの初代大統領ニエレレなどが中心となって、南北アメリカ大陸やアフリカにいる全ての「アフリカに起源を持つ人々」を統一していこうという汎アフリカニズムという運動が生まれたりした。タンザニアのニエレレ大統領は、政治思想とともに、その教育思想と実践でも知られている。タンザニアの土着の相互扶助の理念（ウジャマー）に基づく独自の社会主義を基礎とし、ニエレレは解放と自助のための教育を推進した。彼の教育思想は、フレイレの解放の教育に近いといわれるが、大統領であるがゆえに、国家規模の教育改革を志し、カリキュラムや教員訓練の内容まで変えるという徹底ぶりであった。彼は、特に成人識字教育の思想で知られ、国際成人教育委員会の初代名誉会長にも選ばれている（Mulenga, 2001）。

　しかし、植民地支配から解放されてしばらく経つと、欧米文化を否定し、

その対極として土着文化を礼賛するという、単純な対比に疑問が提起されるようになった。サイードは、その有名な著書『オリエンタリズム』の中で、「東洋」というのは西洋人によって非西洋社会を指す言葉として作られたものであり、もともと「東洋」というものがあったわけではない。「東洋」という概念によって解放を語っているうちは、他人のめがねで自分を見ていることであって、真の解放にはならないと述べた（サイード, 1993）。また、『植民者と被植民者』を記したメンミは、植民者－被植民者という二極化は、植民地支配によって作られた仮想の対比であって、実際には、支配者－被支配者が日常的に接し、文化を共有するところで、境界線は曖昧であったと述べた（Memmi, 1965）。こうした二極対比や外来の理論的枠組みを使うことに対する問題意識からインドで生まれたのが、被支配者の側から社会認識や歴史を再構築しようというサバルタン研究である（グハほか, 1998）。このように、これまで目が向けられなかった、社会的に抑圧あるいは無視されてきたグループに着目して、社会の諸現象を解釈・分析し直そうとするのは、フェミニズムや批判的人種理論などを生み出したポストモダニズムの系譜に属する考え方である。

　このように、一方では、被植民者としての歴史を持つ途上国の社会認識を、当該社会の視点から見直すという微視的な研究が進められているとき、他方では、国際的な先進国－途上国の関係を途上国の立場から理論付けようという巨視的な研究もなされていた。まず、1950年代後半にラテンアメリカの経済学者たちによって論じられだしたのが、従属論である。当時、先進国における経済発展が、貧しい国々の成長を阻害するという事実が認識されるようになったが、古典経済学では説明がつかないこうした状況を説明するため、「途上国の経済発展は外的要因に影響される」という従属論が考えられた。その考え方によれば、資本主義経済システムは国際的な労働分化をもたらし、従属国は、第一次産品や安価な労働を提供して、工業製品を買うことによって、さらに従属状態におちいる（カイ, 2002）。このような考え方は、生産・労働における支配－被支配の関係をベースに、社会の構造を説明しようとしており、典型的にネオマルクス主義の流れを汲んでいると言えよう。また、社会が発展する／しない要因をその社会の中に求める傾向がある近代化論と違い、従属論は、外部者による搾取構造を指摘し、先進国が発展するために

途上国は利用されており、現状を覆さない限り、途上国が先進国と同じ「近代化」を達成することはないと考える。

　従属論を発展させ、経済だけでなく政治、経済、文化の有機的システムとしての国際的な中央－周辺関係というところまで広げたのが、ウォーラーステインの世界システム論である（ウォーラーステイン, 1981）。これは、構造としての中央－周辺関係だけでなく、先進国および途上国の組織や個人がその関係性の中でインターアクションを持つことにより、形成され、再生産される無形の力関係をも含める考え方である。教育開発の研究者の間では、世界システム論を教育政策の国際的移転の実情を分析する枠組みとしているケースが多く見られる。すなわち、非常に強力な国際機関や先進国援助機関によって、ある教育モデルが中央から周辺（途上国）に一斉に移転される結果、全く違う状況の国々の教育政策が一定の方向に集約されるという考え方である（例えば、Samoff, 1999）。先に挙げた EFA-MDGs の例を従属論の考え方に当てはめると、次のようになる。すなわち、援助機関の圧倒的な政治的・経済的影響力によって、途上国教育省は、ほとんど選ぶ余地もなく EFA-MDGs 達成を目指す教育政策を採用することとなり、各国の教育政策は EFA-MDGs に沿って基準化されている、というものである。この説明は、極端すぎるきらいはあれ、まったく現実離れしているとは言い切れず、実際、多くの研究者が、EFA-MDGs の外部主導性について指摘している。

　ただし、従属論、世界システム論に共通した問題をここで指摘しておこう。それは、国際関係を中央と周辺という2グループ（あるいは、世界システム論の半周辺を加えると3グループ）に集約して論じていることである。さきに、支配者－被支配者という単純な二極化に対するサイードやメンミからの批判を紹介したが、それは、国際関係認識にも当てはまる。実際の国際関係においては、個人や集団が様々な形で多層的にインターアクションを持っているのであり、その中で形成される力関係も一律ではない。特に、グローバル化が進む国際社会では、経済・政治・文化の関係性が複雑化しており、このような二極化には馴染みにくくなっている。例えば、経済力が強く、その面では、「中心」と言っていいような国が、外交では「周辺」という場合もあり得るし、多国籍企業やエスニックグループなど、国境を越えて活発に活動している社会もあり、そういうグループ内での中心－周辺関係は、国家間での

それとは位相が違う。こうした従属論・世界システム論への批判は、ポストモダニズムの視点に基づいている。すなわち、社会を構造と秩序という側面から一般化するのでなく、その社会を構成するメンバーの主観やメンバー相互のインターアクションの過程での社会の意味形成に焦点を当てようという考え方である。こうしたポストモダン的アプローチで EFA-MDGs に関する言説を分析すると、ある特定の国において、途上国関係者と援助機関職員などが、対話やせめぎあいの中から、その国なりに EFA-MDGs 政策を形成し、実行していく過程が照らし出されるのである（Yamada, 2007）。

また、近年では、そもそも世界システムの性格自体が変わってきているという議論も展開されている。ネグリとハートは、著書『帝国』の中で、国家が日増しにグローバルシステムに統合されている現代において、国家間の中央－周辺関係はもはや存在せず、グローバルな「帝国」があるだけだと述べている（ネグリ・ハート, 2003）。国家間の力関係を超えて、世界がフラット化しているという議論はフリードマンによっても展開されている（フリードマン, 2006）。

4. 社会学にもとづく教育観

教育開発研究における社会学的アプローチを論じるにあたって、教育社会学に触れない訳にはいかない。そこで本節では、いくつかの代表的な教育社会学の理論を、再び社会学の大きな流れに関連付けながら論じていくこととする。

一般的には、ある社会秩序が一度形成されると、急激な改革でもない限りは、そこでの社会関係は再生産されることになる。では、その再生産はいかにして可能になるのだろうか。教育の**再生産理論**では、人々に、支配的な価値観や社会構造を内部化させることによって社会・文化が維持されていくプロセスで、教育が重要な役割を果たしていると考える。教育制度が社会秩序維持のシステムと密接に関係していると考える立場は、ネオマルクス主義にも機能主義にも通じる。機能主義では、教育も社会が円滑に統合されるためのパーツの一つであり、他のパーツと有機的に作用し合って現状を持続させると考える。機能主義に立つと、教育は、構成するメンバーがそこで生きる

のに必要な理解力や知識、あるいは、産業発展に必要な技術や、政治システムのもととなる政治思想（民主主義）などを理解させることにより、社会の発展にプラスの貢献をするという前提に立つ。教育は社会の有機的な機能の一つとして、積極的に評価され、教育による国民の統合、体制の維持・再生産が促進される。これは、戦後の福祉国家において教育が政府による主要な公共サービスの一つと位置づけられていることにも見られるとおり、最も一般的な教育観であり、多くの場合、その前提が疑問視されることはない。この考え方の根本には、秩序維持を肯定する志向があることは、既に述べたとおりである。

　他方、ネオマルクス主義では、社会の支配的なグループが、教育という手段を通じて、支配－被支配の関係を再生産しているのだと考える。例えば、学校が学歴を付与することによって、人々を社会の様々な場に振り分ける機能を果たしている場合で、親の社会経済的バックグラウンドによって行ける学校が違うならば、教育は親の階級を子どもにそのまま伝えることに貢献してしまう。また、教育の過程で、生徒が支配的な価値観（ヘゲモニー）を内部化すると、本来は抑圧に抵抗すべき被支配階級の子どもが抵抗することを自らやめてしまう、といった議論を展開するのがネオマルクス主義である。ただし、機能主義的であれ、ネオマルクス主義的であれ、どちらも教育の再生産機能を認めている点では共通している。

　一方、教育制度と社会秩序の関係をより緩やかにとらえる立場もある（表1参照）。この立場からは、社会関係は再生産論者が見るよりもダイナミックなものであり、学校教育には社会変革の場になる可能性があると考える。つまり、個人の意識を変えるような生徒中心の教育をしていくことによって、学校は社会を維持するための道具ではなく、個人の視点から社会を変える道具になるという発想である。社会の側から個人を見るのでなく、個人の主観や個人間のインターアクションから社会を再認識しようするポストモダニズム的な発想がここにはある。一方、ネオマルクス主義には、変革の志向性が強いことを先に述べた。したがって、体制からの強制力による抑圧構造の再生産を重大視するネオマルクス主義の立場がある反面、支配をはねのける変革の可能性を大きく見る場合には、教育制度と社会システムの接合の度合いが少ないと考える可能性もある。フレイレに代表される批判的教育学は、後

表1　教育の再生産機能についての考え方による理論の分類

●教育制度と社会維持システムの関係が緊密
　　・制度としての教育の規制・統制力による再生産－機能主義（再生産について肯定的）、構造マルクス主義（再生産について批判的）
　　・教育の場で伝達される支配的思想の内部化による再生産－文化マルクス主義（再生産について批判的）

●教育制度と社会システムの関係はゆるやか
　　・教育を通じた社会変革－文化マルクス主義、葛藤理論

（出所）Morrow & Torres（1995, pp.19-38）をもとに筆者作成

者のタイプに属すると考えられる（フレイレ、1979）。また、イリイチは、既存の学校が社会の生産関係や文化的階級を再生産せずにはいないという限界を乗り越えるために、学校という枠にとらわれず、個人の自覚による学習を可能とする、より開かれた教育環境を提案した（脱学校論）（イリイチ、1977）。

　教育が階級再生産のメカニズムになっているという見解に関連して、学歴と就学機会の問題がある。機能主義では、教育資格を技能の習得つまり実力のバロメーターと認知するため、学歴の高い人材ほど、収入も高く、国の経済発展にも貢献すると考える。これは、一般的に人的資源論といわれるものである。この機能主義の考え方に対し、教育資格と実力は同一ではない、あるいは、教育を受ける機会が平等でない社会において、学歴によって仕事を割り振られることは、公平性に欠ける、などといった批判がなされている。ボウルズとギンティスは『人的資源論批判』という論文の中で、資本主義社会では、教育へのアクセスの平等化が所得再分配をもたらすことはないと主張している。就学と所得は人的資源論で想定するような単純な相関関係にはなく、階級、人種、性別、家族の社会経済的状況といった要素が資本主義的階級社会を再生産する方向に作用するからだという（Bowles & Gintis, 1975, p.81）。また、教育の文化的再生産機能に着目したのは、ピエール・ブルデューである。ブルデューによれば、教育制度というものは、ある社会の支配的な文化に精通していることを前提としていて、そこでは、家庭で支配的な「文化資本（Cultural capital）」に触れる機会が多い上流の子どもの方が、

下層階級の子どもより優位にあり、教育の場で成功し、親が占めている上流の位置を維持する可能性が高いという (Bourdieu, 1974, p.32)。親の教育レベルや社会経済的条件と子どもの就学の関連は、多くの途上国で指摘されている（例えば、Hashim, 2005, p.8）。また、学歴主義は、途上国においても根強く、例えば、西アフリカのガーナで調査を行ったフォスターは、中等教育（高等学校）において、生徒が何を学んだか（カリキュラムの内容）は、生徒の卒業後の職業との関係が少なく、むしろどのレベルの卒業証書を持っているかの方が重要だと述べている (Foster, 1966)。

また、構造マルクス主義の学者からは、教育が行政機構や資本主義の原理に取り込まれすぎ、学習者個人が無視されているという批判も挙げられている。マイケル・アップルは、資本主義経済と官僚制度に取り込まれた学校において、教師の労働は商品化、管理され、教材や学校備品の調達も市場の競争に任されるため、生徒は消費者としてますます学校外の経済・行政構造に組み込まれていると述べている。こうなると、社会での支配的文化はそのまま学校に持ち込まれ、マイノリティや女性など、多様なグループへの許容度は少なくなるという（アップル, 1992)。最近は途上国でも、行政改革の一環として、教科書の調達を中央政府でなく地方政府が競争入札で行うなど、地方分権化、民間の参入を促進する傾向にある。教科書の競争入札は、より安い教科書を地域ごとのニーズに応じて調達できる可能性があると同時に、価格だけが教科書の評価の基準となり、多様な教育のニーズへの配慮が足りなくなる、との指摘もある (Brock-Utne, 1995, pp.184-185)。

また、既に述べたように、社会学では、学校で教えるべき知識は何かという判断は、決して価値中立的なものではなく、その社会や政策決定者の価値観に左右されると考える。ネオマルクス主義の立場では、それがヘゲモニーの押し付けだとも解釈される。教科書やカリキュラムに明示的に示されていなくても、暗黙のうちに伝えられるメッセージというのがある。これは、教師と生徒や生徒同士のインターアクションの中から体験として習得される価値観などであり、一般に「隠れたカリキュラム」と呼ばれる。こうした隠れたカリキュラムは、制度化された再生産構造ではないが、目に見えない形で社会の価値観を再生産している。政治体制が急激に変わった国で、学校や成人識字教育などの場が政治的イデオロギー伝達の手段とされることはしばし

ば見られる。また、教育開発の議論では、教育内容を生徒の生活環境や文化に適応させることの重要性が指摘されるが、農村の学校で、授業では伝統社会や農業の重要性を教えても、教師自身が都会出身で農村生活を嫌がっていたり、生徒の社会的バックグラウンドを馬鹿にするような態度が見られると、生徒は、その言葉にはされない都会志向を内部化することになる。

　このように、教育社会学では、教育制度や学校という場が、どのような価値観に基づいて形成されているのか、そのことが、異なる社会経済的バックグラウンドや主観を持つ生徒にどのような影響を与えるかということが非常に重要なテーマとなる。そのことから、しばしば指摘されるのは、多くの途上国における教育制度自体の外部性である。現在我々は、多くの国の教育制度やカリキュラムが似ていることを当たり前のように受け入れている。小学校、中学校、高等学校といった学制、英語、数学などの科目の分類、教師が前に立って板書しながら大勢の生徒を教えるスタイルなど、植民地時代に持ち込まれ、定着したものも多い。学校教育が宗主国の言語での読み書きを教える場として始まったケースも多く、学校教育自体が、西欧という中心による周辺への価値の押し付けだという考え方もいまだに根強い。こうした議論は、ある社会のアイデンティティの根幹に関わる重大な問題であるが、他方、西欧が学校を持ち込んでから、場合によっては数百年も経ってしまった現代において、それが始まる前の教育を復活させると言っても、社会的妥当性も連続性もない。教育とは、社会の中にあって、社会と共に変化するものであり、歴史に原因を求めて思考停止になるのでなく、今の社会における解決策を思考していかなければならないだろう（山田, 2004）。

5. おわりに－分析者としてのスタンス

　読者も既に気づかれたかと思うが、社会学において、誰の目線に立って分析するかは大きな問題である。例えば、EFA-MDGs に関しても、国際的アジェンダに合意し、援助する日本などの先進国の援助関係者、それを自国の政策に取り入れる途上国政府の上級官僚、それぞれの国の末端の役人、教師、生徒、親など、それぞれの立場によって、違った意味合いを持つことは多分にある。そこで、物事を平面的にではなく、立体的、多面的に見ることに

よって、少しでも実態に即して社会を理解しようとするのが、社会学の姿勢である。つまり、上記の例で言うなら、援助する側の視点だけで全てを説明しようとせず、様々なアクターの立場に立ってみようとすることが必要である。もちろん、一つの研究で関われるのは、問題の一部に過ぎない。しかし、筆者は、少なくとも、自らが行う研究は、どのようなテーマのどの部分を取り上げており、それに関わるどのような人々の目線からその問題を分析しているのか、どの部分は当該研究では扱えていないのかといった全体像のある程度のマッピングは必要だと思っている。そうすることにより、偏っていることにすら気づかない、という認識の齟齬を少しでも避けられると思うからである。このことは、ひとり社会学に限ったことではなく、教育開発のような、現実に起きている・行われていることを理論的、実証的に把握しようとする多くの学問に言えることであろう。

　また、同じ分野の研究を続けていると、別の場所で見聞したり読んだことから類推することが多くなる。類推というのは、経験の蓄積がなければできないし、良いことではあるのだが、他方、経験という先入観の持ち込みでもある。その社会をつぶさに見ないうちから、類型化してしまうことには注意が必要である。特に、筆者のような定性的調査手法でフィールドワークを行う者にとって、現場に入って驚くこと、素直に感動できるということは、仮説に固執しない柔軟性の表れでもあると思っている。「社会学理論」などという小難しいものを学ぶと、とかくそれを使ってみたくなるが、使うのはフィールドから帰って、データ分析した後でいいのである。

　最後に、教育開発についての調査を誰のためにやるのか、という点につき、議論を提起して本章を締めくくりたい。先にも述べたように、教育開発は、非常に実務に近い研究分野であり、大学の研究者が援助機関に移籍するケースや、その逆も頻繁に起こる。援助機関の付属研究所などであれば、なおのこと研究と実務の境界線は曖昧である。そうした中で、開発援助プロジェクトなどの実践に直接役立つ応用研究と、問題提起型の基礎研究の間のバランスをどのように取るかは、判断の難しいところである。実務との距離感は、研究者個々人で違うのであろう。ただし、援助をより効果的・効率的に行うための調査に偏って、プロジェクトや政策で見落としている問題や、政策の変遷にかかわらず定点観測すべき事柄などの研究が疎かになり、長期的視野

での教育開発の包括的なビジョンが見失われるようなことがないよう、注意しなければならないだろう。特に、社会学において、社会を複眼的に分析するというスタンスに立つならば、援助の実務に役立つという側面は、研究が果たせる貢献の重要な一部ではあるが、全部ではない。特に、途上国の教育開発の研究では、「学校」という空間を自明化し（柳、2005）、そこで行われる教授・学習プロセスやカリキュラムなどに目を向けることが多いが、学校を社会の一つの要素と考え、家族の生産における役割分担や家計、コミュニティの活動などとの関連の中に位置づけることも必要であろう。特に、急速に就学率が拡大し、そのことで農村生活の在り様まで変化しつつある社会などを見ると、開発目標の達成だけを志向して就学を拡大すると、学校の中で行われていることの社会的インパクトを見失うと思うのである（山田、2007）。

参考文献

アップル，マイケル（1992）『教育と権力』浅沼茂・松下晴彦訳，日本エディタースクール出版部．

イリイチ，イヴァン（1977）『脱学校の社会』東洋・小澤周三訳，東京創元社．

ウォーラーステイン，イマニュエル（1981）『近代世界システム―農業資本主義と『ヨーロッパ世界経済』の成立―』川北稔訳，岩波現代選書．

カイ，クリストバル（2002）『ラテンアメリカ従属論の系譜―ラテンアメリカ：開発と低開発の理論』吾郷健二・小倉明浩・安原毅訳，大村書店．

グハ，ラナジット／パーンデー，ギャーネンドラ／チャタジー，パルタ／スピヴァック，ガヤトリ（1998）『サバルタンの歴史―インド史の脱構築』竹中千春訳，岩波書店．

グラムシ，アントニオ（1981）『グラムシ獄中ノート　第1巻』V. ジェルラターナ編，獄中ノート翻訳委員会訳，大月書店．

サイード，E. W.（1993）『オリエンタリズム　上・下』今沢紀子訳，平凡社ライブラリー．

新村出編（1998）『広辞苑』第五版，岩波書店．

ネグリ，アントニオ／ハート，マイケル（2003）『帝国―グローバル化の世界秩序とマルチチュードの可能性』水嶋一憲・酒井隆史・浜邦彦・吉田俊実訳，以文社．

ファノン，フランツ（1969）『黒い皮膚、白い仮面』海老坂武・加藤晴久訳，みすず書房．

フリードマン，トーマス（2006）『フラット化する世界―経済の大転換と人間の未来―上・下』伏見威蕃訳，日本経済新聞社．

フレイレ，パウロ（1979）『被抑圧者の教育学』小沢有作・楠原彰・柿沼秀雄・伊藤周訳，亜紀書房．

柳治男（2005）『〈学級〉の歴史学―自明視された空間を疑う』講談社選書メチエ．

山田肖子（2004）「アフリカにおける内発的な教育理念と外生的カリキュラムの適応に関する課題」『国際教育協力論集』7巻2号，1-13頁．

山田肖子 (2006)「『万人のための教育 (Education for All: EFA)』国際開発目標が途上国内で持つ意味:エチオピア国における政府と家計へのインパクト」政策研究大学院大学.
Althusser, L. (1971). *Lenin and Philosophy and Other Essays*, trans. Ben Brewster. New York: Monthly Review Press.
Ashton, D., Green, F., James, D. & Sung, J. (1999). *Education and Training for Development in East Asia: The political economy of skill formation in East Asian newly industrialized economies*. London: Routledge.
Bourdieu, P. (1974). The School as a Conservative Force : Scholastic and Cultural Inequalities. In J. Eggleston (Ed.), *Contemporary Research in the Sociology of Education*. London: Methuen.
Bowles, S. & Gintis, H. (1975). The Problem with Human Capital Theory – A Marxian Critique. *The American Economic Review*, 65(2), 74-82.
Brock-Utne, B. (1995). Cultural Conditionality and Aid to Education in East Africa. *International Review of Education*, 41(3-4), 177-197.
Foster, P. (1966). The Vocational School Fallacy in Development Planning. In C. A. Anderson & M. J. Bowman (Eds.), *Education and Economic Development* (pp.142-166). Chicago: Aldine Publishing Company.
Hashim, I. (2005). *Exploring the Inter-linkages between Children's Independent Migration and Education in Ghana*. Unpublished manuscript. Brighton, U.K.
Memmi, A. (1965). *The Colonizer and the Colonized*. Boston: Beacon Press.
Morrow, R. A. & Torres, C. A. (1995). *Social Theory and Education: A Critique of Theories of Social and Cultural Reproduction*. Albany: State University of New York Press.
Mulenga, D. C. (2001). Mwalimu Julius Nyerere: a Critical Review of His Contributions to Adult Education and Postcolonialism. *International Journal of Lifelong Education*, 20(6), 446-470.
Samoff, J. (1999). Institutionalizing International Influence. In R. F. Arnove & C. A. Torres (Eds.), *Comparative Education: The Dialectic of the Global and the Local* (pp.51-89). Oxford: Rowman & Littlefield Publishers.
So, A. (1990). *Social Change and Development: Modernization, Dependency, and World-System Theories*. London: Sage publication.
Weber, M. (1920). Economy and Society, Vol. II. In C. Lemert (Ed.), *Social Theory: the Multicultural and Classic Readings* (pp.115-125). Boulder: Westview Press, 1999; reprint.
Yamada, S. (2007). Overview and Synthesis. In S. Yamada (Ed.), *The Local Meanings of Educating All and the Process of Adopting EFA Development Goals in Kenya, Tanzania, and Ethiopia* (pp.1-71). Tokyo: National Graduate Institute for Policy Studies.

第4章

教育開発研究における教室からの視点
―理数科教育の位置づけと課題―

馬場卓也

1. 教育開発研究における教科教育の位置

　教育開発は、1990年の「万人のための教育世界会議」を契機として、その重点を高等・技術教育から基礎教育へ移した。そこでは大量の未就学児の存在に圧倒されたがゆえに、その量的拡大に衆目が集まりがちであった。しかし後になって、「質の伴わない量の拡大は、空虚な勝利である」(UNESCO, 2001, p.43) と表現されたように、質的充実は量的拡大と共に重要なアジェンダと位置づけられた。

　質の充実と一言で表されるが、その内実は明白なことではない。ユネスコは、その全容を教授と学習を中心に表現した (図1)。そこでは、学習者の特性－積極的介入－成果という流れ (上段) と、それらと相互作用する文脈 (下段) とに分けることができる。前者は、学習者への働きかけとその成果を示し、それはまさに学校教育を代表とする教育的営為を指している。本章でテーマとする理数科教育はその一角をなし、その周りに広がる文脈も含めた研究を、理数科教育開発研究と規定する。

図1　教育の質に関する枠組み

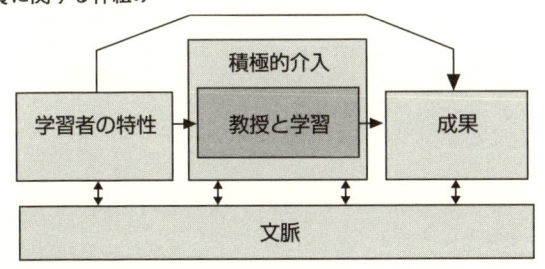

(出所) UNESCO (2004, p.36) を簡略化

この研究は焦点の置き方によって、いくつかの方向性を取ることができる。まず、教育的営為を分析する研究である。次に、学校教育を制限したり、促進したりする文脈との相互作用を包含した形での考察である。最後に、多数の理数科教育の国際協力実践を検証する方向性が考えられる。広い意味では、国際協力も文脈の一部として捉えることができるが、前二者への外的働きかけとして捉えることで教育開発において重要な位置を占める国際協力について考察する契機を与える。これらの研究の方向性は相互に関係し合っているが、学校教育の内実とそこに影響を与える文脈、その両者に対する外からの働きかけという観点から区別することができる。

これらのうち、第二の方向性に関して、理数科教育に特化していないものの、これまで1960年代のコールマン報告書、プラウデン報告書[1]を嚆矢として、教育成果を学校因子や家庭的、社会的因子との関係で説明する教育社会学的調査が実施されてきた。これらでは、教授・学習過程をブラックボックス化したり、成果をテストの点のみで単純化したりしていた。もちろん多くの因子を含むモデルを考察するときに、細部にこだわるとその全体性が見失われてしまうので、このことは研究上の必要性といえるだろう。また第三の方向性に関して、理数科教育協力に関する考察は始まったばかりで、その成果に至る道筋はこれから明らかにされなければならない。そのためにも、これらの取り組みの成果となるべき教師や生徒の変化を記述・分析する第一の方向性が必要となる。

以上より、本章はブラックボックスの部分もしくはプロジェクトのプロセスや成果を描写するための基礎として、第一の方向性に注目し、教科教育における先行研究を整理し、今後の課題をまとめることを目的とする。つまり不可視の部分を可視化することで、第二や第三の方向性を包含する統合的研究プログラム形成の基礎とする。

2. 理数科教育開発研究の動向

発展途上国（以下、途上国）の多くでは、教科教育研究は端緒についたばかりか、もしくは未だ始まっていない国が多く、そのため、先進国で実施されているものを中心に教科教育研究の知見を広く見ながら、途上国の社会文化

表1　数学教育研究における近年の動向

分野	近年の動向
カリキュラム・教材論	リテラシー、コンピューター活用
授業・教師教育	反省的実践家、授業研究（教師の学び）など
生徒の認知、問題解決過程	社会的構成主義、コミュニケーション論、状況論（生徒の学び）など
その他	評価

（出所）筆者作成

的な視点から整理する。その際、研究課題と同時に研究方法の具体例を取り上げる。

　表1は国内の数学教育研究のレビュー（日本数学教育学会編, 2001；全国数学教育学会編, 2004）をもとに、近年の研究動向をまとめたものである。三つのカリキュラム（教材、教師、生徒）に、近年の動向としてキーワードを対応させている。そこでは特に言語と学びが重要視されており、これらは個別と集団の観点からも捉えることができる。

　先進国で行われている研究をそのまま適用したり、単純に内容の程度を下げたり、薄めたりするだけでは、途上国の現状にそぐわないだろう。これらの考えには、直線的な開発モデルが根底にあって、途上国も先進国と同様の軌跡を通るという暗黙の前提が内包されている。それに対して提案されたのが、各国の社会・文化的状況に応じた理数科教育の必要性である（下條, 2002；馬場, 2002）。

　したがって、上記のキーワードによって世界的な動向を参照しつつも、各国の社会文化的状況に応じて理数科教育開発研究について考察する。

2-1　教授言語と生徒の学び

　現在ほとんどの途上国において、生徒中心主義に基づく教育改革が目指されている。それは表面的に歌や踊りなどを取り入れたり、単純に班活動を取り入れたりすることを指すのではなく、もっと基本的な姿勢として「生徒の実態から教育活動を捉えなおす」ことを指すはずだが、その具体的イメージは必ずしも明確ではない。ここでは、生徒の実態へ近接するための研究を取り上げたい。

教授言語の問題は早くから、その重要性が認められてきた。ただし、その認められ方には揺れがあった。つまり、国際語（例えば、英語）で教育を行うことが、さらなる教育や就職の機会を広げることにつながるという意見もあれば、最低限の能力が身につかない段階では、異なる言語での教授は理解を妨げるという意見もある。さらに、社会的・政治的な矛盾を「意識化」によって乗り越えていく（フレイレ, 1979）こと、民族アイデンティティの形成とも関連する。それらは政策もしくは政治の議論となり、論争を呼んできた（横関, 2004；鹿嶋, 2005）。

　もちろんこのような社会的視座は重要であるが、生徒の理解が進まないようであれば、その議論自体が不毛になる。本章では、教授言語と生徒の理解の関係を明らかにするために、言語と認知の関係、教室におけるスイッチング、数学的問題解決における言語的要因によるつまずき、概念形成過程について取り上げる。

（1）言語と認知の関係

　言語と認知の関係については、二人の言語学者の名前を冠したサピア＝ウォーフの仮説「言語的共同社会が異なれば外界は異なった形で経験化され概念化される」が有名である（コール・スクリブナー, 1982, pp.55-59）。さらに教育の文脈で Berry (1985) は、第二言語による数学学習の問題を、A型－言語の流暢さから来る問題－とB型－言語の認識構造が異なることから来る問題－とに分類し、現実にはその流暢性を高めるため補習を行うA型的対応が多くなされていること、ただし根源的な問題はB型であることを指摘した（表2）。

　後に文化心理学という新分野の創造に関わった Gay & Cole (1967) は、アメリカ平和部隊の経験をもとに次の問題点を指摘した。

表2　教授言語における問題の型

	原因	解決策
A型	教授言語（例：英語）に不慣れ。	言語の習得。
B型	教授言語における認識に不慣れ。言語、文化、認識の不整合。	母語に即した教材。

（出所）Berry (1985)

・2列6個の石が12個と分かると、人にもその他のものにも適用できると考えるのが西洋であるが、クペル語ではそうとは限らない。数学的事実と現実との間に対応がない。
・4個の石が3列に並べてあることも12個がばらばらにあることも変わりがない。

また Bishop (1991, p.35) は、パプアニューギニアの大学生へのインタビューの中で、「長方形をした畑の面積を、家では足し算で学校では掛け算で求める」という思考の分断を指摘した。これは面積の概念や求め方を分かっていないからではなく、むしろよく分かっているから起きたものである。これらは第二言語での学習の困難さを示している。

次に、B型問題を分析する研究として田場 (2004) を取り上げたい。田場は、教授言語 (英語) と生活言語 (フィリピン語) における「半分」という概念が異なることに注目し、両者の関係について分析した。ここでは小学5年生を対象に、英語による1/2 (ハーフ) とフィリピン語による半分 (カラハティ) とに関連したテストと、数学学習および教授言語に関する質問紙調査を行った。主として次のことがわかった。

・生活での「半分」の見方が学校での「1/2」の概念形成に影響を及ぼしていること。
・授業の中で生徒が概念的な話をする時には生活言語に切り替わること。
・このような状況にもかかわらず、生徒は英語で学習することを希望しており、その理由として英語の方が分かりやすいという認知的な理由や英語が国際語であるという社会的評価にかかわる理由を挙げたこと。

このように言語 (英語を話せること) に起因する問題は、認知的側面のみを有しているわけではなく、社会的価値やタブー (Berry, 1985) などの側面と複雑に絡み合っている。

（2）スイッチング

教授＝学習活動において言語的問題が表れる場面として、二言語併用とそ

のスイッチングがある。南アフリカの教室では次のような現象が起きている。教師は黒板に次の問題と図を書き、生徒に解法について尋ねた。

> 問い：動物病院に12の檻があり、それぞれに12匹ずつ犬がいる。そのとき全部で何匹いるか。
> 生徒：十の位、百の位、千の位と単位を書いていく。（黒板にチョークを置く）……そして 12 × 12 と言い終えたとき、下線を引かなければならない、ボタンをここにおき 2 × 2 と言い終えた時、下線を引かなければならない。……（生徒は答えを得るまで英語で手続きを続ける）。
> 生徒：答えは144です。

(Setati, 1999, pp.182-183)

ここに見られるように、144を求める計算手続きのところを英語で説明している。しかし、それ以外のところではツワナ語に戻っている。つまりツワナ語に戻ることで、生徒ははじめて自分の考えを余すところなく、伝えることができるのである。

(3) 問題解決学習における言語的要因によるつまずき

問題解決学習は今日の数学教育の中核をなしている (NCTM, 1980)。もちろん計算、作図などの基礎的な技能や用語、数字などの基礎的な知識は必要である。しかし、それだけで十分ではなく、問題解決を通してより進んだ数学に、そして生活場面に活用できる力を形成することを目的としている。そこでは、必然的に文章を読み、場面を数学的に解釈することが大前提になる。ところが、途上国においては、問題解決学習における読解力の低さが指摘されており (Anamuah-Mensah et al., Eds., 2004；岩崎編, 2007)、ここでは言語的要因によるつまずきについての研究を取り上げたい。

タイの小学4年生を対象にニューマン法を用いた Prakitipong & Nakamura (2006) を取り上げる。それは、次のような段階的インタビューをすることで、問題解決におけるつまずきを同定しようとするものである。

図2　調査問題1

問　教室の面積は175m²です。幅が5mの時、長さは何mでしょうか。
a. 35m
b. 180m
c. 875m

（出所）Prakitipong & Nakamura（2006, p.121）

表3　ニューマン法による調査結果（％）

成績	I	II	III	IV	V	VI
上位	0.0	6.3	50.0	0.0	0.0	43.8
下位	16.7	33.3	41.7	0.0	0.0	8.3

（注）I〜Vはニューマン法の各レベルを、VIは正答を表わす。

（出所）Prakitipong & Nakamura（2006, p.118）

（I）　音読レベル（語や記号の単純な認識）
（II）　理解レベル（問題の解釈）
（III）　変換レベル（適切な操作の選択）
（IV）　過程レベル（数学的操作の実行）
（V）　回答レベル（数学的操作の結果の表現）

　図2の問題に対してニューマン法に基づくインタビューを実施した結果が表3である（8校において、各校成績上位者2名、成績下位者3名計40名を抽出した）。ここから分かったことは、成績の上位者と下位者を比較した際に、後者では言語の音読レベル、理解レベルでの間違いが半数に達するということである。そのことより、第一言語での学習であっても、成績下位者は言語的要因が重要な役割を果たしていることが分かった。
　さらに、多くの途上国では上級学校への進学試験の持つ意味が非常に大きく、試験内容によって問題が、より大きくは学校の教授学習活動が規定されている。問題解決型学習の重視、軽視などは、学習の持つ社会・文化的要素と呼ぶことができる。

（4）概念形成過程

　学習は一局面のみで語れるものではない。したがってより長期的な視点からの分析も同時に行っていく必要がある。ここでは学習を概念形成過程として捉え、異なる学年に対し同一問題を実施する石田（2007）を取り上げる。ザンビアの基礎学校3年から9年までの生徒に対して、言語的な側面に配慮

図3　調査問題2

問1　三角形を全て選んでください。解答は一つとは限りません。

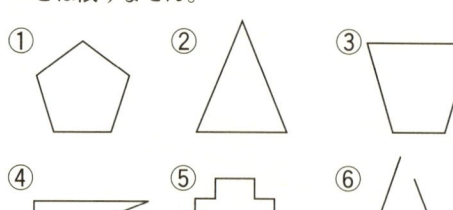

① 五角形　② 三角形　③ 台形
④ 三角形　⑤ 十字形　⑥ 三角形

問2　「三角形」を説明してください。文章でも図でもかまいません。

(出所) 石田 (2007)

表4　問1の回答パターンとその推移 (%)

学年	②④正答	②④⑥	②	その他
3	0.0	13.6	14.6	71.8
4	0.9	14.6	17.3	67.2
5	2.8	18.7	14.3	64.1
6	3.4	27.6	20.2	48.8
7	9.1	28.0	31.9	31.0
8	12.2	23.1	17.3	37.4
9	22.6	39.7	22.2	15.5

(出所) 石田 (2007)

表5　問2の回答パターンとその推移 (%)

学年	(Ⅰ)	(Ⅱ)	(Ⅲ)	その他
3	0.0	0.0	71.8	28.2
4	13.3	1.8	47.8	37.1
5	5.6	3.6	61.4	29.4
6	6.3	1.5	64.9	27.3
7	19.8	5.5	47.4	27.3
8	18.4	11.4	47.5	22.7
9	26.6	14.7	43.3	15.4
計	14.2	6.0	53.3	26.5

(Ⅰ)「三本の直線で囲まれた図形」と表記
(Ⅱ)「三辺の長さが等しい」と表記
(Ⅲ) 図で表記
(出所) 石田 (2007)

しながら、図形 (三角形) の選択と説明という調査 (図3) を行い、回答や正答率の推移のパターンを見て、概念形成過程を分析した。表4、表5は各問に対する頻度の高い回答の率を示している。

このように1年生で学習する三角形の定義に関する問題であっても、正答率は非常に低く、その伸びは大きくない。とはいえ、わずかであっても問題解決能力および言語的な能力は学年を追うごとに上がっている。ザンビアのように極めて低学力の問題を抱える国においては、このような微小な変化を

確実に捉えていく必要があるだろう。
　以上より、生徒は学習に問題を抱えていること、その際、言語的要因はさまざまな認知的、情意的、社会的側面に関連しており、時には相反するいくつかの要素を含んでいることが分かった。その体系的な把握には、多面的なアプローチが求められている。

2-2　教員教育と教師の学び

　洋の東西を問わず、また経済力を問わず、教育の質の改善は国家の一大事である（有本, 2006）。なかでも教育の担い手である教員の質を改善することは、最初で最大の優先事項である。ところがその質的改善を意図的に引き起こすことは容易ではない。それは教育観の転換、つまり教員は単に知識を伝達する存在から、生徒による主体的な学びを引き起こす存在への転換に起因している。前者であれば知識量だけの問題であるが、後者になると現在の知識量と共に、将来へ向けた自発的な学びを外からの働きかけによって引き起こすという、間接的で、矛盾に満ちた行為がそこにあるからである。
　その間接性や矛盾を、教員は自らの学びによって、生徒に学びの内実を伝えること、また真なる学びを惹起することによって乗り越えていく必要があるだろう。学びは色々な要因によって引き起こされるとともに、阻害もされる。このような学びのメカニズム、その行為の背景にあるものを把握することは容易ではないが、Schön (1983) の反省的実践、Jaworski (2006) の探求のコミュニティはそこへの道筋を照らしている。
　ここでは、教師の力量の向上を目指した現職教員研修を念頭に置き、教師の力量について、また力量が発揮されたり、生徒の学びを引き起こしたりする教授活動について、その実態へ近接する研究を取り上げたい。そこでのキーワードは、教師の力量、授業分析、研修の効果で、それらについて具体的事例を挙げて論じる。

（1）教師の力量

　力量は教授的力量、訓育的力量、経営的力量などからなる（岸本・久高編, 1986）。ここでは教科教育に関係する、教科の知識、教授方法に関する知識、そして態度的側面を含む教授的力量を取り上げる。近年では、教授内容的知

識 (Shulman, 1987) という枠組みで、教科知識や教授方法などの関連について研究が進められる。これらの側面は相互に影響し合って、全体としての力が発揮できる。例えば、Mohsin & Baba (2007) は、生徒の理解や困難の度合いに対する教師の評価について、次のことを指摘している。

> 彼ら（教師）は、（分数教材を）教えるのは難しいけれども自信があると言い、生徒にとっても学習するのは簡単であると答えた。このミスマッチに加えて、教師による予想点のいくつかは、実際の成績を反映しているものではなかった。それらのことが示すように、教授活動が、生徒の困難を理解したうえに成り立っているものではない。(pp.46-47)

このことは、単純に教授方法に関する知識が低いというわけではなく、生徒に対する根本的な理解や理解しようという姿勢が欠如している可能性を指摘している。表面的には生徒中心主義を唱えているが、その内実が十分に伴っていないことが見える。

（２）授業分析－教師と生徒の相互作用

上に扱った教師の力量は、授業において集中的に発現する。そのために授業を分析することは、教師の質、ひいては教育の質を分析することともつながる。

授業分析には次の三つの役割がある（馬場・柾本, 2004）。

> 第一番目として、授業の現状を分析するという基本的な役割をあげる。これを応用したものが、たとえばTIMSS[2]ビデオ調査という国際的で広範な調査である。(中略) 次に上げる機能は、一番目の機能によって明らかにされた現状を踏まえて、その改善点を示すことである。実践を対象とする研究では、単に現状の記述だけにとどまらず、未来の実践を形作っていく機能が求められる。(中略) 最後に第三番目の役割として、授業の実施者である教師の職能成長を測定する機能が挙げられる。(pp.66-67)

馬場・中村 (2005) は、授業の特徴を析出するために、プロトコルを用い

生徒や教師の発言を記録した量的調査（表6）と同時に、その意味を読み解く質的分析法を行い、次のような結論を得た。

・授業での学習活動の重点は、教科書に記述されている内容の伝達と復唱によるその定着に置かれている。そのため教科書の内容の言い換えや復唱が多用され、内容の発展的展開はほとんど見られない。
・教材・題材の特徴については、日常生活との関連付けが試みられてはいるものの、学習内容の説明、確認の手段のレベルにとどまっており、生徒の科学的思考や活動を喚起するまでにはいたっていない。

そこでは、授業の背後に、「学習とは本を読んで記憶することであり、疑問を持って自ら調べたりすることではない」（同書, p.71）という教師の価値が見え隠れする。教師自身もそのように学んできただろうし、それは価値や形

表6　生徒の教科への取り組み姿勢の分析結果

		都市部登録非政府学校		農村部登録非政府学校	
教師の授業中の役割に関連した発話のタイプ	説明	71回	27.3%	49回	30.1%
	閉じた質問	70	26.9	33	20.2
	開いた質問	0	0.0	0	0.0
	同意を求める質問	12	4.6	10	6.1
	確認	6	2.3	3	1.8
	指示	53	20.4	37	22.7
	生徒の発話に対する批判や正当化	2	0.8	0	0.0
	その他	46	17.7	31	19.0
教師の総発話数		260回		163回	
生徒の授業中の反応に関連した発話のタイプ	単純な応答	21回	11.8%	18回	30.0%
	教師に対する応答	110	61.8	40	66.7
	無回答	3	1.7	0	0.0
	質問	1	0.6	0	0.0
	意見	0	0.0	0	0.0
	その他	43	24.2	2	3.3
生徒の総発話数		178回		60回	
全発話数に占める生徒の発話数の割合		40.6%		26.9%	

（出所）馬場・中村（2005, p.71）

式の再生産となっている。

このように、各国の文化に埋め込まれた授業は、それ自身も下位文化を形成しており、それを変えるには大きな力が必要である(Stigler & Hiebert, 1999)。

(3) 教員研修の効果

日本では、大きく分けて教育委員会や教育センターが実施する公的研修と、任意団体や個人が行う私的な研修に分けることができる。前者は、さらに体系的で必修の初任者研修、5年目研修などライフステージや役割に応じた研修と、コンピューター、国際理解教育などの特定のメニューに応募する形の任意研修に分かれる。後者には、校内研修や教員組合などによる授業研究会なども含まれる。したがって、その気になれば多くの勉強の機会が見られる。

それに対して途上国では、研修の機会はそれほど多くなく、継続的な職能成長というよりは無資格教員に資格付与の形を取ることが多い。限られた経済的、物理的、人的資源の中で取り組んでいるので、その効果性の確保は緊要である。効果検証の方法としては、大きく次の二つ―事前事後テスト、実験群と統制群による比較―を挙げることができる。前者としてMohsin (2006)を、後者としてKofi & Baba (2005)を取り上げる。

まず、前者は、研修の前後に同一の調査を行い、その変化によって効果性を同定しようというものである。この方法は同一集団に対する調査なので、変化を測定するにはより妥当な方法であるが、他方研修の期間が長期にわたるときは時間や経費の困難が伴う。

Mohsin (2006)はバングラデシュの初等教員研修を取り上げて、教科知識、教授法、態度的側面に関して、テストおよび質問紙調査を実施した。その結果は、表7に示されている。有意に変化しなかった項目もあったが、全体としては教科知識と教授法は研修によって有意に変化した。ただし個別に見れば、例えば教科知識の中で図形は研修後も弱い傾向にあった。他方態度的側面は有意に変化しなかった。

加えて、この三者間で相関を取ったところ、教科知識と態度には相関が見られなかったものの、教授法は残りの二つとの相関が見られた。このことは教員が日々の授業の中で、教授法を中心に考えていることと関係しているのかもしれない。

表7　項目別評価結果

		平均点	標準偏差
教科知識 * (75点満点)	事前	46.12	12.86
	事後	50.47	12.98
教授法 * (100点満点)	事前	66.13	3.64
	事後	78.06	4.74
態度 (65点満点)	事前	47.46	5.04
	事後	48.11	4.74

*5％水準で有意差
（出所）Mohsin (2006, pp. 204-207) の3つの表をもとに作成

表8　教科知識レベルの評価結果

		1	2	3	4	5	平均
授業案	参加	-	-	-	83.3	16.7	4.17
	非参加	-	-	41.7	50.0	8.3	3.67
教授活動	参加	-	-	-	91.7	8.3	4.08
	非参加	-	-	25.0	66.7	8.3	3.83

（注）1-弱い、2-標準以下、3-標準、4-良い、5-非常に良い
　　　1～5は％、平均は重み付け平均値
（出所）Kofi & Baba (2005, p. 247)

次に、後者は、研修を受けた集団と受けていない集団との比較を行い、その効果性を同定しようというものである。この方法は同一集団を扱わないので、変化を測定するという意味では厳密性を欠く。研修前に類似の性質を持った集団であることを示す必要がある。

Kofi & Baba (2005) は、ガーナ教員研修の効果について分析した。そこでは、参加者による自己分析のみならず、指導主事や校長という第三者による分析を加えることで、客観性を高めた。表8は、授業の計画段階と実施段階における教師の教科知識レベルについての第三者による評価結果である。この表より、教員研修が教科知識を高めたことを第三者が認めていることが分かる。

(4) 新しい教員研修の形－授業研究

教員研修の自主的な形として、授業研究 (馬場・小島, 2005；清水ほか編, 2005) がある。授業研究は教員が集団にて、教育改善を図る活動である。授業を複数の教員が共同で計画し、授業後の検討会を通して、その改善を図っていくものである。探求のコミュニティ (Jaworski, 2006) は、そこでは協働の方法であり、成果でもある。また Stigler & Hiebert (1999) は日独米の授業比較を行い、授業の文化的様相を明らかにした。その改善には、これまでの急進的な変化を求めるアプローチに対して、授業研究のような継続的、漸進

的アプローチによる改善が必要なことを論じた。

　教科知識や教授法のように、研修を通して比較的容易に変化できるものに比べて、基礎を形作っている態度的側面を変化させることは難しい (Mohsin, 2006)。そのことは学びの複雑さ、複層性と、信念や価値観などの深層へ働きかける重要性を示している。その変容は、一方的な叱責や知識の詰め込みではその場限りの効果しか期待できない。吉田 (2004) は、ガーナでの教育協力プロジェクト経験より、自主的な研究集団について考察を進めた。研究集団の持つ学習機能、政策機能、編集機能、継続機能という点から、継続性を持った校内研修に関する考察を展開している。

　これらは、近年論じられる「生涯学習者としての教師」(UNESCO-UNDP, 1997) をいかにサポートするのか、ということも関連している。いずれにせよ、どのようなアプローチを取ったとしても教授的力量の複層性や漸進性については十分に考察しておく必要がある。

3. 今後の研究課題にむけて

　本章では、理数科教育開発研究において、第一の方向性、すなわち教科教育を中心に、研究課題と方法について先行研究のまとめを行った。ここではそれらを総括した上で、残りの二つの方向性と合わせて、今後の課題を整理したい。

3-1　第一の方向性について新しい研究テーマの提起
(1) 基礎的能力と応用力・考え方

　本章のいくつかの事例に見られるように、生徒の学習の実態を明らかにすることは、生徒中心主義的な授業を実現するためのみならず、「万人のための教育」の理念を実現するために肝要である。ただし学習実態といった時に、大きく分けると知識や計算力のような比較的見えやすい力と考える力のように重要だが見えにくい力の両者がともすれば相反するように議論される。

　基本が重要なことはいうまでもない。しかし、途上国だからといって基本だけを行っていれば良いわけでもない。つまり、これはどちらが先かではなく、双方が並行して進むべきものである。そのためにも、基礎の定着と考え

る力の形成の関係を明らかにするような実践や研究（島田編，1995；Wittmann, 1995）を積み上げていく必要がある。

これら実態の解明と基本と応用の実践的結合は質の高い教育の基礎となる条件である。

（2）教員のやる気と教授的力量

次に、このような教育の実現を図るためには、教員の高い力量が求められることはいうまでもない。ここまで見てきたように、力量の同定はもちろんのこと、その向上を目指す研修制度の効果性を把握する手法や新しい研修の仕方などについて、知見が集まりつつある。授業研究を含む、研修への新しいアプローチを言葉のレベルだけではなく実践していく必要がある。そのためには本章で取り上げた生徒の実態把握を踏まえて、教師が教材を作成し、授業実施、評価を経て、教材を再構成するような教材開発と職能成長が対になったアプローチが必要となるだろう。

途上国といえども、複雑化する課題、グローバル化という環境の中で、教師に求められることが高度化している。その実現を図っていくには、教師のやる気を生涯にわたり持続し、常に新たなる目標を見つけて取り組む姿勢を涵養することが求められる。つまり、研修前後の知識や教授法の変化のように短期的な変化のみならず、教師の長期的な変化を捉える必要がある。色々な要素を包含し、より詳細な記述をするには、ライフストーリー（澤村，2005）など新たな手法を発掘しつつ、教師の職業人生の中で、どのような要素が、どのように影響しあっているのか、成長を長い視野で捉えていくことが求められている。

3-2　第二、第三の方向性についての新しいテーマの提起

ここまでは第一の方向性に注目してきた。ただし、理数科教育開発の全体像を捉えるためには、各社会に特有な社会文化的な条件を無視できないし、またより効果的な国際協力を実施するために、それら学校教育の現実とともに社会的な条件を踏まえた上での国際協力のありようが求められるだろう。

そこで、冒頭で挙げた第二、第三の方向性について研究テーマをまとめておきたい。

(1) 学校教育と社会的文脈の相互作用について－伝統重視か、変革重視か

第二の研究の方向性を、カリキュラムや教員の質に焦点づけて課題を整理する。

まず前者について、教育、特に基礎教育はほとんどの人が通過する社会的事業である。だからこそ、単に先進国と同じような教育を求めるのではなく、その社会において教育のあり方について根本的な洞察が必要なのである。それに対して、歴史研究および、民族数学 (D'Ambrosio, 1984) や批判的数学教育 (Skovsmose, 1994) は、現在の数学教育を再考する上で契機を与えてくれるであろう。

Nebres (1988) が指摘するように、世界中の数学教育カリキュラムは類似している。そこでは、カリキュラムをレリバンスという観点より捉え直す必要性を提起している。このような捉え直しは、別な次元で問題を提起する。社会・文化を固定的に捉え、伝統的な文化やその価値を伝えることに重きを置くのか、それとも社会・文化を絶えず変化しているものとして捉え、その変化に積極的に寄与する力の形成に重きを置くのかによって、この問題は対極の現れ方をするであろう。さらに変革を求めるにしても、経済開発を優先するのか、それとも市民社会の形成 (ライチェン・サルガニク編, 2006) を優先するのか、大きな岐路に立たされる。一時的な流行に終わらないようにするためには、慎重な考察が不可欠である。

次に教員の質についてである。前節で捉えた教師の力量を、労働条件 (資格、給与、雇用、移動)、教員教育、学校経営 (校長、学科、モニタリング)、社会的条件 (地位、ストライキ、試験)、教員経験、試験などの社会的文脈との関係を捉えていく必要がある。特に途上国では社会的な条件が整っておらず、力量の低さをそこに帰着させてしまう傾向にある。ただし、その中でも力量の比較的高い教員もいるので、その原因を探り、教員の成長に役立てる必要があるだろう (馬場, 2007)。

これらの問題にアプローチするために、次の二点を今後の研究課題としたい。まずは、さまざまな因子を関連付けたり、批判的考察を行ったりする教育社会学的な研究と、非常に実践的な教科教育学研究の総合である。事実、冒頭に挙げた UNESCO (2004) のみならず、国際数学・理科教育動向調査 (TIMSS) や OECD 生徒の学習到達度調査 (PISA) などでも、社会的文脈とし

て学校教育に与える影響要因を探っている。

　次に、各国における教育改革の動向やカリキュラムと社会の関係に関して、多くの事例を累積、整理する必要がある (Bishop, 1994)。そのことは代替的方法を提示したり、暗黙のうちに前提としているこれらの関係について、顕在化させる役割を果たしたりする。ただし、記述レベルでは類似の表現が見られても、その展開はかなり異なるということが往々にして見られるので、時にはその内実に分け入って考えていく必要があるだろう。

（2）理数科教育開発協力におけるアプローチ

　第三の方向性である理数科教育における国際協力プロジェクトは、日本が得意とし、途上国からも求められるために、非常に活発に実践が行われている分野である。

> 多くの援助機関の政策が、教育分野において明確に基礎教育を優先することを打ち出しており、工業化・近代化を目標に据える途上国にとっては、高等教育と職業訓練が援助の領域として取り上げられにくくなったこともあり、初中等レベルの理数科教育にその役割を期待したのかもしれない。(澤村, 1999, p.174)

　理数科が工業化や近代化に役立つであろうことを素朴に理解することはたやすいが、昨今の新しい世界的な流れの中、特にOECD開発援助委員会 (Development Assistance Committee：DAC) の新開発戦略で述べられたオーナーシップ、制度や能力形成と関連づけて、日本の技術協力アプローチの可能性と限界について、整理する必要がある。これまで自明とされてきた理数科教育分野における開発協力の目的さえ、今一度問い直すべきところに来ている。その意味で、国際協力機構 (2007) は時宜を得た研究といえよう。

　そこで今までのように自助努力を重視するならば、途上国の人による試行錯誤とそれに基づく反省が基盤となってくる。これは教員のところで見られた反省や探求と類似の概念であるとともに、より経営的側面を含むものである。その際二つの課題がでてくる。一つは反省の基盤となる現状と将来の方向性の把握で、今一つは反省に至る過程である。

前者について、ここまで議論したように、現状と将来的な方向性が十分な深さと広さで把握されていない。しかも各国における教科教育研究が十分に育っていないことが、この分野の国際協力にとってボトルネックになっている。その点では第一や第二の方向性を十分に踏まえた上で、総合的な研究が必要となるであろう。

後者について、長尾・又地（2002）が述べるように、基礎教育における協力活動では、単に技術を移転するのではなく、経験を共有する方向性が必要になってくる。その意味で、多くの国際協力プロジェクトで注目されているように、現地研究者を交えた理数科教育における授業研究やアクション・リサーチ（Clements & Ellerton, 1996）は非常に興味のある手法といえる。これらの過程を定式化していくには、教育経営学や学級経営学などの知見を用いるとともに、近年の動向であるプログラムアプローチの中でのプロジェクト経営などでは政治的なアプローチも求められるであろう。

学校教育の一部としての理数科教育[3]であるが、その充実に向けた取り組みに終わりはない。むしろその可能性を開くことで、学校教育全体の開発の扉を開けることにつながる。このように理数科教育の位置を考えることは、取りも直さず社会のあり方を考えることにもつながってくる。これまで学校教育をめぐり自明とされてきた科学技術のあり方とそれを支える理数科教育のあり方を再検討することは、まさに我々が問われている課題でもある。その点に、大隅（2001）や下條（2002）が構想したように、途上国における教育開発研究と日本における教科教育研究をつなげていくような研究と実践を期待したい。

注

(1) アメリカにおいて、1966年、コールマンを中心とする委員会が教育機会均等について調査した結果を「教育の機会均等に関する報告」（通称コールマン報告）としてまとめた。そこでは、家庭・地域因子の方が、学校教育因子よりも学業成績への影響力が大きいことが示された。またイギリスでは、1967年、プラウデン女史を議長とした委員会により「子どもたちと初等学校」報告書（通称プラウデン報告書）がまとめられた。この報告書は題名通り主として初等教育を対象とした調査結果をまとめ、その後の教育動向に多大な影響を与えた。さらにその報告を受け、教育優先地域への財政的援助

を含む政策が計画、実施された。
(2) 第3回国際数学・理科教育調査のこと。
(3) 歴史的に見て、学校教育における教科の枠組みはそれほど大きく変わってきたわけではない。むしろ近代教育始まって以降、ほとんど同じであるといえるかもしれない。知識の体系の大元にある学問の体系は、新しい学問分野が作られても、大きく揺らぐことはなかった。教科体系＝学問体系といえる部分もあり、その意味で、自然科学対社会科学・人文科学、つまり理数科と社会科・国語科という区分が成立する。それは近代社会が自然科学に依拠し経済開発や工業発展を進めてきたことに連動する。

　他方で、学校教育は後行世代を社会化することを目的とした先行世代からの働きかけという意味で、教科体系＝自然や社会における活動体系といえる部分もある。それは、戦後のデューイ思想を基盤とする問題解決型学習に典型的に見られる。その中では、むしろ社会科と理科に、数学科と国語科が道具教科として対置された。そこではむしろ社会的に生じる問題に対して、どのように積極的に働きかけていくのかが重視される。

参考文献

有本昌弘 (2006)『教員評価・人事考課のための授業観察国際指標―教員へのフィードバックによる学校の活性化―』学文社.

石田真美 (2007)「ザンビア基礎教育の図形学習における困難性に関する研究」広島大学大学院国際協力研究科修士論文.

岩崎秀樹編 (2007)『開発途上国における理数科教育協力の評価指標に関する実証的研究―農村部児童の基礎学力の充実を中心に―』平成16-18年度科学研究費補助金基盤研究 (B) (2) 研究成果報告書.

大隅紀和 (2001)「アフリカにおける科学教育協力の可能性を考える視点」『国際教育協力論集』4巻2号, 99-108頁.

鹿嶋友紀 (2005)「サブサハラ・アフリカの言語政策の取り組みと今後の課題―教授言語を中心とする政策課題―」『国際教育協力論集』8巻2号, 97-109頁.

岸本幸次郎・久高喜行編 (1986)『教師の力量形成』ぎょうせい.

コール, M／スクリブナー, S (1982)『文化と思考：認知心理学的考察』若井邦夫訳, サイエンス社.

国際協力機構 (2007)『JICA理数科教育協力にかかる事業経験体系化研究報告書―その理念とアプローチ―』国際協力機構.

澤村信英 (1999)「理数科教育分野の国際協力と日本の協力手法に関する予備的考察」『国際教育協力論集』2巻2号, 173-182頁.

澤村信英 (2005)「ケニア小学校教師のライフヒストリーから学ぶ―教育開発の新たな知を構築する試み―」『国際教育協力論集』8巻2号, 89-96頁.

島田茂編 (1995)『算数・数学科のオープンエンドアプローチ―授業改善への新しい提案―』東洋館出版.

清水静海・礒田正美・大久保和義・馬場卓也編 (2005)『図でみる日本の算数・数学授業研究』明治図書.

下條隆嗣 (2002)「日本の国際教育協力における大学の役割―科学教育を中心として―」

『国際教育協力論集』5巻1号, 1-10頁.
全国数学教育学会編 (2004)『全国数学教育学会10周年記念誌』全国数学教育学会.
田場奈朋 (2004)「数学の概念形成における教授言語の影響—フィリピンの小学生の分数概念に関する調査を通して—」『数学教育学研究』10巻, 173-184頁.
長尾眞文・又地淳 (2002)「教育分野における新たな技術協力モデル構築の試み—南アフリカ・ムプマランガ州中等理数科教員再訓練プロジェクトから—」『国際教育協力論集』5巻1号, 83-100頁.
日本数学教育学会編 (2001)「『課題別研究部会』発表集録—最近10年間 (1991-2000) の研究のまとめと課題」日本数学教育学会.
馬場卓也 (2002)「数学教育協力における文化の果たす役割—ケニアにおける数学教育の事例を基に—」『国際教育協力論集』5巻1号, 69-82頁.
馬場卓也・小島路生 (2005)「授業研究」国際協力機構国際協力総合研修所編『日本の教育経験—途上国の教育開発を考える—』東信堂, 271-283頁.
馬場卓也・中村聡 (2005)「バングラデシュ国初等理数科における教授的力量の評価枠組み構築に向けた授業の立体的考察」『国際教育協力論集』8巻2号, 63-74頁.
馬場卓也・柾本伸悦 (2004)「バングラデシュ国小学校算数の事例を通した教育の質的側面についての考察」『国際教育協力論集』7巻2号, 55-68頁.
馬場卓也編 (2007)『東南・南アジア地域における小学校教師の持つ数学教育観が授業に与える影響の比較研究』平成16-18年度科学研究費補助金基盤研究 (B) (2) 成果報告書.
フレイレ, パウロ (1979)『被抑圧者の教育学』小沢有作・楠原彰・柿沼秀雄・伊藤周訳, 亜紀書房.
横関祐見子 (2004)「ガーナ初等教育における教授言語—2002年の新教育言語方針とその意味—」『国際教育協力論集』7巻2号, 15-34頁.
吉田稔 (2003)「アフリカ・ガーナの教師教育のあり方についての一考案—校内研修と教員養成校の数学科テキストに焦点をあてて—」『国際教育協力論集』6巻1号, 55-70頁.
ライチェン, ドミニク/サルガニク, ローラ編 (2006)『キー・コンピテンシー—国際標準の学力を目指して—』立田慶裕監訳, 明石書店.
Anamuah-Mensah, J., Asabere-Ameyaw, A. & Mereku, K. D. (Eds.) (2004). *Ghanaian Junior Secondary School Students' Achievement in Mathematics and Science, Results from Ghana's Participation in the 2003 Trend in International Mathematics and Science Study (TIMSS)*. Accra: Ministry of Education, Youth and Sports.
Berry, J. W. (1985). Learning Mathematics in a Second Language: Some Cross-cultural Issues. *For the Learning of Mathematics*, 5(2), 18-23.
Bishop, A. J. (1991). *Mathematical Enculturation: A Cultural Perspective on Mathematics Education*. Dordrecht: Kluwer Academics Publishers.
Bishop, A. J. (1994). Cultural Conflict in Mathematics Education: Developing a Research Agenda. *For the Learning of Mathematics*, 14(2), 15-18.
D'Ambrosio, U. (1984). Socio-Cultural Bases for Mathematical Education. *Proceedings of 5th ICME*, pp.1-6.
Clements, M. A. & Ellerton, N. F. (1996). *Mathematics Education Research: Past, Present and Future*. Bangkok: UNESCO Principal Regional Office for Asia and the Pacific.
Gay, J. & Cole, M. (1967). *The New Mathematics and an Old Culture: A Study of Learn-

ing among the Kepelle of Liberia. New York: Holt, Rinehart and Winston.

Jaworski, B. (2006). Theory and Practice in mathematics Teaching Development: Critical Inquiry as a Mode of Learning in Teaching. *Journal of Mathematics Teacher Education*, 9(2), 187-211.

Kofi, D. E. & Baba, T. (2005). The Impact of In-Service Teachers Training through an Outreach Program on the Content Knowledge of Basic School Mathematics Teachers in Ghana. *Journal of JASME Research in Mathematics Education*, 11, 241-257.

Mohsin, U. (2006). The Impact of In-Service Teachers Training by Primary Training Institutes in Bangladesh (1): Focusing on Subject Knowledge, Pedagogical Skills and Attitudes of Mathematics Teachers. *Journal of JASME Research in Mathematics Education*, 12, 201-214.

Mohsin, U. & Baba, T. (2007). Analysis of Primary Mathematics in Bangladesh from Pupils' and Teachers' Perspectives - Focusing on Fractions. *International Journal of Curriculum Development and Practice*, 9(1), 37-53.

National Council of Teachers of Mathematics (NCTM) (1980). *An Agenda for Action: Recommendations for school mathematics of the 1980s.* Reston: NCTM.

Nebres, B. F. (1988). School Mathematics in the 1990s: Recent Trends and the Challenge to the Developing Countries. In A. Hirst and K. Hirst (Eds.), *Proceedings of the Sixth International Congress on Mathematical Education* (pp.13-27). Budapest, Hungary: Janos Bolyai Nathematical Society.

Prakitipong, N. & Nakamura, S. (2006). Analysis of Mathematics Performance of Grade Five Students in Thailand Using Newman Procedure. *Journal of International Cooperation in Education*, 9(1), 111-122.

Schön, D. A. (1983). *The Reflective Practitioner: How professionals think in action.* London: Temple Smith.

Setati, M. (1999). Ways of Talking in a Multi-lingual Mathematics Classroom. *PME Proceedings,* pp.177-184.

Shulman, L. (1987). Knowledge and Teaching: Foundations of the New Reform. *Harvard Educational Review*, 57(1), 1-22.

Skovsmose, O. (1994). *Towards a Philosophy of Critical Mathematics Education.* Dordrecht: Kluwer Academic Publishers.

Stigler, J. W. & Hiebert, J. (1999). *The Teaching Gap: Best Ideas from the World's Teachers for Improving Education in the Classroom.* New York: The Free Press.

UNESCO (2001). *Monitoring Report on Education for All 2001.* Paris: UNESCO.

UNESCO (2004). *EFA Global Monitoring Report 2005.* Paris: UNESCO.

UNESCO-UNDP (1997). *Teacher as Lifelong Learners: Case Studies of Innovative Inservice Teacher training Programmes in the E-9 Countries.* Paris: UNESCO.

Wittmann, E. (1995). Mathematics Education as a 'Design Science'. *Educational Studies in Mathematics*, 29(4), 355-374.

第Ⅱ部
教育開発政策・課題にかかる諸研究

ケニア・ナイロビ市内のスラムに近い小学校（2008年　撮影：澤村信英）

第5章

教育の地方分権化と初等教育無償化政策の矛盾
―低所得国における住民参加をめぐる政策対立―

笹岡雄一・西村幹子

1. はじめに

　地方分権化（以下、分権化）は近年、開発の主要なアジェンダとなっている。分権化は世界中で起きているが、名称は同じでも、各国の置かれた環境に応じて実情や課題は異なる。Weiler (1990) は、先進国の事例から出発して、教育ガバナンスの分権化を推進する一般的な理由として、権力の再配分、教育システムの効率化、文化的多様性の享受の3要素を挙げた。McGinn & Welsh (1999) は分権化の目的を政治的動機（参加を増加する熱意）、財政の動機（中央政府の財政の縮小）、効率性の動機の3点から分類した。

　1990年代以降には、多くの低所得国において、公共サービスの提供の改善や財政的分権化を通じて、市民の要求に対するより適切な対応、教育の質の向上、意思決定過程におけるクライアントの参加水準の向上が企図された (Bray, 1996；Fiske, 1996；Cuéllar-Marchelli, 2003；小川ほか, 2008)。また、分権化に関しても、参加や民主化という考え方が大幅に取り入れられた (Crook & Manor, 1998；Crook & Sverrisson, 2001)。1990年代後半になると、これらを束ねて貧困削減のために分権化を位置づけるドナーの戦略が顕著になってきた (Romeo, 2003)。

　同時に、分権化と並行して、低所得国[1]の多くの国々では、債務救済措置や万人のための教育 (Education for All：EFA)、ファスト・トラック・イニシアティブ (Fast Track Initiative：FTI) による教育予算の拡大を背景とした初等教育の授業料無償化を中心とする初等教育普遍化 (Universal Primary Education：UPE) 政策が導入されている（**章末付表**参照）[2]。低所得国の初等教育普及は拡大の方向にあるが、留年や中途退学などの問題や教育の質の低さが未だに深刻である[3]。UPE 政策と教育の分権化の同時的実施は、低所得国の今日的

課題の一つとなっている。

しかしながら、分権化が教育のサービスデリバリーにいかなる効果をもたらしたかという影響評価については、低所得国においては綿密な効果が確認されているとは言い難い。これには分権化、教育セクターそれぞれに理由が存在すると思われるが、根本的には、分権化がセクターの政策方針よりも、実際には様々なアクターの政治的動機によってそのつど推進（阻止）されていることによるであろう (Hannaway & Carnoy, 1993 ; Fiske, 1996 ; World Bank, 2003)。

こうした背景の下、本章は近年開発アジェンダとして広く注目を浴びている分権化政策が、低所得国の初等教育分野における実践という視点から見た場合に、理念的な分かりやすさとは裏腹に持つ制約や他の政策との矛盾を指摘し、教育の分権化がなぜ所期の目的通り良好に機能してこなかったのかを明確にすることを目的とする。中心的に取り扱うのは、1990年代以降の分権化である。また、既存の分析枠組みに関する問題の論点を明確にした上で、政策的示唆を得ることを目指す。

次節では、低所得国の教育の分権化政策を分析するに当たって必要となる枠組みを提示する。第3節では、第2節の枠組みに沿って1990年代に分権化の進展がなぜ一般的に制約されてきたのかについて指摘する。第4節では、更に現在低所得国において広く実施されているUPE政策と分権化政策との関連と矛盾について分析する。最後に、結論として理論的再構築の必要性の論点を明確にし、政策的示唆を述べる。

2. 分権化の分析枠組み

2-1 教育の分権化の概念と定義

本章では分権化を「中央政府から下位または半独立的な政府組織、あるいは民間セクターへの公共的機能の権威と責任の移転」と定義する (Rondinelli, 1998, p.2)。分権化には、通常「脱集中化 (deconcentration)」、「権限委任 (delegation)」、「権限委譲 (devolution)」および「民営化 (privatization)」の4分類がある (Rondinelli, 1998)。中央が実質的な権限を保持したまま、同じ機関内の地方の部局に業務を分散するのは脱中心化 (deconcentration) と呼ばれ

る。業務権限・責任を大臣から一定の範囲で地方の機関(最終的には中央政府に帰属)に委ねるのは権限委任 (delegation) である。その対象が地域・コミュニティレベルの選挙された機関の場合は権限委譲 (devolution) になる。また、分権化は、民間企業・個人への権限の移転を意味する民営化 (privatization) をも意味する。

次に、分権化には政治的、行政的および財政的分権化の3分野の分類がある。政治的分権化は地方政府議員・首長の普通選挙を通じて民意により政治家を選出することから始まる。権限委譲は通常、政治的分権化が行われないと達成されない (Manor, 1999)。他方、行政的・財政的分権化は集権的な地方機構においても部分的には進捗できる。異なる分類法として、中央政府から地方政府への広範な分権化を指す「システムレベルの分権化」と、学校等のサービス提供機関への分権化を指す「組織レベルの分権化」がある (Hannaway & Carnoy, 1993)[4]。

上記の「脱集中化、権限委任、権限委譲」と「政治、行政、財政」の対応関係は3×3の9通りの分権化のタイプとして表現できるが (World Bank, 2003, p.189)、特に最初の3分類の実像は、教育分野においては固定的には捉えられないことに注意が必要である (Weiler, 1990 ; McGinn & Welsh, 1999)。実際、教育セクターにおいては、完全に集権・分権化している国家はなく、様々なタイプが融合している (Bray, 1991 ; McGinn & Welsh, 1999)。

教育は、国家政策という観点からは、生産的個人や、政治社会化された個人の輩出という明確な役割を有している。教育の国家的役割とは、市民に対して政府が自らの政治的正統性を主張するための根拠となる部分である[5]。同時に、政府は国の位置を確認し、目指す方向性を示し、その正統性を確認する上で教育評価をコントロールしようとする。教育の内容や教授言語、カリキュラムも同様に国家の目指す方向性を左右する要素であり、中央に委ねられやすい。これが、Weiler (1990) の言う「教育の分権化が自ら持つ矛盾」である。つまり、分権化を促進する議論は、中央政府が指向する教育の集権化と対立する宿命にあるというのである。これは、中央政府の教育に対する統制と分権化によって得られる政治的正統性との矛盾と呼ばれる (Weiler, 1993)。

2-2　分権化の動機

　低所得国の貧困削減戦略の下では多くの政策手段を援助に依存しているため、分権化には外部誘導的な要素があったが、政府や権力エリートの方にも先進国的な民主化、効率化の観点から分権化を歓迎する議論があった。さらに、低所得国特有の分権化を推進する内発的な動機も存在した。主な動機を大別すると以下の3つに整理できる。

(1) 統治体系のデザイン

　これは独立後の国家の政治的枠組みにおいて、エスニシティや宗教などによる政治権力の配分を分権化にどのように反映したかという歴史的な動機である。集権制と分権制のあいだの連邦制の設計もその一つである[6]。一党独裁／複数政党制と分権化にも関係があり、分権化が民主化と並行して進展した国と、民主化の代替措置とされた国がある[7]。さらに、地方言語を教授言語に使用する教育政策も統治に関係する (Weiler, 1990)[8]。地方言語の活用はアイデンティティの保持、退学率の低下、地方教員の確保の上で重要であると考えられるからである[9]。

(2) 権力エリートの占有

　低所得国では、国家というフォーマルな組織や制度的アカウンタビリティが弱いために、権力者のパトロネージが政治を強力に支配し、資源配分を左右する。これが中央－地方の権力エリートの間で共有されるときに、分権化が促進される (Crook, 2003)。この見方によれば、分権化は「エリートの占有 (elite capture)」の一形態となる (Crook, 2003)。

(3) 公共セクター改革

　この枠組みからサービスデリバリーを改善する試みが1990年代から多くの国々で実施されている。これは中央政府が非効率で腐敗している場合、サービスを受ける市民に近いところに意思決定権やデリバリーの主体を設定することにより、住民により良いサービスを提供できるという考え方である (World Bank, 2003)。1980年代にはこの改革には中央政府が分権化して自らの経済的な負担を減らす動機が強かった (McGinn & Welsh, 1999)[10]。1990年代

後半からは、貧困層に配慮したサービスデリバリー改革という趣旨が強い。

　これらの動機は、解釈として共存することもあれば、相互に対立することもある。（1）の統治体系のデザインは最も根源的な分権化の動機といえ、教育セクターの分権化にとってはかなり与件に近い。（2）のエリートの占有と（3）の公共セクター改革は、分権化がサービスデリバリーへの市民の監視を強めるのか、ローカルな「エリートの占有」を強めるのかという対照的な解釈になり、近年の代表的な検討課題となっている（Bardhan, 2005）。

2-3　低所得国における分権化の狙い

　貧困削減戦略における分権化の制度設計としての動機は、サービスデリバリーの向上にある。これがいかなるアカウンタビリティで支えられるのかを分析枠組みで示したのが、『世界開発報告（WDR）2004年版』である。同報告書は、分権化において、国家（政治家・政策決定者）、地方政府、サービス提供機関及び市民／クライアントの相互関係について図1を提示している。

　この枠組みの中では、各機関が自律性を保ち機能することを前提に、公共サービスのクライアントたる市民は、投票権によって中央・地方政府からのサービス提供機関への管理力を強化し、クライアント・パワーの直接的行使によって同機関への監視を高められると説明されている。

図1　地方分権化とサービスデリバリー枠組み

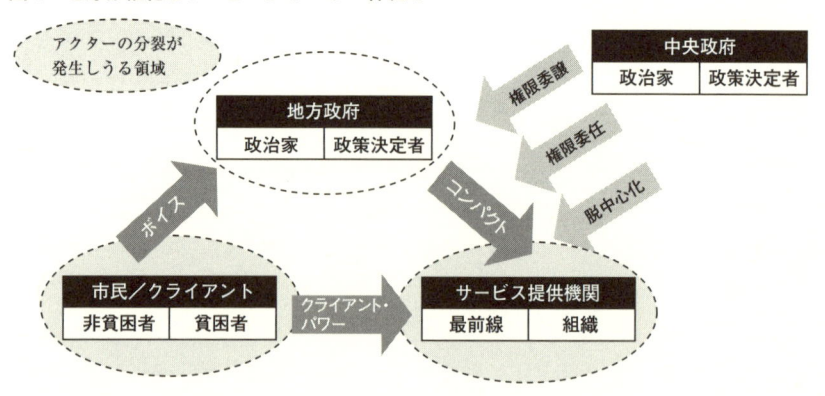

（出所）World Bank (2003, p.188)（Figure 10.3）をもとに筆者作成

同報告書は、分権化の成功の鍵として、下位政府の財政状況、中央と下位の両政府間における行政責任の分担、および地方の能力の3点を挙げている。また、これと関連する公共資金管理における有効なサービスの判定基準としては、全般的な財政規律、配分上の効率性と公平性、運営上のインパクトの3点を挙げている。

　筆者はこの枠組みの有効性と報告書の内容を基本的には評価する。ただし、地方政府、学校、市民／クライアントの各レベルの様々な「アクター内部の分裂（以下、「分裂」）」が十分に把握され、描出されてはいないと考える[11]。低所得国では個人の教育・情報が均等ではなく、国内の所得分布や制度、能力なども一様ではない。また、分権化の動機が表向き民主化や公共セクター改革であっても、統治体系や権力エリートの占有の動機が内側で働いている場合を看過してはいけないと考える。このアクターの分裂は、外部資金に支えられたUPE政策の実施、という文脈で行われる分権化においては特に注意を要する視点である。

3. 教育の地方分権化の制約

　一般に、分権化が機能しない要因としては、不適切な能力、市民へのアカウンタビリティの欠如、財政的自治権の低さなどが挙げられている（例えば、Johnson, 2002 ; Francis & James, 2003 ; Piron et al., 2004）。更に、教育面では、中央政府のコミットメントの不足、不適切な組織形成、技術的な能力不足、分権化政策実施に必要な財政の不足、様々なステークホルダー間の分権化過程における役割や目的についての合意形成の不足などがある（例えば、McGinn & Street, 1986 ; Fiske, 1996 ; Naidoo, 2002）。実際に、従来の先行研究は、様々な形で実施される地方分権化の教育へのアクセス、質、公平性、学校運営における成果については複雑で曖昧な調査結果を示している（例えば、Hannaway & Carnoy, 1993 ; Chapman, 1998 ; Gill et al., 2001）。

　ここでは、先行研究の多くが共通して指摘している「分裂」の要素を、前項図1で示した3つのレベルに分けて抽出したい。

3-1　地方政府レベル

　地方政府レベルでは、地方組織の能力不足だけでなく、分権化を実施する財政不足と地方政府の人々のメンタリティにおいて「分裂」が生じることがある。まず、参加型プロセスが実際にコントロールできる資源が限られ、かつ中央依存である場合、地方行政の「下（市民）へのアカウンタビリティ」は形成されにくい。教育行政のアカウンタビリティは「統制」の方に大きく傾き、下（市民）よりも上（中央政府）と水平（地方政治家）に働く。透明性と「下へのアカウンタビリティ」に対する市民の参加が不足する場合には、「コミュニティの参加」と「統制」の間に大きな軋轢がうまれてしまう（Francis & James, 2003）。

　メンタリティについては、分権化の法的、行政的制度が整備されたとしても、様々なアクターの態度の変化や能力構築には時間を要し、この過程で様々な混乱が生じる。例えば、インドでは1993年から県に権限を移転しているが、その過程において、「指示（directives）」に慣れた地方の教育行政官やコミュニティは「指針（guideline）」の意味を把握できない傾向があった（Varghese, 1996）。このメンタリティにおける「分裂」は、分権化の目的が地方政府と中央政府、地方政府のアクター間で共有されていない場合に生じやすい。

3-2　学校レベル

　学校レベルにおける「分裂」は、学校の組織文化や教職員の長年の態度を打開する難しさに根ざしており、分権化の下で権限が委譲されても、それが活用されなかったり、教育の質の格差につながることが多い。

　例えばニカラグアでは、教員の雇用と評価、学校財政、教材選定等が学校に権限委譲されたが、各学校の組織文化が、権限の行使の仕方に大きく影響した結果、教育の質における格差が見られた（Rivarola & Fuller, 1999）。

　アジアの多くの国々では、親や教員、校長はリスクがあれば改革実行よりも現状維持を優先する傾向があり、学校運営の権限委譲が教育改革の方向性に必ずしも沿わなかったという（Chapman, 1998）。また、近年のインドネシアやガーナにおけるカリキュラムの分権化においても、長年の中央集権的な政治体制で培われてきた教員や校長のヒエラルキー重視の行動様式が、自主、

独立的な精神を持つ教育者としての行動に必ずしもならず、従来型の指導が継続された (Yeom et al., 2002；Bjork, 2003；Osei, 2007)。

3-3　市民／クライアントレベル

　市民／クライアントは、分権化の効果を享受するレベルであるが、このレベルにおける多様な資源や関心が複雑な「分裂」をうみ出す。また、分権化が市民の十分な合意を得ずにトップダウンで行われる場合、あるいは分権化が不確定な教育政策を持つ中央政府によって推進される場合に、この傾向が強まる。

　まず、分権化は教育へのアクセスを確保する一方で、教育の質の地域間格差をうむ傾向にあることは、多くの低所得国で観察されてきた。例えば内戦終結後のエルサルバドルでは、教員任免権を含む小学校運営がコミュニティに任された結果、農村部におけるアクセスは飛躍的に増大した。ただし、この「Educo」モデルの生徒の成績に対する効果は確定していない (Jimenez & Sawada, 1999；Cuéllar-Marchelli, 2003；World Bank, 2003)。また、コミュニティ参加の向上が教育への私的財源を求め、かえって親、地域、コミュニティ教育協会の資金獲得能力に根差した学校間格差を招いたという指摘がある (Cuéllar-Marchelli, 2003)[12]。この背景には、教育の質について一定の水準を示し評価する中央政府の役割が、紛争直後の「Educo」モデルにおいては明確に示されていなかったことがあった。

　他の地域でも同様の指摘がある。例えば1980-90年代のアフリカ諸国のコミュニティによる財政負担も、弱体な政府の代替組織として教育のアクセスを拡大した一方で、質における格差を拡大したとされる (Bray & Lillis, 1988；Bray, 1996)。また、2000年代のインドネシアでは、分権化後に教育の質が向上したというインタビュー結果もあるが、それは親の教育費負担の増加、社会的地理的な格差の存在を無視しているという (Kristiansen & Pratikno, 2006)[13]。

　コミュニティレベルの態度形成でも同様の「分裂」がある。フィリピンでは、中央で計画された分権化が、コミュニティが運営能力や新しい学習環境を形成する意思を持たないままに実施されたことで学校運営を弱体化したと報告されている (Chapman, 1998)。また、ガーナではコミュニティに権限が委譲されたが、メンバーが教育の質についての理解を持ち合わせず、分権化

と教育の質がつながらなかったという指摘がある (Chapman et al., 2002)。更に、ニカラグアでも同様に、親や校長の「自治」に対する考え方や準備状況が、分権化への理解のばらつきを生み、住民参加が得られず、かえって消極的な学校運営につながった事例が報告されている (Rivarola & Fuller, 1999)。

このように、教育の分権化は、各レベルにおいて意図せざる「分裂」を生むことがある。これは、分権化が権力エリート主導で市民や学校の十分な合意を得られていない場合や、国家が弱体で格差が存在する社会において教育の質の公平性をいかに保つか、という課題が教育政策に組み入れられていない場合に発生しやすい。また、様々なアクターの技術的な能力以上に、メンタリティの問題が分権化の実効性を大きく左右することも指摘できる。

4. 分権化と初等教育普遍化 (UPE) 政策が持つ矛盾と分裂

前節でみた教育の分権化の制約についての指摘は数多くの先行研究の成果として重要であるが、UPE 政策下でのアクターの「分裂」について体系的に指摘した論稿は限られている。また、貧困削減戦略の下で、教育の分権化が UPE 政策と同時に実施されている事象が有する今日的課題について言及したものはほとんどない。本節では、このような認識の下、1990年代後半以降の東アフリカの UPE 政策がアクターの「分裂」を通じて分権化に与えた負の影響について考察し、分権化と UPE 政策が持つ矛盾について分析を深めたい。

初等教育の分権化と UPE 政策は画一的に実施すると矛盾してしまう。UPE 政策の下では、全ての人々に「等しく」初等教育を「普及」するという中央の政策的意図が、地方における「様々な独自色」を抑える動きになりやすいからである。これは、第2節でみたウェイラーのいう中央政府の教育に対する統制と分権化によって得られる政治的正統性 (参加と討議) との矛盾である。UPE 政策が選挙公約等の遵守といった濃い政治的色彩を帯びてトップダウンで実施されているだけに、地方における各種の分権化の足並みが必ずしも揃わない可能性も高い。このような課題背景の下、第3節と同様に3つのレベルにおける課題について、既存の文献と筆者のフィールド調査結果[14]に基づいて論じる。

4-1　地方政府レベル

　地方政府レベルの「分裂」は、主に教育行政の分権化と教育財政の分権化との間、地方政治家と地方教育行政官との間で起きている。ウガンダおよびタンザニアにおいては、教育の行財政が県レベルに分権化された後に、地方住民税が大きく軽減され、地方歳出の8割以上が中央からの交付金に依存するようになった。交付金の多くは条件付きであり、地方の裁量権は限られている（Francis & James, 2003）。無条件交付金の予算は少なく、一般行政経費や特殊なイベントに支出され、教育のモニタリングに回す十分な予算がない（Business Synergies, 2003）。このため、地方教育行政官が自らのバイクを運転して巡回している光景も珍しくない。すなわち、教育行政の分権化によって地方政府の権限が拡大しても、財源の減少によりその権限は行使できていない。

　地方の政治家と教育行政官の間の「分裂」は、一般的に指摘されている（Fiske, 1996）。地方の政治家は、必ずしも教育セクターに関心があるとは限らず、政治家個人の「顔」の見えやすい小学校建設等のインフラ整備を好む（Ibid.）。ウガンダの農村部においては、地方行政官と地方の政治家の学歴に大差があり、教育の価値や質についての専門的な施策についても十分に協議できない場合がある。また、地方の教育行政官が教育計画に沿ってセクター内の活動を進める際に、地方の政治家の介入を受ける。各県に学校施設グラント（School Facility Grant）が供与されたが、対象校選定の際にそれは頻繁に起きたという（Business Synergies, 2003）。

4-2　学校レベル

　学校レベルの「分裂」は多くの場合、公立学校と私立学校、都市部と農村部において見られる。学校間の「分裂」は、UPE政策下の公立学校への財政的分権化に根差している。公立小学校の授業料は廃止され、ウガンダにおいては中央政府から地方政府を経由して学校に（「システムレベル」）、ケニアにおいては中央政府から直接学校に（「組織レベル」）学校運営資金が交付されている。この交付金は生徒数に応じて一律で支給されている。

　UPE政策前においては、公立校においても学校毎に異なる授業料が課され、授業料の徴収・使用権限も委譲されていた。UPE政策の実施とともに、

この自治権は廃止され、代わりに中央から財政的分権化が行われた。学校運営資金には中央政府が定めた使途に関するガイドラインが存在する。以前は親やコミュニティからの注文が学校に多く寄せられ、学校はいわば「下へのアカウンタビリティ」を果たす努力を強いられた。ところが、新しい財政的分権化が各機関の間で取り交わされてから学校は財源のある中央政府への「上へのアカウンタビリティ」に専念することとなった。学校運営資金に関して、生徒数の虚偽申告や、生徒に進級を奨励しない行為も行われた (Business Synergies, 2003)。この意味で、未だに「下へのアカウンタビリティ」が求められる私立校と公立校の間には以前にも増して「分裂」が生まれている[15]。

もう一つの「分裂」は都市部と農村部の学校、あるいは豊かな地域と貧しい地域の学校において起きている。豊かな地域の学校においては、授業料廃止と学校運営資金の交付は、学校収入を減らし、多数の生徒の流入によって教育の質の低下を招いた。他方、農村部の貧しい学校では従来の徴収資金が乏しかったため、学校運営資金の交付により標準的運営が可能となった。東アフリカの小学校には、統一修了試験が課されているため、各校の卒業生の学力レベルが一目瞭然である。授業料廃止前は授業料の格差を出すことで生徒数を抑えて質を上げるなど、学校毎に差別化方策が取られていたが、UPE政策で授業料が廃止されると、全ての公立校が自由選択に晒された。このため、都市部の人気校や農村部の成績上位校には多数の生徒が押し寄せた。

これは自由競争の結果と言えるかもしれないが、憂慮される点は校長や教員のインセンティブにばらつきが生じていることである。都市部と農村部の平等化を図る一方で、UPE政策を伴う分権化は都市部の豊かな学校にとっては、学校の運営事業の選択肢を狭める効果をもたらした。

前述のとおり、分権化の下でも教育評価は中央政府に掌握されることが多い。ウガンダでは教員の評価が県レベルの地区サービス委員会でできるようになったといっても、評価は中央の教員サービス委員会に上げられ、地方政府や議会がこれを審査することは少ない。評価手続きは中央の政策と行政規則によって縛られている (World Bank, 2003)。つまり、教員の実績評価は「Educo」のような住民自治モデルでなければ、地域社会や地方議会が関与することは難しいか相当な工夫が必要である (World Bank, 2003 ; Cuéllar-Marchelli, 2003)。このため、学校レベルでの「分裂」を食い止めるための教員に対する評価、

モニタリングの体制、教員への意欲保持についても対策が講じにくい。

4-3　市民／クライアントレベル

　サブサハラ・アフリカ諸国では、弱体な政府の代替としてコミュニティが学校建設や運営を任されてきた歴史的経緯がある（Bray & Lillis, 1988）。ケニアやウガンダでも、一般の親にとっては、学校運営への「参加」は授業料等を払う「経済的負担」を意味した。両国では UPE 政策は「無償教育（Free Education）」と呼ばれ、授業料の負担免除により親は参加の足場を失い、消極主義が生まれた。図1における住民と学校のつながりは弱まり、地域や親の教育熱の度合いにより消極・積極主義の「分裂」が起きている。

　従来から比較的授業料も学校の質も高い教育を受けていた児童の親は、UPE 政策が行われた直後は静観するか、私立校に児童を転校させた。その後、学校財源の低下を確認した熱心な親たちは、給食プログラムや優秀な成績を収めた児童と教員への報奨の授与等様々な物的寄付を与えている。他方、消極的な親たちは、UPE 政策の有無にかかわらず、受動的静観主義のままであった[16]。

　一方で、UPE 政策が選挙公約という政治先行で行われたことにより、政治家、行政と住民との間にさまざまな認識ギャップが生じた。他方、地方財源を伴わない中央依存型の財政的分権化がはらむ中央の統制と自分たちが投票して支持した UPE 政策の政治的正統性の矛盾に親たちが敏感に反応したとも考えられる。分権化が市民のクライアント・パワーを促進させるには、学校財政はあまりにも金額、使途ともに制約されているからである。

　他方、タンザニアでは両国と異なり、学校委員会が下位の地方行政と共に学校建設のための資源の動員を担当していた。UPE 政策導入当初は親にも消極主義が生まれたが、政府が積極的に親の参加を促したことが功を奏し、学校運営委員会の活動は一般的に停滞していない（DEGE Consult, 2007）。これは、タンザニアの UPE 政策のみが学校レベルに対する「権限委譲」的な要素を残存させたことの反映とも考えられる。

5. おわりに―政策的示唆

これまでの分析では、図1に示した分権化の枠組みが、低所得国の初等教育の分権化の実態把握において有効性に欠ける側面が示されてきた。特に、UPE政策の導入によってそれはさらに顕著になっている。これは、各アクターのレベルにおいて「分裂」を食い止める要素が十分に計画されないまま、セクター内部の財政的分権化のみが先行したためと考えられる。一般的な分権化政策がUPEのセクター政策に追いついていないとも見られるし、UPE政策が参加という枠組みを重視していないとも受け取れる。とにかく、結果として、地方行政の能力不足と各アクターのメンタリティの準備不足が表面化した。

1990年代に見られた途上国における分権化は、元来格差が存在する社会における教育の質の公平性についての慎重な検討と議論を待たずに政治やドナー主導で導入される傾向があった。このため、市民や学校の合意や準備状況について十分な配慮がなされていたかどうかは疑問である。東アフリカではこうした環境に、さらにUPE政策が導入され、授業料の廃止とともにアクセスの急速な拡大と中央政府の新たな統制が出現した。分権化とUPE政策という、どちらも市民へのサービス向上を目的とした政策は、実は矛盾を起こしている。

実際、公平性を追求するUPE政策の下では、分権化で意図されている民主的な参加が抑えられる。これには理論的、実際的な制約が働いている。理論的には、民主的参加の政治的正統性が称揚されながら、国家の統制がUPE・分権化政策双方に制約をもたらしている。実際的には、行政の実質的な役割や地方のアクターのメンタリティの形成を伴わずに、中央の財源やガイドライン依存型の財政的分権化が先行している。

それでは、いかなる政策的介入が必要なのであろうか。

第一に、財政、行政、政治的分権化のあいだのバランスを構築すべきであろう。一般的に財政的分権化のみが強すぎ、行政的、政治的分権化とのバランスが保たれていないことは先に見たとおりである。これは世界銀行をはじめ、援助機関のバイアスと言うこともできる。また、UPEにおける地方政

治家の過剰な介入が公務員の職業的専門性を侵食しているケースなど、政治的分権化と行政的分権化のバランスにも課題はある。行政的分権化については、学校運営委員会の裁量権拡大や透明性向上等、短中期的に実施できることはある。これに対し、政治的分権化は、第2節で見たように、簡単に取り組めるテーマではない。

第二に、このような状況では新たな中央政府の役割が必要となる。「地方のガバナンスをより市民のニーズに反応させるために、時には国家が積極的な役割を果たす」必要性が確認されるのである（Bardhan, 2004, p.126）。中央政府は統制という職務を超えて地方政府以外のアクターとの関係を積極的に見直すべきであろう。

まずは、市民／クライアントに対しては、幅広い民主的・自立的参加のメンタリティを持つように働きかける必要がある。それは公共政策の公平性を強化し、より適切な地域の貢献と自助活動を奨励することで実現される。サービス提供機関に対しては、全国的な教育サービスの質の向上を働きかける必要がある。例えば、地域間／組織間格差に配慮したより柔軟な財政配分を導入し、学校における裁量権を拡大するとともに、市民／クライアントの評価に対応したサービス提供側のインセンティブを構築することである。

第三に、各アクターが内部の「分裂」を超えて適切な相互作用を増し、3つのレベルの好循環がうまれるように政策を制度設計し、これを市民、政治家が時間をかけて議論し、方向性を決めていく必要がある。

地方政府のレベルでは、政治家と教育行政官の間の理解や関心の相違を考慮した、適切な能力構築とアカウンタビリティの確保が必要である。市民との間では市民からの提案力の強化と地方政府からの情報公開が求められる。

学校レベルでは、特にUPE政策との関連で教育の質の地域や学校間格差に留意する必要がある。このためには適切な能力、予算使途の柔軟性、人々のメンタリティの変化の重要性に配慮する必要がある。また、教員に対する評価、モニタリングの体制、教員への意欲喚起・保持といった側面の諸施策の充実が必須である。

市民／クライアントレベルにおいては、世帯所得等の初期条件とともに親の教育への態度やメンタリティの違いが教育政策に異なる反応をもたらすことに留意する必要がある。こうした違いに起因した「分裂」や教育の質の格

差を打開するためには、政治主導で行われる UPE・分権化政策に対して、親や市民が自らの役割を見出すような制度づくりが求められる。学校運営に関する住民参加が弱体な政府の代替をした歴史に裏打ちされる形で、教育に関する役割をめぐって政府と市民の間では見えない綱引きが行われている。しかし、結果として次世代の子どもたちに何を残すのかについて真剣な議論を政府や市民がするためには、制度的な分権化だけでなく、異なるメンタリティへの理解と、それに対応した公正な公共政策の遂行が求められる。

　上記のような政策は、分権化の正統性である参加や民主主義の理念と教育の正統性である初等教育普遍化の理念のあいだの分裂をうまく縫合することで、地方政府の力を補い、市民と活発に相互作用させることに主眼がある。ただし、このような今日的な展望をいつ、中央政府や政治家が志向するようになるのか、市民が強く求めるようになるのかは、それぞれの国の具体的な文脈で問われることになろう。

注

(1) 世界銀行の定義によれば、2006年現在、低所得国は54カ国。このうち34カ国がサブサハラ・アフリカ地域、9カ国が東アジア・太平洋地域、6カ国が南アジア地域である（**付表参照**）。低所得国の中には、中央アジアや東アジア地域の一部の国々のように既に高い就学率を保ちながらも政治的、経済的不安定性から国民総所得が低い国もあるが、多くの国々は経済の低迷と同様に初等教育の普及においても問題を抱えている。

(2) 2000年から2005年に導入した国だけで11カ国に上る。また、世界銀行とユニセフは2005年に「授業料廃止イニシアティブ（School Fee Abolition Initiative：SFAI）」を立ち上げてこれをバックアップしている。ただし、授業料の免除に関しては、「利用料（fees）」全般の現状はより複雑である。実際は、PTA費用は少なくとも一部地域では徴収される国が多く、さらに教科書や制服などの各種利用料を取っている国もある（Kattan & Burnett, 2004）。

(3) **付表**に示すとおり、入手可能なデータの中央値だけを見ても、初等教育の純就学率は、1991年から2003年の間に48％から76％に上昇している（UNESCO, 2007）。これは平均値で見た途上国全体の上昇率（79％から85％）を遥かに上回っている。他方、初等教育の修了率の中央値は62％から69％と上昇率は低い。

(4) 教育の分権化には3種類あるといわれる（Hannaway & Carnoy, 1993）。一つは「システムレベルの分権化」であり、図1の地方政府に相当する。第二に、本文で述べた「組織レベルの分権化」がある。第三に、親に教育に関する意思決定を分権化する「市場への分権化」がある。この代表的な制度は、バウチャー制度である。第二のレベルの分権化は、ケニアのように、第一のレベルの分権化が達成されていない国でも行うことができる。

第 5 章　教育の地方分権化と初等教育無償化政策の矛盾

(5) ここでの正統性はマックス・ウェーバーの「支配の正統性」と同義と解される（ウェーバー, 1960）。
(6) 例えば、サブサハラ・アフリカにおいて、少数民族出身の権力エリートは、他の優勢民族同士が連邦制を共有することで中央での対立緩和を模索するエティオピア方式と、下位の政治単位に積極的に権限委譲して優勢民族の連邦制指向を封じ込めるウガンダ方式を考案した（笹岡, 2005）。
(7) 前者はインドの西ベンガル州、ケララ州、後者は1990年代のウガンダ。政党と民族の重複という意味からは、中央での民族政党対立の軽減措置としての分権化の推奨は、政治的レトリックとしても有用であった（Museveni, 1997, p.195）。
(8) エチオピアでは1994年に18の地方語が教授言語となり、ウガンダでも2007年から学校が教授言語を決定できることとなった。
(9) 他方、雇用機会を求めるために、地方語でなく標準語や国際言語による学習を求める親たちも存在する（Watson, 2007）。
(10) 分権化は国家が住民の協働体制を取り込む方策としても意図される。例えば、行政の末端が住民の協力を必要として住民組織を再形成したのがフィリピンのバランガイである。反対に、ケニアのNGOや市民団体のように、行政の無策が自発的な住民組織活動を促進した場合もある（Oyugi, 2002）。
(11) McDermott (1999) は、教育行政において、サービスの再配分や非差別化を図る際にローカルレベルを一括りに論じることに警鐘を鳴らした。
(12) これは一部には政府の学校への交付金が学校単位で一律であることから、生徒数が多い小さな学校が不利益を被ることにも拠っている。また、中米ではこのモデルが普及することで、従来の学校制度と競合し、混乱も起きている。
(13) 教育の質への効果に関しては、分権化が民営化まで進んだ国々においても正負両方があり、結論を得るには至っていない（Winkler & Rounds, 1996 ; Parry, 1997 ; Gill et al., 2001）。
(14) 筆者らは、2005年3月から2007年3月までの間に計5回東アフリカを訪問し、教育の地方行財政に関するインタビュー調査およびドキュメント調査を行った。主な訪問先は、2005年3月にタンザニアのダルエスサラーム市およびモロゴロ州、2006年2〜3月にケニアのナイロビ市、マボコ市、マチャコス市、同年8月にケニアのニャンドカウンティ、キスム市、ナロック県、同年11月にウガンダのカンパラ市およびケニアのナイロビ市、2007年3月にウガンダのカヨンガ県およびケニアのキヤンブ県である。
(15) 都市部に近い農村部（ケニアのキヤンブ県およびウガンダのカヨンガ県）では、児童が小学校低学年の時は授業料無料の公立校で過ごさせ、高学年になると、卒業試験準備のために私立校に転校させる親が観察された。
(16) キヤンブ県農村部の調査によると、隣接した二つの公立小学校で親の態度に大きな差が見られた。一方は主に国立研究所の研究員の児童が通っており、親の教育レベルが高く、学校運営に関しても積極的に参加している。他方は同研究所の下級職員や地元の児童が通い、校長によれば、親はほとんど学校に来ないという。

参考文献

ウェーバー, マックス（1960）『支配の社会学Ⅰ』世良晃志郎訳, 創文社.

第Ⅱ部 教育開発政策・課題にかかる諸研究

小川啓一・西村幹子・北村友人編 (2008)『国際教育開発の再検討—途上国の基礎教育普及に向けて—』東信堂.
笹岡雄一 (2005)『東アフリカにおける地方分権化について』財団法人国際開発高等教育機構.
Association for the Development of Education in Africa (ADEA), UNICEF & World Bank (2007). International Conference: School Fee Abolition: Planning for Quality and for Financial Sustainability. A Conference Paper on 19-22 June 2007 in Bamako, Mali.
Bardhan, P. (2005). Decentralization of Governance. In P. Bardhan (Ed.), *Scarcity, Conflicts, and Cooperation* (pp.105-127). Cambridge, MA: MIT Press.
Bjork, C. (2003). Local Responses to Decentralization Policy in Indonesia. *Comparative Education Review*, 47(2), 184-216.
Bray, M. (1991). Centralisation versus Decentralisation in Educational Administration: Regional Issues. *Educational Policy*, 5(4), 371-385.
Bray, M. (1996). *Decentralization of Education: Community Financing. Directions in Development Series*. Washington, D.C.: The World Bank.
Bray, M. with Lillis, K. (Eds.) (1988). *Community Financing of Education: Issues and Policy Implications in Less Developed Countries*. Oxford: Pergamon Press.
Business Synergies (2003). *Consultancy to Review Stakeholders' Perception and Progress of the UPE Implementation Programme: Final Report*. Kampala: Ministry of Education and Sports (MOES).
Chapman, D. W. (1998). The Management and Administration of Education across Asia: Changing Challenges. *International Journal of Educational Research*, 29, 603-626.
Chapman, D., Barcikowski, E., Sowah, M., Gyamera, E. & Woode, G. (2002). Do Communities Know Best? Testing a Premise of Educational Decentralization: Community Members' Perceptions of Their Local Schools in Ghana. *International Journal of Educational Development*, 22(2), 181-189.
Cuéllar-Marchelli, H. (2003). Decentralization and Privatization of Education in El Salvador: Assessing the Experience. *International Journal of Educational Development*, 23(2), 145-166.
Crook, R. (2003). Decentralisation and Poverty Reduction in Africa: The Politics of Local-Central Relations. *Public Administration and Development*, 23(1), 77-88.
Crook, R. & Manor, J. (1998). *Democracy and Decentralisation in South Asia and West Africa: Participation, Accountability and Performance*. Cambridge: Cambridge University Press.
Crook, R. & Sverrisson, A. (2001). Decentralisation and Poverty Alleviation in Developing Countries: A Comparative Analysis or Is West Bengal Unique? *IDS Working Paper*, 130. Brighton: Institute of Development Studies.
DEGE Consult with NCG Denmark, Mentor Uganda & ETC Kenya Consultants (2007). *Local Level Service Delivery, Decentralisation and Governance: A Comparative Study of Uganda, Kenya and Tanzania Education, Health and Agriculture Sectors. Tanzania Case Report for JICA*. Japan International Cooperation Agency. [www.dege.biz/Reports.html]
Fiske, E. (1996). *Decentralization of Education: Politics and Consensus. Directions in*

Development Series. Washington, D.C.: The World Bank.

Francis, P. & James, R. (2003). Balancing Rural Poverty Reduction and Citizen Participation: The Contradictions of Uganda's Decentralization Program. *World Development*, 31(2), 325-337.

Gill, P. G., Timpane, P. M., Ross, K. E. & Brewer, D. J. (2001). *Rhetoric Versus Reality: What We Know and What We Need to Know about Vouchers and Charter Schools*. Santa Monica: Rand Education.

Hannaway, J. & Carnoy, M. (Eds.) (1993). *Decentralization and School Improvement: Can We Fulfill the Promise?* San Francisco: Jossey-Bass Publishers.

Jimenez, E. & Sawada, Y. (1999). Do Community-Managed School Work? An Evaluation of El Salvador's EDUCO Program. *World Bank Economic Review*, 13(3), 415-441.

Johnson, C. (2002). Local democracy, democratic decentralization and rural development: theories, challenges and options for policy. *Development Policy Review*, 19, 521-532.

Kattan, R. B. & Burnett, N. (2004). *User Fees in Primary Education*. Washington, D.C.: Education Sector Human Development Network, World Bank.

Kristiansen, S. & Pratikno (2006). Decentralising Education in Indonesia. *International Journal of Educational Development*, 26(5), 513-531.

Manor, J. (1999). *The Political Economy of Democratic Decentralization*. Washington, D.C.: The World Bank.

McDermott, K. A. (1999). *Controlling Public Education: Localism Versus Equity*. Lawrence, KS: University Press of Kansas.

McGinn, N. & Street, S. (1986). Educational Decentralization: Weak State or Strong State? *Comparative Education Review*, 30(4), 471-490.

McGinn, N. & Welsh, T. (1999). Decentralization of Education: Why, When, What and How? *Fundamentals of Educational Planning*, 64. Paris: UNESCO.

Museveni, Y. (1997). *Sowing the Mustard seeds: the struggle for freedom and democracy in Uganda*. Oxford: MacMillan.

Naidoo, J. P. (2002). Education Decentralization in Sub-Saharan Africa: Espoused Theories and Theories in Use. A paper presented at the Annual Meeting of the Comparative and International Education society (46th, Orlando, Florida, March 6-9, 2002).

Osei, G. M. (2007). Decentralisation and the Exploration of the Impact of Local Content Curriculum Reforms in Ghana. *International Journal of Educational Development*, 27(2), 151-165.

Oyugi, W. (2002). The Role of NGOs in Fostering Development and Good Governance at the Local Level: in Africa with Focus on Kenya. A paper prepared for CODESRIA's 10the General Assembly on Africa in the New Millennium, Kampala, Uganda.

Parry, T. R. (1997). Achieving Balance in Decentralization: A Case Study of Education Decentralization in Chile. *World Development*, 25(2), 211-225.

Piron, L. with Norton, A. (2004). *Politics of the PRSP approach: Uganda Case Study*. London: Overseas Development Institute.

Rivarola, M. & Fuller, B. (1999). Nicaragua's Experiment to Decentralize Schools: Contrasting Views of Parents, Teachers, and Directors. *Comparative Education Review*, 43(4), 489-

521.
Romeo, L. G. (2003). The Role of External Assistance in Supporting Decentralisation Reform. *Public Administration and Development*, 23, 89-96.
Rondinelli, D. (1999). What is Decentralization? In J. Litvack & J. Seddon (Eds.), *Decentralization Briefing Notes*. Washington, D.C.: The World Bank.
UNESCO (2007). *Education for All Global Monitoring Report 2008*. Paris: UNESCO.
UNICEF & World Bank (2006). School Fee Abolition Initiative (SFAI) Workshop: Building on What We Know and Defining Sustained Support. A Paper Presented at the Conference on 5-7 April, 2006 in Nairobi, Kenya.
Varghese, N. V. (1996). Decentralisation of Educational Planning in India: the Case of the District Primary Education Programme. *International Journal of Educational Development*, 16(4), 355-365.
Watson, K. (2007). Language, education and ethnicity: Whose rights will prevail in an age of globalization? *Internaional Journal of Educational Development*, 27(3), 252-265.
Winkler, D. R. & Rounds, T. (1996). Municipal and Private Sector Response to Decentralization and School Choice. *Economics of Education Review*, 15(4), 365-376.
Weiler, H. N. (1990). Comparative Perspectives on Educational Decentralization: An Exercise in Contradiction? *Educational Evaluation and Policy Analysis*, 12(4), 433-448.
Weiler, H. N. (1993). Control Versus Legitimation: The Politics of Ambivalence. In J. Hannaway & M. Carnoy (Eds.), *Decentralization and School Improvement: Can We Fulfill the Promise?* (pp. 55-83). San Francisco: Jossey-Bass Publishers.
World Bank (2003). *World Development Report 2004*. Washington, D.C.: The World Bank.
Yeom, M., Acedo, C. & Utomo, E. (2002). The Reform of Secondary Education in Indonesia during the 1990s: Basic Education Expansion and Quality Improvement through Curriculum Decentralization. *Asia Pacific Education Review*, 3(1), 56-68.

付表

(注) 低所得国および地域の分類は世界銀行の定義を参照。低所得国は2005年の一人当たり国民総所得（GNI）が875ドル以下を指す。
  * 純就学率は重み付け平均値、5年までの残存率は中央値。
  ** 全て中央値。
(出所) The Association for the Development of Education in Africa (ADEA), UNICEF & World Bank (2007). International Conference: School Fee Abolition: Planning for Quality and for Financial Sustainability. Bamako, Mali.
UNICEF and World Bank (2006). School Fee Abolition Initiative (SFAI) Workshop: Building on What We Know and Defining Sustained Support. Nairobi, Kenya.
UNESCO (2007). *Education for All Global Monitoring Report 2008*. Paris: UNESCO.

第5章　教育の地方分権化と初等教育無償化政策の矛盾

付表　低所得国（54カ国）の初等教育の現状とUPE（無償化）政策の導入状況

地域名	国名	純就学率		5年までの残存率		無償化政策導入年
		1991年	2005年	1991年	2004年	
中東・北アフリカ（1カ国）	イエメン	51	75	-	73	2006
中央アジア（3カ国）	キルギス	92	87	-	-	-
	タジキスタン	77	97	-	-	-
	ウズベキスタン	78	-	-	-	-
東アジア・太平洋（9カ国）	カンボジア	69	99	-	63	2001
	北朝鮮	-	-	-	-	-
	ラオス	63	84	-	63	-
	モンゴル	90	84	-	-	-
	ミャンマー	98	90	-	70	-
	パプアニューギニア	-	-	69	68	関心あり
	サモア諸島	-	90	88	-	-
	東ティモール	-	98	-	-	2001
	ベトナム	90	88	-	87	2004
ラテンアメリカ・カリブ（1カ国）	ハイチ	22	-	-	-	関心あり
南アジア（6カ国）	アフガニスタン	-	-	-	-	-
	バングラデシュ	-	94	-	65	関心あり
	ブータン	-	-	-	-	-
	インド	-	89	-	-	-
	ネパール	-	79	51	79	-
	パキスタン	33	68	-	70	-
サブサハラ・アフリカ（34カ国）	ベニン	41	78	55	52	2004
	ブルキナ・ファソ	29	45	70	76	関心あり
	ブルンジ	53	60	62	67	2005
	中央アフリカ共和国	52	-	23	-	-
	チャド	35	61	51	33	-
	コモロ	57	-	-	80	-
	コンゴ民主共和国	54	-	55	-	計画中
	コートジボアール	45	56	73	-	-
	エリトリア	16	47	-	79	-
	エチオピア	22	68	18	-	1994
	ガンビア	48	77	-	-	-
	ガーナ	54	69	80	63	2005
	ギニア	27	66	59	76	-
	ギニア・ビサオ	38	-	-	-	-
	ケニア	-	79	77	83	2003
	リベリア	-	-	-	-	関心あり
	マダガスカル	64	92	21	43	2003
	マラウィ	48	95	64	42	1994
	マリ	21	51	70	87	関心あり
	モーリタニア	35	-	75	-	-
	モザンビーク	43	77	34	62	2004
	ニジェール	22	40	62	65	-
	ナイジェリア	-	68	89	73	-
	ルワンダ	66	74	60	46	-
	サオトメ・プリンシペ	-	97	-	76	-
	セネガル	43	69	85	73	関心あり
	シエラレオネ	43	-	-	-	計画中
	ソマリア	9	-	-	-	-
	スーダン	40	-	94	-	-
	タンザニア	49	98	81	85	2001
	トーゴ	64	78	48	75	関心あり
	ウガンダ	-	-	36	49	1997
	ザンビア	-	89	-	-	2002
	ジンバブエ	-	82	76	70	-
発展途上国全体*		79	86	-	81	-
低所得国全体**		48	79	62	63	-

第6章

女子就学振興政策の社会経済開発効果
―分析手法と政策の関係性に関する批判的考察―

黒田一雄

1. はじめに

　女子就学を促進することの重要性は、「万人のための教育世界会議」(1990年)、「世界社会開発サミット」(1995年)、「世界女性会議」(1995年)、「世界教育フォーラム」(2000年)をはじめとした国際会議の場で再三指摘され、2000年に採択されたミレニアム開発目標にも「可能な限り2005年までに、初等・中等教育における男女格差を解消し、2015年までに全ての教育レベルにおける男女格差を解消する」ことが盛り込まれた。女子就学の振興は、近年、グローバルな緊急課題として、国際社会において位置付けられてきた。
　このような女子就学振興の国際的な政策潮流の背景には、男女平等に関する国際社会の合意形成と基礎教育を基本的人権として捉える認識の高まりが存在する。一方で、発展途上国(以下、途上国)の社会経済開発における女子教育の重要性が、近年、国際機関や多くの研究者によって再確認されてきたことも重要な背景となっている。多くの研究が、特に乳幼児の死亡や多産の抑制、一般的栄養・衛生状況の改善等の社会開発のために、女性の教育水準の向上が重要であることを実証しており、経済開発への貢献についても、女性の教育の経済的・社会的収益は大きく、全体として男性の教育よりも大きい、という結論を導き出している (Herz et al., 1991 ; UNESCO, 2003)。
　しかし、大半の途上国において女性の教育水準は男性の水準を下回っているのが実情である。就学率の男女間格差は近年、縮減しているが、データの存在する188カ国中、未だに初等教育就学率の男女間格差が存在する国が118カ国ある (UNESCO, 2007)。特に南アジア、中東・北アフリカ、サブサハラ・アフリカの地域では未だに大きな男女間の教育格差が存在しており、これらの地域で、EFAの政策的目標を達成するためには、女子・女性の教育に政策

的な重点をおくべきことは自明である。

この男女格差の主要な原因の一つは、女児の教育をめぐる親の意思決定にあるとされる。多くの途上国の親にとって、将来、自分達の生活の面倒を見ることになる息子の教育の方が、結婚し、自分たちを離れることになる娘の教育よりも重要であり、経済的な資源が限られている場合には、自ずと息子の教育を優先することになるのである。これは、財産相続の際にも同じことが言える。また、女児は幼少から子守りや水汲みなどの一定の役割を担っており、男児より家事労働に対する貢献が比較的大きく、よって女児を就学させるには男児より大きな機会費用がかかることから、親の女児就学意欲が男児のそれに比べて、低くなってしまうという調査結果もある (Herz et al., 1991; Schultz, 1993)。それでは、女子の教育は男子の教育に比べて、個人や家庭レベルでは選好されないのに、社会や国家のレベルからは選好されるべきということであるのか。この市場の歪みはどのように発生しているのであろうか。

本章では、社会経済開発における女子教育の効果・有用性という観点から、途上国における女子教育を考察していきたい。第一に女子教育の経済効果に関する研究として、収益率分析とクロスナショナル分析を批判的に概論し、第二に女子教育の経済開発への波及過程を明確にし、第三に女子教育と経済発展の水準に関する考察を行う。最後に教育経済学的観点から、女子教育政策に対する提言を行いたい。

2. 経済開発に女子の教育は男子の教育より有用か

2-1 収益率分析

世界銀行のサカロポロスは世界各地で行われた教育分野の収益率分析の結果を集約して鳥瞰分析を行い、女性に対する教育の社会的収益率の方が男性の教育の社会的収益率に比べて高い傾向があるとしている (Psacharopoulos & Woodhall, 1985 ; Psacharopoulos, 1993 ; Psacharopoulos & Patrinos, 2002)。しかし、このような収益率分析には様々な問題点があるのも事実である。特に女子教育をめぐる政策決定のための分析手段として、収益率分析を捉えたとき、かなりの限界があることは否めない (詳しくは、Kuroda, 1999)。

第一に社会的収益率分析は、基本的に個人の収入の大きさはその個人の経

済開発への貢献を示す、という仮定に立脚しているという点である。いくら稼ぐかが、経済発展への貢献度を表すと考えることは無理があろう。また、教育水準の向上は必ずしも就労を通して経済開発に貢献するとは限らない。例えば、専業主婦は賃金を得ないが、子どもを育て、家族の健康を維持することで経済に貢献している。つまり、社会的収益率分析ではこのようなインフォーマルな労働力の経済効果を把握することはできないのである。

　第二の問題は、サカロポロスが行っているように、手に入るだけの収益率分析の結果を平均しただけの数字があたかも世界的な傾向であるように解釈することは、妥当性が乏しいという点である。彼は世界銀行のネットワークを使って収集した様々な国の収益率分析の結果をカテゴリー別に平均することによって、初等・中等・高等教育各段階の収益率を男性・女性別に計算している。しかし、例えば彼が計算している女子初等教育（識字教育を含む）の収益率はわずかに5つの事例を平均したものに過ぎない。このような手法で得られた数値では、世界的傾向とは言いがたい。

　第三に男女別の収益率を比較すること自体に、問題がある。男女別の収益率を測定する場合、それぞれの性別の人口の中において、教育の有無によって収益率がどのように異なるかを比較して計算する。この方式だと、例えば女子教育の高い収益率は教育を受けた女性の高い収入を意味するのではなく、教育のない女性の極端に低い収入を意味することもあると考えられる。反対に、男性の教育の収益率が低いのは、ただ単に教育を受けていない男性の収入が比較的高いことを意味しているかもしれない。

　このように、教育の収益率分析の結果を、男子の教育に対する女子教育の経済開発に対する貢献の優位性の実証的根拠とすることは、多くの問題をはらんでいる。実際、Psacharopoulos & Patrinos (2002) の発表している世界の教育収益率一覧を単に平均するのではなく、一つ一つ分析してみると男女の収益率の在り方に一定のパターンはないことが確認できる。また、Ram (1982) と Schultz (1993) はそれぞれ、女子教育の私的・社会的収益率を分析し、男女によって収益率の差を構造的に規定するようなものは、立証できないとしている。

2-2 クロスナショナル分析

クロスナショナル分析は収益率分析と並んでこれまで頻繁に用いられてきた、教育と経済発展の関係を示す研究手法である。これは教育を独立変数、経済発展を従属変数として相関分析、回帰分析の手法を用いて両者の関係を分析する研究手法である。この手法は経済成長に対する初等教育・中等教育・高等教育の異なった教育段階の貢献度の比較に多く用いられてきた。女子教育についても、King & Hill (1993) は、教育による男女格差の経済成長に与える影響を知るため、152カ国のクロスナショナル分析・重回帰分析を行い、教育の男女間格差は経済成長に負の影響を与えることを証明している。しかし、この世界銀行の研究に関しては、従属変数に経済成長を示す一人当たり国民総生産の成長率をおかず、経済レベルの指標でしかない一人当たり国民総生産をおいているため、その立証性は弱いものとなっている。経済レベルの低い国において教育の男女格差が大きいことは広く知られた事実であり、従属と独立の論理が反対となっているとの批判もある (詳しくは Kuroda, 1999)。

2-3 女子教育をめぐる政治的意図

以上のように、収益率分析においても、クロスナショナル分析においても、男子の教育に比較した女子教育の経済開発への貢献度における優位性は十分に立証されていないといえる。これは、両研究手法の方法論的な限界によるものでもあるが、また研究者のこの分析手段の使用方法に誤りがあったと考えられる。世界銀行の研究には、既存の政策を正当化するような研究があることがかねてより指摘され、批判されてきたが、女子教育の経済開発効果をめぐる世界銀行の研究にも、そうした政治的意図が働いている可能性も示唆される。「教育における男女格差の是正」という十分に倫理的価値を有し、国際的合意の形成された政策を、世界銀行的な尺度で投資対象として正当化するために、女子教育の経済効果における優位という虚像を意図的に創り出してきたとも考えられるのである。女子教育の経済効果に関する研究が、意識的にしろ、無意識的にしろ、客観性を欠いたかたちで提示されることは、取りも直さず女子教育の真実の状況が包み隠されてしまい、必要な状況把握を困難なものとし、女子教育に対する政策・援助が非効率なものとなってし

まう原因ともなりうる。

3. 女子教育はいかにして経済開発に貢献するのか

　経済開発に対する教育の貢献度を、男女別で量的に比較することが困難であるとしても、この経済と教育の関係が少なくとも質的には男女の間で相当に異なったかたちであることは明白であろう。その前提にあるのは、女性を取り巻く社会状況や女性に期待される社会的役割が、男性のそれと大きく異なるという事実であり（例えば、多くの社会において女性は家事労働に果たす役割が大きい等）、この事実を将来的に固定的なものとして捉えることは適当でない。しかし、ここではあえて現行の伝統社会を既存の条件として、特に途上国における女性が教育を受けることによって、経済活動への参加、人口増加の抑制、家族の衛生・教育環境の改善を通して、その国の経済成長にいかに貢献しているかについて、考察したい。

3-1　経済活動への参加

　労働力の量と質は経済開発の重要な要因である。しかし、多くの途上国において、女性のフォーマルな経済活動への参加は、男性のそれと比して、低いものとなっており、その原因の一つである女性の教育水準の低さは、生産性の大いなる損失となっている（World Bank, 2001）。女性の教育は、女性の就労意欲を喚起し、就労のための能力を向上させることにより、女性のフォーマルな経済活動への参加を促進する役割を果たす。Benavot (1989) は、教育が女性の職業意識を向上させ、能力を開発し、雇用を促進し、賃金を上げることを統計的に実証している。教育は社会・家庭における女性の役割に対する女性自身の考え方をも変化させ、女性の経済活動への参加を促進しているのである。

　しかし、多くの途上国において、労働市場は男女を異なったかたちで取り扱う。女性の労働参加率が男性のそれに比べて低いだけではなく、女性の賃金は男性に比して一般に低い。この問題を理解するのに、主に二つのモデルが提示されている（Ram, 1983）。一つは差別モデルとも呼ぶべき考え方である。このモデルでは、雇用者に女性差別意識があるために、労働市場におけ

る男女格差が生じると考える。つまり、一定の女性差別的な雇用者が男性に比して、低い賃金しか女性に支払わない状況では、他の女性差別的ではない雇用者も、利益を最大化するために、同じように女性に低い賃金しか支払わなくなるという考え方である。もう一つの理論モデルは人的資本モデルとも呼ぶべき考え方である。人的資本モデルでは、意識としての男女差別の存在は仮定せずに、労働市場の男女格差は両性の比較優位の結果であると考える。このモデルでは、女性は子どもを産むという「比較優位」を有しているため、労働市場への参加に限界があり、男性よりも少ない非継続的な就労となってしまう、と考える。この非継続的な就労が、女性の訓練に対する投資を妨げ、低賃金の原因となる、としている。

　どちらのモデルも（現実にはその双方が真実であり）労働市場における女性の参加にともなう不利を示している。そして、このような女性が男性に比して労働市場で不利な立場にある実状は、経済開発に対する女性の教育の貢献も、男性の教育に比して、限定的なものにならざるを得ないことも示唆している。教育を受けている労働者と受けていない労働者の賃金を比較する収益率分析は、通常失業者の賃金なしの状態を計算に入れず、失業の収益率に対する影響を把握することができない。よって、Becker (1981) は、女性の非就労を計算に入れた上での、女性の教育の収益率は男性のそれよりも遥かに低くなるということを述べている。また、Tilak (1989) は女性の教育の収益率が、女性の就労率を計算に入れた場合、大きく低下することを指摘している。

　しかし、女性の教育が女性の労働参加を促進し、女性の賃金を向上させ、結果、労働市場における男女格差を是正する働きをもつのは疑いのない事実である。また、女性の労働力としての経済貢献が、女性の労働がインフォーマル・セクターや家庭における非賃金労働に片寄り、上記のような方法では十分な計算ができないことも事実である。多くの貧困な途上国において、農村部における主婦は家族の食糧や生活必需品の多くを自作する。農業において、女性は重要な労働力である。このような女性の活動は女性のフォーマル経済における労働参加を見ただけでは把握することができないが、国家にとって重要な富の形成過程なのである。

3-2　人口増加の抑制

　労働参加のみが経済開発に対する貢献への唯一の道ではない。急激な人口増加は、しばしば、経済社会開発の大きな阻害要因となっており、女性の教育は男性の教育に比して、より有効に人口増加を抑制することにより、経済開発に貢献している。過多の出生は、同じ家庭の児童の栄養を悪化させ、教育への投資を少なくし、ひいては経済成長を鈍化させる。数多くの研究が急激な人口増加が経済成長に悪影響を与えていることを実証しており（例えば、National Academy of Sciences, 1971 ; Barro, 1991 ; Bloom & Williamson, 1998)、教育、特に女性の教育が出生数を減少させるのに有効であることを統計的に実証した研究も数多く存在する（例えば、Cochrane, 1979 ; Barro, 1991 ; Schultz, 1993 ; Schultz, 1997）。

　Holsinger と Kasarda (1976) は教育が出生数を下げるメカニズムを次のように説明している。第一に教育は一家庭当たりの児童数に対する人々の価値観を変容させることによって、直接的に出生数を減少させる。教育を受けた両親は多産の弊害と少産の利益を理解する。また、教育は家族計画の情報を学校で教えることを可能とし、文化的政治的な問題から学校で家族計画を教えることができない場合にも、識字によって少なくとも人々の家族計画の情報へのアクセスを向上させる。教育は間接的にも出生数を減らすことに貢献する。つまり、教育により女性のフォーマル経済活動への参加が高まり、女性にとって母親としての役割だけではなく、違った社会的役割を与えることによって、女性の出生数への考え方を変えることになるのである。また、教育は妻と夫との関係性に影響を与え、彼女たちの生き方や子どもの数をめぐる意思決定の際に、従来より妻に強い発言権を与える。親の教育は児童の健康状態を維持するのに役立ち、児童の死亡率を下げ、結果的に多くの子どもをもつことの意味を相対的に失わせるという効果ももつ。また、女性の教育は女性の婚期を一般に遅れさせる傾向をもち、これも間接的に出生数を減少させる要因となる。

　Cochrane (1979) は、出生数は生物学的な出生可能数、親の欲する子どもの数、政府の産児制限策によって決定されるというモデルを立て、これと教育の関係性について分析している。彼女の統計分析によると、教育は政府の産児制限策に積極的な役割を果たし、親の欲する子どもの数を減少させる働

きがある、ということが証明されている。

　人的資本論者は教育と出生数の負の相関を以下のように説明している。Becker & Lewis (1973) は、教育が親の子どもに対する態度を「量」から「質」へ転化させるとしている。教育は、親に彼らの限られた時間・資金を考慮させ、児童数と子ども一人の教育にかける費用とをバランスさせなければならないことを認識させ、結果的に家庭当りの児童数を制限する働きをしていると説明している。

　以上のように、教育は出生数に対して、一般的には負の働きをする。特に女性（母親）の教育は、男性（父親）の教育に比べて、この働きが遥かに強いことが実証されている (Psacharopoulos & Woodhall, 1985)。女性の教育はこのように、途上国の開発にとって重大な障壁となりうる急激な人口増加を抑制することによって、経済開発に貢献しているのである。

3-3　家族の衛生・教育環境の改善

　母親の教育水準は、彼らの子どもの衛生・教育状態に対して、父親のそれに比べてもより強い相関を示している。教育を受けた母親は栄養についてより多くの知識を有しており、子どもが病気になったときに、専門的な助けを求める可能性が高い。教育を受けた母親はまた、自分の子どもにも教育を受けさせようとする。教育を受けた母親の家庭における地位は、そうでない場合よりも高いことが多く、家族の意思決定に対しても、相対的に大きな発言権を有する。

　LeVine (1982) は発展途上の数カ国の人口統計を分析して、母親の教育が、父親の教育やその他の外部要因とは独立に（母親の教育と父親の教育は高い相関があるため、独立に影響があるかどうかの精査が必要となる）出生数や家族の死亡率に影響があることを実証した。彼はまた、教育のある母親は、就学前の児童への教育的な接し方により高い関心を示すということも実証している。

　Schultz (1993) は、いくつかの実証研究を総括して、父親の教育の方が母親の教育よりも家族の所得には大きな影響があるにもかかわらず、母親の教育の方が父親の教育よりも子どもの教育に対して積極的な影響があると、結論付けている。また、同じ研究で、母親の教育が息子の教育に対してよりも、娘の教育に対して影響が大きいことも示している。King & Hill (1993) はクロ

スナショナル分析を用いて、女子の就学率が平均余命と正の相関をもち、乳児死亡率や母親の死亡率と負の相関を有することを証明している。彼らは女性の教育は男性の教育に比して、家庭の福祉に大きな影響力を有すると、結論している。

　以上のように、女性の教育は、社会開発の様々な指標に大きな効果を有することが実証されている。母親の家事や子どもの教育という「家庭での役割分担」を通して、人々の健康や教育を高めるために積極的な効果があることが証明されている。しかし、この効果の背景には女性の「家庭での役割分担」という性役割の現状があり、この状況をどのように判断するかについては文化的・政治的観点から議論がされなければならない。もし、政府や国際機関が、女性・母親の教育が乳幼児死亡率の低下などの社会開発指標改善のための大きな効果を、女性の性役割の存在を批判的に意識することなく受け入れ、これを前提とした教育政策を推進するのなら、女性の性役割を固定化することにこのような教育政策は貢献することにならないか。そして、それは人権的な意味ではもちろん、長期的には人的資源の不合理な配分という経済にとっても消極的な結果をもたらさないかについて、精査が必要であろう。

4. 女子教育の経済効果と経済発展の段階

　それでは、次に女性の教育の経済開発に対する貢献度を経済発展の段階という外部状況と関わらせながら考察したい。

　Boserup (1986 ; 1995) は発展段階によって、男女間の就労格差の状況は異なっていると述べている。農業生産が経済の多くを占める低開発の状況では、逆説的に女性は家事労働や農業活動を通じて、簡単な道具を駆使し、単純労働によって、経済開発に大きな貢献を行っている。このような状況下では、識字のような基礎的な女性の教育は、経済生産性の向上に大きな収益をもたらす。また、このような貧しい社会では一般に衛生や栄養の知識を、家事をあずかる女性が得ることによって、その福祉に対しても大きな貢献が期待できる。しかし、発展段階が進み、産業化・機械化の中で、生産活動が複雑化していくと、女性の経済活動への貢献は男性のそれに比して、周辺的なものになっていく。女性に頼っていた生産が男性のものとなっていくのは次のよ

うな理由による。第一に経済開発が進むに連れて、女性が自らの家庭の分を自作していた食糧や生活必需品が、家庭内ではなく、家庭外において生産されるようになってくる。よって、女性の役割は家事に固定化され、経済的に生産的な活動から女性は疎外されるようになる。第二に、家庭内でも社会でもより大きな決定権を有し、女性に比べて教育を受けていることの多い男性が、産業化の中での職のヒエラルキー化と性による役割分担の明確化の中で、優位な職業的機会を得ていくのである。つまり、低開発の状態においては発揮されていた女性の力が、産業化・経済のフォーマル化の中で、発揮されなくなっていくのである。こうした状況では女性の教育が経済開発に効率的に貢献していくことも難しくなる。

　ボーズラップのこのような議論を現代的な状況にあてはめて考えてみよう。現在、女子の初等教育の振興・男女格差の是正は最貧国を中心に、国際協力の中心的課題となっている。低開発状況における基礎教育の充実は、上記のような議論においても十分に正当化されるものであるが、低開発を脱してきつつある産業化の進んだ国については、女子教育への投資は必ずしも、経済的な正当性をもたないこととなる。産業化しつつある国において必要なのは、女性の教育に投資することのみではなく、その投資を生かす環境、つまりは女性が経済活動に参加しやすい環境を整備することを同時に進めることが、倫理的な意味ばかりでなく、経済的な正当性を有する政策となるのである。そして、より経済発展のレベルが進んだ西洋先進諸国においては、女性の政治意識・権利意識の向上とともに、女性の就労環境の整備が行われたが、これは経済的にも合理性を有する政策であったのである。

5．結語

　これまで、世界銀行を中心とした研究では女性の教育は経済開発に対して、男性の教育より大きな貢献をするとの議論がなされてきた（代表的なものとして、King & Hill, 1993）。この考え方は1990年代の援助思潮において広く受け入れられ、女子教育への援助額の増加を正当化することに貢献した。しかし、本章では様々な実証研究を精査することによって、女子教育と経済開発の関係性がより複雑なものであることを示した。ここから引き出される結論は、

女性の教育への投資の不当性などではもちろんなく、女性の教育を促進することの重要性とともに、女性が教育を得ることによって、経済開発により大きな貢献をできる状況をつくっていくことの重要性である。女性の教育に投資するだけではなく、女性に対する就労上の性差別を無くし、家事や育児と女性の就労の問題を社会がいかに解決していくかが、経済発展に女性の教育が貢献する重要な鍵を握っているのである。

参考文献

Barro, R. J. (1991). Economic Growth in a Cross Section of Countries. *Quarterly Journal of Economics*, 106(2), 407-443.

Becker, G. S. (1981). *A Treatise on the Family*. Cambridge: Harvard University Press.

Becker, G. S. & Lewis, H. G. (1974). Interaction between Quantity and Quality of Children. In W. T. Schultz (Ed.), *Economics of the Family: Marriage, Children and Human Capital* (pp. 81-90). Chicago: University of Chicago Press.

Benavot, A. (1989). *Education, Gender and Economic Development: A Cross-National Analysis*. East Lansing: Michigan State University.

Bloom, D. & Williamson, J. (1998). Demographic Transition and Economic Miracles in Emerging Asia. *World Bank Economic Review*, 12(3), 419-455.

Boserup, E. (1986). *Woman's Role in Economic Development (2nd ed.)*. Hants: Gower Publishing Company Limited.

Boserup, E. (1995). Obstacles to Advancement of Women During Development. In T. P. Schultz (Ed.), *Investment in Women's Human Capital*. Chicago and London: The University of Chicago Press.

Cochrane, S. H. (1979). *Fertility and Education - What Do We Really Know?* Baltimore : The Johns Hopkins University Press.

Herz, B., Subbarao, K., Habib, M. & Raney, L. (1991). *Letting Girls Learn Promising Approaches in Primary and Secondary Education (No. 133)*. Washington, D.C.: The World Bank.

Holsinger, D. B. & Kasarda, J. D. (1976). Education and Human Fertility: Sociological Perspectives. In G. R. Ridker (Ed.), *Population and Development: The Search for Selective Interventions* (pp.154-181). Baltimore: Johns Hopkins University Press.

King, E. M. & Hill, M. A. (1993). *Women's Education in Developing Countries: Barriers, Benefits, and Politics*. Baltimore: The Johns Hopkins University Press.

Kuroda, K. (1999). The Impact of the Educational Gender Gap on Economic Development in Cross Section of Countries. *Journal of International Cooperation in Education*, 2(1), 89-100.

Kuroda, K. (1999). Setting Priorities across Levels of Education in Developing Countries. *Journal of International Cooperation in Education*, 2(2), 119-142.

LeVine, R. (1982). Influences of Women's Schooling on Maternal Behavior in the Third World. In G. P. Kelly & C. M. Elliot (Eds.), *Women's Education in the Third World: Comparative Perspectives* (pp.283-310). Albany: State University of New York Press.
National Academy of Sciences (1971). *Rapid Population Growth.* Baltimore: Johns Hopkins University Press.
Psacharopoulos, G. (1993). *Returns to Investment in Education: A Global Update* (WPS 1067). Washington, D.C. : The World Bank.
Psacharopoulos, G. & Patrinos, H. A. (2002). *Returns to Investment in Education : A Further Update.* Policy Research Working Paper Series 2881, The World Bank.
Psacharopoulos, G. & Woodhall, M. (1985). *Education for Development: An Analysis of Investment Choices.* New York: Oxford University Press.
Ram, R. (1982). Sex Differences in the Labor Market Outcomes of Education. In G. P. Kelly & C. M. Elliot (Eds.), *Women's Education in the Third World: Comparative Perspectives.* Albany: State University of New York Press.
Schultz, T. P. (1993). Returns to Women's Education. In E. M. King & M. A. Hill (Eds.), *Women's Education in Developing Countries – Barriers, Benefits, and Politics.* Baltimore: The Johns Hopkins University Press.
Schultz T. P. (Ed.) (1995). *Investment in Women's Human Capital.* Chicago: The University of Chicago Press.
Schultz, T. P. (1997). The Demand of Children in Low Income Countries. In M. R. Rosenzweig & O. Stark (Eds.), *Handbook of Population and Family Economics.* Amsterdam: North-Holland Press.
Tilak, J. B. G. (1989). *Education and Its Relation to Economic Growth, Poverty, and Income Distribution - Past Evidence and Further Analysis (No. 46).* Washington, D.C.: The World Bank.
UNESCO (2003). *EFA Global Monitoring Report 2003/4 – Gender and Education for All: The Leap to Equality.* Paris: UNESCO Publishing.
UNESCO (2007). *EFA Global Monitoring Report 2008 – Education for All by 2015 Will we make it?* Paris: UNESCO Publishing.
World Bank (1994). *Enhancing Women's Participation in Economic Development.* Washington, D.C.: The World Bank.
World Bank (2001). *Engendering Development – Through Gender Equality in Rights, Resources, and Voice.* Washington D.C.: The World Bank.

第7章

パキスタンにおけるパラフォーマル教育の可能性
―初等教育普及の観点から―

高柳妙子

1. はじめに

　今日、国際社会では、経済発展あるいは貧困削減における教育の果たす役割の重要性が認識され、発展途上国(以下、途上国)において様々な教育普及事業が実施されている。なかでも、識字は人々の生活改善に役立ち、また、経済および社会参加を促進する手段と認識され、すべての児童、成人は識字能力を習得することによって得る利益を受ける権利を持っていると考えられている。例えば、「ダカール行動枠組み」において、「2015年までにすべての子どもが、無償で質の高い義務教育へのアクセスを持ち、修学を完了できるようにすること」に加えて、「特に読み書き能力、計算能力および基本となる生活技能の面で、確認ができかつ測定可能な成果達成が可能となるよう、教育のすべての局面における質の改善ならびに卓越性を確保すること」が目標として掲げられている。

　識字の必要性および社会や個人への効果については、すでに議論されているが、世界の15歳以上の人口の7億7000万人以上が非識字者であり、7200万人以上の非就学児が存在すると推定されている(UNESCO, 2007)。そして、特に、途上国においては、公的教育機関、非政府組織(NGO)、私立学校を運営する民間機関等が様々な教育形態を利用して識字教育活動に取り組んでいる。なかでもノンフォーマル教育による教育事業が多くの途上国において展開されるようになってきているが、学習施設の確保、資格の認定、運営体制など、ノンフォーマルであるが故の問題を抱え、初等教育普及、識字率の向上に対する貢献度は今のところ限定的である(国際協力機構, 2005)。

　この現状を打破すべく途上国の政府は、コミュニティやNGOと連携し、柔軟なアプローチを用いて初等教育普及に取り組んでいる。さらにいくつか

の途上国においては、既存のノンフォーマル教育形態とは性質の異なる教育体制を採用した学校運営の事例が報告されるようになってきた。それは、フォーマル教育とノンフォーマル教育の双方の利点を活かした包括的な教育形態を用いて、非就学児へアプローチをするものである。このアプローチは、先駆的事例研究の中で、一般にパラフォーマル教育システムと呼ばれているものである(Hoppers, 2006)。この教育形態は、従来の初等教育・識字普及のための事業体制を補完するものとして期待されているが、その概念・特徴については十分理解されているとは言い難い。

そこで本章では、パラフォーマル教育について、近年の事例研究、報告書をもとに、識字の定義を明らかにした上で、これまでの教育形態との対比からその概念・特徴の整理を試みる。さらに筆者がパキスタン・イスラム共和国(以下、パキスタン)の国立教育基金(National Education Foundation：NEF)において、コミュニティスクールのモニタリングに関するシステム構築、現職教員の研修業務に携わった際の経験と関連の資料等をもとに、パキスタンにおけるパラフォーマル学校運営について、その特徴と課題を明らかにし、最後に、パラフォーマル教育の初等教育普及を促進させる手法としての可能性をバングラデシュ等、他国の事例と比較しながら考察する[1]。

2. 識字教育活動とパラフォーマル教育

2-1 識字教育の特徴

識字教育の普及は、学校教育やノンフォーマル教育、パラフォーマル教育の形態をとりつつ実施されている。識字は、一般的に日常的な文字の読み書き計算ができる能力と理解されているが、他方、読み書き計算という特定の能力のみに留まらず、機能的で実用的な識字能力を習得し、それを生活環境改善に役立てるような識字が求められるようになってきている。識字教育者であるパウロ・フレイレは、識字能力を習得する過程において人間の解放に役立ち、学習者の置かれた社会状況を批判的に見ることができる能力構築に役に立つと指摘している(Freire, 1970)。これらを踏まえ、単純に読み書き計算能力を習得するというよりも、自助努力や自己実現、また地域社会の持続発展性に貢献する識字が求められてきており、国際機関や各国政府は、保健、

生計手段向上や、個人のエンパワーメントのための包括的な識字教育事業を展開している。

しかし、単に開発の視点から識字の意義を考えるのみではなく、個人が識字を習得する意義を民族学的な視点から捉えることの重要性を示し、個人の属する社会へのアイデンティティ確立やその土地固有の文化や伝統の伝承を踏まえた識字教育活動を実施することや、その視点を国家の政策に反映する必要性があることが確認されている (Street, 2001)。識字に関する主な国際協力の潮流としては、例えば、世界銀行は「青年・成人基礎教育・技能習得イニシアティブ (1998-2003)」を掲げ、ユネスコも「エンパワーメントのための識字 (2005-2015)」を目標として掲げて活動を推進している。さらに、職業・技術能力向上、HIV／エイズ対策などに関連した保健、環境、紛争後の平和構築・復興等、様々な分野において識字およびノンフォーマル教育事業が実施されている (村田, 2005；Hoppers, 2005b；2007；青木, 2008)。

他方、識字自体の定義は国や地域によって異なるのが現状である。さらに、識字率の評価も各国あるいは調査ごとに異なり標準化されたものが存在しない。初等教育に多少でも参加したことがあるという口頭質問のみで「識字者」であると記録したり、家族あるいは本人が読み書きできると口頭で宣言した場合も「識字者」と見なされる場合がある。パキスタンにおいては、識字者とは「任意の言語において新聞を読むことができ簡単な手紙が書ける者」であり、その判断は「自己申告」による (UNESCO, 2007, p.240)。

2-2 パラフォーマル教育の特徴

識字教育事業は、主にフォーマル教育 (学校教育) とノンフォーマル教育の一環として展開されているが、まずパラフォーマル教育の特徴を整理する。フォーマル教育は、「学年や学習レベルが設定され、一定の期間とスケジュールをもつ教育システム」(小林, 2002, p.ix)、「確立した教育機関において制度化されたフルタイムの学習が与えられる教育システム」(国際協力機構 2005, p.xiii) と定義されている。他方、ノンフォーマル教育は、「ある目的をもって組織される学校教育システム外の教育活動」(同書, p.xiii) であり、「フォーマル教育 (学校教育) が初等教育の完全普及を達成できない現状に対応するため、すべての人の基礎教育ニーズを補完的で柔軟なアプローチで満

たそうとする活動」（同書, p.xii）と特徴付けられる。

　ノンフォーマル教育は、初等教育を受ける機会が得られなかった成人や非就学児を対象として行われるが、特に子どもを対象としたものは、一般に、フォーマル教育で定められた初等教育カリキュラムの教科、学習時間に従うというより、むしろ算数、国語、英語の主要科目と裁縫教室などの職業訓練とを結びつけ、基礎教育を数年で修了するといったように、地域社会の状況に合わせて柔軟に対応された教育形態がとられることが多い[2]。しかし、後述のとおり、NEFが実施している「コミュニティ支援によるへき地学校プログラム（Community Supported Rural Schools Programme：CSRSP）」は、その両面を併せ持った教育形態（コミュニティによる校舎の選定および教員の選出、フォーマル教育に準じたカリキュラム）となっており、既存のフォーマル、ノンフォーマル教育のどちらかに区分することは難しい。例えば、メキシコの国立教育促進審議会（Consejo Nacional de Fomento Educativo：CONAFE）による移動労働者の子弟のためのインターカルチュアル教育プログラム[3]や、バングラデシュのBRAC[4]による貧困家庭の児童や中途退学した児童を対象とした教育プログラム[5]も明らかに既存の教育形態とは異なっている。

　では既存のフォーマル、ノンフォーマル教育とは異なるパラフォーマル教育をどのように定義づければよいのであろうか。Hallak（1990）は、パラフォーマル教育を「公教育の代用を提供するプログラム、公的な学校教育へ参加できない人へ、第二の教育の機会を提供」（p.239）と述べている。さらに、Carr-Hill et al.（2001）は、「通常のフルタイム教育の代用を提供するすべてのプログラムである。定められた時期に何らかの理由で公的な学校システムに参加できなかった人々に第二の教育の機会を提供することが目的である。夜間の授業、公的な識字教育プログラム、遠隔教育なども含まれる」（pp.21-22）と述べている。教育形態の概念整理を試みたHoppers（2006）によれば、パラフォーマル教育とは、公教育機関内で高く組織化され、フルタイムの学習活動が与えられつつも、いわゆる「学校」という基準に満たない建造物を校舎として使用していると説明している。また、通常のノンフォーマル教育と異なる点として、パラフォーマル教育は、参加した児童に修了証書が与えられることを挙げている。加えて、識字教育にスキル・ディベロプメントを組み合わせた短期間の職業訓練コースなどを考慮することの必要性も指摘し

ている。

　これらの特徴をフォーマル教育、ノンフォーマル教育との関連から整理すると、パラフォーマル教育は、①コミュニティが教育施設・リソースをマネジメントし、②公的な教育システムに参加することができなかった人々に、フォーマル教育と同等のカリキュラムを提供する教育システムである。さらに、③フルタイムの時間割体系を採用し、④フォーマル教育と同等の資格が与えられ、⑤授業を受ける場所についての柔軟性を有している、といえよう。

3. パキスタンの初等教育の現状と政府の取り組み

　パキスタンは、南アジア諸国の中でも、近年目覚しい経済発展を遂げている国の一つである。国内総生産（GDP）成長率は6.9％（2006年）であり、1人当たりの国民総所得（GNI）は800ドル（同年）である（World Bank, 2008）。しかし、成人識字率（2004年）を見ると、50％（男64％、女35％）であり、アジア地域の中でも下位に位置する（UNESCO, 2007, p.256）。初等教育総就学率（2005年）は、87％（男99％、女75％）であるが（Ibid., p.289）、初等教育修了率（2004年）は全体で48％と低く（Ibid., p.305）、中途退学者が一般化しており、これが識字率の向上を困難にする一因であると考えられる。

　パキスタン政府は、この低迷する識字率と就学率の男女間格差を是正するため、またEFA目標達成に向けて、2006-07年にはGDPの2.42％を教育関連費用に割り当てている（Ministry of Finance, 2007, p.170）。2000-01年の1.82％と比較すると1.3倍の伸び率であり、政府はGDPの4％を目標値に定めている（Ibid.）。さらに、パキスタン政府は、初等教育における義務教育化が完全に徹底されていない状況で、一般的な政府系小学校だけではなく、NGOやコミュニティとの共同によるコミュニティスクール・プログラムを奨励している。例えば、教育省は「ノンフォーマル基礎教育（Non-Formal Basic Education: NFBE）」プログラムを全国的に展開している。小学生を対象とし、公教育システムにおいて採用されている教科と同一の内容を夏季、冬季休暇を設けずに3年4カ月で修了するコースとなっているのが特徴的である（小出, 2003）。

　ここでパキスタンの教育制度を見てみると、教育年数については5-3-2制を採用しており、小学校は5歳から9歳までの5カ年、中学校3カ年、高

等学校（前期）2カ年を修了するとマトリックという修了証書が得られ、大半の生徒はこの段階で教育を修了する。大学進学を目指す生徒だけは、さらに2カ年の教育を高等学校（後期）で受ける。公立小学校は3学期制のところが多く、各州、地域によって始業の月は異なるが、イスラマバード連邦首都区は4月に始まり翌年3月に終了する。学期末試験はさることながら、特に学年末試験は重要であり、これに合格しないと進級できない仕組みとなっている。さらに小学校5年生は、国家統一試験の合否により中学校進学が決定される。

　もう一つ忘れてはならないのは、宗教学校（マドラサ）の存在である。イスラム教徒が97％以上を占めるパキスタンにおいては、数多くのマドラサが全国に点在している。パキスタンのマドラサについて、広瀬ほか（2003）は、「マドラサは主として寄宿舎を持ち、学生たちはここに住みながら、クルアーン暗唱やイスラムの諸学を学ぶのである」（p.119）と述べており、学費、食費など無料の寄宿舎は、マドラサのみへ就学する貧困家庭の子どもたちへの基礎的な教育普及という意味では一役かっているといえるだろう。1975年にパキスタン全土に868校あったマドラサの数は約1万校（2000年）に急増したという報告もされている（広瀬, 2002, p.61）。

4．コミュニティ支援によるへき地学校プログラム（CSRSP）事業

4-1　パラフォーマル教育としてのコミュニティスクール
（1）概要

　NEFは、1994年に教育省の外部教育機関として、不利な状況に置かれた人々に官民協力事業を通して、質の良い教育を提供することを目的として設立された（Ministry of Education, 2004）。NEFは当初、農村地域やへき地の教育施設において必要とされる教育資機材の提供を主に行っていたが、効果的な学校運営にはコミュニティ住民が学校運営に参加することが不可欠であると認識するようになり、1997年、コミュニティ支援を取り入れたCSRSPが立案された。さらに、男女間格差の解消、識字率の向上、コミュニティ参加、コミュニティ内での社会的経済的なエンパワーメントを促すことも事業の目的として掲げられている。

このCSRSPモデルは、「2つの教室と2名の教員」を基本コンセプトとし、草の根レベルでの学校運営を実施することである。また、官民協力事業としても力を入れており、あるコミュニティでは、コミュニティスクール運営に協力する現地NGOともパートナー体制をとり、NEF、援助機関、現地NGO、コミュニティが一体となってCSRSPを運営している。さらに、NEFは小学校の児童数が増えるごとに教室数と教員数も増やせるよう、コミュニティに働きかけている。1997年にイスラマバード連邦首都区に17のコミュニティスクールが設立されたことを契機として、パンジャーブ州、北西辺境州、連邦部族地域、アーザード・ジャンムー・カシミール州に拡大され（Ministry of Education, 2004）、2007年時点で593校が運営されている（National Education Foundation, 2007）。

　このCSRSPにおけるコミュニティスクール設立の基準は次のとおりである。

①コミュニティが小学校を必要とし、学校運営に責任を持つこと。
②コミュニティが学校の校舎として使用できる建造物を少なくとも5年間提供すること。
③2つの教室と2名の教員というコンセプトを基本とし、コミュニティに学齢児童が50名以上、うち半数は女子であること。
④対象コミュニティ周辺1.5キロメートル以内に政府系小学校など、他の学校施設が存在しないこと。
⑤コミュニティ内に小学校教員として実働可能な基礎教育を受けた女性がいること。

（2）カリキュラムと運営

　イスラマバード近郊のNEFコミュニティスクールは、ナーサリー（3歳児）、プレップスクール（4歳児）、および1年生から5年生で構成されている。学校規模は全校児童数40名前後から330名前後となっており、複式学級で運営している学校は33校中25校である（2004年6月時点）。児童たちが制服を着用しているコミュニティスクールもある。初等レベルの主要科目は、イスラム学、国語（ウルドゥ語）、英語、算数、社会、理科、一般知識であり、

その他として保健体育、芸術がある。保健体育と芸術は試験科目ではなく、教科書もないためこの2教科はしばしば主要教科と入れ替えられることがある。1時限当たり35分～40分授業で、午前8時前後から午後2時前後までにすべての教科を終了し、児童は宿題を持って帰宅する。学校規模、カリキュラムを比較する限り、コミュニティスクールは政府系小学校とほとんど変わりがない。5年次で行われる国家統一試験を受ける資格も与えられており、この試験を合格すれば、公立中学校へ入学することも可能である。

しかし、NEFコミュニティスクールの建物は民家であるため公立のそれと比較すると質素で、トイレ、電気、井戸等のインフラが備わっていないという問題が存在する。これらのことを除けば、地域で選出された教員の給与が安価に設定されているために、児童の家計は高い授業料を支払う必要がなく、児童も制服の着用を強要され、さらに長い通学距離に悩むことなく学習することができる。フォーマル教育とノンフォーマル教育双方の特徴を併せ持つ、パラフォーマル教育で運営されている学校であるため、コミュニティのニーズに柔軟に対応した学校形態であると言えるだろう。他方、コミュニティあるいはNGO等による初等教育の普及のための事業が増加しているという点は、政府の社会分野における十分なサービス提供が実施されていないことを表すのではないかと非難されている (Batley et al., 2004)。

4-2　コミュニティスクールの特徴
(1) 教員

本対象のコミュニティスクール33校において全教員は142名 (男性4名、女性138名) であった (2004年6月時点)。NEFの小学校設立基準のとおり、女性教員が大多数を占める。教員はコミュニティ推薦により、NEFで基礎学力試験とフィールドコーディネーター (以下、コーディネーター) による面接を経て正式に雇用される。NEFは、教員採用の最低条件として、マトリック修了者 (10年間) を挙げており、さらに教員養成課程修了者や、何らかの研修を受けたことがある、教員経験豊富な女性を雇用できれば理想的なのだが、実際はそうとは限らない。持続可能なコミュニティスクール運営を目指しているNEFは、給与設定をコミュニティに委ねている。これは5年後に学校が独立採算制に移行した際、コミュニティが教員に給与を支払うことができ

るようにと給与設定されているためである。学歴、経験や担当している学年を考慮した給与体系を組んでいるところがほとんどであり、1カ月500ルピー（8ドル）から3400ルピー（54ドル）と幅があるが、ほぼ1000-1500ルピー（16-24ドル）が相場となっている（NEF, 2004）。政府系の給与はほぼ2500ルピー（40ドル）であるので（瀬田, 2003）、非常に安い賃金で雇われている。しかし、教員の中には安い給与でも自分のコミュニティの子どもたちのためにと意欲を持って熱心に教えている教員たちがいる。

　他方、バングラデシュのBRACは、採用される教員たちも、最低10年間の教育を受け、パートタイムで政府系小学校の教員より安い給与で働くことを承諾し、当該コミュニティに住む女性が全教員の70％を占めている（USAID, 2006a）。教員は、BRAC小学校のあるフィールドオフィスの職員の面接および小テストにより選考される。初任給は、月額約12ドル、その後、毎年約1ドルずつ昇給する。政府系小学校で働く教員の給与は、約30ドルである（Haiplik, 2003）。NEFの給与体系にBRACのような昇給制度がないのは、教員の労働意欲に負の影響を及ぼしている可能性もある。

(2) 教授法

　コミュニティスクールの教員は、ノートに日々の単元ごとに授業計画を立案し、それに基づいて授業を実施している。2003年度当初の学校モニタリングにおいては、授業計画を立案していない教員が目立ったが、聞き取り調査をしたところ、以前の教員研修で紹介された授業計画の書き方が非常に複雑で時間も要することから時間が経つにつれ滞っていったという回答が多かった。これを受けて、その後のリフレッシャーコースにおいて、簡単で時間のかからない、授業の目的および授業1時間の導入、展開、まとめに沿った時間配分と学習の流れがわかるような指導案の作成方法を提示したところ、この方法に基づいた授業計画案を作成し実施するようになった。複式学級の体制をとっているコミュニティスクールが多いが、身近にある古新聞、石、小枝などを算数や理科の授業に使いながらなるべく児童が基礎概念を理解でき、暗記中心の授業にならないように配慮している。

　しかし、国家統一試験がある5年次クラスでは、定められた単元学習を早くこなし、3学期は試験対策に充てられるところが多い。児童中心型の授業

あるいは考える力を鍛える授業というようなゆとりはないので、重要項目は暗記学習に頼りつつ試験に備える。コミュニティスクールの5年次統一試験結果を見てみると、2003年度の結果は、合格率70.6％であり（NEF, 2003, p.1）、2004年における国家統一試験の結果は、政府系小学校合格率40％に対し、NEF小学校の数値は86％と報告されており（Batley et al., 2004, p.13）、良好な成績を示している。

コミュニティの住民は、この統一試験結果や近辺にある様々な学校のうわさに敏感で、学校モニタリング中に遭遇したある父母との話で、その父母は、「公立のA小学校よりも、NEFの運営するBコミュニティスクールの方が、勉強をよく見てくれるし、また統一試験結果もA小学校よりもよい成果を上げていると近所の人達から聞いた。だからここのコミュニティスクールに子どもを通わせている」と話していた。保護者は、コミュニティ近辺にある学校の質や教員の教え方、国家統一試験結果の情報に敏感である。

（3）モニタリングと評価

NEFのコーディネーター2名が1カ月に1度、無予告学校訪問（Surprise visit）としてモニタリングを実施している。訪問は文字通り突然行われるが、学校側も毎月1回は、必ずNEFからモニタリングチームが訪問することを理解している。1日に2校ずつ訪問し、天候不良や急用が発生しない限り、約3週間で33校すべてをモニタリングする。コーディネーターは、各校に1、2時間滞在し、児童の出席簿や教員の授業計画、給与受領の確認、学校運営やコミュニティ内での問題について討議し、その後は教室に入り児童の学習ノートをチェックしながら主要教科について児童へ口頭諮問し、学習到達度を大枠で把握するようにしている。さらに、コーディネーターは、選抜された新任教員、5年次担当教員または指導が必要であると学校長によって判断された教員の授業観察を実施し、その場で授業改善に対する助言をする。

それらすべての内容を学校訪問報告書としてまとめ、NEF事務局長に提出し、問題解決に対し指示を仰ぐ。その他にプログラム運営にかかる教員への給与計算、支払いなど一般業務もこなす。3月の学年度末に各校5年次の国家統一試験成績がその学校への評価として記録される。コーディネーターは、成績の悪かった学校に対し聞き取り調査を実施する。

（4）現職教員研修

　NEFは毎年夏季長期休暇を利用し、2週間にわたる合宿型の現職教員研修を全コミュニティスクールの教員を対象にイスラマバードのパキスタン人帰国子女学園（Overseas Pakistanis' Foundation College：OPF）で実施している。学校モニタリングに携わっているコーディネーターたちは、OPFの優秀な教員を講師として教科ごと、学級運営ごとの問題点を話し、それをもとに研修カリキュラムを作成する。しかし、2週間という短期間において全教科の細部にまでわたり指導を行うことは不可能であり、そのために綿密なニーズ調査、問題分析を行い、コースのプログラムを組むことが必要となる。例えば、2002年の研修コースでは、算数の分数、グループワーク学習の方法に加え、児童虐待や心理学の内容を含めたコースが組まれた（Shagufta, 2002）。その後のフォローアップとして、通常の学校モニタリングと2カ月に1度の1日リフレッシャーコースを実施し、教員たちへのバックアップ体制をとっている。

　夏休み明けの9月に実施される学校モニタリングは、2週間の現職教員研修のインパクトを見るのみではなく、2、3学期に計画されるリフレッシャーコースを立案するためのベースライン調査的な意味もある。つまり、教員の弱点、指導上の改善点をリフレッシャーコース内容に組み込むためのニーズ調査も兼ねるという目的もある。リフレッシャーコースは、2カ月に1度、出前ワークショップ型式で、学級運営、算数、英語・国語（ウルドゥ語）、理科の4セッションの内容で開催されている。ワークショップ内容は、コーディネーターのモニタリング業務、授業観察、教員との話し合いによって、教員の弱点補充といった形で構成される。ワークショップは、教員を、担当学年ごとにグループ分けすることが困難なため、143名の参加者教員全員が統一された研修内容を習得することが目的とされている。

　他方、バングラデシュのBRACは、赴任前教員研修に重点を置き、12日間の研修では、教科教授法のみならず、児童心理学、教育心理学、教室運営、教材作成、授業計画作成方法等を集中的に習得する。さらに、毎月1-2日間のリフレッシャーコースが実施され、1-3年生担当の教員には1日、4-6年生担当の教員には2日間開催される。この担当学年に準じたリフレッシャーコース立案は、現場の教員からの要望に応じたものである（Haiplik, 2003）。

(5) コミュニティ教育委員会

　各小学校には5-7名の父母からなるコミュニティ教育委員会(Community Education Committee：CEC)がボランティアベースで設置されており、1名は委員長として選出される。彼らは学校の校舎として最低5年間使用できる建造物を探し、女性教員と用務員1名を選出し、不登校などの問題を抱える家を訪問し、教員のカウンセリングをするなどして学校運営に携わる。NEFは、CECメンバーに対し、学校運営に関する研修コースを実施する。また毎月1回CECと教員の間で議論するように奨励している。CEC委員長はイスラマバードにあるNEF事務所に教員給与を受け取りに行き教員へ支払う責務と、学校内で起こった問題をNEFコーディネーターやNEF事務局長と解決する責任も担っている。

　他方、BRACは、父母3名、コミュニティリーダー1名と教員1名からなる学校運営委員会(School Management Committee)を組織し、学校内で月1回の父母会を開催し、児童の学習過程、出席状況や、保健衛生指導について相談したり、情報交換をしている(USAID, 2006a)。

(6) 運営費積立システム

　NEFはコミュニティスクール設立から5年間は、教員給与など学校運営費に係る資金援助を行うことになっている。コミュニティスクールは、5年間の資金援助期間中に毎年2万ルピー、5年間で10万ルピー(約1600ドル)を児童から徴収する授業料とNEFの資金から貯蓄することを奨励されている。授業料の額は各コミュニティにより自分たちが支払える額で設定されており1月当たり30ルピー(0.5ドル)から100ルピー(1.6ドル)と幅がある。児童は、授業料を学校へ支払い、各学校が管理する銀行口座に預金される。この授業料の支払い方も、貧困家庭は無償にするなど、コミュニティごとに異なる。5年後、コミュニティスクールがNEFから財政的に独立することになった際、NEFはマッチンググラントとしてさらに10万ルピー(約1600ドル)を学校へ投資する。コミュニティはこれらの資金を元本としてコミュニティ主体の学校運営を開始する(Wijk, 2002)。NEFの分析によると、1年間で児童にかかる費用は1075ルピー(約17ドル)と計算されており、これは政府系小学校の2400ルピー(約38ドル)の約半額である(Batley et al., 2004, p.13)。

5. コミュニティスクール運営上の課題

　前節から明らかなように、独自の運営方法を工夫し、一定の成果をあげているCSRSPであるが、同時にいくつかの課題に直面しているのも事実である。NEFの一職員としてCSRSP運営に2年間携わり、その間に参与観察や聞き取り調査を通して明確になった問題点を事業運営の観点から検討すると、次の5項目に整理できる。

　第一に、NEFのコーディネーターの不足が問題として挙げられる。イスラマバード近郊にある33校のコミュニティスクールには、合計約140名の教員がいるが、月1回の学校訪問という限られた時間では、児童の出席率や学校運営に関する項目に関して、聞き取り調査を行い、議論することに重点が置かれている。したがって、教員の授業を一人ずつ観察し、教授法を指導するという業務が滞りがちである。

　第二に、コーディネーターの研修不足である。コーディネーターは、元来、教員養成課程出身者や履修者ではなく、また教員経験もほとんど無い者が多い。そしてNEF内ではコーディネーター達に実質的な研修を行っていないため、様々な援助機関がNEFの職員の能力開発のために、コンサルタントを派遣し、オンザジョブ・トレーニングを実施している。このような状況のため、現場で教員に教授法を助言し、教員養成コースの計画立案においても議論できるほどの役割を十分果たすことができない。これは夏の現職教員研修立案にも顕著に現れている。2週間という短い期間で、全教科の細部にわたり指導を行うことは難しく、そのために綿密なニーズ調査、問題分析が必要となるのだが、コーディネーターによって行われているニーズ調査の結果が研修計画に反映されていないことがしばしば見られる。

　バングラデシュのBRACを見る限り、BRACの学校モニタリングに関わるプログラム企画者は、効果的な教員指導ができるようにと、少なくとも5日間の学校モニタリング業務研修、また、教員養成研修を実施することができるよう、2週間にわたる指導主事の研修を受講する(Haiplik, 2003)。NEFは、BRACのように、コーディネーター兼指導主事として、業務開始時のオリエンテーションや、円滑な学校運営、あるいは質のよい教育を提供するための

要因などを最低限把握する必要があり、このような点に焦点を当てた研修コースを実施することが重要である。

　第三に、教室での支援不足である。現場の教員には、研修コースで習得した教授法を実践し、授業を展開していく中で直面した問題点をすぐに相談できる指導主事がいない。この結果、教員自身が理解していない単元などは、省略されるか、児童は暗記中心に教え込まれることとなる。さらに、研修コースから習得した新しい授業計画立案方法や教授法について、実際に現場で使用していることを確かめ、難点があれば助言をするなど教員へのフォローアップ体制が十分でないため、暗記中心の方法で教科内容を習得することを強いられるといった悪循環を招いている。教育の質を向上させるというNEFの重点目標は、すぐに目に見える結果となって現れるわけではなくオンザジョブ・トレーニングで教員やCECの能力開発をせざるをえないのだが、その過程が重視されていない。このほか、例えば、算数の小数や分数の問題は、教員自身もその内容を理解していないことがあるが、このような場合、教員の自尊心を傷つけることなく、それに関連する練習問題を研修授業に取り入れ、教員自身を再教育する必要も出てくる。

　第四に、最大の課題は消極的なコミュニティ参加である。前述のようにNEFの運営するコミュニティスクールは、持続可能なコミュニティ主体の小学校運営を目標として5年計画で実施される。5年間で自立的な運営が可能となるよう資金を積立て、教員、CECもNEFによる定期的なモニタリング、研修を受けNEFから自立することが期待されている。しかし、コミュニティスクール設立当初は積極的に学校運営に関わっていたCEC委員たちも自身の日常生活に忙殺され、3、4年と経つと学校運営の責任を果たさなくなる委員が目立つ。CECの積極的な学校運営の低下が、学校の質に悪影響を及ぼすのである。

　例えば、ある学校ではCEC委員が文房具等の教材調達を積極的に行っており、教員が意欲的に教材開発に関わり、また授業へ集中して取り組む姿勢が見られた。他方、CECの活動が消極的な学校では、壊れてしまった黒板を修理することもままならない状況であった。加えて、CEC委員が定期的にNEF事務所へ教員給与を受け取りに行かないために、授業を休み給与を取りにNEF事務所まで出向くことになった教員もいた。文化的、社会的理

由から女性が1人で公共交通機関を利用して首都へ出てくることが非常に困難な社会において、こういった要因は、教員の授業に取り組む姿勢に負の影響を及ぼすことになる。学校運営は、NEF、地元教員、そしてコミュニティの積極的な協力を無くしては成り立たず、そして必然的に教育の質の問題に深く関わってくるのである。

　第五にNEFの5年後に各小学校が独立採算した後の明確な戦略がないことが挙げられる。NEFコミュニティスクールは、「すべての、特に遠隔地にある小学校は自立した学校運営を達成することはできない」(Rose, 2006, p.226)。NEFの目標である質の高い教育を提供し、さらにそれぞれのコミュニティスクールはNEFから資金援助を5年間受けた後に独立することが期待されているが、教員への定期的な研修コースは実施経験が浅く、CECに対する能力開発ワークショップもそれほど実施されていない状況で、5年が経過したという理由のみで突然独立採算を迫られたとしても、教員とコミュニティのみで学校運営をできるほどの能力が備わっていないのが現実である。

6. パラフォーマル教育による初等教育水準向上の可能性

　パラフォーマル教育アプローチを用いたCSRSPの事例から、より効果的に初等教育の普及に貢献するために、この教育システムが包含する課題をどのように改善すればよいか、以下に考察する。

(1) 独立採算運営となったコミュニティスクールに対する明確な戦略

　コミュニティスクール運営事業計画として、5年後に完全に独立するというタイムラインのみで判断するのではなく、学校運営を的確に評価し、何を判断基準とし、どの段階まで達したら独立させるのか、独立後は、NEF事務所やパートナーとなっている現地NGOの役割はどこにあり、どこまで関与するのかなど、明確なフォローアップ戦略が必要不可欠である。加えて、コミュニティスクール運営関係者がいつでも協力を得られるような柔軟なバックアップ体制をNEF内に備えておくことが必要である。教育の質を維持しながらコミュニティのニーズに合った運営を持続していくには、コミュニティの主体性とCECの学校運営に対する強い責任感が決定因である。パ

ラフォーマル教育アプローチで効果的な CSRSP を実施していくには、NEF が完全に手を引いてしまうのではなく、年に数回の学校モニタリングや学年度末の学校運営評価に関与し、コミュニティによる学校運営を見守っていく必要がある。

（２）事業運営関係者のための能力開発プログラムの実施

より質の高い教育を提供するためには、定期的な教員研修の実施が重要である。コミュニティ選出により安価な給与で雇用された教員たちには、初任者研修や、勤務開始後の知識と技能向上を目指した定期的な教員研修が必要である。教員たちは、複式学級で２つから４つの学年を効率的に教えながら、他方で、よりよい教授法を模索して授業計画を立てることの重要さを認識している。加えて、教員同士が定期的に集合する機会を持つことは、同僚間での知識や情報を共有する場となり、互いに情報交換しながら、コミュニティスクール運営の問題を解決していく手段ともなり得る。そこで、日頃の学校モニタリングを通して教員から出たフィードバックをもとにして教員のニーズに特化した独自の研修プログラムを作成し、定期的に実施していく必要がある。

次に、NEF 職員の能力開発の必要性が挙げられる。CSRSP 運営に現場で関わっている NEF 職員は、先に述べたように教員経験者やまた CSRSP 運営やコーディネーターとしての役割について十分な説明を受けているわけでもなく、モニタリング業務を淡々とこなすだけになる傾向にある。学校へ行き教員やコミュニティ委員と問題解決に向けて話し合い、助言ができるようになるためには、職員の能力開発も不可欠である。しかし、NEF 内での職員研修の重要性の認識は低く、筆者の体験でも上司から事務所外のワークショップに参加することが承認されることは数えるほどであった。ブリティッシュ・カウンシルの支援で NEF 組織としての能力開発プログラムを現地コンサルタントとして担当したパキスタン南西部バロチスターン州にある開発実践研究所は、その最終報告書で「NEF は教育プログラムの研究者、研修講師、また評価者としての能力を備えている必要がある」(Institute for Development Studies and Practices, 2005, p.21) と記している。さらに、「NEF はパートナーシップ構築、最良実践の実証、そしてコミュニティを基盤とした

教育体制上で実行可能な資金運営に対する技術・財政支援ができるほどの技術能力を開発しなければならない」と提言している (Ibid., pp.27-28)。

(3) コミュニティのニーズに対応した特別科目の提供

　コミュニティスクールは、政府系小学校のカリキュラムと同様の授業を実施しているが、アフガニスタン難民の定住する地域などでは、地元NGOと連携し放課後に裁縫や花飾り作成などのクラスを開催しているところもあった。定期的な小学校モニタリングを通して教員との聞き取りや教員同士の話からも、保護者から学校で何か実用的な技術が習得できないかと相談されているという意見があった。職業技術の関連設備をすべての小学校に設置するまでの必要はないにしても、地域で入手できる資源を利用したライフスキルや基礎的な技能を取得できる機会を提供することができれば、よりコミュニティのニーズに合ったパラフォーマル教育を提供することができる。

7. おわりに

　本章ではパキスタンの初等教育普及へ向けての取り組みとしてパラフォーマル教育システムを使い、草の根レベルでコミュニティスクール事業を実施しているNEFのCSRSPを事例として、初等教育普及の方法としてどのような可能性があるかを検討した。バングラデシュのBRACの事例と比較し、パキスタンの特徴を明らかにすることも試みた。NEFをはじめとする政府機関からの働きかけというより、NEFとコミュニティによる官民協力事業として、学校単位で資金を積み上げながら独立採算を目指して学校運営を行おうとするプログラムは、比較的新しい試みであるが、これまで述べたような具体的な成果も確認されており、今後も持続発展的な学校運営を可能にしていくための努力も必要である。さらに、経済的、社会的、文化的理由により小学校へ就学できない子どもたちへ、質の良い基礎教育を提供するという目標に、様々な問題を抱えつつもパラフォーマル教育が貢献しているといっても過言ではない[6]。

　また、初等教育の普及方法としての可能性を考察し、持続可能なパラフォーマル教育を提供するコミュニティスクールの運営に必要な要因に関し、

第7章　パキスタンにおけるパラフォーマル教育の可能性

バングラデシュのBRACの実施する学校運営の経験を参考にしながら、パキスタンの事例について検討した。その結果、コミュニティの積極的な参加、学校運営に関わる関係者の能力開発の重要性、コミュニティのニーズに合致した特別科目提供といった視点が重要であることを述べた。教育の質を保ちつつ、学校運営を実施していくには、NEF、コミュニティ、また支援するNGO内で明確な戦略と目標を共有しながら、密接な協力関係を保ち実施していくことが重要である。

　いわゆる典型的なノンフォーマル教育と呼ばれる形態とは異なり、フォーマル教育に非常に近い形式を取りつつもノンフォーマル教育の柔軟さを持ったパラフォーマル教育システムは、初等教育普及に貢献するポテンシャルがあると考えられる。また、コミュニティスクール卒業時に、フォーマル教育の小学校と同等の卒業資格が得られるため、フォーマル教育（中学校）への進学が可能であることは、児童たちの学習意欲も高めている。この形態を初等教育の普遍化へ向けた代替手段とするには、パラフォーマル教育アプローチを実施している各国のコミュニティスクール運営体制、教員研修や学習者の達成度を比較し成功する条件やうまくいった実践例などについて、さらに研究を進め、その成果の蓄積が必要であろう。

注
(1) 筆者は、青年海外協力隊識字教育隊員として2002年8月から2004年8月までNEFへ配属され、その活動期間、イスラマバード連邦首都区にある33校にわたるコミュニティスクールのモニタリング、現職教員の研修実施業務に携わった。
(2) Hoppers (2005a) は、アフリカ地域でノンフォーマル教育の一環として運営されているコミュニティスクール事業を例として、基礎教育を普及するアプローチとしては効果的であると言及する一方、資金調達などの負担を負う側と事業の恩恵を受ける学習者およびコミュニティ間での不公平感があることを懸念している。加えて、安価な資金で運営されるコミュニティスクールではあるが、コミュニティの負担とコミュニティスクール教員の低賃金や不十分な学習教材などは、常に課題として存在している。
(3) この小学校では、公教育と同等のカリキュラムにより運営され、参加した児童には、国家発行の小学校卒業資格が与えられることに加え、初等教育修了者を対象にした中等教育プログラムも提供されている（米村, 2006）。
(4) バングラデシュ農村振興委員会（The Bangladesh Rural Advancement Committee：BRAC）は、正式名称をBRACと変えている。
(5) この小学校は、BRACとコミュニティがパートナーとなり、竹と土壁で建てられた校

舎で公教育を基本として立案されたカリキュラムに基づき基礎教育が提供される。多くの BRAC 小学校卒業者は、公立小学校に編入する (World Bank, 2000)。また、BRAC に関する先行研究からは、ノンフォーマル初等教育プログラムが、女子や社会的・経済的に不利な立場に置かれた児童の学校へのアクセスの改善に貢献していることが証明されている。さらに、ノンフォーマルな小学校の児童の学習成績が、フォーマルの小学校の児童よりも優れていることも報告されている (Chowdhury et al., 2003)。ノンフォーマル初等教育プログラムが、よりよい学習態度や試験成績の結果となって現れていることは注目すべきである。

(6) 政府の強いコミットメントにより初等教育の完全に義務教育化が実施されれば、コミュニティスクールを含むパラフォーマル教育による初等教育の普及事業が並行して展開される必要性が薄れることも想定される (Hoppers, 2000 ; USAID, 2006b)。

参考文献

青木亜矢 (2008)「EFA に向けた識字への取り組み―その課題と可能性―」小川啓一・西村幹子・北村友人編『国際教育開発の再検討―途上国の基礎教育普及に向けて―』東信堂, 191-213頁.

小出拓己 (2003)「パキスタンの教育事情」パキスタン国別援助研究会勉強会配布資料 (6月13日), 国際協力事業団パキスタン事務所.

国際協力機構 (2005)『ノンフォーマル教育支援の拡充に向けて』国際協力機構国際協力総合研修所.

小林和恵 (2002)『非識字問題への挑戦―国際社会の取り組みとフィールドからの活性化の試み―』准客員研究員報告書, 国際協力事業団国際協力総合研修所.

瀬田智恵子 (2003)「パキスタン視察報告」『幼児教育に関する情報収集と幼児教育モデルの提案』平成15年度幼児教育に関する途上国協力強化のための拠点システム構築事業実施報告書, お茶の水女子大学子ども発達教育研究センター.

広瀬崇子 (2002)「第5章 パキスタンの現状と展望」『南アジア経済問題研究会報告書』財団法人国際通貨研究所. [http://www.mof.go.jp/jouhou/kokkin/tyousa/tyou030f.pdf] (2007年4月2日).

広瀬崇子・小田尚也・山根聡編 (2003)「学窓のさまざまなかたち―マドラサと LUMS ―」『パキスタンを知るための60章』明石書店, 118-123頁.

村田敏雄 (2005)「識字・ノンフォーマル教育」黒田一雄・横関祐見子編『国際教育開発論―理論と実践―』有斐閣, 141-155頁.

米村明夫 (2006)「メキシコにおける初等教育の完全普及の最終段階―オアハカ州に焦点を当てて―」『ラテンアメリカレポート』23巻1号, 59-63頁.

Batley, R. A., Hussain, M., Khan, A. R., Mumtaz, Z., Palmer, N. & Sansom, K. R. (2004). Pakistan: Non-state Providers of Basic Services. International Development Department (IDD), University of Birmingham.

Carr-Hill, R. Carron, G. & Peart, E. (2001). Classifying out of school education. In K. Watson (Ed.), *Doing Comparative Education Research: Issues and Problems* (pp.331-353). Oxford: Symposium Books.

Chowdhury, A., Nath, S. & Choudhury, R. (2003). Equity Gains in Bangladesh Primary Education. *International Review of Education,* 49(6), 601-619.

Freire, P. (1970). *Pedagogy of the Oppressed.* New York: Continuum.

Haiplik, B. (2003). BRAC's Non-Formal Primary Education (NFPE) Teacher Training Program. The Annual Meeting of the Comparative and International Education Society (New Orleans, March).

Hallak, J. (1990). *Investing in the Future: Setting Educational Priorities in the Developing World.* Oxford: Pergamon Press.

Hoppers, W. (2000). Non formal Education, Distance Education and the Restructuring of Schooling: Challenges for a New Basic Education Policy. *International Review of Education.* 46 (1/2), 5-30.

Hoppers, W. (2005a). Community Schools as an Educational Alternatives in Africa: A Critique. *International Review of Education,* 51(2/3), 115-137.

Hoppers, W. (2005b). Summary Report on the Electric Discussion Forum on Challenging Non-formal Education in Africa; Where do we go from Here; What Role for an ADEA Working Group? (October 2004-March 2005).
[http://www.adeanet.org/wgnfe/documents/2005/SumReport_WGNFE_eDiscussion.pdf] (May 16, 2008).

Hoppers, W. (2006). *Non-formal education and basic education reform: a conceptual review.* Paris: UNESCO IIEP.

Hoppers, W. (2007). Meeting the Learning Needs of all Young People and Adults: an Exploration of Successful Policies and Strategies in Non-formal Education: Background paper prepared for the Education for All Global Monitoring Report 2008.
[http://unesdoc.unesco.org/images/0015/001555/155535e.pdf] (May 16, 2008).

Institute for Development Studies and Practices (2005). Final Report of Institutional Strengthening of National Education Foundation. Balochistan: IDSP.

Khanum, S. (2003). *Monitoring and Supporting Teachers Strategy Implementation Report.* Islamabad: British Council.

Ministry of Education (2004). *Public Private Partnerships in the Education Sector: Education Sector Reforms Action Plan 2001-2006, Policy, Options, Incentive Package and Recommendations.* Islamabad: Government of Pakistan.

Ministry of Finance (2007). *Pakistan Economic Survey 2006-07.* Islamabad: Government of Pakistan.

National Education Foundation (2003). Result of Annual Examination of Class V Held Under Federal Directorate of Education: During the Academic session April 2002-March 2003. Islamabad: NEF.

National Education Foundation (2004). Attendance Sheet for Refresher Course 4. Islamabad: NEF.

National Education Foundation (2007). Programmes of National Education Foundation.
[http://www.nef.org.pk/rural_school_program.html] (April 3, 2007).

Rose, P. (2006). Collaborating in Education for All? Experiences of Government Support for Non-State Provision of Basic Education in South Asia and Sub-Saharan Africa. *Public Administration and Development,* 26(3), 219-229.

Shagufta (2002). Follow-Up Study and Monitoring Report of the In-Service Teacher's Training Workshop Held at OPF Girls College. Islamabad: National Education Foundation & UNICEF.

Street, B. (2001). *Literacy and Development: Ethnographic Perspectives.* London: Routledge.

UNESCO (2005). *EFA Global Monitoring Report 2006. Literacy for Life.* Paris: UNESCO.

UNESCO (2007). *EFA Global Monitoring Report 2008. Education for All by 2015, Will we make it?* Paris: UNESCO.

USAID (2006a). EQUIP2 Case Study: Meeting EFA: Bangladesh Rural Advancement Committee (BRAC) Primary Schools.

[http://www.equip123.net/docs/e2-BRAC%20Case%20Study.pdf] (April 22, 2008).

USAID (2006b). EQUIP2 Case Study: Meeting EFA: Reaching the Underserved through Complementary Models of Effective Schooling.

[http://www.equip123.net/docs/e2-MeetingEFASynth_WP.pdf] (May 12, 2008).

Wijk (2002). Community Support Rural Support Program (CSRSP). Distributed handout during the orientation session at NEF, Pakistan.

World Bank (2008). World Development Indicators Database, April 2008.

[http://siteresources.worldbank.org/DATASTATISTICS/Resources/GNIPC.pdf] (June 3, 2008).

第 8 章

ケニアの牧畜社会における学校の意味
―マサイランドの「小さい学校」をめぐって―

内海成治

1. はじめに

　大阪大学と広島大学は共同でケニア共和国（以下、ケニア）ナロック県における教育調査を2000年から継続している。その過程で、一人ひとりの生徒の情報を継続的に累積して分析するIST法（Individual Student Tracing Method）を開発し、これまでに、生徒フローダイアグラムの分析から、これまで報告されているよりも中途退学が少なく転校や落第が多いこと、小学校の高学年の生徒に進学を強く望む集団（コアグループ）と周辺的な集団（マージナルグループ）、およびその中間的なグループがあることなどを報告してきた（内海ほか, 2000 ; 澤村ほか, 2003）。また、中途退学した女子生徒の追跡インタビューや、生徒の家庭の訪問調査を行い、マサイの伝統的な社会における近代教育システムの意味を考察してきた（内海, 2003）。
　ナロック県の小学校数は298校（2003年）であり、調査地のススワ地区には15の小学校（2005年）がある（教育科学技術省およびススワ地区教員センター資料）。298校のうち、260校は8学年まであるいわゆる完全小学校（Full Primary School）あるいはKCPE School（KCPEは8年修了時に受験する国家統一試験）と呼ばれる小学校である。残りの38校は8学年にいたらない不完全小学校（Non Full Primary School）と呼ばれる小学校である。不完全小学校には2種類あり、ひとつは設立間もないため1学年から毎年学年を積み上げて（学年進行）、やがて8学年の完全小学校になる過程にある学校である。二つ目は、3学年あるいは4学年までしかない学校である。本章では、この後者の学校を「小さい学校」と呼び、学年進行で成長している不完全小学校と区別した。
　マオ地区の15の小学校のうち不完全学校は6校であるが、そのうち3校が学年進行で完全学校を目指しており、3校が3学年および4学年の不完全学

143

校、すなわち「小さい学校」である。

　私たちは伝統社会に適応した学校のあり方のひとつとして「小さい学校」の存在意義があるのではないかと考えて、2005年以降マオ地区の小さな学校を対象としてフィールド調査を行っている。

2. 遊牧民の教育に関するユネスコ IIEP 報告書

　本論に入る前に、マサイのような遊牧を生業とした社会の教育について検討しておきたい。2001-02年にユネスコ国際教育計画研究所（IIEP）では遊牧民への教育に関する国際研究『東アフリカにおける遊牧民の教育』を行った。この研究の成果は、2種類の小冊子 (Carr-Hill & Peart, 2005 ; Carr-Hill et al., 2005) となって2005年に発刊された。

　この研究の背景についてカーヒルは次のように述べている (Carr-Hill, 2005, p.15)。現在、東アフリカ6カ国における遊牧民は人口の10パーセントを占めているにすぎない（ウガンダは5パーセント）。しかし、これらの国では、つい最近まで遊牧や牧畜という生活形態は普通のことであった。遊牧民には、「純粋な」牧畜民（'pure' pastoralists）、農耕牧畜民（agro-pastoralists）、移動牧畜民（transhumant pastoralists）、狩猟採集民（hunter-gatherers）などが混在している（本章ではこうした人々の総称として遊牧民という用語を使用する）。近年、こうした遊牧民のコミュニティは大きな変化にさらされている。各国で遊牧民の定住化政策が推進され、それに伴って土地の私有化が進んでいること、また、こうした定住化や土地の私有化は構造的に定住農耕民との間の衝突や遊牧民同士のコンフリクトを引き起こしている。

　遊牧民の公教育への参加（就学率）は低いが、その理由としては、主に2つのことが考えられている。ひとつは、公教育へのアクセスの困難さである。遊牧民の親は子どもに教育を授けたいと考えているのである。しかし、学校が遠いこと、費用がかかることなど、教育の供給側の不適切さから子どもを学校に通わすことができない。二つ目は、遊牧民は近代教育制度に対する抵抗勢力だという理由である。遊牧民にとって公教育は、遊牧の文化に敵対するものであり、教育を受けた子どもは遊牧の精神に敵対し、牧畜の技術を持つこともなく、遊牧民ではなくなってしまうと考えるというのである。

カーヒルらの研究は基本的に前者の見解、すなわち遊牧民は公教育システムの抵抗勢力ではなく、教育政策の不適切さが彼らを教育から遠ざけているという立場をとっている。そしてこれまでの遊牧民に対する教育支援は小規模なプロジェクトでは成功例が見られるが、全体的には失敗していると結論づけている。

そこで、「教育的に遅れている」遊牧民の子どもを国の公教育システムに統合するに際して重要な処方箋として次の3つの課題を挙げている。

①遊牧の子どもの生業への統合。
②子どもの中途退学や未就学の原因の解明。
③社会的、経済的、政治的レベルでの遊牧民周辺化の原因の解明。

つまり、遊牧民の子どもを遊牧民とするための教育、子どもの進級構造や学習の精密な調査、遊牧民への教育を含めた総合的な支援計画とその実施が必要だというわけである。

本研究のテーマである「小さい学校」の意味の探求は①に関係し、進級構造分析は②の課題に対応するものである。また、学級構造分析の考察は政策的なインプリケーションを導くものとなるはずである。

3.「小さい学校」の機能に関する仮説

「小さい学校」の存在は、コミュニティの学校設立の意思、政府(県教育局)の教員不足、遠隔地勤務に対する教員の忌避、教育宿舎の不足、水やトイレなどの学校施設の不備等々多くの課題の結果であろう。しかし、その機能としては次の2つの仮説が考えられる。

●仮説1：「小さい学校」は遊牧民の教育を促進するひとつの方法である。たとえ3、4年であっても教育を受けることは遊牧民の子どもにとって意味がある。識字、計算、合理的な概念を学ぶことは遊牧の生活様式にとっても役に立つはずである。これはカーヒルらの処方箋の①、マサイの子どもをマサイの生業に返すことを前提としているともいえる。この仮説が支持される

のは、留年や中途退学が多く、また、「小さい学校」を修了した生徒が、進学することなく遊牧の世界に戻る場合である。

●**仮説2**：「小さい学校」は、遊牧を生業とするマサイの家が広い地域に分散しているために、通学が困難な低学年の子どもを短期間だけ学ばせる学校である。サバンナでの遠距離通学は迷子、野獣（ハイエナやジャッカル）の襲撃、性的被害などをこうむりやすい。4、5年生になればかなりの遠距離でも通学できるようになるから、それまでの間の一時避難的な学校、あるいはナーサリーの延長として機能している学校である。この仮説が採択されるのは、留年や中途退学が少なく、「小さい学校」を修了した生徒が近隣の完全小学校に転学して通学している場合である。

この2つの仮説は二者択一的に相反するものではなく、同じマサイといっても多様な生徒がいるため、両方の可能性もあるかもしれない。しかし、進級構造分析等により、どちらの傾向が強いかを検定することはできるであろう。

4．調査概要

4-1　調査地

調査した学校は、リフトバレー州（Rift Valley Province）、ナロック県（Narok District）、マオ郡（Mao Division）、ススワ地区（Suswa Zone）のイルキークアーレ小学校（Ilkeek Aare Primary School）である。リフトバレー州にはケニア中部の大地溝帯内の22県が属しており、そのうちカジヤド県とナロック県はマサイランドと呼ばれるマサイの居住地域である。マオ郡はナロック県の中でもナイロビに近い東部地域にあり、北部のマオ山塊と南部の大爆裂火口を有するススワ山、この2つの山の間にあるススワ平原を中心とした郡である。そのうちススワ山の北側山麓のススワ平原がススワ地区である[1]。

現在、遊牧民の定住化政策による、マサイの土地の分割私有化が進んでいる。家族によって異なるが100エーカー、50エーカーあるいは30エーカーを囲い込み、私有地として牧畜や畑作が行われている。そのため、ススワ平原

も囲い込みによる有刺鉄線の柵が張られ、トウモロコシや豆の栽培が始められて、学校周辺の景観は大きく変わりつつある。

ススワ地区には現在15の小学校があり、不完全小学校は6校である（表1）。不完全学校のうち3校は、3年から5年生までの「小さい学校」である。残りの3校は毎年学年を増やして、やがては8年制の学校になる過程の学校である。例えば、イルキークアーレ小学校の北にあるルクニ小学校（N/Lukuny）は2004年に完全学校になった新しい小学校である。最も生徒が多く、また成績優秀なのはオラシティ（Olasiti）小学校である。オラシティ小学校は2005年の生徒数825人とこの数年間で2倍に増加している。教員も16人と他の小学校に比べて非常に多い。また、寄宿舎の建設や電気設備も整うなど多くのリソースが重点的に配分されている小学校である。一方、不完全小学校のなかでも教員1名のカルカ（Karuka）小学校はススワ山の外輪山の上にあり、教員が赴任したがらない小学校である。

イルキークアーレ小学校は、生徒数の変動はあるものの、校長を含めて3名の教員が配置されており、比較的恵まれている。その理由としてイルキークアーレ校がナイロビ－ナロック間の幹線道路から見える位置にあり、比較的交通の便が良いこと、雨水タンクがあり、トイレも作られていること、校

表1　ナロック県ススワ地区の小学校（2002-2005年）

学校名	教員数	生徒数				特徴
		2002	2003	2004	2005	
1. エロオンギラ	5	84	92	82	106	5年生まで
2. エンパシュ	8	147	201	245	250	
3. エナリボ	6	134	180	246	256	
4. イルキークアーレ	3	35	42	31	39	3年生まで
5. インコリエニト	4	130	135	122	131	
6. カルカ	1	25	40	38	43	4年生まで（へき地）
7. ルクニ	5	102	120	143	158	新設校
8. ンカパーニ	5	169	216	212	231	
9. オラシティ	16	493	690	732	825	成績トップ校
10. オレシャロ	7	122	189	143	166	
11. オロイカレレ	8	217	263	280	287	
12. オロイロワ	6	211	256	307	333	
13. エンキロリティ	2	0	95	43	60	3年生まで
14. オルテペシ	3	0	88	132	149	5年生まで
15. イセネト	3	0	0	108	161	4年生まで

（出所）ススワ地区教育センター資料

舎に関しても海外の援助団体からの支援を受けていることなどが考えられる。また、イルキークアーレ校にはナーサリー（就学前）クラスが併設されており、コミュニティが採用して給与を負担している教員（無資格）が配置されている。

4-2　調査方法

校長および教師へのインタビューを行うとともに、IST法によりナーサリークラスも含めた全校生徒の個別生徒シートの作成と写真撮影を行った。これは2005年から2007年までの3年間継続した。また、2006年にはGPS（全地球測位システム）を利用してイルキークアーレ小学校と近くの完全小学校および生徒が来ている家庭（ボマと呼ばれ長老を中心として複数の夫人の家数棟からなる集合住宅）すべての位置を測定し、それぞれの距離および高度差を計った。

5. 調査結果

5-1　学校の概要

イルキークアーレ小学校は1980年代に設立されたが、1990年代に廃校になっていた[2]。校長の説明によると、この学校の建てられている土地は共有地（Group Land）であり、1990年代に関係者間の土地の利用に関する合意が崩れたためという。

学校は1999年に再開されダニエル・ナイラバ・サンカレ氏（Daniel Nairaba Sankale）が赴任した（2007年まで校長）。学校の校舎は現在南北に長い1棟の建物で5教室と教員・校長室に分けられている。そのうち2教室は2004年にアメリカのセブンスデイ・アドベンチスト教会の工作隊（ボランティアグループ）がやってきて建設していったとのことである。その他、雨水タンク、教師宿舎、物置、教員トイレ、生徒トイレ2つが周辺に建てられている。しかし、学校周辺に人家が少ないことから危険ということで、校長も教師も教員宿舎に住んでいない。1999年以降の学校の教師数と生徒数の変化は、表2のとおりである。

これによると1999年再開後学年進行で2002年に4年生までの学校になった

表2　イルキークアーレ小学校の生徒数・教師数の推移（1999-2007年）

暦年	生徒数					教師数
	1年	2年	3年	4年	合計	
1999	13 (-)	―	―	―	13 (-)	1 (0)
2000	12 (-)	10 (-)	―	―	22 (-)	1 (0)
2001	7 (1)	10 (2)	9 (6)	―	26 (9)	1 (0)
2002	9 (3)	10 (4)	9 (3)	9 (6)	37 (16)	2 (1)
2003	21 (6)	15 (5)	12 (4)	―	48 (15)	2 (1)
2004	9 (4)	10 (7)	12 (4)	―	31 (16)	2 (1)
2005	11 (3)	13 (5)	15 (2)	―	39 (10)	3 (2)
2006	11 (6)	10 (6)	13 (5)	―	34 (17)	3 (2)
2007	23 (8)	15 (9)	12 (7)	―	50 (24)	3 (2)

（注）カッコ内は女性数を示す。2002年は4学年が一時的に在籍したが、その後は3学年までである。
（出所）1999年と2000年のデータは現在の校長のインタビューによるもので男女は不明である。2001年から2005年は学校に保存されていた教師委員会への報告（Teacher Service Commission Form）による。報告は学期ごとに行われているが、その年の最初のデータ（2月）を採用した。2006年は校長へのインタビューによる（登録最終日は2月末日であるため2月28日に在籍している生徒数）。

が、2003年から3年生までに戻った。教師の数は初め1名で2002年に2名になり2005年に3名になり現在に至っている。

5-2　学校と家庭の位置関係

　学校を中心として19のボマが確認できた（図1）。そのうち2006年時点で子どもが通っている14のボマとイルキークアーレ校と近隣3校との距離・標高差を表3に示す。ボマの多くは学校（イルキークアーレ）とエンパシュ小学校およびルクニ小学校の三角形の中に位置している。その理由として、ひとつはイルキークアーレ校とオラシティ校の間には丘陵地帯があり、ボマを作りにくい地形だからであろう。オラシティ校自身も標高も1754メートルとイルキークアーレの1645メートルと比べて100メートル以上も高い。いまひとつの理由は、オラシティ校が寄宿舎を備えた大規模校であり、かつ成績優秀校であるため、オラシティ周辺の子どもは、はじめからオラシティ校に行くからであろう。

　イルキークアーレ校からボマまでの距離は、最も遠いボマで2800メートル、

第Ⅱ部　教育開発政策・課題にかかる諸研究

図1　小学校とボマの位置関係図

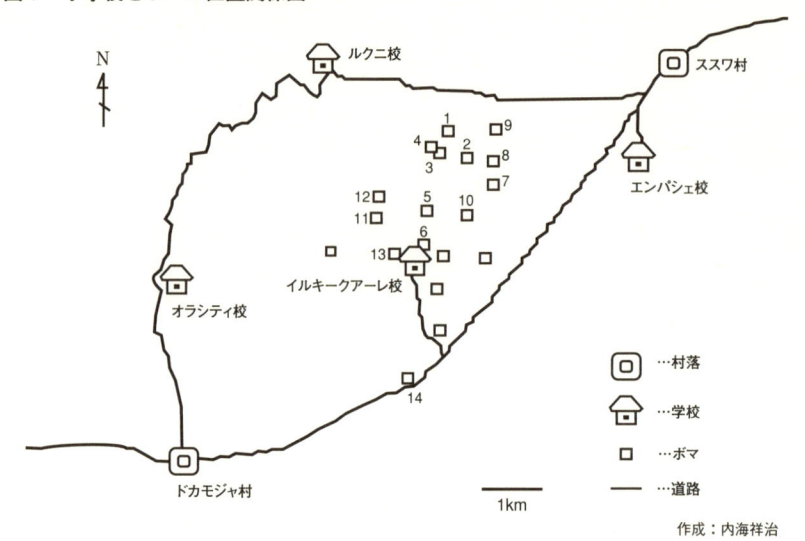

(注) 図中の道路は車で通過可能な道の軌跡を図示したもので、必ずしも道路としてできているわけではない。数字のないボマはかつて生徒が通学してきた家、あるいは遠隔地に遊牧に行き無人となっている家を示す。

表3　ボマと小学校の距離および標高差

ボマ	標高(m)	イルキークアーレ		オラシティ		エンパシュ		ルクニ	
		距離(m)	標高差(m)	距離(m)	標高差(m)	距離(m)	標高差(m)	距離(m)	標高差(m)
1	1641	2300	4.0	6500	113	4200	−14	2900	40
2	1642	2100	3.0	6700	112	3800	−15	3500	39
3	1640	1900	5.0	6200	114	4300	−13	3000	41
4	1646	2000	−1.0	6000	108	4500	−19	2700	35
5	1651	900	−6.0	5600	103	4700	−24	3300	30
6	1648	400	−3.0	5500	106	4900	−21	3700	33
7	1630	2200	15.0	7100	124	3200	−3	4200	51
8	1632	2400	13.0	7200	122	3200	−5	4000	49
9	1630	2800	15.0	7500	124	3100	−3	3900	51
10	1633	1400	12.0	6400	121	3900	−6	4000	48
11	1650	1200	−5.0	4500	104	5800	−23	2800	31
12	1652	1400	−7.0	4700	102	5700	−25	2500	29
13	1649	500	−4.0	4800	105	5500	−22	3500	32
14	1666	1900	−21.0	5300	88	6200	−39	5500	15
平均	1643.6	1671	1.4	6000	110.4	4500	−16.6	3536	37.4

(注) そろぞれのボマからの直線距離と標高差を示している。実際の通学路ではない。

最短で400メートルである。これらのボマは平原であるためにイルキークアーレ校との標高差は15メートルから−21メートルの範囲である。学校から多くのボマは見ることができ、また、ボマを訪問しても学校にある2本の木はほとんどのところから認識でき、こうした木が平原での重要な目印であることが分かる。ボマと4つの学校の関係からは、イルキークアーレ校が距離、標高ともに最も通いやすい学校である。イルキークアーレ校との平均距離は1671メートル、標高差は1.4メートルである。これは子どもの足でも30分以内で通える距離であり、また2本の大木という目印があり、通学しやすいのである。

現在通学しているボマから次に近い学校はルクニ校であり、ボマからの平均距離3536メートル、平均標高差は37.4メートルである。ルクニ校とボマのあるススワ平原との間は丘陵があり、またルクニ校が疎林の中にあるので、遠くから視認しにくい。エンパシュ校との平均距離は4500メートル、平均標高差は−39メートルである。つまり学校が低い位置にある。エンパシュ校はススワ集落に近いこと、国道の反対側になることなどから、実際の距離以上に遠くに感じられる。

表4は、2006年6月現在の4つの小学校の学年別生徒数および教師数を示したものである。この表から4年生から6年生の間に一つの壁があるように思われる。これまでの調査から、ケニアでは小学校を前期サイクルと後期サイクルに分けており、多くの学校で学級担任制から教科担任制にシフトさせ

表4　ススワ地区関連4小学校の生徒数および教師数（2006年6月現在）

小学校名	1年	2年	3年	4年	5年	6年	7年	8年	合計	教師数
イルキークアーレ	22 (12)	16 (9)	18 (6)	—	—	—	—	—	56 (27)	3 (2)
オラシティ	125 (73)	126 (73)	120 (56)	126 (64)	123 (53)	86 (40)	101 (42)	78 (28)	885 (429)	17 (7)
エンパシュ	70 (35)	51 (22)	54 (24)	40 (18)	27 (11)	24 (11)	17 (9)	9 (5)	292 (135)	8 (5)
ルクニ	30 (15)	26 (11)	39 (19)	26 (13)	21 (7)	9 (5)	19 (6)	4 (2)	181 (78)	7 (0)

（注）カッコ内は女子生徒の数。データ上の合計生徒数が学年別数値から再計算した合計と異なる場合（オラシティ）、再計算した数値を優先した。
（出所）ススワ地区教員センター資料

ている。また前期サイクルから後期サイクルへの移行の際に女子の減少が見られる。

5-3　生徒フローダイアグラム

　IST法によって3年間の一人ひとりの生徒の動きから、図2に示した生徒フローダイアグラム（進級ダイアグラム）を作成した。表2で示した生徒数だけ見ていると順調に進級しているように見えるが、一人ひとりの生徒を追跡していくと、かなり異なった姿が見えてくる。例えば、2005年の2年生12名（うち女子5名、以下同様）は2006年に3年生13名（5名）に進級したように見える。しかし、実際に進級したのは4名（3名）である。2名（1名）は留年、6名（1名）は長期欠席である。私たちは長期欠席者としている生徒を校長は行方不明（disappear）という言葉を使っていた。半数がいなくなっているのである。2006年の3年生13名（5名）は留年した8名（2名）と進級した4名から構成されている学級である。

　2005年から06年に移行する段階で、ナーサリーを含めた在校生51名のうち、

図2　イルキークアーレ小学校生徒フローダイアグラム（2005-2007年）

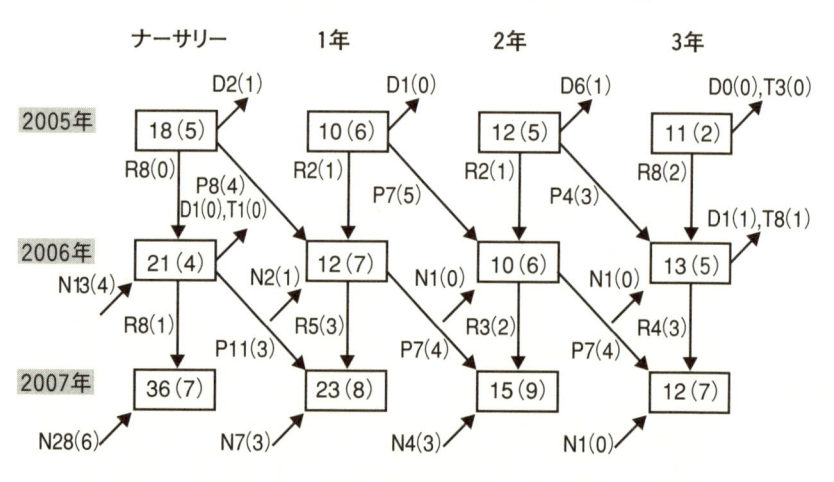

```
              ナーサリー         1年           2年           3年
               D2(1)↗        D1(0)↗        D6(1)↗        D0(0),T3(0)↗
2005年        [18(5)]       [10(6)]       [12(5)]       [11(2)]
          R8(0)↓  P8(4)↘   R2(1)↓  P7(5)↘ R2(1)↓  P4(3)↘ R8(2)↓
              D1(0),T1(0)                                  D1(1),T8(1)↗
2006年        [21(4)]       [12(7)]       [10(6)]       [13(5)]
      N13(4)→       N2(1)→        N1(0)→        N1(0)→
          R8(1)↓  P11(3)↘  R5(3)↓  P7(4)↘ R3(2)↓  P7(4)↘ R4(3)↓
2007年        [36(7)]       [23(8)]       [15(9)]       [12(7)]
      N28(6)→       N7(3)→        N4(3)→        N1(0)→
```

　　　　（凡例）　P：進級者、R：留年者、D：長期欠席者、N：転入生、T：転校生

（注）カッコ内は女子生徒の数。
　　　表2の学年別生徒数と異なるのは、本図の数値は実際に個人が特定できた子どものみをカウントしているため。

9名が長期欠席、20名が留年したのである。この両者を合わせると57％に上っている。つまり進級したものより留年あるいは学校を離れた生徒の数の方が多くなっている。次に2006年から2007年への移行を見ると、56名の全校生徒のうち、留年20名、長期欠席2名の22名の39％が進級していないことが分かる。これはこれまで調査してきたマサイの小学校より多い数字である。

ひとつ考えられる理由としては2005-06年にケニアを襲った干ばつの影響が挙げられる。2005年から2006年にかけての干ばつは東アフリカ、特にケニアではひどかった。2006年2月の調査の際に、道路のわきに数頭のシマウマの死骸があった。道路わきの草を食べようとして車と衝突したか、飢餓によって倒れたものと思われる。また、痩せたヒツジは群れを作りじっと佇んでいる。すでに死んだヒツジもその中にいた。木の葉や草の根を食べることのできるキリンやヤギは比較的元気だった。マサイは牛をつれて北西のナイバシャ湖やナクール湖方面に移動していた。これに併せて家族も移動し、そのため多数の長期欠席者を出したのではないかと思われる。

5-4　3年生はどうなったか

では、2005年に在学していた3年生はその後どうなっていたか。2005年の教員雇用委員会(Teachers Service Commission)への登録の報告では、3年生は15人で男子13人、女子2人である。しかし、2005年7月の調査時点で把握できたのは11人で男子9人女子2人である。この11人は、2006年には進学3人（女子0人）、留年8人（女子2人）であった。

2005年はすべての学年で、長期欠席や落第が2006年と比べて多かった年である。大量の落第の理由に関して、先に述べたように干ばつの影響が考えられるが、校長は欠席が多いための学力不足を挙げていた。学力の測定は地区レベルで行う学期末および学年末テストで行われる。

完全小学校の4年生に進学した生徒は男子3人である。この進学にはイルキークアーレ校の校長からそれぞれの学校長へのレターが必要であり、どの子どもがどこへ進学したかは学校が把握している。

(1) 進学した生徒

3人の男子が完全小学校に進学したが、その小学校を選択した理由と状況

を家庭訪問によって調査した（名前はいずれも仮名である）。

メイリピア（男）の場合

メイリアピアはルクニ校に進学と報告されている。彼は表3のボマ2の子どもである。家庭は遊牧を生業としている。両親共に教育経験はない。2005年のインタビューでは4年生への進学を親が許さずに3年生を留年していた生徒であり、もし進学させるのであればエンパシュ校へ行かせると答えていた。それがルクニ校へ進学した理由はなんであろうか。

まず、考えられるのは学校への距離である。ボマ2は、イルキークアーレ校へは2.1キロメートル、オラシティ校には6.7キロメートル、エンパシュ3.8キロメートル、ルクニ3.5キロメートルである。標高差はイルキークアーレ校3メートル、オラシティは112メートル、エンパシュへは-15メートル、ルクニ39メートルである。こうした指標からもルクニ校への通学が有利と考えられる。このボマ2では学校への期待として教室の確保と教育の質を良くしてほしいと述べている。この点からも新しい学校であるルクニ校への期待があると考えられる。

2006年3月に私たちが家庭訪問した段階では、彼は学校へ行かずに家で羊とヤギの世話をしていた。学校に行かない理由として制服が買えないからだという。

ティマ（男）の場合

ティマはエンパシュ校の4年生に進学したと報告されている。彼は留年せずに3年生になり、完全校に移ったのである。彼はボマ8の子どもであり、家は遊牧を業としている。両親共に教育経験はない。2005年のインタビューではオラシティ校への進学を希望している。しかし、エンパシュ校へ進学した。

ボマ8は、イルキークアーレ校へは2.4キロメートル、オラシティには7.2キロメートル、エンパシュ3.2キロメートル、ルクニ4.0キロメートルである。標高差はイルキークアーレ13メートル、オラシティ122メートル、エンパシュ-5メートル、ルクニ49メートルである。いずれの指標からもエンパシュ校への通学は有利である。また、ボマ8からはオラシティとエンパシュ

にそれぞれ2人の子どもが通っている。

　ボマ8は最近この地区へ移動してきたボマであり、教育にも力を入れていることが考えられる。そのために成績の良いオラシティ校を目指していた。それがエンパシュ校へ進学にしたのは、地理的要因と2005年の秋からの干ばつによる経済的な困難のため、近くの学校への変更したことも考えられる。

　しかし、ティマもメイリピアと同じく学校に行かずに羊とヤギの世話をしていた。理由としては制服が買えないことを挙げていた。

　<u>シャヨ（男）の場合</u>
　シャヨはルクニ校への進学と校長からは報告を受けた。ボマ3は、イルキークアーレからの距離は1.9キロメートル、オラシティ6.2キロメートル、ルクニ3.0キロメートル、エンパシュ4.3キロメートルである。ルクニ校への進学は距離で決めたというのはうなずける。彼の家は母2人、兄弟姉妹は9人である。すでに2人はオラシティ校や中等学校に進学している。残りの6人はイルキークアーレで3年生に2人、2年生に2人、ナーサリーに2人がそれぞれ在籍し、兄弟姉妹のうちの1人は3年生で留年している。上の子どもがオラシティへ行っているのにショヤがルクニを進学先としているのは、母が違う可能性、現在の干ばつによる経済的打撃により少しでも楽な学校を選んだとも考えられる。校長は家庭には問題ないと言うのであるが、訪問した限りではショヤは家におり、その理由として制服代の1000シリング（約1600円）がないために学校に行っていないとのことであった。

（2）留年した生徒

　2006年に3年生を留年したのは8名（女子2名）である。一人ひとりを検討するのは煩雑であるので、うち2名の女子生徒と2名の男子生徒の例を述べておきたい。

　<u>ナイアノイ（女）の場合</u>
　ナイアノイは13歳で、この学校ではひときわ大きい生徒である。3年の終わりのテストで最下位であり、500点満点の154点であった。彼女の成績が良くない原因は、一つはナーサリーに行くことなく年齢が高くなってから学校

に来たことと、欠席が多いからである。ナイアノイの母親は離婚し再婚した。再婚した父はナイアノイを引き取らず、母親の実家に引き取られた。彼女の姓は母方の祖父の名前である。それゆえにナイアノイは祖母の世話をしている。祖母は白内障のためほとんど盲目で、ナイアノイが毎日の世話をする必要があり、学校を休みがちである。彼女は2005年の調査時から制服は着用していない。

シラントイ（女）の場合

シラントイは11歳、彼女の留年の理由は長期欠席である。成績はクラス12人中の5番目であった。彼女の欠席の理由は家族の世話である。家が貧しく、母の姉妹と一つの家で暮らしている。そこでの甥や姪の世話は彼女の仕事である。2005年の調査時から制服を着用していない。

モーゼス（男）の場合

モーゼスは2005年の3年生で最も欠席の多かった生徒である。成績は7番目で中位である。ススワの集落では水曜日と土曜日に牛や羊の市と共にマーケットの開催され、水曜日は欠席者が多い。モーゼスは水曜日には毎週欠席する。両親が市に行くために兄弟の世話をする必要があるからである。親が学校の必要性を感じていないという。ボマ1から通学しており、学校までの距離は2.3キロメートルである。

メーリ（男）の場合

メーリは成績が非常によい生徒で、500点のうち362点でクラス2番である。父親が経済的理由から進学を望まず留年した。2006年は前年の秋からの干ばつで、多数の家畜が死んだために進学に必要な資金が得られないことが原因という。2006年は制服を着用していた。

6. 考察

（1）生徒フローダイアグラムから見えてくるもの

IST法によるイルキークアーレ小学校の生徒フローダイアグラムからは、

学級における三層構造、つまり順調に進級する「コアグループ」と行方不明や留年を繰り返す「周辺グループ」、その中間で一度留年するが進級していく「中間グループ」の3つの存在が指摘できる。イルキークアーレ校は、周囲の完全小学校よりも生活条件が厳しいために、周辺グループは少数の中途退学者ではなく大量の行方不明者となっている。中間グループは最上級学年の3年で発生している。これは進学が転学という形態を取るために大きな障壁になっているからであろう。

また、その進学したという生徒も制服をはじめとする経済的要因により学校に行っていないことがはっきりした。現在、ケニアでは小学校の無償化により就学率が上がったにもかかわらず、経済的要因で通学できない生徒がいると報告されており、教育省内でも制服についての論議が行われている。今回の調査結果は制服が理由で学校に行けない子どもがかなり多いことを予感させる[3]。

(2) 子どもの学校と生活世界

私たちは近代教育システムが伝統的社会に受容されるのは、その生活世界が取り入れることができる部分あるいは取り入れられる形に変形することで学校教育が受け入れられると考えている。それゆえに取り入れやすい学校システムが考えられるべきであり、そのために、移動学校や寄宿制学校の設立が重要であると考えている。私たちが提示している二つの仮説のどちらであっても「小さい学校」はいま一つの選択肢であると思われる。

2006年当初のケニアは2000年以来の干ばつであり、調査地点は動物の死臭が漂っていた。2005年の調査で見ることのできたシマウマやガゼルの大群は見ることができなかった。かわりに大量の死骸とともに生きている動物も非常にやせて、死を待つばかりの感があった。マサイの社会はこうした自然災害に弱い社会、あるいはその影響を受けやすい社会であり、それが子どもの学校教育に大きな影響を与えるのである。

家庭訪問や子どもの個人シートから読み取れるものは、自然からの影響とともにマサイの家庭の脆弱さである。親の死や離婚により、祖母や親の兄弟の家庭で住んでいる生徒が多い。またその家には多くの幼い子どもがいて、その世話を女子が行っている。男子は小獣の世話をしている。家庭訪問をす

ると女子は小さい子を抱いていたり、水汲みをしている。男子は小枝を持ってヤギやヒツジの世話をしている。子どもの生活世界と両立できる教育システムの構築が求められている。

（3）「小さい学校」の意味

2005年の調査での校長、教師および親のインタビューでは、3年を修了した生徒は3つの学校のどこかに進学するということであり、この学校は下級の小学校として機能していると思われた。つまり仮説2を支持するように思われた。

しかし、2006年の調査結果は、下級小学校としての機能よりも短期間の通学後マサイの生活に戻るという仮説1を支持するように思われる。つまり、大量の留年生の存在をどう考えるかである。2005-06年が干ばつで、大量の羊が死に、牛の放牧地は遠隔地になってしまった。そのことがマサイの家計を圧迫したことも指摘される。進学予定の生徒が、調査時点では、いずれも制服の購入が困難との理由で家にとどまっていることや、メーリのように兄弟姉妹の多い子どもは成績に関係なく留年させられているのは、こうした経済的な課題があるからである。しかし、家庭の事情によって欠席が多く、成績の悪いナイアノイやシラントイは進学が可能であろうか。その可能性は非常に小さいだろう。彼女たちはイルキークアーレ小学校のあとボマに戻る可能性が高いように思われる。

こうした留年を繰り返す生徒の動向をいま少し追うことで、「小さい学校」の意味がより明確になってくると思われる。ひとつの可能性は、近くの完全小学校との役割分担である。中等学校（高校）を目指す学校と短期間の通学で生活に戻る学校の存在である。貧困を含めたさまざまな家庭の事情により、十分な通学を補償されていない子どもが学ぶ場としての学校である。マサイランドでは問題を抱えた子どもの生活を保障するソーシャルネットは極めて不十分である。不完全ではあっても学校につながっていることは子どもにとって大きな意味がある。今回の調査からは2つの仮説以外に、子どものソーシャルセキュリティーの最低限の保障を「小さい学校」が担っているという新たな側面が見えてきたようにも思われる。

付記

本章は、イルキークアーレ小学校に関する第1次調査（2005年7月）、第2次調査（2006年2月から3月）、第3次調査（2007年7月）に基づいたものである。内海以外の調査参加者は、次のとおりである（所属等は調査参加時のものである）。

　　澤村信英（広島大学教育開発国際協力研究センター准教授）
　　髙橋真央（お茶の水女子大学開発途上国女子教育協力センター講師）
　　内海祥治（岩手大学大学院農学研究科博士後期課程）
　　浅野円香（大阪大学大学院人間科学研究科博士前期課程）
　　中川真帆（大阪大学大学院人間科学研究科博士前期課程）
　　森　榮希（大阪大学人間科学部）

注

(1) ススワ地区はマオ山塊の麓からススワ爆裂火口の外輪山も含む地域である。ススワ平原はマサイの共有地（Group Land）であり、この地の主なクラン（氏族）はイルモレリアン（Ilmolelian）とイマケセン（Imakesen）である。
(2) イルキークアーレとはマー語（マサイ語）で2本（アーレ）の木（イルキーク）という意味であり、学校の横に2本のアカシアの大木がある。あたりは草原であり、シマウマやトムソンガゼルの群れが生息し、キリンも見ることができる。
(3) 国際協力機構ケニア事務所上級クラークのキベ氏とのインタビューでは、これまで制服が理由で学校に行っていない生徒に関して、議論はされてもその実態はほとんど把握されていないとのことである。

参考文献

内海成治（2003）「国際教育協力における調査手法―ケニアでの調査を例にして―」澤村信英編『アフリカの開発と教育―人間の安全保障をめざす国際教育協力―』明石書店, 59-81頁.

内海成治・髙橋真央・澤村信英（2000）「国際教育協力における調査手法に関する一考察―IST法によるケニア調査をめぐって―」『国際教育協力論集』3巻2号, 79-96頁.

澤村信英・山本伸二・髙橋真央・内海成治（2003）「ケニア初等学校生徒の進級構造―留年と中途退学の実態―」『国際開発研究』12巻2号, 99-112頁.

Carr-Hill, R. & Peart, E. (2005). *The Education of Nomadic People in East Africa: Review of Relevant Literature.* Paris: UNESCO/IIEP.

Carr-Hill, R. with Eshete, A., Sedel, C. & de Souza, A. (2005). *The Education of Nomadic People in East Africa: Synthesis Report.* Paris: UNESCO/IIEP.

第9章

ボリビアにおける教育政策形成の構図
―政府と教員組合の対立と協調―

岡村　美由規

1. はじめに

　ボリビア共和国（以下、ボリビア）では、1994年以来、教育制度全体を刷新する大規模で包括的な教育改革事業が行われてきた。この改革は1980年代に同時に起こった債務危機と民主化という大きな社会変動期において、政治・経済の構造改革の一部として構想されたものである。教育改革の目的は、同国が抱える36の民族の相違を超えて一つの国民国家を形成する礎を築き、かつ経済成長に必要な人的資源を供給できる公教育をつくることであった。多くの国際支援を受けつつ「地方分権化」（1995年）「大衆参加[1]」（1994年）とともに、当時「三大改革」として実施されたものである。

　この教育改革は2006年1月に樹立した先住民出身のエボ・モラレス新政権（社会主義運動党、Movimiento Al Socialismo：MAS）により「廃止」が決定され、12年間におよぶ事業は幕を閉じた。その決定後、教育省は教員組合、先住民運動体やキリスト教会等と共同で1994年の教育改革の法的根拠である「法第1565号教育改革法」（1994年7月公布）に代わる教育法の策定に着手した。新自由主義的な教育改革に絶対否定の立場をとってきた教員組合は、大統領選挙期間中モラレス現大統領陣営に与し、現政権の発足に貢献した。教員組合は現政権の誕生をもって念願の教育改革の廃止を達成したのである。

　しかし、現政権発足後に始まった新たな教育制度の構築のプロセスは教員組合のうちとくに都市部による反対によって停滞し、現在に至るまで新たな教育法の公布はなく未だプロジェクトに留まる（2008年5月現在）。その反対する主張は「政府（MAS）や教育省により新法案が一方的に押し付けられ民主的とはいえない[2]」「1994年教育改革法のうち教員組合が容認できない条項を踏襲している[3]」というものである。

第9章 ボリビアにおける教育政策形成の構図

　教育改革をめぐる政府／教育省対教員組合という構図は、後述するように同国において歴史的に繰り返し見られてきた。ただし、それが対立に終始し停滞のみを招くのであれば、それは同国の教育改善に貢献するような建設的なものかどうかという点で疑問が残る。ボリビアにおいては教員組合の動向が政策の形成のみならず、学校現場での実施にも影響を与え、それは教員による改革への抵抗に結び付きやすいことが指摘されている (Talavera, 2002)。また教員組合の実力行使はこれまで少なからぬ影響を社会に与えてきた (Berríos, 1995 ; Gamboa, 1998 ; Cajías de la Vega, 2000)。そのため教員組合はボリビアの教育の方向性にとって無視できない存在であり、対立だけではない関係性の新たな構築が問われている。

　そこで本章では、教育改革をめぐる政府／教育省の行動と教員組合の反応に着目して分析することでその政治的構図を明らかにし、今後の方向性を考察するための基礎的作業を行う。具体的には、政府／教育省と教員組合の2つのアクターに着目し、それぞれの「立場（組織行動を規定するイデオロギーや活動目的）」と「政策形成上の位置（政策形成への関与の方法や役割）」、それを可能にする「公的な制度」に注目し分析を試みる (例えば、Schoppa, 1991 ; Grindle, 2004)。政府／省庁と教員組合の2つのアクターに着目するのは、ボリビアの教育政策形成の政治的構造について原型を示すものであり (Rivera, 1992, pp.24-27)、したがってその構造の変容を測るメルクマールとなると考えるためである。分析では1994年の教育改革を主に取り上げるものの、そこで起きた2アクターの関係性の変化を検討するにはその歴史的経緯を知る必要がある。そのため、新自由主義政策が導入される以前（1985年以前の教育改革）についても簡潔に触れる。

2. 歴史的経緯——1985年以前の教育政策形成の構図

2-1　ボリビア革命と労働者組合

　ボリビア国民にとって1952年のボリビア革命は誇るべき歴史であり、今なおその精神を尊ぶ傾向が強く、それは教員組合にもあてはめることができる。ボリビア革命を指揮したパス・エステンソロは「半植民地化され抑圧された国から主権をもった民主主義国家へ」 (O'Connor d'Arlach, 1999, p.122) 変革す

べく、諸階級の社会参加による政治決定のもと、労働者、農民、中間層が国家の支配層となることを目指した(「革命ナショナリズム」)。ボリビア革命は、政治的勢力を伸ばした中産階級が労働者階級の支持のもとに、地主や鉱山主など輸出経済部門を握っていた寡頭支配者層に挑戦した社会革命である[4]。革命政権によって、鉱山の国有化や鉱業公社の設立、普通選挙(先住民へ選挙権を付与)の導入、無償教育の普及が図られた。

　革命政権の有力な支持基盤であった労働者組合は、革命後に市民社会の政治参加を担保する装置として強化された(Rivera, 1992, p.24)。革命成功の1週間後、ボリビア労働者総連(Central Obrera Boliviana：COB)が設立され全労働者および農民組合はCOBに統合されることとなった。COBを中央本部とし下部に各セクターの労働組合が置かれる構造で、これらの労働組合はそれぞれが関係する省庁に影響力を持ちその要求を通す強力な政治アクターとなった。教育セクターの場合はすでに存在していた都市部(1910年設立)と農村部(1948年設立)の2つの教員組合である。このようにボリビアでは、革命政権期にその統治体制に労働組合の大きな関与が組み込まれた(Domingo, 2005, p.1735)。

2-2　1953年教育改革—政策形成における教員組合の登場

　ボリビア革命の3年後に、教育基本法となる「教育法典(Código de la Educación Boliviana)」が公布された(1955年)。これは二つの意味で教員組合にとって重要な出来事である。一つはその策定過程に教員組合が全面的に関与したこと、もう一つはこの教育法典によって教育行政への介入が正当化されたことである。

　革命の翌年の1953年1月、教員組合は革命政府に対し教育改革の検討を行う特別委員会の設置を求めた(Trujillo, 2004, p.69)。革命政府はそれを受けて同月中に検討委員会を設置、メンバーには教育文化関係者のうち実績ある人物から選定され、都市部・農村部教員組合やCOBの代表者も加わった。これが1953年の教育改革の始まりである。検討委員会の設置1年後の1954年1月に「教育法典案」が大統領に答申され(Cajías de la Vega, 1998, p.43)、政府による検討を経、1955年1月に公布となった。教員組合はこの教育法典案を内部で別途検討し、組合代表を通じて検討委員会議場で要望を反映させてい

た（Trujillo, 2004, p.69）。教育法典の公布によって、先住民も対象とした無償義務教育が開始された。革命政権において教育は反帝国・反封建・反寡頭主義の下で国民を統合するための国家事業として位置づけられた（教育法典第1条）。

　教育法典によって教員組合による教育政策への介入は法的根拠と保障を持つこととなった。教職の無条件保障（同第243条）、教員の組合参加が合法化された（同第240条、255条）。また「教員は政党を結成することなく政治介入する自由がある」（同第242条）との条項によって、教員組合による教育省（都市部の場合）や農民省（農村部の場合）への介入は法的根拠を与えられた（República de Bolivia, 1955）。教育行政における教育省（政府側）と教員組合との共同統治の伝統はここに端を発する。1961年には教育省人事・高級職員の任命に際し教員組合が関与する権利が組合・政府間の合意によって定められた。

　以来、1994年教育改革法公布に至るまで、教員組合は、教育大臣を除く教育副大臣や次官など高級官僚に加え、技官や事務職員に至るまで教育省の人事に関与するようになった。時には教育大臣の任命も教員組合まで打診がなされていた。人事に関与するとは通常、組合員を教育省に出向させることであり、勤務地は学校から教育省となるが身分は教員である。人事介入を正当化する教員組合側の論理は、「教員組合が高級官僚を任命する（すなわち組合員を官僚にならしめる）ことで教師としての職能的基礎と高い倫理観をもった人物であることが証明され、当局者として適切であるということが保証される」（CEDOIN, 1987, p.45）というものである。

2-3　軍政期（1964年-1982年）の教育改革への抵抗―教員組合の運動戦術

　教員組合の主な運動戦術はデモやストライキであるが、これは軍政期に確立された。軍政期には幾度か教育法典の廃棄への抵抗手段としてである。例えば農村部教員組合の場合、農民省（当時の農村部教育の管轄省）に請願書を上申し、ある一定期間（30日間）の検討猶予後に満足する回答が得られない場合は全国規模でストやデモ行進を行った。その際は組合間の協約に則り他の組合も動員し全労働者ストに発展させた（Trujillo, 2004, p.104）。

　また団体交渉の手法も形式が整えられた。伝統的に教員組合は定期的に全

国大会を開催し、そこで組合の活動目標や教員待遇改善など政府に対する要求項目を討議してきた。軍政時代に入るとその全国大会の結果を請願書として毎年教育省/農民省に提出し、上述した戦術を使って交渉することが定例化した。さらに軍事政権が教育法典の廃棄に及んだ際など特別な事件が起こった場合は、教育省/農民省と組合とが「全国教育大会 (Congreso Nacional de Educación)」を共催し、教育法典を死守した。

このように全国教育大会は伝統的に組合運動にとって重要な意思と行動決定の場であり、それは現在においても教員組合の組織構造でもっとも上位に位置することをここで指摘しておく。これは後述の1994年教育改革法策定時に登場する全国教育大会の認識をめぐる政府と教員組合との対立を理解する一助となる。

3. 1994年教育改革―新自由主義時代の教育政策

3-1 環境の変化―新自由主義政策の導入

ボリビアの国家体制は1980年代の債務危機を契機に大きな転換点を迎える。民主化が実現し (1982年)、新自由主義的政策が導入されたのである (1985年)。年率3万%ものハイパーインフレを記録した1985年に誕生したパス・エステンソロ政権[5] (1985-1989年) は、深刻な経済危機の脱出には抜本的な経済の構造転換とそれを支える国際支援が不可欠と判断し、同年8月に大統領令第21060号「新経済政策 (NPE)」を発令した。それ以降ボリビアでは世銀やIMFによる構造調整政策を受け入れつつ新自由主義的な経済政策が実施されていく。

NPEにより価格・為替・貿易の自由化、緊縮財政、国営公社の合理化等が進められ、経済安定化と市場経済化が進められた (柳原・遅野井, 2004, pp.5-6)。国営公社の合理化では全国4万人に及ぶ失業者を出した。これは教員組合に「新自由主義政策=民営化=失業」というイメージを植えつけることになる。

この状況下で教育省は2度にわたり教育改革案を発表した。一つ目は1986年発表の『教育白書』である (MEC, 1987)。ボリビアが多民族国家であることを認め、独立以来のボリビア国家の課題である「従属からの脱却と国民統

合」を達成する方法として、ボリビア文化の創造とそれを実現する教育制度の構築を挙げた (Ibid., pp.9-10)。そこでは農村部の教育強化 (都市部教育行政との一元化)、初等教育重視、分権化、社会参加 (教員、保護者)、教育コミュニティの強化 (保護者、児童生徒、教員との関係強化) 等、公教育の原理が打ち出された (Ibid., pp.22-23)。二つ目は1988年に発表された『教育赤書』である (MEC, 1988)。教育白書を基本的に踏襲しつつ、教育改革の内容をより明確に示した。そこで教育改革の原則として分権化、カリキュラムの改善、社会参加の3点を挙げ、さらに教授言語として二言語教育の導入を謳った (Ibid., pp.102-108, p.117)。

この2つの教育改革案は1994年教育改革の原型となったものである。教育省の問題意識は、質・量・効率性に劣る初等教育の現状の改善にあった[6]。そしてその原因を教育制度全体と教員の質の低さ、教員組合の教育行政への介入、大学自治の拡大による非効率性に求めた (MEC, 1990, pp.5-11)。

これら教育省による改革案に対し教員組合は激しく反発した。教員組合は既得権益や1955年教育法典の精神 (反帝国主義、反封建主義) の侵害として受け止めた。例えば教育の地方分権化は国家が公教育に対する自らの義務を放棄するものであり、いずれは民営化とつながるもの、ひいては職の安定を脅かすものと解釈した。大学関係者からは大学の自治を制限するものとして受け止められた (Martínez & Pérez, 1988, p.39)。政府の教育改革案に反対するCOBや教員組合はストやデモで意思表明をしたが、同時に教育省案に対し対案 (例えば、COBは『大衆教育提案書 (Propuesta Educación Popular)』) を出した (COB, 1989 ; CTEUB, 1991)。しかしそれらは1952年のボリビア革命の精神とイデオロギーの反復にとどまり、現状をどのように好転させるかという具体的な方法論に関する提案には欠けるものであった。

リベラは1980年代の教育改革をめぐる議論をイデオロギーの違いに基因する教育理念の応酬と述べたが (Rivera, 1992, p.28)、同時に教育省と教員組合との伝統的な共同的関係から対立的関係へと変化が訪れた時期でもあった。

3-2　時代に合った教育改革への模索―企画構想・立案

新自由主義政策を継承したハイメ・パス・サモーラ政権 (1989-1993年) では、それまでと異なる政策形成方法が見られた。まず、従来教育関係者に限

られていた政策論議を広く国民一般に開放した。1990年1月の施政演説において、教育改革では国民が議論に参加できる機会を設け広く聴取した意見をもとに法案を策定していくとし、実際にそこへの道筋がつけられた点である(Paz Samora, 1990, p.11)。次に、政策策定の実働部隊としてテクノクラートが出現した点である。

当時計画省の社会政策分析課 (UDAPSO) の若手官僚は、富の再分配、生産性と経済成長の向上にもっとも効果があるのは教育であると結論づけた(Berríos, 1995, p.23)。そこで計画省は教育セクター分析を実施する作業チームを作ることを検討し国際社会からの支援を探ったところ、世界銀行の関心を呼ぶこととなった。この提案が教育省ではなく計画省から出された[7]、またその内容がカリキュラム改訂など一部の改革にとどまらず、セクター全体の改革を包括的に見据えたものであったためである(Contreras & Talavera, 2003, p.14)。1991年7月、世界銀行の支援 (Policy and Human Resources Development Fund: PHRD 基金[8]) を受け UDAPSO に「教育改革技術支援チーム（ETARE）」が設置された。ETARE は最終的に38名のボリビア人からなる専門家チームとなった。

一方、教員組合は1987年に COB が発表した『大衆教育提案書』を政府に教育改革として採択させるため教育省に全国教育大会の開催を求め (Trujillo, 2004, p.251)、それを受けて1991年7月に教育省は省令により組織委員会を設置した。この時期教員組合は ETARE について公式に知らされることはなく、一方 ETARE が全国教育大会の開催を知るのは、準備が始まった4カ月後の11月パリで開催された CG 会合[9]の席上である。

3-3 法制化

サモーラ政権下の1992年10月に全国教育大会が開催された。これは教員組合の要求によって教育省が開催したものだが、教員組合に加え政府、教会、大学関係者、労働組合、財界、NGO など約650名の参加を得た (MEC, 1992, p.2, pp.12-14)。参加者のうち約半数は教員組合員である (Anaya, 1995, p.15)。この全国教育大会は、教育政策に諸階層が初めて参加したという点で、1982年以来の民主化の成果の一つとして認識されている。一方カトリック教会も同年6月に第1回教育大会を開催した。そこではカトリック教会関係者が約600

名参加し、ボリビア教育の理念や目的、国民像などを討議した (PEC/Bolivia, 1993, pp.40-55)。ETARE はこれら2つの教育大会の結論も踏まえて教育改革案を修正し、1993年9月に就任直後のサンチェス・デ・ロサダ大統領に「教育改革案 (ETARE 第2案)」を提出した。

以来、同年12月まで教育改革キャンペーンが行われ、全国でタウンミーティングを行っている (Ipiña, 1996, p.207)。こうして醸成した世論を反映させたものが「教育改革法案 (ETARE 最終案)」として11月20日に大統領に提出された。同日に閣議承認され、この時から ETARE による教育改革案は「政府原案」となり、さらに政府関係者によって再修正されたものが「政府案」として広く世に問われることになった。

そこで「国民に政府案を問う」場として登場したのが「全国教育審議会 (CONED)」である。これは全国教育大会の決議によって新設が決定された、教育省より上位の最高議場として構想された審議会である。大会後1993年5月に教育省によって暫定的に創設され (MEC, 1992, p.192)[10]、その委員は、教育省、教員組合、保護者、キリスト教会、大学の各代表者がなった[11]。サンチェス・デ・ロサダ大統領は最終的な国民的合意を得るため、CONED に対し「政府案」、「全国教育大会決議」、「カトリック教会による教育大会決議」をまとめるよう指示した (Ipiña, 1996, pp.421-423)。

CONED は同年12月に検討に入り、翌1994年1月28日に大統領に答申した(「CONED 案」)。その後、CONED 案は大統領[12]、大臣審議会、上下院議会それぞれにて検討され、最終的に同年7月4日に国会にて法第1565号「教育改革法」が可決、公布された (Ibid., p.208)。

4. 受容における困難—対立が顕在化した2つの領域

4-1 教員の資格・待遇—条件闘争

以上のように全国教育大会や CONED が開かれたにもかかわらず、教育改革法の公布直後から教員組合と政府・教育省との間で教育改革をめぐる対立が先鋭化し、戒厳令の公布まで発展した[13]。

争点の一つは教員の待遇である。両者間の対立は1995年5月に政府と教員組合との間に協定が結ばれたことでひとまず沈静化する。そこでは教育改

法の見直しが議論され、とくに教員の資格・待遇に関する条項の再検討に双方が合意した。対象となった条項は次の7か条である（CEBIAE, 1995, p.3）。

第5条 「保護者や地域住民の教育運営への参加（大衆参加）の目的」
第6条 「大衆参加の機能（保護者による教師の就業状況の管理）」
第17条「高等師範学校の教官資格を学士以上に引き上げ」
第32条「都市部と農村部の教育行政の一元化」
第34条「教員資格保持者の拡大（師範学校卒業者のみから高等専門学校・大学卒業生へ拡大）」
第35条「学校長及び学校群長の資格を学士以上に引き上げ」
第38条「教員身分・就業保障の条件化」（República de Bolivia, 1994）

　教育改革法の対象範囲は広く、カリキュラムの内容・構造の改訂とともに、学校制度（初等教育の5年から8年への延長、学年制の廃止[14]）や教育行政（地方教育行政組織の変更、保護者や地域住民の学校運営への参加等）の変更を含む。しかし、教員の身分・給与の終身保障を長年求めてきた教員組合にとっては、なにより教員評価によって失職する可能性（第38条）や、教員資格者の拡大による就職競争の激化（第17条、第34条）を意味する条項は到底許容できなかった。
　対立を深めたほかの一因として、教育改革のうちもっとも早く着手されたのが教育行政・人事面であった点も挙げられる。法の成立に5カ月先立って就業教員の実数把握作業（勤務実態がないのに給与を受け取る幽霊教員の摘発）が行われた（1994年2月）。法の公布後は本省や新設された地方教育事務所の整備・刷新が行われた。このような行政職員の刷新は、伝統的に教育行政の人事に関与してきた教員組合にとって影響力の低下を意味する。教員の就業条件の整備から教育改革が始められたことは、教員側の態度をより一層硬化させた。政府／教育省が「現状の教育の質の低さの原因は教員側にある」と一方的に断罪しているかのように教員側の目には映ったためである。そのため教員組合は政府／教育省の施策を"アンチ教員（anti-docente）"的であると認識するようになった。
　上記の再検討対象条項からも分かるように、教員組合と教育省の対立点は、

カリキュラムや教授法など教育内容より、給与や教員組合活動等、教師の生活・就業保障にある。ボリビアの教育改革は、初めて異文化間二言語教育を導入し、学年制を廃止し、またそれまで都市部と農村部に分かれていた教育制度を一元化するなど、教育内容面でも議論が分かれそうな項目が多い。しかし、政府と教員組合との折衝においては、教育内容に関する議論は皆無であった。

4-2　法の策定プロセスの認識—手続きの「民主度」

　もう一つの大きな争点であり、また教員組合の一貫する「教育改革の絶対否定」の根拠となったのは、「その策定プロセスが政府主導であり、教員の参加がなかった」という不満である。具体的には「CONED案が政府によって一方的に変更された。政府は世界銀行・IMFの勧告によって新自由主義政策を採択したことから、教育改革法は世銀・IMFによる押し付けである」との認識である (CEBIAE, 1994, p.4)[15]。この主張は、政府による「法案の策定プロセスは民主的であった」との見解とは異なる。なぜ両者の間にこのような相違が生まれたのか。

　政府による見解の根拠は次の点にある。この2大会の参加者にETAREのメンバーは招待されなかった。しかし、ETARE案は事実上の政府案として大会議場で討議され、大会決議にもETARE案が反映されている部分が多く見られたのである。この事実は政府側が「教育改革は国民の代表によって議論された」と認識し「法案の策定プロセスは民主的であった」と主張する根拠となった (ETARE, 1993, pp.33-34 ; Archondo, 1999, pp.37-46 ; Contreras & Talavera, 2003, p.14)。

　一方、法制化段階の教員組合は、教育改革の実現化には賛成の立場で、その内容の策定に直接的に関わったのはすでに見てきたとおりである。教員組合側の提案によって全国教育大会が開催され、その決議に教員組合やCOBの要望が多く採択されたのはその一例である。またCONEDの設置にも成功し、その委員として教育改革法の最終的な討議をする立場を獲得した。

　しかし、教員組合は最終決定者ではなく、またCONEDはあくまでも審議会の位置にある。つまりCONED案はそのままの形で法制化されてはいない。相違としては次のものがある (República de Bolivia, 1994 ; CONED, 1994)。まず

CONED案になく教育改革法で加えられたものとして大衆参加の仕組みが挙げられる。概念自体はあったが具体的な組織形態や機能が示されなかった。次に教員待遇と勤務評定である。これはCONEDに先だつ全国教育大会で具体案が出ず白紙で決議された部分である。そのためCONED案にも含まれなかった。3点目に都市部と農村部の教育制度の一元化である。CONED案は行政部分の一元化に言及し教員評価や給与体系の一元化には触れていない。しかし教育改革法はそれらも扱っている。一方CONED案から削除された事項として、キリスト教の授業の義務がある。この教育改革では教育の世俗化が目指されたため宗教の時間はキリスト教に限定されず、またその有無も学校によって選択できるとした。次に市民社会による政策決定への関与である。CONED案では「市民社会すなわち教員組合をはじめとする関係者が重要な教育政策の決定権を持つことができる」という一項があったが、教育改革法では削除された。最後にCONEDに教育行政に関する決定権限を持たせる点である。これはCONEDが教育省の上位機関として位置し、教育省の行政活動を管理・介入する機能を持つことを意味する。これも教育改革法では削除された。このように教育改革法では教員組合やキリスト教会等教育に一定の利害を保持する団体の勢力を維持・増長することにつながるような項目は削除され、一方国家として整備を進めていた参加型開発体制「大衆参加法(1994年4月公布)」との整合性を保つ条項が加えられた[16]。

つまり、政府は「改革案の内容を重視」していたのに対し、組合は全体のプロセスへの「参加＝主張の全面的採択」を教育改革法の民主的成立と捉えていたことが伺える[17]。

教育改革法案の策定メカニズムとしてのCONEDに対する期待は小さくなかった。CONEDは全国教育大会により誕生し、同大会の決議を教育改革案に変換させる役割を持った。そのため、CONED案がそのまま踏襲され教育改革法になると教員組合は期待していた。全国教育大会の最終報告書では「本大会での決議を、思想上また政治的状況その他の理由によってその存在を認めないまたは無視することは、常軌を逸した(市民社会への)反論であり、歴史の後退かつ誤りとなろう」(MEC, 1992, p.2)と述べ、政府に対し、同大会の結論を尊重するよう主張している。しかし実際は議会の審議を経て法制化されたのはすでに見たとおりである。教員組合が教育改革法の策定プロセス

に不満を抱き始めた時期はCONED案の提出以後、かつ、幽霊教員の摘発作業が始まってからである。現地のキリスト教系の有力NGOは「CONED案提出後の動向について報道がほとんどなかったことで教育改革法の決定までの過程に対する国民の不信感がさらに募った」(CEBIAE, 1994, p.3)と評し、また教員組合は「決定に教員の参加がなかった」と主張した[18]ように、あくまでも政府の情報開示の不足や手続きの閉鎖性を指摘する。しかし実際は、この時期も政府とCONEDとの間で協議は継続され一定の合意に至っていたことが明らかになっている[19]。

これまでの一連の策定・決定過程、および、教育改革法の内容において全国教育大会決議やCONED案が多く採用されている事実に鑑みれば[20]、教員組合の主張に対し教育改革法は、実際は教育関係者をはじめとする国民各層の意見をそれなりに――その判断基準は各社会集団によって相違するとはいえ――反映したものであり、教員組合が主張する「押し付け」という見方はやや無理があるといわざるを得ない。その行き違いには教育改革に対する各アクターの期待、つまり政府は国の経済構造の転換の一部としての教育改革の推進を目指し、教員組合は1952年の革命ナショナリズムの継承と既得権益の保持を目指すといった、イデオロギーの相違と利害の対立の存在が指摘される。

5. 法制化における協調――異文化間二言語教育

政府と教員組合との間で激しい対立を引き起こした教育改革であるが、協調の例もある。異文化間二言語教育(Intercultural Bilingual Education)の導入である。これはETARE案、全国教育大会、およびカトリック教会による教育大会の三者で意見の一致をみたことからも分かるように、ボリビアの多民族国家としての自己認識を示すものといえる。そこには民主化と先住民運動の興隆を背景に、政府と農村部教員組合の思惑が一致したことが指摘できる。

先住民運動組織は、軍政下の弾圧に抵抗すべく1970年代から80年代にかけて全国で誕生していった。1989年に国際労働機関で採択されたILO第169号「先住民族条約」、1992年の「アメリカ新大陸500周年」の一連の記念式典と反対・アドボカシー運動、など世界の情勢の変化とも連動している。先住民運動組織

の要求は、土地、文化、言語の回復に収斂される（ファーブル, 2002）。1990年には、東部低地の800名の先住民によって「土地と尊厳のための行進 (Marcha por el Territorio y la Dignidad)」が決行された。この行進が政府に対して与えた影響は小さくなく、当時のパス・サモーラ政権は1991年に ILO 第169号を批准（法第1257号）、続くサンチェス・デ・ロサダ政権時に行われた1994年の憲法改正時には、ボリビアを多民族複文化国家(Multinational-pluricultural nation)として規定するに至った。先住民運動は教育分野にも波及した。例えばアイマラ系とケチュア系を抱える「ボリビア農民労働者組合 (Confederación Sindical de Trabajadores Campesinos de Bolivia：CSUTCB)」は、その設立時 (1979年) より異文化間二言語教育の導入を提唱し (CSUTCB, 2005, p.57)、1989年の全国大会で、全国民のための教育、異文化間二言語教育、意思決定への共同体の参加という3原則による教育改革を提案した (CSUTCB, 1991)。

異文化間二言語教育に関係が深い教員組合は農村部のそれである。農村部教員組合は「農民（先住民）の半数以上が非識字者であり、子どもたちは多くが中退し100名のうち5名程度が小学校を修了する程度である。農村部教育は現状に合致しておらず、劣悪なものである」(PGRSER, 引用は Trujillo, 2004, pp.199-200) との認識のもと、農村部の環境に合った公教育の再編を求め、『農村部教育制度の再編計画 (El Plan Global de Reestructuración del Sistema de Educación Rural：PGRSER)』を1983年の全国大会で採択した。そこで政府への要求8項目の一つに挙げられたのが、異文化間二言語教育の導入である (Ibid., pp.200-201)。この再編計画は実際の施行には至らなかったが1985年に教育省の省令（第661号）として取り上げられ、その後80年代後半に教育省から出された教育改革案（『教育白書』『教育赤書』）においても取り上げられるようになった。農村部教員組合は、その発足時から「都市部教員組合より劣位に置かれている」と自己認識をしている (Ibid., p.78)。組合組織の発展、農村部学校の職場環境の充実、農村部における教職の福利厚生の向上ならびに農村部教育の充実化を通じた農民の社会における地位向上は表裏一体の関係であると考えていた。そのため農村部教員組合が異文化間二言語教育の導入を主張した動機は、必ずしも職業人として農村部教育の発展のみを考えていたわけでなく、自己の生活保障と組合組織の発展を通じて得られるであろうボリビア社会における自らの地位向上も視野に入れていたと考えられよう。

一方、教員組合の上部団体である COB も、1989年に世に問うた『大衆教育計画書』において「先住民のアイデンティティを確かなものにするため、先住民の言語と文化を再評価し発展させるために」(COB, 1989, p.68) 異文化間二言語教育の導入を提唱している。COB は当時の新自由主義的政策を帝国主義とした上で、「脱植民地化を図るためには、先住民の言語と文化の価値を強化し再評価することを通じて行うことで、不快な植民地主義者の存在より優位に立つ」(Quiroga, 1988, pp.81-82) 手段として異文化間二言語教育を位置づけた。COB はその労働者の闘争の活路を導く方途として認識していたのである。

ボリビアでは1952年のボリビア革命において国家統合のために農村部への初等教育普及が積極的に図られたが、財政や人材の制約のため農村部での学校建設・教師派遣によって教育普及が図られるに至っておらず、学校教育を補完する手段としてラジオが農村部における成人教育を担っていた (Albó, 1990, pp.321-323)。これは母語による教育という意味において、ボリビアの二言語教育の原点だと位置づけられている。公教育で二言語教育が試行されたのは1973年のことであり、USAID による「農村教育プロジェクト (Rural Education Project I)」がコチャバンバ県のケチュア系民族を対象に実施された (1973-1981年)。またラパス県のアイマラ系民族を対象に世界銀行による「高地 (アルティプラノ) 統合教育プロジェクト (Altiplano Complete Education Project)」(1978-1979年) が実施されている。そして、カトリック教会教育部会 (Episcopal Commissions on Education：CEE) による「農村バイリンガル教科書プロジェクト (Rural Bilingual Text Project)」(1981-1986年) によって、文字を持たない先住民の言語の文法整備が行われた。

そして、1990年にユニセフによって開始されたのが「異文化間二言語教育プロジェクト (Intercultural-Bilingual Education Project：PEIB)」である。PEIB は1970年代-1980年代にかけてラテンアメリカ諸国やボリビアにおいて実施されてきたこの分野のプロジェクトの経験をもとに形成されたものである。ETARE には PEIB の総責任者が専門家として参加して異文化間二言語教育部分の提案を作成しており、1994年の教育改革以来今日までボリビアの異文化間二言語教育の基礎となっている (Albó & Anaya, 2004, p.43)。また ETARE にこの分野が含まれたのは1993年に発足したサンチェス・デ・ロサダ政権とも

無関係ではない。同政権によってボリビアを多民族国家と位置づけた憲法改正、および国家再編のための三大改革（地方分権、大衆参加、教育改革）が次々と実現されたことから分かるように、それまで社会から排除されていた先住民を包括した国家建設のための一助として異文化間二言語教育は国家政策として引き上げられたのである。PEIB では開始時その実施においても先住民運動組織と農村部教員組合が関与をしており（López, 2005, pp.125-134）、その意味で異文化間二言語教育の全国実施の足がかりはできていた。

このように、異文化間二言語教育の導入は、当時の先住民運動の興隆と新たな国家建設を背景に、それぞれのアクターが異なる動機を持ちつつも、行動の上で協調し、一つの政策に収斂された例である。

6. 教員組合の政策形成への関与の変化

1994年の教育改革法の形成過程では、1985年以前のそれとは異なる変化をいくつか指摘することができる。

まず1点目は、教育政策を作るアクターの変化である。これは1992年にETAREが設置されたことが契機であった。それ以前では政府または教育省が教員組合の関与を受けつつ策定していたが、1992年以降はテクノクラートがその任を担ったのである。

第2点目は、政策策定がテクノクラートに委ねられたことに伴い、初めて教育政策に科学的調査が導入されたことである。ETARE は主要言語グループの基礎的学習ニーズを調査するなど教育改革案に合理的判断を取り入れることに努めた。一方、教員組合は当然のことながらそれら科学的調査に対抗しうる技術や経験、資金や知的基盤も持ち得ていなかった。テクノクラートに対抗する戦術として教員組合に残されたのはその組織原理を支える革命イデオロギーと従前の通りの実力行使であり、教員組合が政策形成の中心から離れていくのも自然の流れであると考えられる。

第3点目は、全国教育大会の役割の変化である。従来は軍事政権への抵抗、1955年の教育法典の確認の場であった。しかし1992年開催の全国教育大会は、市民社会の代表者に門戸が開かれた。これは教育政策の形成がより民主的になった一方で、教員組合にとってはそれまでほぼ占有してきた位置に多くの

部外者が入ってきたことを意味する。全国教育大会の開催は教員組合の役割を教育政策の「策定者」から「討議者」へと変貌させる契機となった。つまり教員組合の政策形成への影響力の間接化を意味する。

第4点目は、政策形成の場として新たに CONED が登場したことである。CONED は教育行政における重要な民主的組織として誕生し、そのように期待された。とくに設立契機となった1992年全国教育大会では、CONED を教育省よりも上位に位置づけられるべき教育政策の最高審議会として構想した。だからこそ教員組合は CONED 案こそが教育改革法になるべきだと考えたのである。教員組合は CONED を全国教育大会で下降したその策定者としての地位を再度復活させるものとして期待したのではないか。そうであれば CONED 案が政府によって修正されることを許さなかったことも理解できるのである。

7. 結語

モラレス現大統領が就任演説で述べた「新自由主義体制の終焉と植民地国家の解体」の精神は、現在審議中の新教育法に反映されている (Comisión Nacional de la Nueva Ley de Educación Boliviana, 2006)。モラレス政権は1994年の教育改革を「排除・差別・搾取を伴う植民地モデルを是正せずエリート覇権のもとに構想されるものであり、先住民のアイデンティティ、世界観や歴史、思考がまったく汲み取られていなかった」(República de Bolivia, 2007, p.67) と評価した。そこで新しく構想する教育制度は（もはや「教育改革」の語句は使われない）農業といった産業に直結する人材を輩出し、先住民の文化的・政治的・経済的復権を目指し、とくに質を伴った教育への機会の公正を重視している。

教員組合がその存在および運動原理の根拠としてきた革命ナショナリズムは1960年代の軍政期の労働運動弾圧から、1980年代に新自由主義的思想から、2006年以降は先住民運動の興隆から挑戦を受けている。ボリビアでの教育政策形成の政治的構図は時代によって変化する政府／教育省と、革命ナショナリズムの伝統を守る教員組合との間の、イデオロギーおよび利害の対立によって基本的に特徴づけられる。対立発生領域としてカリキュラムや教授法

などの教育内容面はボリビアではそれほど観察されないが、そのために比較的円滑に導入され継続される政策もあり、異文化間二言語教育はその一例である[21]。

すでに指摘したように教員組合の影響力は低下傾向にあり、とくに都市部教員組合に顕著にみられる、戦闘的な実力行使によって要求を通そうとする行動は世論に受け入れられなくなりつつある（例えば、Orozco, 2003）。2つの教員組合の行動は社会の変化に合わせ変容を見せ始めている。2008年5月現在は都市部教員組合が従来の主張と実力行使によって新教育法の審議のやり直しを求める一方、農村部教員組合はすでに審議途上にある法案の迅速な通過を求めるなど、それぞれが教育当局に求める方向性の違いは鮮明になりつつある。そこには現政権が標榜する先住民の復権というテーゼとの親和性の程度の差が存在することが指摘されよう。

社会が大きく変化する転換期の最中、その変化の早さに政府／教育省や教員組合はどのように対応していくのか。それが教員組合の運動体としての変質として現われ、政策形成の政治的構図をどのように変化させるのかを検討するのは、今後の課題である。

注
(1) それまで社会で排除されてきた先住民をはじめとする弱者の社会参加の促進を意味する。
(2) 新聞「La Razón」2006年7月11日記事および2006年8月28日都市部教員組合へのインタビュー。
(3) 新聞「La Razón」2006年7月24日記事。
(4) したがってボリビアは革命後も資本主義国家である。革命の一週間後にパス・エステンソロ大統領は「革命政権は反資本主義政権ではない。ボリビアは大変豊かな国だが資本が必要である」と施政演説で明言している（Garcia, 1992, p.50, p.54）。
(5) 1952年のボリビア革命の指導者（革命政権時の大統領）と同一人物。
(6) 1985年時の基礎教育の状況は次のとおり（CEDOIN, 1987, pp.13-21 ; Morales, 1985）。
・高い非識字率（15歳以上人口の36.8％）
・低い就学率（5歳から19歳人口の就学率が65％、35％は就学経験がない）
・低い就学年数（都市部で平均6年、農村部で平均1年、全国平均は3.7年）
・低いコホート残存率（小学5年生［学齢11歳］までの到達率は全国平均48％）
・高い都市・農村部間の総就学率格差（都市部は99.8％、農村部は35.7％）
・高い男女間の就学年数格差（男性は平均4.5年、女性は平均2.9年）

第9章　ボリビアにおける教育政策形成の構図

(7) 世界銀行は1980年代の案件実施の経験から、教育相の行政能力に強い疑問を抱いていたのである (Berríos, 1995, pp.24-25 ; Contreras & Talavera, 2003, p.14)。
(8) 日本政府が世界銀行内に設置している信託基金。通常、融資案件形成のための技術支援としてコンサルタント傭上などに使用される。この基金の使途について日本政府関係機関（外務省、JICA、JBIC 等）は直接関係しない。
(9) ボリビアの債務削減について検討する、債権者（多国間援助機関や外国政府、日本も含まれる）による会合。CG は Consultative Group の略。
(10) 全国教育大会決議第3号。
(11) これは移行措置であり、1994年7月の教育改革法により合法化された。
(12) 2006年8月14日インタビュー。
(13) 1995年の1年間に教員組合は3回の学校閉鎖、5回のストライキ、12回のデモ行進、4回の武力行使を行い、171名の逮捕者、2名の死者、62名の負傷者等を出し、政府は教員組合の委員長に刑事法的処罰も検討するに至った (Suarez, 1997、引用は Gamboa, 1998, p.39)。
(14) 学級編成の基準に年齢ではなく子どもの学習速度を採用することで、学年制の枠を外すもの。ボリビアではそれまで5年間であった小学校を前期中等教育の3年間と合わせ8年とし、3つのサイクルに分けた。第1サイクルは旧1〜3年生、第2サイクルは旧4〜6年生、第3サイクルは旧7、8年生に対応する。
(15) ボリビア労働総連 (COB) 代表フアン・アヒジャウアンカへの現地 NGO によるインタビュー。研究者や学者における同様の見解については、Cajías de la Vega, 2000, p.19, pp.104-109 ; Barral, 2002 ; Barral & Richard, 2006, pp.40-43 ; Orozco, 2004, pp.65-83 を参照。
(16) 2006年8月12日、14日インタビュー。
(17) 2006年7月16日、8月5日インタビュー。
(18) 1997年当時の都市部教員組合 (CTEUB) の委員長であるハビエル・バルディビエソの発言。「そもそも法策定の過程に参加させてくれていれば喜んで協力している」とインタビューで述べている (CEBIAE, 1997, pp.5-6)。
(19) 一方、当時の教育大臣で CONED の議長を務めたイピーニャは、2000年に現地 NGO によって開催された「教育の公共政策をめぐって」というフォーラムにおいて、CONED における議論での政府と教員組合との相違点は20点ほどあり、その内数点を除いては合意に至ったこと、CONED 案の修正については政府と野党や議員、他省庁との調整という外部的要因があったこと、また実際の修正の際には CONED に協議したことを明らかにしている (CEBIAE & Ayuda en Acción, 2000, pp.80-81)。またこの点は ETARE メンバーであったルイス・エンリケ・ロペス氏にも確認した (2006年8月14日インタビュー)。
(20) 教育改革案全体については：ETARE, 1993, pp.33-34 ; Contreras & Talavera, 2003, p.14 ; Archondo, 1999, pp.37-46 ; Ipiña, 1996, pp.206-208。異文化間二言語教育については：Albó & Anaya, 2004, pp.34-38 ; Archondo, 1999, p.44。教員組合やカトリック教会の政策文書での異文化間二言語教育の記述は：CTEUB, 1990, p.13 (Art.3.3.1.3) ; Comisión Episcopal de Educación, 1993, p.40。
(21) 教育内容面が対立領域となっている国としてチリがある。

第Ⅱ部 教育開発政策・課題にかかる諸研究

参考文献

ファーブル、アンリ (2002)『インディヘニスモ―ラテンアメリカ先住民擁護運動の歴史―』染田秀藤訳, 白水社クセジュ文庫. (原著：H. Favre, 1996, *L'Indigénisme*. Presses Universitaires de France.)

柳原徹・遅野井茂雄 (2004)「第Ⅰ部第1章 ボリビアをどう見るか」『国別援助研究会報告書 ボリビア』国際協力機構, 5-12頁.

Albó, X. & D'Emilio. A. L. (1990). Indigenous languages and intercultural bilingual education in Bolivia. *Prospects*. XX(3), 321-329.

Albó, X. & Anaya, A. (2004). *Niños alegres, libres, expresivos: La audacia de la educación intercultural bilingüe en Bolivia*. La Paz: CIPCA & UNICEF.

Anaya, A. (1995). *Gestación y diseño de la Reforma Educativa boliviana – Una versión desde adentro (preliminar version)*. Mimeo. La Paz.

Archondo, R. (1999). La camisa grande de la Reforma Educativa. *Tinkazos*, 2(4), 37-46.

Barral, R. (2002). *Reforma Educativa: más allá de las recetas pedagógicas*. La Paz: Ayni Ruway.

Barral, R. & Richard, E. (2006). *Educación y Constituyente*. La Paz: Ayni Ruway.

Berríos, M. (1995). *¿Quién le teme a la Reforma Educativa?*. La Paz: CEDOIN.

Cajías de la Vega, B. (2000). *Formulación y Aplicación de Políticas Educativas en Bolivia 1994-1999*. La Paz: CEBIAE.

Centro Boilviano de Investigación y Acción Educativas (CEBIAE) (1994). *Carta Informativa Nuevas Palabras 1(8) dic.1994*. La Paz: CEBIAE.

Centro Boilviano de Investigación y Acción Educativas (CEBIAE) (1995). *Carta Informativa Nuevas Palabras 1(12) mayo 1995*. La Paz: CEBIAE.

Centro Boilviano de Investigación y Acción Educativas (CEBIAE) (1997). *Carta Informativa Nuevas Palabras 3(35-36) mayo/junio 1997*. La Paz: CEBIAE.

CEBIAE & Ayuda en Acción (2000). *Politicas Educativas en Bolivia: Memoria seminario-taller*. La Paz: CEBIAE.

Centro de Documentación e Información (CEDOIN) (1987). *La educación en la crisis, la crisis de la educación*. La Paz: Centro de Apoyo Técnico de la Educación Popular(CATEP).

Central Obrera Boliviana (COB) (1989). *Proyecto Educativo Popular*. La Paz: COB.

Comisión Episcopal de Educación (1993). *Memoria del I Congreso Educativo de la Iglesia Católica*. La Paz: PEC/Bolivia.

Comisión Nacional de la Nueva Ley de Educación Boliviana (2006). *Proyecto de Ley: Nueva Ley de Educación Boliviana "Avelino Siñani – Elizardo Pérez"*. La Paz: Ministerio de Educación.

Confederación Sindical Única de Trabajadores Campesinos de Bolivia (CSUTCB) (1991). Hacia una educación intercultural bilingüe. *Raymi*, 15. La Paz: CSUTCB.

Confederación Sindical Única de Trabajadores Campesinos de Bolivia (CSUTCB) (2005). *"PACHAKUTI EDUCATIVO" Propuesta de la CSUTCB al II Congreso Nacional de Educación Basada en el Modelo de Ayllu*. Qullasuyu: CSUTCB.

Confederación de Trabajadores de Educación Urbana de Bolivia (CTEUB) (1990). *Pliego Nacional de Peticiones*. La Paz: CTEUB.

第9章　ボリビアにおける教育政策形成の構図

Confederación de Trabajadores de Educación Urbana de Bolivia (CTEUB) (1991). *Construyendo una educación contestataria: Documento aprobado en el Congreso Nacional Sectorial de Educación*. La Paz: CTEUB.

Consejo Nacional de Educación (CONED) (1994). Proyecto de Ley Marco para la Reforma Educativa. *UNITAS (marzo)*, 47-56.

Contreras, M. & Talavera, M. L. (2003). *The Bolivian Education Reform 1992-2002: Case Studies in Large-Scale Education Reform*. Country Studies Education Reform and Management Publications Series Vol.II, No.2. Washington, D.C.: The World Bank.

Equipo Técnico de Apoyo para la Reforma Educativa (ETARE) (1993). *Reforma Educativa: Propuesta*. La Paz: República de Bolivia.

Domingo, P. (2005). Democracy and new social forces in Bolivia. *Social Forces*, 83(4), 1727-1744.

Gamboa, F. (1998). *Contra viento y marea: tras las huellas de la Reforma Educativa en Bolivia*. La Paz: CEDOIN.

Garcia, A. F. (1992). Bolivia's Transformist Revolution. *Latin American Perspectives*, 19(2), 44-71.

Grindle, M. (2004). *Despite the Odds- The contentious politics of education reform*. Princeton: Princeton University Press.

Ipiña, E. (1996). *Paradigma del Futuro*. La Paz: Santillana de Ediciones S.A.

López, L. E. (2005). *De resquicios a boquerones: La educación intercultural bilingüe en Bolivia*. La Paz: Plural editores.

Martínez, J. L. & Pérez, R. (1988). *Dossier: Artículos de presnsa sobre problemática educativa No.1 (Anteproyecto de ley de la educación boliviana y conflicto magisterial. Segundo semestre 1986-primer semestre 1987)*. La Paz: CEBIAE.

Ministerio de Educación y Cultura (MEC) (1987). *Libro Blanco*. La Paz: Ministerio de Educación y Cultura.

Ministerio de Educación y Cultura (MEC) (1988). *Libro Rosado*. La Paz: Ministerio de Educación y Cultura.

Ministerio de Educación y Cultura (MEC) (1990). *Hacia la Reforma Educativa – Políticas y logros (Agosto 1989- Septiembre 1990)*. La Paz: Ministerio de Educación y Cultura.

Ministerio de Educación y Cultura (MEC) (1992). *Conclusiones: Congreso Nacional de Educación 26 al 31 de octubre de 1992*. La Paz: Ministerio de Educación y Cultura.

Morales, R. (1985). *Desarrollo y pobreza en Bolivia*. La Paz: n.d.

O'Connor d'Arlach, E. (1999). *Conversaciones con Víctor Paz Estenssorro*. La Paz: Comunicaciones el País S.A.

Orozco, N. (2003). *Al Maestro Sin Cariño-Movimiento Social del Magisterio*. La Paz: IDIS-UMSA.

Paz Samora, J. (1990). *Diálogo con el Pueblo (11 de enero de 1990)*. La Paz: CEBIAE.

PEC/Bolivia (1993). *Memoria del I Congreso Educativo de la Iglesia Católica (Cochabamba: 28.junio-2.julio de 1993)*. La Paz: PEC/Bolivia.

Quiroga, J. (1988). *¡Salvemos la educación! Modelo educativo neoliberalversus proyecto educativo popular*. La Paz: Imprenta de la Universidad Mayor de San Andrés.

第Ⅱ部 教育開発政策・課題にかかる諸研究

República de Bolivia (1955). *Decreto-Ley No.03937 Código de la Educación Boliviana (20 de enero de 1955)*. La Paz.
República de Bolivia (1994). *Ley 1565 Reforma Educativa (7 de julio de 1994)*. La Paz.
República de Bolivia (2007). *Plan Nacional de Desarollo (7 de septiembre de 2007)*. La Paz.
Rivera, P. (1992). Chapter 1 Bolivia: Society, State, and Education in Crisis. In Daniel A. Morales-Gómez & Carlos Alberto Torres (Eds.), *Educaion, Policy, and Social Change – Experiences from Latin America* (pp.23-33). Westport, Connecticut: PRAEGER.
Schoppa, L. J. (1991). *Education Reform in Japan: A Case of immobilist Politics*. London: Routledge.
Suarez, R. (1997). El conflicto en Bolivia, 1995-1996: Trabajo preparado para el Instituto Latinoamericano de Investigaciones Sociales (ILDIS)(pp.13-22), *Proyeccto de Sistema de Alerta Temprana*. La Paz: ILDIS-PNUD-PRONAGOB.
Talavera, M. L. (2002). Innovation and Resistance to Change in Bolivian Schools. *Prospects*, XXXII(3), 301-309.
Trujillo, M. (2004). *Historia del Movimiento Sindical del Magisterio Rural Boliviano*. La Paz: Confederación Nacional de Maestros de Educación Rural de Bolivia (CONMERB).

第Ⅲ部

教育協力政策・実践をめぐる諸研究

アフガニスタン・バーミヤンの小学校でのインタビュー調査
(2006年　撮影：内海成治)

第10章

発展途上国の教育「セクター・プログラム支援」をめぐる政治経済学的接近
－「自立発展的」教育開発モデル構築への展望－

廣里恭史

1. はじめに

　世界銀行やイギリスをはじめとする国際援助機関・援助国は、1990年代半ば以降、1980年代の新自由主義に基づく構造調整路線より、発展途上国（以下、途上国）の貧困削減を最重要課題として政策転換を図り始めた。そのためには途上国政府自身の統治能力いわゆるガバナンスが強化されねばならず、良い統治（グッド・ガバナンス）の構築が模索されてきたのである（黒岩編、2004）。この転換は、いわゆる貧困削減体制の出現を促し、途上国のオーナーシップと一層の援助協調を重視する思潮を形成した（高橋、2006）。援助形態に関しても、主に効率性を基準とする「生産関数」に依拠する費用・便益／効果アプローチによるプロジェクト型援助は概念的な限界を露呈することとなった。そこで、「良い統治」の実現を目指す貧困削減体制下では、従来のプロジェクト型援助が縮小傾向となり、貧困削減のための一般財政支援や教育や保健などのセクター全体を支援対象としたセクター・ワイド・アプローチ（Sector Wide Approach：SWAp）を含むプログラム・ベースト・アプローチ（Program-Based Approach：PBA）によるセクター・プログラム支援が台頭している（廣里、2005a；横関、2005）。

　本章は、特に低所得の途上国における教育開発に関し、近年の貧困削減体制下において定着してきたガバナンスを重視する援助理念と教育セクター全体の改善を目指すセクター・プログラム支援の枠組みについて、新たな費用概念に基づく政治経済学的アプローチによる解釈を試みたものである。本章の第2節では、セクター・プログラム支援が台頭してきた歴史的経緯とその意義を論じ、内部・外部費用概念を用いた政治経済学アプローチによる理念

的な教育開発モデルの輪郭を提示する。第3節では、このような概念モデルを「自立発展的」な教育開発モデルとして位置づけることを試み、第4節において今後の課題と展望を論じる[(1)]。

2. 教育開発における国際援助思潮の変遷と教育「セクター・プログラム支援」

2-1　教育開発・援助の歴史と思潮

　教育開発における国際援助が本格化した契機は、1960年代に提唱された人的資本論の興隆にある。この理論は当時の近代化論の骨子の一つとなる理論であり、現実に途上国への教育援助を著しく増大させていき、教育爆発とも形容された急激な就学率上昇が起こった。1970年代は、南北格差の拡大とともに、ネオマルクス主義的イデオロギーに基づいた従属論や世界システム論の出現を背景に「南北問題」が先鋭化した（江原編, 2001）。しかし、途上国への教育援助は拡大を続けた。それは冷戦構造下の東西ブロック間の対立によって、途上国の自陣営への引留めやプレゼンスの維持といった目的が教育援助を継続させる要因となっていたためであるし、また当時のアジアの新興工業国の急速な経済発展が少なからず教育投資の成果とみなされていたからである。

　その後の二度にわたる石油危機を経て途上国の累積債務が増大し、多くの途上国で財政破綻の危機に瀕すことになった。1980年代に入って、国際通貨基金・世界銀行は構造調整政策をもってこの状況に対処しようとした。この政策は、新自由主義的イデオロギーに基づく市場の競争原理を重視する自由化政策や規制緩和を根本理念としたもので、「小さな政府」を志向した当時のサッチャリズムやレーガノミックスに代表される欧米先進国のみならず、ラテンアメリカやサブサハラ・アフリカにおいても積極的に導入された。しかし、構造調整政策の負の影響は、教育や保健などの社会開発分野への財政支出削減による貧困の助長として現れた。サブサハラ・アフリカでは、「失われた10年」と形容されるほど初等教育開発が停滞・後退した（浜野, 1995）。

　1990年代に差し掛かり、1980年代の挫折を克服しようとする様々な試みが出現した。特に、国連開発計画は1990年に「人間開発報告書」を著し、経済

から人間中心の開発へ向けた新たな概念を打ち出した。世界銀行も、1990年の「世界開発報告」で貧困を特集し、社会部門への投資に関心を示すとともに、構造調整政策批判に主導的役割を果たしていたセンの「潜在的能力アプローチ」による人間開発概念（セン, 2000）、およびスティグリッツらの新制度学派の主張を自らの開発戦略に取り込んでいったのである[2]。彼らは開発における国家と市場の関係を再考し、社会公正と個人の福利厚生を実現する政府の役割や制度の重要性を強調した。世界銀行や援助国は、こうした思潮の変化を受け入れ、途上国政府のオーナーシップと援助機関・援助国のパートナーシップの確立を主張し、より包括的な開発フレームワークの策定と開発目標として貧困削減に焦点を合わせるという軌道修正を図った。

具体的には、1996年の経済協力開発機構の開発援助委員会による新開発戦略の採択（OECD-DAC, 1996）、世界銀行による1999年以降の国別「貧困削減戦略文書」の作成、およびイギリス労働党の新福祉国家思想を反映した「国際開発白書」の公表などである（Command of Her Majesty, 2000）。こうして貧困削減戦略は世界銀行やイギリスのみならず各援助機関・援助国の主要政策課題に据えられ、2000年に国連が採択したミレニアム開発目標（Millennium Development Goals：MDGs）にも反映され、貧困削減体制が形成されることになった。さらに、2005年に採択された「援助効果に関するパリ宣言」に象徴されるように、援助の調和化を図り、途上国自身の計画・戦略に適合化させることによって、途上国のオーナーシップとアクター間のパートナーシップの確立を目指すことが、教育セクターを含む国際開発協力の規範として定着してきた（OECD High-Level Forum, 2005）。

教育分野においては、1990年にタイのジョムティエンで「万人のための教育（Education for All：EFA）世界会議」が開催され、初等教育普及の停滞からの脱却を目指す2000年までのEFA目標を設定した。また、貧困削減体制への転換は、貧困削減につながる基礎教育の見直しを促した。セネガルのダカールで開催された2000年の「世界教育フォーラム」ではEFA目標が再確認され、MDGsにおいても2015年までの初等教育の完全普及と教育における男女格差の解消が掲げられた（World Education Forum, 2000）。このようなEFAの推進を支持する国際的な議論の高まりを受けて、途上国の基礎教育分野に対する新たな資金供与の枠組みである「EFAファスト・トラック・イニシア

ティブ (Fast-Track Initiative：EFA-FTI)」が、世界銀行の主導によって2002年から立ち上げられている。このEFA-FTIは、EFA目標のなかでもとくに重要な分野である初等教育に焦点を絞って支援を行う国際的イニシアティブである[3]。EFA-FTI は、基礎教育普及に対して積極的な政治的コミットメントを示してきた低所得国を限定的に選び、ドナー側からの集中的な財政・技術支援を実施することで、できるだけ「早く (fast)」それらの国を「軌道に乗せる (on track)」ことを目指している。この EFA-FTI は、EFA の『ダカール行動枠組み』や先述した今日の国際的な援助規範である「援助効果に関するパリ宣言」を具体化するための、最も進んだメカニズムであるとみなされている (廣里・北村, 2007a)。

2-2 援助政策と形態の転換―新たな理念・概念と手法

このような貧困削減と援助効果の向上を主目標とする援助政策の転換は、単に教育を含む社会開発分野への予算削減の見直しに留まらず、援助がより有効に機能するための条件、言い換えれば援助の効果を減殺する途上国の政治構造や社会組織の改善などに注意が向けられたことに意義があった。すなわち途上国政府に蔓延する腐敗構造、政策決定過程の不透明性、説明責任の欠如、法律の軽視や不備、公共部門の非効率性などといった途上国のガバナンスの未成熟が援助の効果を減殺するのみならず、将来に向けた自立発展性を阻害するボトルネックとして認識され始めたからである[4]。

ガバナンス改善への着目は同時に従来の援助形態や手法への批判へもつながった。それまでの一般的な援助形態であった個別のプロジェクト援助ではセクター全般における位置付けやセクター改善目標が不明確・不統一で、途上国自身のガバナンスが問われることなく途上国政府官僚組織の腐敗やプロジェクト実施などが利権構造化し、オーナーシップと自立発展性への阻害要因になっているという批判である。また、各援助機関・援助国の援助アプローチや手続きが異なり、プロジェクト援助の氾濫を受けて途上国政府による援助の取引・調整コストが高まる中で[5]、援助の吸収能力に限界を生じさせることとなった。

こうした批判に応える形で、世界銀行、イギリスや北欧の援助機関は、貧困削減戦略要件にガバナンスの改善基準を導入するとともに、従来のプロ

ジェクト援助アプローチに代わる新たな援助手法を打ち出した。それがSWAp/PBAによるセクター・プログラム支援である（廣里, 2005a；横関, 2005）[6]。さらに、この手法が進化した形で、いくつかのセクター・プログラム支援では、援助機関・援助国間で協調を図りながら途上国政府予算と援助資金を一元管理するコモン・バスケット方式などによるセクター財政支援形態も出現している（Warrener, 1994）。要約すれば、セクター・プログラム支援とは、貧困削減体制下において、途上国自身のイニシアティブによって首尾一貫したセクター政策と唯一のセクター開発プログラムを策定し、セクター全体およびサブセクターの改善目標を途上国政府と援助機関・援助国が共有し、モニタリング・評価を行うプロセスである[7]。このようにセクター・プログラム支援は、プロジェクト援助アプローチがしばしば陥る非効率性と腐敗・利権構造の排除による透明性の確保をねらったものである。さらに中長期的に途上国の援助依存体質を改善してオーナーシップを確立し、以って政策課題に途上国自身が対処する能力の自立発展的な増進が図られている。

2-3 新たな援助形態・手法の解釈とモデル化の必要性

このような国際援助政策と形態の転換について理論・概念的にはどのように解釈できるであろうか。構造調整政策自体の功罪は別にして、市場主義や競争原理という経済合理性に基づいた効率性アプローチの導入が開発援助政策に影響を与えたことは事実である。しかし、構造調整政策の失敗はセンやスティグリッツらの批判によって効率性アプローチの限界としても露呈することになった。すなわち効率性基準はある資源の最適な配分について測定・評価が可能だが、資源の配分が社会公正的に好ましいかどうかの基準にはなり得ない。効率性基準のみに依拠して一律に政策を実施すると必然的に社会的弱者ほど負の効果が生じるため、効率性アプローチだけでは貧困削減を解決する理論や政策を導出し得ない。

教育セクターにおける効率性アプローチとしては、1980年代の構造調整期と呼応するように、教育段階別による教育投資の収益率算出やプロジェクトレベルにおける教育インプットとアウトプットの費用・便益／効果的な関数で示される「教育生産関数」が脚光を浴びた（澤田, 2003；2005）[8]。それでも、1950年代後半より半世紀有余にわたり掲げられてきた初等教育の完全普遍化

という政策目標が、EFA目標やMDGs中で未だに掲げられている。この事実だけを取り上げても、この目標の達成がいかに困難であり、効率性の追求のみでこの目標達成が成し遂げられるわけではないことを示唆している。

この効率性アプローチに代わって出現してきたのが、イギリス労働党による新福祉国家思想の途上国への適応に見られるような社会公正論に依拠した公平性アプローチである。とりわけ援助政策が直接関与する割合が多い教育のような公共セクターにおける資源配分は公共選択の問題とみなされている(小林, 1988)。教育セクターは、公平性という効率性と相反する価値が作用する政治的領域であることを再確認する試みであるともいえる。しかしながら、先進国の「援助疲れ」現象に象徴される援助資源の逼迫と援助機関・援助国での説明責任の厳格化という国際的要請の中で、効率性アプローチの重要性は否定されてはいない。効率性を無視した政策論はかつての従属論のようにイデオロギー闘争へ回帰するか、非効率を放置して財政破綻に陥る可能性があるからである。ここに、これら二つのアプローチを統合もしくは包摂した新たなアプローチが要請される所以がある。

3. 教育開発における政治経済学モデルの輪郭

3-1 効率性・公平性アプローチの統合

元来、様々な政治経済学が存在するが、本章で用いられる方法は、効率性と公平性という二つの概念の統合を試みるといった教育開発における新たな政治経済学的アプローチであり、それは新制度学派によるアプローチに類似したものといえる[9]。

これらの二つの概念を統合する試みとして、スティグリッツの公共政策モデルが示唆的である[10]。スティグリッツは効率と平等とがトレードオフ関係にあることを示し、この二つの軸の間に政策選択の可能性が存在することを説いた。この二つの軸はそれぞれ政策選択基準としての効率性と公平性基準に基づくアプローチにそれぞれ対応する。したがって、これら二つのアプローチをもっとも単純な二項の変数によって論じるためには、媒介する変数を共通化しておく必要がある。そこで一方の変数を就学率などの数値化が可能な量的指標とすれば、もう一つの変数は投資を「費用」概念に置き換える

ことである。ところが、ある政策の実施には必ず正負両様の外部効果が付随して発生しており、これらの外部的効果も政策全体を考察する際には「費用」として換算される必要がある。ここに、公平性をはじめとした諸々の外部効果を費用化した概念モデルが求められる所以がある。このような概念を初めてモデル化したのが、ブキャナンとタロックが提唱した意思決定の政治経済学モデルである[11]。本章ではさしあたり、彼らのモデルを参考に量的指標を説明変数（以下、Q）とし、費用を目的変数（以下、P）として考察を進めることとする。以下では彼らが定義した内部費用と外部費用およびこれらを加算した総費用について独自の解釈を加え、スティグリッツによる公共政策モデルを補った教育開発の政治経済学モデルを提示する。

3-2　内部費用・外部費用・総費用

以下では、本モデルを構成する内部費用・外部費用・総費用の概念を説明する。

（1）内部費用

内部費用とは教育システムを維持・拡大するために必要な費用の増減率を表した限界内部費用（marginal internal cost：以下、内部費用）と定義することができるであろう。また、それらは以下のように分類される費用の総計と考えられる。

①**ソフト的な内部費用**：学校設置計画の作成と実施、学校管理運営体制の構築、各学校と中央政府、地方政府をつなぐ指揮命令系統とその組織、学校内の組織と管理運営体制の構築、教職員の雇用と配置計画、カリキュラムの作成・開発、教員養成・資格試験の実施など、ある教育システムを機能させるに必要な組織・体制を構築し人員を配置するために実際にかかる費用。

②**ハード的な内部費用**：学校建設・教育機材、教科書・教材の作成・配布、学校の維持管理にかかる費用、教職員への給与、など何らかの物や労働に対して実際に支払われる費用。

これら費用は、説明変数 x（x軸の単位は、就学率やその他教育に関して数量化が可能な量的指標 Q）とし、費用を目的変数 y（y軸の単位は費用の仮想的な金

銭換算額 P) とした場合、図1 に示す内部費用関数 I として表すことができる [I: y=f(x)]。

　教育開発は内部費用として表される狭義の制度構築費用や設備・機材、教科書・教材、教員養成などに要する費用が、それは初期投資段階において大きく、教育が普及するにつれて低下していく。就学率が上昇するにつれ残存する一人当たりの学齢生徒を就学させるために要する限界費用は逓減するからである。また、初期投資段階では高いこれら内部費用も経験や学習の蓄積によって、時系列的にはその次の世代や学年に対して、また空間的には未普及の地域や場所に対して逓減させる効果をもたらす。したがってこの関数は減少関数である。

図1　限界内部費用曲線

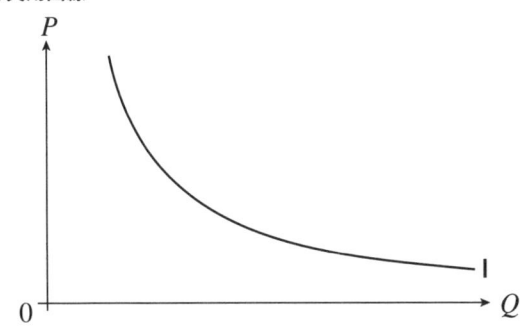

（出所）廣里・林田（2006, p.41）

（2）外部費用

　外部費用とは内部費用以外に生ずる費用の増減率を表した限界外部費用（marginal external cost：以下、外部費用）を意味し、当該教育システム自体の構築と運営以外において派生する教育システム外が支払わなければならない社会的費用と定義されるであろう。この費用は、政治・社会・文化的要因によって支払わされる費用であり、差別や階層に起因する格差是正のための費用を含む。さらに、外部費用としては、内部費用に付随して支払わされる費用が含まれる。例えば、腐敗や利権構造化といった教育システムのガバナンス欠如による資金の不正支出や流用、組織の非効率性や重複などによる無駄遣いとして換算される諸費用である。このように外部費用は政治あるいは制

図2　限界外部費用曲線

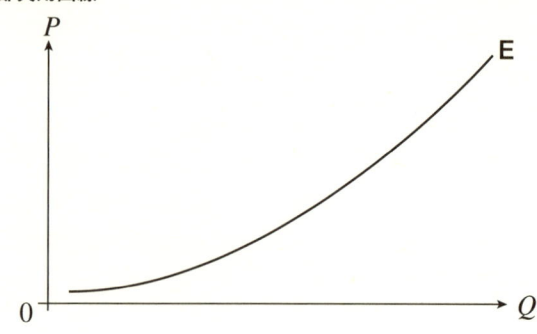

(出所)　廣里・林田 (2006, p.41)

度コストとも言い換えることができる。したがって、外部費用は、実際の金額としての算定は困難であるが、この外部費用関数 **E** は内部費用の場合と同様に、図2に示す関数 g(x) で表わされる [E: y=g(x)]。

　この費用は内部費用とは対照的に、増加関数である。初等教育就学率といった教育指標が高まるにつれて貧困層や少数民族など残された集団を含む均等なアクセスの達成が政策課題となる。これら集団は社会の周辺に位置するために、より地方分権的な教育行政・運営によって教育サービスが提供されることになる。多くの途上国における地方分権化は、中央レベルでの腐敗や利権構造を地方レベルに拡散させることにつながるリスクをはらんでおり、地方レベルでのガバナンス能力の欠如はより深刻である。したがって、地方分権的な文脈で就学率の向上が図られる場合には、外部費用が増加する傾向にあると仮定される。また、途上国は必ずしも均一な社会・文化的集団で構成されていないため山岳地や遠隔地の少数民族など社会・文化的に強固な同一性・排他性を有する反政府的な集団が存在する場合には、これら集団を同化させる一面を有する公教育に対しての抵抗が予想され、高い政治コストを払うことになるであろう。この要因によっても、初等教育の完全普遍化が近づくにつれてこの種の外部費用がさらに上昇することが見込まれる。

(3) 教育システムの構築・運営にかかる総費用

　前項(1)、(2)で述べたこれら二種類の費用を加算したものが、その社会が教育システムの構築・運営自体とそれに付随した費用として支払わされ

る限界総費用（以下、総費用と呼ぶ）である。これら二つの費用の関係は前述したように、相反（トレードオフ）関係にあることがわかる $[I+E:y=f(x)+g(x)]$。

図3では、これらの曲線の交点Aが与えられており、この点が総費用の最少点すなわち最適な編成点であることが導かれる。しかしながら、このA点は単に両費用の最適点を示すに留まり[12]、それが社会的に好ましいとされる状態とは直接の関係がない。したがって、ある国・社会において何が最良か、言い換えればどのような政策が最良かという判断は、前述したように政治的決定（公共選択）に依拠せざるを得ないのである。

図3　限界総費用曲線

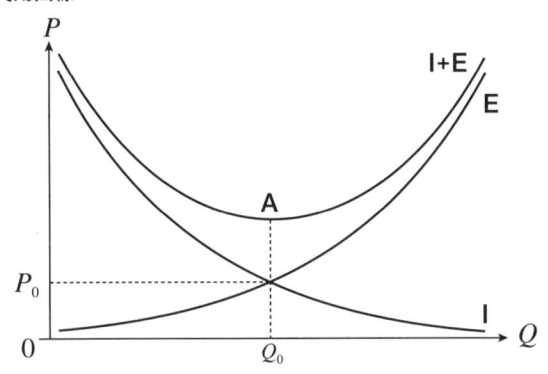

(出所)　廣里・林田 (2006, p.42)

3-3　政治経済学モデルの動因とその条件

以上のモデルを基礎にして、これら両費用曲線が変化（シフト）する要因とその条件を検討することとしよう。

(1) 内部費用曲線がシフトする条件 (図4)

まず、途上国自らの資源動員と援助を含む教育セクターへの追加投資がある。いま、ある追加投資が行われると内部費用曲線Iは上方にシフトする。追加した分は教育セクターの整備や運営に費やされる総費用 P_0 から P'_0 への上昇であり、その分だけ内部費用曲線を上方にシフトさせ、それに伴って教育指標は $Q_0 \rightarrow Q'_0$ へ上昇する。その反対に、投資が削減されると費用曲線は下方にシフトし、それに伴って教育指標は下がる関係にある。すなわち、

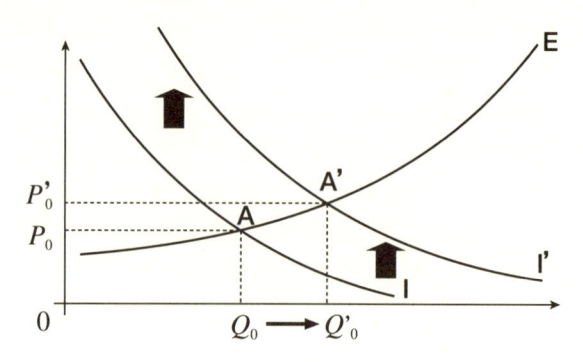

図4　内部費用のシフト―追加投資による上方シフトの例

（出所）廣里・林田（2006, p.42）

内部費用曲線をシフトさせる条件は援助を含む教育セクターへの投資の追加もしくは削減である。

（2）外部費用曲線がシフトする条件（図5）

　これとは反対に、外部費用曲線をシフトさせる要因はガバナンスを含むその社会固有のあるいは普遍的に存在する政治的・制度的な要因である。いま、ガバナンスの欠如した状態（典型例として利権が構造化し官僚組織に腐敗が蔓延している途上国）を想定してみれば、こうした状況下では外部費用曲線 E は初めから上方シフトしている状態と考えられる。それは元来支払われるべき

図5　外部費用のシフト―ガバナンス改善による下方シフトの例

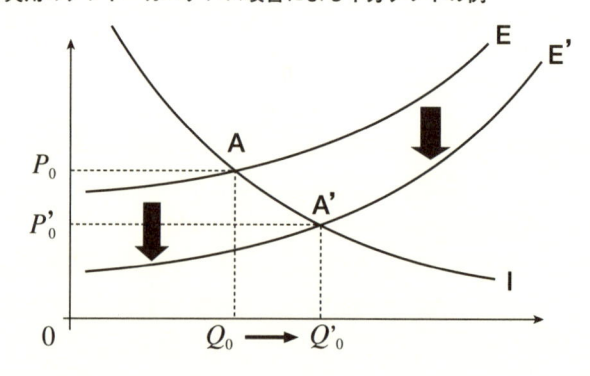

（出所）廣里・林田（2006, p.43）

でない部門や要素にさまざまな形で費用が上乗せされているからである。

図5から内部費用曲線との交点Aのように総費用が高いにもかかわらず指標は低いままであることが読み取れる。こうした国や社会では内部費用曲線を上方シフトさせるための追加投資を行ってもその効果は限定的である。ガバナンスの改善が議論される根拠はこうした条件が改善されるからである。すなわち、途上国の官僚機構や行政組織のガバナンスが改善されれば、外部費用曲線は下方にシフトする。また、外部費用曲線が下方にシフトし交点A→A'へ移動すると総費用P_0はP'_0へ減少しているにもかかわらず、教育指標はQ_0→Q'_0へ上昇する効果が現れていることが理解される。

外部費用曲線をシフトさせる条件は、先述したように当該の教育システムに関わる政治あるいは制度コストの増減であり、途上国に内在する社会・文化的要因が教育システムへ課している費用の増減にあるといえる。なお、この条件は戦争や内乱で荒廃し混乱した社会での外部費用の上方シフトとしても解釈できるが、実際にも長年内戦状態にあった国での教育開発の状況と合致している。

3-4　教育の「質」の問題

ある教育指標と費用の関係性についての考察は、教育の「質」の問題にも適用が可能である。教育の質の測定基準である学習達成度などの指標は就学率のような純然たる量的指標ではないが、典型的な「教育生産関数」の目的変数として教育投資によって変化する。このことは費用対効果という効率性の基準が「質」の問題に転換されていることを示している。すなわち効率性と「質」とが常に正の相関関係にあるとの仮定が成り立っていると捉えることができる。

ところが、外部費用曲線Eを導入し総費用という概念で考える本モデルでは、費用対効果が正である範囲は図3における内部と外部の両費用曲線の交点Aよりも左側の領域である。A点に近づくにつれて両費用の差は狭まり、A点よりも右側の領域では外部費用曲線Eは内部費用曲線Iを凌駕し、前述の仮定はもはや成り立たなくなっている。つまりA点よりも右側の領域では効率性の追求が必ずしも質の向上につながらない局面に入ったと考えられるのである。

このことは、A 点よりも右側の領域では効率性アプローチによる対処が困難となる「質」の問題が拡大あるいは新たに発生し、効率的アプローチとは異なる政策が必要となることを示している。言い換えれば、効率性以外のアプローチによって立案された政策の正当性が増大することを示唆している。こうした問題は、効率性に替わる公平性などの他のアプローチ（特に、学習達成度における結果の平等）に拠らなければ解決し得ない政策課題であり、そのための費用は逓増する外部費用に換算したものとして包含されているとの解釈が妥当であろう。

3-5 経済的局面（効率性領域）と政治的局面（公平性領域）

以上の考察に基づき、本モデルと現実の教育開発政策との関連性を検討しよう。図 6 に描かれたように、モデルの交点 A よりも左側の領域では、教育セクターの整備・拡充に必要とされる内部費用曲線 I が A 点に至るまで逓減し続け、外部費用曲線 E を超えることはない。つまり、この領域では投資が経済合理性と矛盾せず、正の費用対効果による効率性が担保されている。言い換えればこの領域は教育の量的拡大が経済合理性と合致した局面であるといえる。

これとは対照的に、A 点より右側の領域では内部費用曲線 I と外部費用曲線 E とが逆転し、さらに右端にいくにつれて外部費用が逓増する。すなわち、

図 6　効率性領域と公平性領域

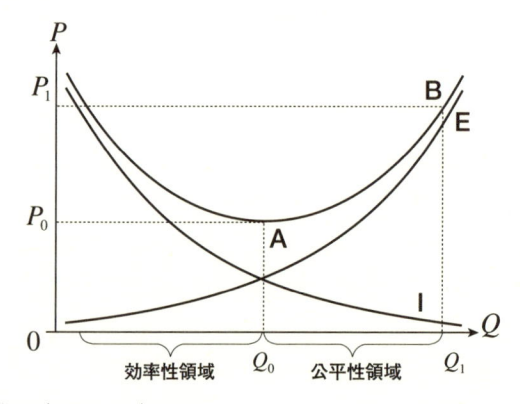

（出所）廣里・林田（2006, p.44）

この領域での投資はもはや経済合理性と乖離し、正の費用対効果を上回る外部費用が発生している。この領域では投資の正当性を担保する基準は政治的価値尺度としての公平性である。これらを総合すれば、**A**点よりも左側は経済的局面にあり効率性領域といえ、右側は政治的局面にあり公平性領域であるといえる。付言すれば、政策目標としてしばしば掲げられる数値指標の100％達成（例えば、EFA目標やMDGsに掲げられる初等教育の完全普遍化）とは、図6に示す**B**点近傍に近づくことを意味するが、**B**点に近づくほど効率性基準から乖離し、公平性基準が強く働いていることを読み取ることができる。このことは裏を返せば、費用曲線が相互依存関係にあり、**A**点を境に効率性と公平性が截然と分けられているのではなく、交点**A**の近傍ほど両者が混在しているといえるであろう。

　このように、本モデルはこれら二種類の費用曲線によって、効率性アプローチに代表される経済合理性と、公平性アプローチに代表される政治的価値や政策的配慮を同時に示すことができる。このことが、本モデルを政治経済学モデルの一種として位置付ける理由である。

4．結び

4-1　新たな援助政策の理念・枠組み・手法と自立発展的モデル

　最後に、本章で提示された概念モデルによる援助政策や教育開発への含意を考察し、教育開発の「自立発展的」モデルとしての可能性に言及したい。

　1960年代の人的資本論を契機として本格化した投資としての国内の教育予算や援助の拡大は内部費用曲線を継続的に上方シフトさせてきたといえる。これにより就学率指標も一貫した上昇基調にあった。ところが途上国が累積債務危機による財政破綻に陥り、その対策である構造調整政策は教育予算を削減したため内部費用曲線は下方シフトし就学率指標も停滞あるいは低下した。構造調整政策はその後批判され、1990年代以降、教育を含む社会分野への予算や援助を増加させるための国際思潮が形成され、1990年代後半以降の貧困削減体制の出現へ至っている。EFA目標やMDGsにおける初等教育の完全普遍化目標は、それは図6上で右端に近い点**B**に位置するような政策選択である。これらの国際的な政策目標は、外部費用の増加を容認してもなお初

等教育の完全普遍化という公平性理念を優先する基準に沿ったものである。この政策目標を低所得の途上国で達成するにはさらなる追加投資すなわち援助に依存することになる。EFA目標やMDGsにおける教育目標を前倒しで達成するためのEFA-FTIもこのような追加的資金を動員するメカニズムであり、内部費用曲線を上方シフトさせる方策とみなすことができる。

　一方で、従来のプロジェクト援助アプローチの限界が明らかになってきた。つまり、プロジェクト形成・実施に関わる取引・調整コストの増大とその過程で官僚組織の腐敗・不正やプロジェクト実施の利権構造化による多大な外部費用が発生してきたからである。このような問題を克服するために、外部費用の削減すなわち外部費用曲線の下方シフトという手法に焦点が当てられることになった。それが中央レベルのみならず、地方レベルでのガバナンス改善による政治・制度・社会的なボトルネックの克服である（Command of Her Majesty, 2006）。財政支援を含むSWAp/PBAによる教育セクター・プログラム支援は、従来のプロジェクト援助アプローチとは異なり、セクター全体の改善を目指し、中長期的には教育部門におけるガバナンスの改善を目標とした援助の枠組みと手法である。その実施においては、途上国の個人・組織・社会の問題対処能力向上のための能力開発プロセスに重点が置かれている[13]。加えて、セクター・プログラム支援では、貧困層や少数民族への均等な教育普及を目標とするターゲット・プログラムが盛り込まれることが多い。このプログラムは教育格差是正のための政策であり、同様に外部費用曲線を下方シフトさせることを意味する。

　このように、教育開発に関する政治経済学モデルでは、内部費用曲線が上方シフトし外部費用曲線が下方シフトすることによって教育指標の改善が見込まれることを示している。教育開発を自立発展的軌道に乗せるには内部費用に関わる途上国自らの資源動員と外部費用に関わる能力開発によるガバナンスの改善が不可欠である。貧困削減のための財政支援を含む教育セクター・プログラム支援は、途上国のオーナーシップの改善によって、正に援助による追加投資を内部化（内部費用化）する手段とみなすことができよう。

4-2　今後の課題と展望

　本章では、新たな費用概念と効率性・公平性アプローチの統合を試みた教

第10章　発展途上国の教育「セクター・プログラム支援」をめぐる政治経済学的接近

育開発に関する概念的な政治経済学モデルを試論的に導入し、これに沿った予備的考察を試みた。概念モデルの定量的な検証を目的としなかったが、内部・外部費用曲線がそれぞれシフトする条件の検証を中心とするモデル自体の改良を行うことが必要である[14]。そのためには特にセクター・プログラム支援が行われている個別の途上国を事例対象とした実証研究が優先的な課題であろう。内部・外部費用の両面においてEFA目標やMDGsにおける教育目標の達成は未だ困難な政策課題であるが、このような実証研究によって現実の政策の場でどのように具体化され、そしてそれらが本章で提唱した概念モデルにおいてどのように作用するのかをより詳細に吟味する必要がある。いくつかの国々ではSWAp/PBAによるセクター・プログラム支援も策定段階から実施・評価段階にある(Williams & Cummings, 2005)。このような実施・評価段階では、教育システムの全体構造あるいは教育改革プロセスにおける各アクターの行動を分析対象とし、アクター間の相互作用やダイナミズムを視野に入れる国際関係論的アプローチによる政治経済学の必要性も示唆される(廣里, 2005b；廣里・北村, 2007b；廣里, 2008)。このように教育開発に関する政治経済学的接近は端緒についたばかりである。しかし、本章で示された枠組みや概念モデルが、「自立発展的」な教育開発を促す教育セクター・プログラム支援においてより有効かつ適切な政策選択が行われる一助となることを期待するものである。

注

(1) 本章の構想は、廣里 (2001)、Hirosato (2001) および Riddell (1999) に拠っており、本章の内容は、廣里・林田 (2006) を部分的に加筆・修正したものである。なお、本章は、予備的な概念モデルの構築を目的とした試論的性格を持つものであり、さしあたり定量的 (実際の金額や数値指標) なモデルの検証を行わないことを注記する。
(2) スティグリッツは、1997年から1999年まで、世界銀行上級副総裁兼チーフ・エコノミストとして、世界銀行における軌道修正を主導した。彼によれば、開発とは狭義の「経済」に限定されず、政治・行政・社会・文化を含むより包括的な変化であると説明した (Stiglitz, 1998)。
(3) EFA-FTI導入の経緯、目的、展開については、北村 (2004) および Kitamura (2007) が詳しい。
(4) 構造調整の政策パッケージにも途上国の経済政策のみならず政治のあり方に関わる政策・制度変更が含まれていた。貧困削減体制下においては、国際援助機関・援助国が

(5) 取引・調整費用の定義については、一般的に「開発援助実施に係る準備、交渉、実施、モニタリング、合意の実現から生じる費用」と解され、(1) 管理費用 (職員の作業時間など)、(2) 間接費用 (例えば、被援助国のオーナーシップの低さ、援助支出の遅延)、(3) 機会費用 (被援助国の政府高官が援助管理に時間を取られ、本務であるはずの政策立案に十分な時間を割けないことなど) の3形態があるとされる (Bartholomew & Lister, 2002)。
(6) SWAp/PBA によるセクター・プログラム支援は、援助機関・援助国によって様々に呼ばれているが、概ね①セクター全体を対象とする、②首尾一貫したセクター政策がある、③途上国政府のオーナーシップがある、④全ての援助機関・援助国の参加が担保されている、⑤援助協調によって協力の手続きが共有されている、⑥長期コンサルタントの雇用を最小限に留める、といった特徴がある。ただし、PBA は「相手国が自ら所有する開発プログラムに対して、十分に調整のとれた支援を行う」という原則に基づいて実施される協力であり、SWAp では範疇に入らないプロジェクト型援助形態も、プログラムに適正に位置づけられている限りにおいてその範疇に入ることから、SWAp より広範かつ柔軟なアプローチといえる。
(7) しかし一方で、貧困削減戦略自体と教育セクターとの連携が不十分であったとの指摘がある (Caillods & Hallak, 2004)。この点に関しては、貧困削減戦略の実施に伴う、一般財政支援を含む中期支出計画 (Medium-term Expenditure Framework: MTEF) の策定と教育セクターを対象とする教育-MTEF の策定によって大幅に改善されている。
(8) 1990年代に入って、初期の「教育生産関数」でブラックボックスとされてきた教育プロセスに関わる変数 (学校での校長リーダーシップや学習環境など) を取り入れた学校レベルの「効果的学校モデル」が用いられたが、このモデルも基本的に効率性を追求した「教育生産関数」アプローチの応用であるといえる。
(9) 様々な政治経済学があるために、「政治経済学」の厳密な定義を行うことは困難であるが、便宜的に少なくとも三つの政治経済学に大別しうる。ただし、この三つの分類に限らず多様な政治経済学が存在することは既に指摘の通りである (村上, 1992)：①政府や援助機関による開発政策・戦略との関連において教育システムの全体構造あるいは教育改革プロセスにおける各アクター (中央・地方政府、援助機関・国、非政府組織、地域コミュニティー、学校・教員) 間の相互作用を研究対象とする国際関係論的アプローチ (絵所, 1997)、②開発を国家間や国家内の階級闘争の産物とみなすネオマルクス主義的アプローチ、③政府と市場の役割を再考し、新自由主義への批判的検討を加える新制度学的アプローチ (河野・清野, 2006；黒崎, 2000)。本章が考察の対象とする政治経済学は、広く③の政府と市場の役割を再考する新制度学的アプローチとして位置づけるのが妥当であろう。またこれらの三つの政治経済学に共通する特徴は、「教育生産関数」に基づく教育システムの効率性を追求する狭義の教育「経済」論や教育・労働市場における需要と供給メカニズムの解明のみに捉われていないことである。
(10) スティグリッツは厚生経済学でいう資源の最適編成すなわちパレート最適が実現しても、その中で効率と平等がトレードオフ関係にあるモデルを提示している (スティグリッツ, 1995；2004)。

(11) 彼らはある社会における公共的意思決定の仕方に費用概念を導入した。費用を説明変数とし、ある社会での政治的意思決定（公共選択に同じ。以下、決定）に関与する人数を従属変数として、決定に至るための合意形成にかかる費用を限界内部費用に、そして決定から排除された人が支払う機会費用を限界外部費用として説明した。そしてこれらの費用はトレードオフ関係にあり、それらの合計額がその社会の決定に至る総費用であることを示した（ブキャナン・タロック，1979）。
(12) パレート最適点と合意は同じである。図3はパレート最適点を説明する際にしばしば用いられる図式とは異なるが、そこでの2財をそれぞれ内部費用と外部費用に置き換えたものである。
(13) 能力開発については、国際協力機構（2006）を参照。貧困削減戦略における一般財政支援やセクター財政支援を含むセクター・プログラム支援を急速に進めてきたことがかえって途上国の援助依存体質を強めオーナーシップ発現を阻害してきたとの反省から、財政支援を受け入れる政策・制度環境を整えることに主眼が置かれ始めている。また、能力開発プロセスを促進するような技術協力によるプロジェクト援助に関しては、むしろセクター・プログラム支援に組み込まれる形で積極的に実施される傾向にあることを指摘しておきたい（DFID, 2004）。
(14) 内部・外部費用曲線がシフトする契機として、政治あるいは制度・組織的条件・環境を整えるための教育改革による諸政策の導入が想定される。このような教育改革の役割・位置づけについてもさらに検討を加える必要がある。

参考文献

絵所秀紀（1997）『開発の政治経済学』日本評論社．
江原裕美編（2001）『開発と教育―国際協力と子どもたちの未来―』新評論．
河野勝・清野一治編（藪下史郎監修）（2006）『制度と秩序の政治経済学』東洋経済新報社．
北村友人（2004）「基礎教育への国際的な資金援助の試み― EFA ファスト・トラック・イニシアティブ導入の背景と課題―」『国際協力研究』20巻1号、53-63頁．
黒岩郁雄編（2004）『開発途上国におけるガバナンスの諸課題―理論と実際―』アジア経済研究所．
黒崎勲（2000）『教育の政治経済学―市場原理と教育改革―』東京都立大学出版会．
小林良彰（1988）『公共選択』東京大学出版会．
澤田康幸（2003）「教育開発の経済学―現状と展望―」大塚啓二郎・黒崎卓編著『教育と経済発展』東洋経済新報社、13-48頁．
澤田康幸（2005）「経済学からのアプローチ」黒田一雄・横関祐見子編『国際教育開発論―理論と実践―』有斐閣、61-79頁．
スティグリッツ，ジョセフ（1995）『スティグリッツ―ミクロ経済学』藪下史郎・秋山太郎訳，東洋経済新報社．
スティグリッツ，ジョセフ（2004）『スティグリッツ―公共経済学［第2版］（上）』藪下史郎訳，東洋経済新報社．
セン，アマルティア（2000）『自由と経済開発』石塚雅彦訳，日本経済新聞社．
高橋基樹（2006）「国際開発援助の新潮流―グローバル・ガバナンスの構築に向けて―」西川潤・高橋基樹・山下彰一編『国際開発とグローバリゼーション（シリーズ国際開発

第5巻)』日本評論社, 239-272頁.
国際協力機構 (2006)『キャパシティ・ディベロプメント (CD) ― CD とは何か、JICA で CD をどう捉え、JICA 事業の改善にどう活かすか―』国際協力総合研修所.
浜野隆 (1995)「アフリカにおける構造調整下の教育政策―初等教育就学率との関連を中心に―」『国際協力研究』11 巻 2 号, 11-21頁.
廣里恭史 (2001)「アジア地域への教育協力―アジア開発銀行と教育開発・改革を巡る政治経済学の構想―」江原裕美編『開発と教育―国際協力と子どもたちの未来―』新評論, 181-208頁.
廣里恭史 (2005a)「東南アジア地域における国際教育協力の現状と課題―『自立発展的』な教育改革支援へ向けて―」『比較教育学研究』31 号, 38-51頁.
廣里恭史 (2005b)「日本における教育開発研究の系譜:過去、現在、そして未来への展望」『国際開発研究』14 巻 1 号, 91-106頁.
廣里恭史 (2008)「地方分権下における EFA 目標達成と能力開発―インドシナ諸国における教育『セクター・プログラム支援』を事例として―」小川啓一・西村幹子・北村友人編『国際教育開発の再検討―途上国の基礎教育普及に向けて―』東信堂, 79-107頁.
廣里恭史・林田和則 (2006)「発展途上国の教育開発に関する政治経済学試論―『自立発展的』教育開発モデルの構築に向けて―」『国際教育協力論集』9 巻 2 号, 37-49頁.
廣里恭史・北村友人 (2007a)「発展途上国の基礎教育開発における国際教育協力『融合モデル』―『万人のための教育』目標達成と能力開発への展望―」『国際開発研究』16 巻 2 号, 5-20頁.
廣里恭史・北村友人 (2007b)「発展途上国の教育開発・改革を巡る政治経済学と分析枠組み―地方分権化におけるアクター間の相互作用―」『国際教育協力論集』10 巻 3 号, 91-110頁.
ブキャナン, ジェームス/タロック, ゴードン (1979)『公共選択の理論―合意の経済理論―』宇田川璋仁監訳, 東洋経済新報社.
村上泰亮 (1992)『反古典の政治経済学 (下) ―二十一世紀への序章―』中央公論社.
横関祐見子 (2005)「援助協調への対応」内海成治編『国際協力論を学ぶ人のために』世界思想社, 299-314頁.
Bartholomew, A. & Lister, S. (2002). *Managing Aid in Vietnam: A Country Case Study.* OECD DAC Task Force on Donor Practice.
Caillods, F. & Hallak, J. (2004). Education & PRSPs: a review of experiences. Paris: UNESCO International Institute for Educational Planning.
Command of Her Majesty (2000). *Eliminating World Poverty: Making Globalization Work for the Poor (White Paper on International Development).* London: Command of Her Majesty.
Command of Her Majesty (2006). *Eliminating World Poverty: Making Governance Work for the Poor (White Paper on International Development).* London: Command of Her Majesty.
Department for International Development (DFID) (2004). Poverty Reduction Budget Support, A DFID policy paper.
Hirosato, Y. (2001) New Challenges for Educational Development and Cooperation in Asia and the Pacific. *Journal of International Cooperation in Education*, 4(2), 1-24.

第10章　発展途上国の教育「セクター・プログラム支援」をめぐる政治経済学的接近

Kitamura, Y. (2007). The Political Dimension of International Cooperation in Education: Mechanisms of Global Governance to Promote Education for All. In D. P. Baker & A. P. Wiseman (Eds.), *Education for All: Global Promises, National Challenges* (pp. 33-74). Oxford: Elsevier.

OECD-DAC (1996). *Shaping the 21st Century: the Contribution of Development Cooperation.* Paris: OECD-DAC.

OECD High Level Forum (2005). *Paris Declaration on Aid Effectiveness: Ownership, Harmonization, Alignment, Results and Mutual Accountability.* Paris: OECD.

Riddell, A. R. (1999). The Need for a Multidisciplinary Framework for Analyzing Educational Reform in Developing Countries. *International Journal of Educational Development,* 19(3), 207-217.

Stiglitz, J. (1998). Towards a New Paradigm for Development: Strategies, Policies, and Processes. The 1998 Prebisch Lecture at UNCTAD, 19 October.

Warrener, D. (2004). *Current Thinking in the UK on General Budget Support.* London: Overseas Development Institute (ODI Synthesis Paper 4).

Williams, J. H. & Cummings, W. K. (2005). *Policy-making for Education Reform in Developing Countries: Contexts and Processes, Volume 1.* Lanham, Maryland: Scarecrow Education.

World Education Forum (2000). *The Dakar Framework for Action - Education for All: Meeting Our Collective Commitments.* Paris: UNESCO Publishing.

第11章

発展途上国に対する初等教育支援
― EFA ファスト・トラック・イニシアティブ (FTI) ―

北村　友人

1. はじめに

　世界各国の現状をみると、「万人のための教育 (Education for All：EFA)」の目標を達成するにはいまだ多大な努力を要することが明らかである。世界銀行によれば、多くの発展途上国 (以下、途上国) では「政策 (policy)、能力 (capacity)、データ (data)、財政 (financing)」の4つの領域において、EFA目標を実現するために求められるレベルと現実の状況との間に深刻なギャップが生じている (World Bank, 2003)。世界銀行が指摘するこうしたギャップを国際社会がいかに埋めていき、途上国によるEFAの推進をどのように支援していくかを考えるために、本章では近年最も注目されている国際的イニシアティブであるEFAファスト・トラック・イニシアティブ (Fast-Track Initiative：FTI) について分析を行う。

　2001年の第1回EFAハイレベル・グループ (閣僚級) 会合 (EFA High-Level Group Meeting：HLG)[1]で採択されたコミュニケ (communiqué) は、途上国での基礎教育普及の遅れを厳しく指摘している。こうしたコミュニケに象徴される国際社会からの強い要望に応えるため、世界銀行は途上国の基礎教育分野に対する新たな資金供与の枠組みを考える必要に迫られた。そして、「途上国内ならびに国際的レベルにおいて主導的な立場にあるドナーが、教育戦略を策定・実施するための技術支援ならびに資金援助を求める途上国に対して、協調的な対応ができるようにするためのフォーラム」(World Bank, 2002a)を創設するために、2002年に世界銀行は資金供与の枠組みを構築した。この枠組みの内容を見てみると、国際開発協会 (International Development Association：IDA) の融資、債務の免除や削減、二国間援助、ドナーによる信託基金、民間部門からの資金拠出など、多様な財源の活用を通して途上国の教育セク

ターに対する追加的な資金を動員することを提案している。FTI は、こうした資金供与のための枠組みに基づき立ち上げられた、途上国に対する初等教育支援の国際的イニシアティブである。

このように、1990年代以降、途上国における基礎教育を推進するためのさまざまなメカニズムが構築されたにもかかわらず、EFA 推進のプロセスに関与する多くのステークホルダーたち[2]は、基礎教育の普及が遅々として進んでいないとして批判的である。そうした批判に対して世界銀行は、特定の地域に重点を置き、できるだけ多くの財政的・技術的な支援を供給するための国際的な枠組みとして、FTI を提唱した。本章は、途上国に対する初等教育支援のためのグローバルなメカニズムであるこの FTI が、EFA 関連の政策決定や政策実施にどのような影響を与え、EFA 目標の達成にどのように貢献することができるのかを考えることを目指している。

また、2002年に FTI が最初に提唱されて以来、それが対象とする範囲と方向性に関していくつかの修正が加えられてきた。そこで、本章では、まずFTI が導入された初期段階に焦点を当て、FTI のメカニズムがどのように構築されてきたかを明らかにする[3]。そして、グローバル・レベルで行われている政策対話と途上国レベルでの政策関心との間にギャップが存在することを確認するために、FTI の現状について考察を加える。

2. FTI の導入

FTI の導入に先立ち、途上国の基礎教育分野に対する資金援助に関して1990年代より指摘されてきたさまざまな批判を考慮に入れたうえで、世界銀行は EFA を推進するための新たな行動計画を策定した。『動態的経済のための教育－万人のための教育に向けた進展を加速するための行動計画 (*Education for Dynamic Economies: Action Plan to Accelerate Progress toward Education for All*)』(以下、EFA 行動計画) と題されたこの行動計画は、2002年4月に開催された世界銀行と国際通貨基金 (International Monetary Fund：IMF) の合同開発委員会 (Development Committee) 春期会合で提示された (World Bank, 2002b)。この EFA 行動計画では、2015年までに初等教育の普遍化を実現するための「軌道から外れている (off track)」と見なされる88カ国に対して、それらの国が政

策、能力、データ、資金の4つの領域において直面している深刻な不足状況を改善するための対策を示している。ここで特筆すべきことは、途上国における初等教育の普及の度合いを正確に把握するために、初等教育普遍化(Universal Primary Education：UPE)の進捗状況を測る基本的な尺度として、それまで主に使用されてきた就学率(enrolment rate)ではなく、修了率(completion rate)を用いることを明確化したことである[4]。

本章の冒頭で指摘したように、国際社会のステークホルダーたち(とくにドナー諸国)は、多くの途上国でEFAの実現が遅々として進まないことに対して批判を強めていた。そうした状況のなか、世界銀行のEFA行動計画は、前述の88カ国のうち貧困削減戦略文書(Poverty Reduction Strategy Paper：PRSP)を作成した国々のなかから10カ国に対して、EFA達成に向けたできるだけ「速い軌道(fast-track)」に乗せるための財政的・技術的な支援を強化することを提案するものであった。

また、ブルームとコーヘン(Bloom & Cohen, 2002)が指摘するように、多くの途上国において政治的意思(political will)の欠如がEFA目標の達成を阻む最大の障壁であると広く認識されている。世界銀行のEFA行動計画も同様の観点に立っており、基礎教育普及へ向けて政治的に深く関与している途上国に重点を置くことが必要であると論じている。そのため、自国の社会開発に強い意欲を示してきた国のみに対して、国際社会が財政的・技術的な支援を集中的に投下したほうが成果はあがるのではないかという考えに基づき、FTIはデザインされている。また、そうした自国の社会開発に対して政治的に深く関与している証しとして、PRSPを作成していることが一つの条件として挙げられた。そこで、世界銀行のEFA行動計画では、FTIを「貧困削減戦略文書(PRSP)／包括的開発枠組み(Comprehensive Development Framework：CDF)[5]の枠組みのなかで実施し、ドナー機関が提供できる財政支援と被援助国が必要とする財政支援を調整する、複数ドナーによる教育コンソーシアムを通して遂行していく」(World Bank, 2002b, p.5)ことが提唱されている。

世界銀行とIMFの合同開発委員会は2002年4月に採択したコミュニケのなかで、「すべての国が貧困削減戦略の中心に教育を据えて、初等教育修了の普遍化(Universal Primary Completion：UPC)を実現し、教育の成果をより重視するという方針に沿って2015年までに達成すべき教育目標へ向けた進捗状況

第11章 発展途上国に対する初等教育支援

をモニターしていくために、自国の教育政策を改革すること」を促した[6]。この文言は、基礎教育開発への政治的な関与を深めている途上国に対しては、FTIによって財政的・技術的な支援を集中的に提供するという考え方への同意を示唆している。さらに、世界銀行の行動計画を実行するうえで、合同開発委員会は「必要とされる国内ならびに国外からの追加的な支援を提供するために、これまで以上に一致団結して協力していくことに尽力する」[7]と明言している。この合同開発委員会の春期会合後、FTIを立ち上げるための準備が直ちに開始され、世界銀行のなかに事務局が設置された[8]。

こうしてFTIは立ち上げられたが、ローズ(Rose, 2005)は、FTIの導入および進展のプロセスに関する問題として、「軌道からあまりに外れてしまっている国々をFTI対象国から外したこと、資源配分のために使用するベンチマークの選択が不適切であること、支援を受ける側の主要な問題点の分析が不十分であること」(p.381)などを指摘している。実際、多くのドナーや途上国政府の関係者たちが、とくにFTI対象国に選ばれた途上国の数とその際の選択基準に懸念を表明したため、FTI支援のための選択基準を修正する必要が広く認識された。そこで、FTIについての提案のなかで世界銀行は、このイニシアティブは「あくまで試験段階として10カ国程度の国を対象に開始するものであり、その後、早急に拡大して、より多くの国を対象としていく」(World Bank, 2002c, p.2)と説明した。

しかし、FTIの影響力を最大化し、選ばれなかった途上国からの批判を避けるためには、試験段階といえども支援対象国の数を増やす必要があるという意見が、ドナー諸国や援助機関の関係者たちから提起された[9]。また、それらの関係者たちの間では、PRSPの作成を基準としてFTI対象国を選ぶことは、途上国政府による基礎教育開発への政治的コミットメントのレベルを判断するには不十分であり、より柔軟で包括的な選択基準が必要であるとの主張がなされた。その結果、支援対象国を選択する基準が拡大され、EFA国内行動計画(EFA National Action Plan)をはじめとする国家教育戦略を策定していることが、新たに選択の際の判断基準として追加された。つまり、国家レベルの教育戦略を策定しているということは、当該国の教育制度の条件改善に対する政府のコミットメントを示していると判断することが可能となるからである。また、国連教育科学文化機関(ユネスコ、United Nations Educational,

Scientific and Cultural Organization：UNESCO) などの主張に基づき、人口が多い国に対しては特別な支援を提供することが必要であるという合意もなされた。これは、仮に当該国の経済社会開発の状況が他の途上国よりも比較的良好な状態にあったとしても、こうした人口が多い国にはもともと多数の不就学児童が存在しており、これらの子どもたちの就学支援を積極的に行っていかなければEFA目標の達成は明らかに困難であると言わざるを得ないからである[10]。

これらの議論を経たうえで2002年に、サブサハラ・アフリカ (11カ国)、中東 (1カ国)、東南アジア (1カ国)、中南米 (4カ国)、東欧 (1カ国) の18カ国が、最初のグループとして選定された (World Bank, 2002a)。アルバニアを除くこれらの国々は重債務貧困国 (Heavily Indebted Poor Country：HIPC) の認定を受けており、アルバニアを含めたこれらすべての国がPRSPを作成している。さらに人口の多い5カ国 (サブサハラ・アフリカの2カ国と南アジアの3カ国) が、不就学児童の数が多いとして、FTIの参加国に選ばれた[11]。ちなみに、不就学児童の数が多いという理由でFTI支援対象国に選ばれた5カ国のうち、HIPC認定国はコンゴ民主共和国のみだが、インド以外の国々はPRSPを作成している。なお、2015年までにEFA目標を達成できない可能性が最も高い国の多くがサブサハラ・アフリカと南アジアに集中しており、FTIにおいてもこれらの2つの地域から最も多くの国が支援対象として選ばれたことは、基本的には支援対象国の選定が妥当であったことを示しているといえるだろう。

しかしながら、ローズ (Rose, 2005) も指摘しているように、国内の教育セクターにおける能力 (capacity) が不足しているために追加的な財政支援などを有効に活用できない可能性が高いという理由で、多くの最貧国がFTIの支援対象国に選ばれなかったことに対して批判の声があがった。こうした問題に関して世界銀行は、途上国におけるEFAの推進を支援するという現在行われているさまざまな努力は「極めて断片的かつ暫定的なもの」であり、「支援の流れは相変わらず、最貧国に対してではなく、また、だからといって貧困から抜け出すために資源を有効に活用できる能力が最も高い国々に対してでもなく、あくまでも限られた少数の国々に集中してしまっている」(World Bank, 2002c, Note 7) と理解していたにもかかわらず、これらの点につ

いてFTIの支援対象国の選定において十分な考慮がなされたとは言い難い。また、NGOのアクションエイド（ActionAid, 2003）は、ドナーが資金供与額、実施スケジュール、透明で協調的な意思決定といった点に関して、FTI導入のプロセスを通して約束してきたことを十分に実行していないと批判している。同様な批判は途上国や他の多くのNGOからもあがっており、その結果、2004年11月に開かれた第4回FTIパートナーシップ会合において、FTIによる財政支援の対象国の数が増やされ、すべての低所得国を支援対象の候補として含むことになった。2008年4月現在、32カ国がFTIによる初等教育改善計画についてドナー側からの承認を既に受けており、その多くの国ではFTIによる支援が始まり出している[12]。

3. FTIプロセスの促進

　上述のように、FTIの導入において積み上げられてきた議論は、途上国によるUPEの推進を支援する主要ドナーたちの政策と戦略を反映したものであった。2001年7月のG8ジェノバ・サミットのコミュニケのなかで、G8諸国は開発における教育分野の重要性を認め、とくに地域主体の教育普及戦略を支援することで、困難な状況にある国々に対する開発援助の有効性を高めることを改めて確認した。G8諸国政府はとくに、HIPC（重債務貧困国）イニシアティブなどを迅速かつ効果的に実施することが必要であると指摘している。さらに、G8諸国の代表者たちによって構成される教育タスクフォースを立ち上げた。ドナー国、被援助国、市民社会を含むさまざまなステークホルダーたちと協議のうえ、このG8教育タスクフォースは途上国の基礎教育開発支援に関する報告書をまとめ、2002年6月のG8カナナスキス・サミットに提出した。この報告書は、世界銀行によるFTIの提唱を支持するものであり、それに応えてG8諸国の政治指導者たちは、EFA目標の達成に向けて「力強く、また信頼できる政策的・財政的なコミットメントを示した国々」に対する二国間援助を大幅に強化することで合意した[13]。なお、ジェノバとカナナスキスのいずれのG8サミットにおいても、とくに男女格差の解消に配慮しながら途上国の基礎教育普及を支援することの重要性が指摘された。

　また、2002年3月にモンテレー（メキシコ）で開催された開発資金国際会

議 (The International Conference on Financing for Development)、2002年8月から9月にかけてヨハネスブルグ（南アフリカ）で開催された持続可能な開発に関する世界サミット (The World Summit on Sustainable Development)、2003年2月にローマ（イタリア）で開催された調和化に関するハイレベル・フォーラム (The High-Level Forum on Harmonization)、2005年2月から3月にかけてパリ（フランス）で開催された援助効果向上に関するハイレベル・フォーラム (The High-Level Forum on Aid Effectiveness) などの国際会議の場で形成されたさまざまな合意を通して、途上国の開発支援に対する資源動員の問題が国際社会にとって重要な課題であることが広く認識された。これらの会議に出席した主要なドナー諸国および援助機関は、多様なステークホルダー間のパートナーシップを強化することによって、より多くの資源を動員し、途上国における重要な開発課題への取り組みを後押しすることで合意した。とりわけ、「開発支援の有効性を高めるために、(多国間ならびに二国間の) 開発援助機関の運用政策、運用手順、運用基準と、パートナー国のシステムの運用政策、運用手順、運用基準を調和させるための国際的な努力」[14]が不可欠であると、広く認識された。そして、これらの国際会議で行われたこのような議論の結果が、FTI の進展へ向けた国際社会の取り組みを強力にサポートしたことは明らかである。

　さらに、FTI を通した初等教育の普遍化プロセスの進捗状況をモニターするために、途上国政府、ドナー諸国、国際機関、市民社会組織（NGO など）といった FTI 推進のためのパートナーたちは、毎年秋に会合を開いている。これらの年次会合は、EFA ハイレベル・グループ (HLG) 会合と相前後して開催されてきた。このように FTI 会合を HLG 会合と同時期に開催することにより、HLG 会合での討議の内容を FTI プロセスに適切に反映させることが期待されている。例えば、2003年11月にオスロ（ノルウェー）で開かれた FTI 会合の結果、支援ドナーの数が比較的限られてしまっており、外部からの追加的な財政支援を得ることが難しい低所得国に対して、過渡的（2～3年間）な財政支援を実施するための FTI 触媒基金 (FTI Catalytic Fund) が設立された。この基金によって提供される財政支援に応じて、被援助国は自国の教育セクター・プログラムを拡充し、将来的に新しいドナーからの長期的支援を求めることができるようになるはずである[15]。ちなみに、FTI 触媒基金の背景に

あるこうした考えは、オスロ会合の直前にニューデリー（インド）で開かれた第3回HLG会合で採択されたコミュニケのなかの提言を反映したものである。すなわち、ドナー諸国や国際機関は「FTIの有効性を高め、支援対象国として承認された国々への資源を動員するための明確な枠組みについて合意に達するべきである」[16]という提言であった。

ただし、本章の冒頭で触れたように、FTIはHLGによる提言の結果というだけでなく、とくに世界銀行による教育開発支援が熟成してきた結果でもあったといえるだろう。とりわけ1990年代以降、世界銀行は途上国における基礎教育普及のための支援を積極的に展開し、EFA目標の達成を促すための技術的ならびに財政的な支援のあり方を示した研究レポートや政策文書を次々と発表してきた（例えば、World Bank, 1999；2002b；2002d；2002e；2003）。なかでも、2002年4月に発表した先述のEFA行動計画は、世界銀行の教育開発支援の方向性を明確に示し、初等教育の普遍化（UPE）を優先目標として設定した（World Bank, 2002b）。このようにUPEを明確な優先目標として設定した結果、初等教育分野をターゲットとするFTIに対する世界銀行の支援体制も、自ずと充実したものになっている。

ちなみに、いまだ評価を行うには時期尚早であるとはいえ、FTIの支援対象国として承認されることは、基礎教育普及に関わる途上国の状況にかなりの影響をもたらすであろうことが明らかである。例えばベトナムは、FTIの最初の支援対象国に選ばれた後、国家としてのEFA国内行動計画の策定プロセスを急ぐ必要に迫られた。もしFTIの支援対象国に選ばれなかったならば、ベトナムはEFA国内行動計画の策定により多くの時間を費やしてしまっていたであろうことが予想される[17]。そういった意味で、FTIの導入は他の多くの低所得国にとっても、EFA国内行動計画をはじめとする教育セクター計画の策定に対して真剣に取り組む契機になったということを、指摘できるであろう。ただし、一方で、独力で教育セクター計画を策定するだけの能力がいまだに備わっていない低所得国もある。こうした国に対しては、FTI教育計画策定基金（Education Program Development Fund：EPDF）によって財政的・技術的な支援が提供され、これらの国が適切な教育セクター計画を策定するうえで必要とされる能力を構築するための支援を行う仕組みが整備されている[18]。

このように、FTIを具体化するプロセスを通して、途上国の初等教育分野への支援を充実させるためのさまざまな方策が、世界銀行を中心としたドナー・コミュニティによって試みられてきている。そうしたなか、FTIによって外部からの援助をこれまで以上に受けることになる途上国の教育セクターにおける能力開発 (capacity development) の問題を考えることが欠かせない。例えば、十分な資金援助を受けている一部のFTI支援対象国と、十分な数のドナーからの支援を得ることができないFTI支援対象国 (いわゆる「ドナー孤児国 (donor orphan)」) との間には資金力の格差が生じている。そこで、ドナー国の数が少なく、必要な援助を受けることができない国に対して過渡的な財政支援を実施するためにFTI触媒基金が設立されたとはいえ、2年ないし3年に限定されているこうした過渡的な資金援助では、ドナー孤児国の政府が適切なFTI計画を策定する能力を構築するにはあまりにも期間が短く、不十分であると思われる。

　途上国政府 (とくに教育省) は、中央レベルならびに地方レベルでの教育行政官に対する訓練の機会を提供し、教育セクターにおける行政システムや会計管理システムなどを含めた組織的な能力を強化する必要がある。しかし、多くの政府は財源不足のため、教育行政官に対して必要な訓練の機会を提供することが難しい状況にある。ドナー側は、FTIを導入することによって教育セクターにおけるこのような状況を改善したいと考えてはいるものの、継続的な支援を実施するための中期および長期にわたる明確な展望をいまだに描くことができずにいる。この背景には、モンテレー合意などで開発援助資金の増額が約束されたにもかかわらず、実際の援助プロセスにおいては必ずしもスムーズに資金が途上国へ渡っていない現状も一因として指摘できるであろう。こうしたなか、ドナー諸国や国際機関は、途上国に対する基礎教育支援の内訳について、明確な青写真を提示することが重要である。ドナー側が明確な支援の青写真を示すことによって、能力開発を進めようとしている途上国側の努力も、加速化することが期待されるのではないだろうか。

4. 財政上の課題とインディカティブ・フレームワーク

　上述のように、モンテレー合意のなかで、主要なドナーは基本的にそれぞ

れの開発援助資金を増大させることを約束した。こうした約束をオペレーショナライズ (operationalize：政策目的をより具体化・特定化) するための最初の試みが、FTI を通した途上国の教育セクターに対する財政的・技術的な支援の増大であった。その意味で、FTI は教育セクター以外の開発セクターの関係者たちからも注目されている試みである。こうした増大が見込まれる開発援助資金を効果的かつ効率的に活用するための FTI 固有の方策として、インディカティブ・フレームワーク (Indicative Framework) の導入と教育セクターの経常経費に対する支援強化を挙げることができるであろう。したがって、本節ではこの 2 点について論じることとする。

　FTI の準備プロセスのなかで、世界銀行の教育専門家たちを中心としたチームは、コルクロフとアル・サマライ (Colclough & Al-Samarrai, 2000) の研究をはじめとするさまざまな調査研究の結果に基づき、初等教育の効率性や質の向上に関して目安となるベンチマークを算出した。これが「インディカティブ・フレームワーク」と呼ばれる指標であり、**表 1** に示すベンチマークで構成されている (World Bank, 2002c)[19]。世界銀行は、これらのベンチマークを、教育サービスを提供したり、財政改革を進めたりする際の指針となる「規範 (norm)」として理解すべきだと説明している (World Bank, 2002b)。世界銀行が主張するように、インディカティブ・フレームワークの導入は、教育セクターにおける財政状況や政策的な成果などを十分に評価するうえで、「すべての国にとって共通の基準枠組み (common frame of reference for all countries)」(World Bank, 2002b, p.11) となり得るため、非常に意欲的な試みとして認識されるべきであろう。

　また、世界銀行の教育専門家であるプロ―ティ (Prouty, 2002) は、多くの途上国で政治的なリーダーシップの欠如によって適切な政策が策定され得ないケースがしばしば見られることを指摘し、そうした国々で適切な初等教育政策を策定するためにインディカティブ・フレームワークが活用されることを期待している。そのため、インディカティブ・フレームワークで掲げられている指標のなかでも、女児の初等教育修了率、男児の初等教育修了率、そして女児の初等教育純就学率の 3 つの指標が、とくに重要であると考えられる (World Bank, 2002c)。

　さらに、教師 1 人当たりの生徒数や留年率など、インディカティブ・フ

表1 インディカティブ・フレームワーク

指標	EFAを実現している国々の数値	ベンチマーク（基準）
生徒のフロー (Student flow)		
初等教育段階の第1学年に入学する生徒数の学齢人口に対する割合 (%)	100	100
初等教育段階の第6学年を修了する生徒数の学齢人口に対する割合 (%)	70 – 103	100
原級留置率の平均 (%)	2 – 20	10以下
教育サービスの提供 (Service delivery)		
教員給与の平均（1人当たりGDPの何倍かで示す）	1.2 – 6.6	3.5
教員1人当たりの生徒数	20:1-55:1	40:1
教員給与以外の経費が教育分野の経常経費に占める割合 (%)	19 – 45	33
年間の授業時間数	—	850 – 1000
私立（あるいは非公立）の初等学校に入学する生徒の割合 (%)	0 – 15.7	10以下
初等学校の教室・施設の建設や備品の設置などに掛かる経費（米ドル）	—	8000
教育財政 (System financing)		
国内資金によって賄われる政府歳入のGDPに対する割合 (%)	11 – 35	14 – 18
教育分野の経常経費が国内資金によって賄われる政府歳入に占める割合 (%)	10 – 30	20
教育分野の経常経費のGDPに対する割合 (%)	1.9 – 8.0	2.8 – 3.6
初等教育に掛かる経常経費が教育分野の経常経費全体に占める割合 (%)	40 – 59	42 – 64

（出所）Rose (2005, p.388) に基づき筆者作成

レームワークにおける指標のなかには、教育の質的な改善を測ることを目的とするものが含まれている。かつて、世界銀行による途上国の基礎教育支援は、教育の質的な側面に対して十分な配慮を払わず、教育へのアクセス拡大を重視する傾向が顕著であると批判されていた。しかしながら、インディカティブ・フレームワークが示しているように、世界銀行の基礎教育支援も質的な側面を重視する方向へと確実にシフトしていることが理解できる。例えば、学習のプロセスを考えるうえで、「少なくとも5〜6年間の適切な質の初等教育を修了した後に、はじめて本格的で持続可能な学習が始まる」(World Bank, 2002b, p.2) のだと、世界銀行の EFA 行動計画のなかでも強調されている。また、「初等教育就学の普遍化とは異なり、初等教育修了の普遍化は、(相互に連関している) 生徒の学習到達度や学校の質的向上といったものを家庭の側から持続的に要求することなしには実現できない」(World Bank, 2002b, p.7) と指摘しているように、学校や行政といった公的なアクターのみならず、家庭をはじめとする多様なアクターの協調によって教育の質的な改善は図られるべきである。

　世界銀行が提起するもう一つの課題は、FTI 支援対象国の教育セクターにおける経常経費の支援に関するものである。デラモニカら (Delamonica et al., 2001) は、2015年までに UPE を実現するためには途上国における「初等教育の経常経費を年間約69億ドル増やさなければならない」(p.i) と試算している。そして、経常経費の増額分を確保することが、多くの国で UPE の推進を成功させる鍵であると断言している。また、国連児童基金 (United Nations Children's Fund: UNICEF) が実施した調査によれば、サブサハラ・アフリカ諸国で2015年までに UPE を実現するためには、2015年時点の各国の初等教育における経常経費が2000年より少なくとも54％は増額されている必要がある。同様の点に関して南アジア諸国では、3割以上の増額が実現されなければならないという (Delamonica et al., 2001)。これらの数値からも、途上国の初等教育分野における経常経費の増額が不可欠であると容易に判断されるであろう。

　そうしたなか、FTI 支援対象国の初等教育分野における経常経費を支援するために、FTI を通して財政支援を実施する可能性と適切性をドナー側が検討する際の基準として活用されることが、インディカティブ・フレームワー

クには期待されている。ただし、ローズ (Rose, 2005) が指摘するように、多くの国で初等教育の経常経費の大半を占める教員給与に関する指標などが、政治的あるいは経済的な側面から問題を引き起こすことが心配される。実際に、インディカティブ・フレームワークが紹介された当初、教員の平均給与は1人当たり国内総生産 (GDP) の3.5倍程度が妥当であるとする指標に関して、それよりも既に高い数値を記録していた低所得国のなかには、この指標に基づいて教員給与を下げるべきだという議論も散見された。しかしながら、これらの国では教員給与が他の職業と比較して既に低く設定されてしまっていることが多いため、本来であれば待遇改善を進めることによって優秀な人材を教員として雇用する努力をすべきであり、教員給与を下げるべきだという議論は妥当であるとはいえない。このような指標に関する誤った解釈は、これらの国ではもともと1人当たりGDPの絶対額が低いにもかかわらず、単純に指標をあてはめようとしたために起こったと考えられるだろう。

　また、途上国の教育予算の経常項目に対して財政支援を行うと、途上国政府が援助資金に安易に依存するような状態を生み出すのではないかという懸念が、かねてよりドナー・コミュニティのなかでは議論されてきた。こうした安易な援助依存によって、教育セクターで必要とされる経常経費を賄うために国内の財源を配分し直すといった努力をしなくなる国が出てくることが予想され、持続可能な教育開発を妨げる要因となってしまう可能性があるだろう。そうした国では、ドナーが何らかの理由によって当該国への経常経費支援を止めなければならなくなった場合、教育制度を十分に維持することができなくなる恐れがある。

　こうした経常経費に対する支援の問題については、1990年代からさまざまな議論が行われてきたが、開発援助の実施に関しては各ドナーがそれぞれ独自の理念・関心・政策を有しているため、ドナー・コミュニティのなかでもいまだに合意が形成されているとは言い難い[20]。とはいえ、この問題に対するドナー諸国の姿勢は、とくに2000年以降、確実に変化してきているように見受けられる。2001年のジェノバにおけるG8サミット後に立ち上げられたG8教育タスクフォースは、その報告書のなかでG8諸国の政治指導者たちに対して、UPE (最低5年間の初等教育の普遍化) の実現が見込まれる国々において「基礎教育分野の予算に経常経費が占める割合は高い」と指摘してい

る (G8 Education Task Force, 2002)。そして、この経常経費を満たすためには、当該国の経常予算の約20％を教育分野の経常経費に充てる必要があり、さらに教育分野の経常経費の約50％を初等教育分野に充当しなければならないと分析している。したがって、経常経費に対する支援を含め、これらの低所得国に追加的な財政支援を実施することを可能にするFTIは、こうした現状のなかでは極めて妥当な戦略的イニシアティブであるといえるだろう。

　先述のように、経常経費を支援することの是非についての判断はいまだ容易ではないが、いずれにしても外部からの財政支援に依存し過ぎることなく、国家予算を作成するうえでの基準としてインディカティブ・フレームワークを適切に活用することが、途上国政府には求められている。ただし、先に教員給与の指標に関して言及したように、インディカティブ・フレームワークで提示されている指標のなかには、政治的な意図を込めたメッセージなどを発する際に利用されてしまう恐れのあるものが含まれていることを忘れてはならない。また、さまざまな調査研究の結果に基づき開発されたインディカティブ・フレームワークではあるが、個々の途上国の文脈によっては必ずしも適切ではない指標が含まれている可能性も否定できない。そのため、このインディカティブ・フレームワークを所与のものとして単純に受け入れてしまうのではなく、各途上国においてそれぞれの指標が本当に妥当なものであるのかどうかを精査しながら、FTIのプロセスを進めていくことが必要である。

5．結び

　本章の冒頭で触れたように、多くの途上国では「政策 (policy)、能力 (capacity)、データ (data)、財政 (financing)」の４つの領域において、EFA目標を実現するために求められるレベルと現実の状況との間に深刻なギャップが生じている。こうしたギャップを埋めるために、国際社会のなかでさまざまな試みが行われているが、現時点において最も影響力があり最も革新的なイニシアティブの一つだと考えられるFTIに焦点を当て、本章では分析を行った。とくに、FTIの導入プロセス、ドナー側で行われている議論、財政面での課題などについて論じるなかで、上記の４つのギャップを浮き彫りにすることを

試みたつもりである。しかしながら、その試みは極めて不十分であるといわざるを得ず、今後さらなる考察を加えていくことが欠かせない。

最後に、現在のFTIが直面しているいくつかの課題を以下に提示して、本章の結びとしたい。第一に、本章でも簡単に触れたが、現在のFTIを通した支援の状況を見ると、中期的・長期的な視点が欠如していることを指摘せざるを得ない。FTIに参加しているドナー諸国や国際機関からは、FTIを通して提供される予定の具体的な開発援助資金の額などが提示されてはいるが、実際にそれらの資金が一定の期間にわたって被支援国の政府へとスムーズに提供されるかどうかを、今後モニターしていく必要がある。ただし、これには被支援国自身の援助吸収能力の問題も関わってくるため、一概にドナー側のみの問題として考えるべきでないことは言うまでもない。

第二に、近年の国際教育協力分野においてFTIは最も重要なイニシアティブとして注目されているため、多くの支援が集中しつつある。そうしたなか、FTI支援対象国の初等教育分野が急速に拡大することが見込まれるが、それに伴い教育の質的な低下が起こることも予想される。そのため、質的な側面に対する十分な配慮をしていくことが欠かせない。

第三に、限られた数の国に対する集中的な支援を実施することで、最大限の効果を導き出そうというFTIの本来の主旨に反して、現在のFTIはすべての低所得国に対して門戸を広げており、その結果、援助資源の拡散を招いてしまうことが懸念される。そのため、本来の主旨との整合性を図りつつ、より多くの低所得国に対して支援を実施していく仕組みをさらに構築していくことが必要である。

第四に、その多くが連邦制などによって地方政府に大きな権限が与えられている「人口が多い国々」に対して、特別な戦略や支援を考えることが必要である。すなわち、一般的に人口の多い国々では、中央政府よりも州政府が実質的な教育普及活動を担っている。しかしながら、FTIは基本的に中央政府を対象とするイニシアティブのため、FTIの支援はまず基本的に中央政府に対して実施されることになる。そこで、中央政府に対して行った支援が適切に地方レベルへ配分されるようなシステムを、政府側とドナー側の双方の協議によって作り上げることが欠かせない。

第五に、被支援国の政府のなかには、FTIを継続的な財政支援メカニズム

（funding mechanism）であると理解している様子が見受けられる。実際には、FTIは継続的な財政支援メカニズムではなく、当該国の教育セクターで初等教育分野に対する国内資金を増大するための契機を生み出すことを目的としており、最終的には当該国の政府が主体となって初等教育の財源拡充を図っていくことが望まれている。そのためにも、当該国政府は援助資金に依存するのではなく、自立的な教育財政構造の確立へとスムーズに移行していく必要がある。こうした点が軽視され、過度な援助依存が進むと、いわゆる「援助疲れ」などにドナー側が陥ることで急激に支援が縮小してしまい、当該国の教育財政が破綻してしまう恐れすら出てくるであろう。

第六に、本章でも指摘したが、EFA目標である2015年までのUPE達成を実現するには、必要とされる資金の額とドナー諸国や国際機関の供出が見込まれる金額との間に、深刻なギャップが存在している。こうした資金ギャップに対して、ドナー諸国や国際機関は、本当に十分な開発援助資金を提供することが可能なのかどうか、いまだに明確ではない。この点については、研究者たちと実務家たちが協力して状況を分析していく努力が不可欠である[21]。

第七に、FTIのプロセスそのものとの直接的な関係は薄いが、現在行われている国連改革の課題として途上国における国連諸機関の連携・協調体制の構築が急務とされている。例えば、「一つの国連（One United Nations）」という旗印のもとに国連諸機関の機能を合理化しようとする動きが途上国の現場レベルで進んでいるが、FTIを推進するためのパートナーシップの構築もこうした合理化の流れを踏まえることが重要である[22]。

本章の結びとしていくつかの課題を指摘したが、これらの問題点を踏まえたうえで最も重要なことは、国際的なイニシアティブであるFTIのプロセスが進むなかで、個々のアクターがそれぞれの比較優位性を活かしながら効率的かつ効果的な協調関係を構築していくことである。そして、国際社会のなかの多様なアクターたちが、そのような協調関係を最大限に活用しながら、FTIのような試み（すなわち、本章の冒頭で紹介した4つの領域におけるギャップを少しずつ埋めていくための試み）に対して、継続的に取り組んでいくことが何よりも必要である。

注

(1) HLGの目的やこれまでの会合で交わされてきた議論の内容などについては、北村（2005）を参照のこと。

(2) EFA推進に関与しているステークホルダーとしては、途上国の政府、先進国の援助機関、国際機関（国連機関や開発金融機関など）、市民社会組織（非政府組織 [non-governmental organization：NGO] や財団、教員組合など）などを挙げることができる。これらのステークホルダーたちが、EFAを推進するためにどのような協調関係を構築しているのかについては、UNESCOのEFAウェブサイト［www.unesco.org/education/efa/］（2008年4月1日閲覧）や北村（2005）を参照のこと。

(3) FTI導入の背景と課題について、筆者は既に一定の分析を行っているが、それ以降の議論やいくつかの国の事例などを踏まえ、改めて本章でFTI導入のプロセスを確認することには意義があると考える。なお、筆者がかつて行った分析については、北村（2004）を参照のこと。

(4) ただし、EFAの進捗状況を測るための基本的な尺度を就学率から修了率に変更することの重要性を強調したにもかかわらず、当初、世界銀行はこの概念的な修正について必ずしも一貫した説明を行っていたわけではなかった。例えば、『ダカール行動枠組み（*The Dakar Framework for Action*）』（UNESCO, 2000）のなかで初等教育修了がEFA目標の一つとして既に明示されていたにもかかわらず、2002年の合同開発委員会・春季会合のメンバーたちにEFA目標について説明をしたとき、当時の世界銀行総裁ジェームス・ウォルフェンソン（James Wolfensohn）は「2015年までにすべての初等教育学齢児童の就学率100％を実現する」と述べている。ウォルフェンソン総裁（当時）のコメントについては、"World Bank President Outlines Post-Monterrey Action Plan to Development Committee"（The World Bank Press Release, No. 2002/280/S, Washington, D.C., April 15, 2002）を参照のこと。

(5) 1998年に当時の世界銀行総裁であったウォルフェンソンは、開発に関わるすべての要素（経済、政治、社会など）の相互依存性を明確にし、バランスの取れた政策決定を包括的かつ長期的な視野のもとに行う開発アプローチを提唱した。ここでは、途上国のオーナーシップや途上国が主導する援助協調、開発成果の評価などが重視されている。このアプローチが包括的開発フレームワーク（CDF）であり、その詳細については世界銀行のウェブサイト［www.worldbank.org/cdf/］（2008年4月1日閲覧）を参照のこと。

(6) このコミュニケは、2002年4月21日に合同開発委員会によって採択された。全文は、IMFのウェブサイト［www.imf.org/external/np/cm/2002/042102.htm］（2008年4月1日閲覧）から入手できる。

(7) 2002年4月21日に合同開発委員会が採択したコミュニケ（注6を参照）からの引用。

(8) FTI事務局は、主にドナー諸国と国際機関（世界銀行やUNESCOなど）からの出向者たちによって構成されている。

(9) 支援対象国の門戸を広げるべきだという意見は、FTIの試験段階がスタートしてからもドナーや途上国政府の関係者の間で根強く、後述のように現在ではすべての低所得国が対象候補となっている。

(10) UNESCOは、1993年にインドのニューデリーで立ち上げられたE-9イニシアティブ（バングラデシュ、ブラジル、中国、エジプト、インド、インドネシア、メキシコ、

第11章　発展途上国に対する初等教育支援

ナイジェリア、パキスタンという人口が多い9カ国によるコンソーシアム）を支援している。これらの国の人口だけで世界の人口の半分以上を占めている。E-9イニシアティブの詳細については、UNESCO（1993）およびUNESCO（2001）を参照のこと。

(11) 最初のFTI対象国として選ばれたのはアルバニア、ボリビア、ブルキナファソ、エチオピア、ガンビア、ガーナ、ギニア、ガイアナ、ホンジュラス、モーリタニア、モザンビーク、ニカラグア、ニジェール、タンザニア、ウガンダ、ベトナム、イエメン、ザンビアの18カ国と、人口の多いバングラデシュ、コンゴ民主共和国、インド、ナイジェリア、パキスタンの5カ国である。

(12) 2008年4月現在、次の国々がFTI支援対象国としての承認を受けている。アルバニア、ベナン、ブルキナファソ、ジブチ、エチオピア、カメルーン、ガンビア、グルジア、ガーナ、ギニア、ガイアナ、セネガル、シエラレオネ、ホンジュラス、ケニア、レソト、マダガスカル、マリ、モーリタニア、リベリア、モルドヴァ、モザンビーク、ニカラグア、ニジェール、ルワンダ、タジキスタン、キルギスタン、東ティモール、ベトナム、カンボジア、モンゴル、イエメン。FTIの立ち上げ時に支援国として選定された23カ国のすべてが、FTIのプロセスに乗っているわけではないことに留意すべきである。当初、支援国として選定されながらFTIに参加していない理由は、それぞれの国で異なると思われるが、当該国の行政能力などに限界がありFTIの承認を受けるための計画立案過程がスムーズに進まなかったケースもあると推測される。そうした状況が、後述の触媒基金や教育計画策定基金の設立を促したと考えられる。現在のFTI承認国の詳細については、The EFA-FTI Secretariat（2007）を参照のこと。

(13) G8カナナスキス・サミットの議長総括（*Kananaskis Summit Chair's Summary*）からの引用。ジェノバ（2001）ならびにカナナスキス（2002）におけるG8サミットに関する文書資料（コミュニケや議長総括など）については、それぞれのG8ウェブサイト（[www.g8.gc.ca/sumdocs2001-en.asp]（2008年4月1日閲覧）ならびに[www.g8.gc.ca/sumdocs2002-en.asp]（2008年4月1日閲覧）を参照のこと。

(14) 『調和化に関するローマ宣言（*Rome Declaration on Harmonization*）』からの引用。宣言の全文は、経済協力開発機構（Organisation for Economic Co-operation and Development：OECD）のウェブサイト［www.oecd.org/dataoecd/54/50/31451637.pdf］（2008年4月1日閲覧）より入手可能である。

(15) FTI触媒基金の詳細については、FTI事務局のウェブサイト［www.education-fast-track.org］（2008年10月1日閲覧）を参照のこと。

(16) この文言は、第3回HLG会合で採択されたコミュニケからの引用である。各回のHLG会合で採択されたコミュニケの全文は、UNESCOのウェブサイト［www.unesco.org/education/efa/global_co/policy_group/index.shtml］（2008年4月1日閲覧）より入手可能である。

(17) こうした予想は、2006年5月にベトナムのハノイで、国際協力機構（JICA）、UNESCO、世界銀行の各駐在事務所において教育担当官に対して筆者が行ったインタビュー調査に基づく。

(18) FTI教育計画策定基金の詳細については、FTI事務局のウェブサイト［www.education-fast-track.org］（2008年10月1日閲覧）を参照のこと。

(19) これらのベンチマークは、教育セクターにおける諸条件を大幅に改善する必要のある低所得国のために、とくに設けられたものである。そのため、条件が比較的良いとさ

れる一部の FTI 支援対象国の場合、教育セクターの状況は既にここで示されている基準の範囲内に収まっているケースが見られる。筆者は、そのような国が FTI の支援対象国に選ばれていることは、選択の基準やプロセスに問題があったと考えている。この点については、北村（2004）で詳しく論じている。
(20) ドナー国の代表たちは、1992 年にパリで開催された経済協力開発機構の開発援助委員会（OECD/DAC）における「基礎教育－ドナーの役割と責任－」と題された会合で、この問題を主要議題の 1 つとして取り上げ、討議した。しかし、この問題についての合意を形成することはできず、その後も 1990 年代を通してさまざまな議論が繰り返されることとなった。この OECD/DAC 会合で行われた基礎教育支援に関する討議の詳細については、内海（2001）を参照のこと。ちなみに、内海は当会合に出席した日本代表団の一員であった。
(21) こうした努力の一端を、年刊の『EFA グローバル・モニタリング報告書（*EFA Global Monitoring Report*）』などに見てとることができるが、同報告書の作成に際しても、教育分野以外の専門家（研究者ならびに実務家）たちをより積極的に招いて、援助資金の問題などについて幅広い議論をしていくことが重要であろう。
(22) ここで提示したような諸問題については、FTI 事務局がまとめた FTI の進捗状況に関する報告書のなかでも指摘されている。FTI の進捗状況の詳細については、World Bank（2004）や World Bank（2006）を参照のこと。

参考文献

内海成治（2001）『国際教育協力論』世界思想社．
北村友人（2004）「基礎教育への国際的な援助の試み― EFA ファスト・トラック・イニシアティブの背景と課題―」『国際協力研究』20 巻 1 号、53-63 頁．
北村友人（2005）「国際教育協力をめぐる公共性と政治性―グローバル・ガヴァナンスのメカニズムに関する考察―」『インターカルチュラル：日本国際文化学会年報』3 号、58-79 頁．
ActionAid (2003). *Fast Track or Back Track? – The Education Fast Track Initiative: Make or Break for the Monterrey Consensus*. London: ActionAid UK.
Bloom, D. E. & Cohen, J. E. (2002). Education for All: An Unfinished Revolution. *Dœdalus*, Summer 2002, pp.84-95.
Colclough, C. & Al-Samarrai, S. (2000). Achieving Schooling for All: Budgetary Expenditures on Education in Sub-Saharan Africa and South Asia. *World Development*, 28 (11), 1927-1944.
Delamonica, E., Mehrotra, S. & Vandemoortele, J. (2001). *Is EFA Affordable?: Estimating the Global Minimum Cost of "Education for All"*. New York: UNICEF.
G8 Education Task Force (2002). *Report of the G8 Education Task Force*. Prepared for the G8 Summit in Kananaskis, Canada, on 26-27 June 2002. Available at the foreign & Commonwealth Office website [http://www.britishembassy.gov.uk/Files/Kfile/Art%2004%20etfr-en.pdf] (September 2008).
Prouty, B. (2002). *Politics and Policy: New Thinking on How to Achieve Education for All*. Paper prepared for the Annual Bank Conference on Development Economics—

Europe, Oslo, 24–26 June 2002.
Rose, P. (2005). Is there a 'fast-track' to achieving education for all? *International Journal of Educational Development*, 25 (4), 381-394.
The EFA-FTI Secretariat (2006). *Education for All – Fast Track Initiative: Status Report* (Prepared for the EFA-FTI Partnership Meeting, Cairo, Egypt, November 13-14, 2006).
The EFA-FTI Secretariat (2007). *Quality Education For All Children: Meeting the Challenge (Annual Report 2007)*. Washington, D.C.: The World Bank.
UNESCO (1993). *Education for All Summit of Nine High-Population Countries (New Delhi, 12–16 December 1993): Final Report.* Paris: UNESCO.
UNESCO (2000). *The Dakar Framework for Action (Education for All: Meeting our collective Commitments).* Paris: UNESCO.
UNESCO (2001). *Literacy and Non-Formal Education in the E-9 Countries.* Paris: UNESCO.
World Bank (1999). *Education Sector Strategy.* Washington D.C.: The World Bank.
World Bank (2002a). *World Bank Announces First Group of Countries for 'Education for All' Fast Track.* Press release dated on June 12, 2002, News Release No. 2002/345/S.
World Bank (2002b). *Education for Dynamic Economies: Action Plan to Accelerate Progress Toward Education for All.* A revised report submitted to the Development Committee, DC2002-0005/Rev 1, April 9.
World Bank (2002c). *Education for All (EFA) Fast Track Initiative: Draft Proposal.* Discussion paper dated May 9.
World Bank (2002d). *EFA Financing: Estimating Internal and External Financing Requirements for 47 Low-Income Countries.* Paper prepared for the Accelerating Action Toward EFA Conference, Amsterdam, April.
World Bank (2002e). *Achieving Education for All by 2015: Simulation Results for 47 Low-Income Countries.* Report prepared by Human Development Network, Africa Region and Education Department, The World Bank.
World Bank (2003). *Progress Report and Critical Next Steps in Scaling Up: Education for All, Health, HIV/AIDS, Water and Sanitation.* A synthesis report prepared for the Development Committee, DC2003-0004/Add.1, April 3.
World Bank (2004). *Education for All (EFA) – Fast Track Initiative: Progress Report.* Report submitted to the Development Committee. DC2004-0002/1. Washington, D.C.: The World Bank.
World Bank (2006). *Progress Report for the Education for All – Fast Track Initiative.* Report submitted to the Development Committee. DC2006-0015. Washington, D.C.: The World Bank.

第12章

スキル・ディベロプメントへの国際協力
―再興する期待に応えるために―

吉田和浩

1. はじめに

　発展途上国（以下、途上国）のスキル・ディベロプメントが、とりわけ国際協力を舞台にして、近年久しぶりに脚光を浴びている。その背景には途上国の国内要因に加えて国際的な要因も後押ししている。しかし、公的部門を中心とした技術職業教育・訓練としてのスキル・ディベロプメントは、過去、途上国において、必ずしも有効に機能してきたとはいえず、現在様々な改革が進められている。かつて人的資本論がもてはやされた1960年代にフォスターは、途上国における「職業教育への誤信」を問題視して警鐘を鳴らした（Foster, 1965）。基礎教育レベルの学校が生徒に読解力、英語、計算および一般教養といった基礎的スキルを十分身につけさせる機能を果たしていないために、中等レベルで効果的な職業訓練を行うために不可欠な基礎ができていない、というものである。そうした基礎学力に加えて、今日の途上国をめぐる状況は有効なスキル・ディベロプメントに必要な諸条件を備えていると言えるのだろうか。サブサハラ・アフリカ諸国など低所得国をはじめとする途上国が、新たな期待の高まりに応えるためには何に留意すべきか。これらの問いについて、現在の途上国を取り巻く環境にも触れながら、過去のこの分野に対する国際協力から得られる教訓を整理しつつ、検証する。

2. スキル・ディベロプメントの役割

　本章ではスキルを、知識と技術を用いる能力としての技能ととらえ、スキル・ディベロプメントを、個人あるいは集団が経済活動において発揮することを目指してより高い技能を身につける行為あるいは過程、と位置づける[1]。

第12章　スキル・ディベロプメントへの国際協力

技能形成のためのサービス提供と、技能習得のための取り組みは含むが、形成・習得した技能の適用については分けて考察する[2]。類似の概念としてTVET（technical and vocational education and training：技術・職業教育・訓練）がある。これはスキルの形成・習得の場と手段に重点をおいているが、スキル・ディベロプメントと明確に分けて使うことが難しい場合もあり、本章でも文脈によっては互換的に用いている。

　スキル・ディベロプメントをこのような専門用語として使うようになったのは比較的最近のことである。1996年にこの分野で活動する国際機関、ドナーが中心となって設置されたスキル・ディベロプメント国際協力作業グループはこれを「教育、訓練、生産システムの広範なアクターを巻き込んだ共通の活動分野」と認識し、「大規模で均質化に向かっている国家の制度に焦点を当てることから離れて、より多様な方法によるスキル・ディベロプメントへの移行を意識して」、あえてTVETでなくスキル・ディベロプメントという用語を用いる、としている[3]。

　スキル・ディベロプメントあるいはTVETを概念上整理する上では、提供者、提供形態、目的、提供内容のレベル、および対象者を考慮する必要がある。内容としては教育と訓練[4]を含み、提供者、提供形態としては公的部門、ノンフォーマル、民間の教育・訓練機関、企業内の諸制度、徒弟制度などのインフォーマルなものがある。タイミングとしてTVETは就業前（pre-service）を中心とした議論が多いが、スキル・ディベロプメントは再訓練（in-service）も含む。内容的にはライフ・スキル（生活上不可欠な基礎的なスキル）、専門知識、専門技術の習得に分けることができる。一般教養は、より高度な技能を身につけ、これを活用していく上で不可欠なものとしてスキル・ディベロプメント、TVETの議論に登場するが、狭義の提供内容には含めない方が混乱は少ないであろう。対象者は就労前の生徒、自給的自営業者、企業労働者、失業者などが考えられる。公的機関によるTVETでは監督機関が認める資格が修了者に与えられることも多い。習得対象となる知識や技術のレベルは各国・分野の状況によっても異なるが、本章では特に低所得国が経済的離陸を達成する上で重要と思われる中等レベルを中心に考察する。

　こうしたスキル・ディベロプメントに対して、途上国がもつ目的、期待する役割は大きくふたつに分けられる。ひとつには、就労の可能性を高め、労

働生産性を高め、企業の競争力を高めることで経済成長を加速させること（経済成長アプローチ）である。もうひとつは失業者対策、貧困層の経済参加機会提供、社会秩序維持など（社会保障政策アプローチ）である。いずれの場合も、個人的には所得を向上させ、労働者の流動性を高め、それが労働市場の活性化にもつながる。企業にとっては生産性と利益の増大を意味する。労働者の新技術、新プロセスへの適応力を高め、経営と技術の革新を刺激する（Johanson & Adams, 2004, p.16）。そして国家としては国民の生活水準の向上、国際社会における国家経済の競争力の強化、雇用不足による社会不安の緩和が期待される。企業によるスキル・ディベロプメントは前者のアプローチに属するが、後者のアプローチに基づいて政府等が行うスキル・ディベロプメントにも、経済成長アプローチと同じ結果を合わせて期待するところがあり、必ずしも両者が個別に採用されるということではない。その一方で、これら二重の目的が以下に述べるように、途上国にとって困難な課題を呈してもいるのである。

　こうした期待は、別段新しいものではなく、国民国家の基盤整備と経済発展を進める途上国にとっては長年抱き続けられてきたものである。それが今、なぜ再度注目を浴びているのであろうか。ここではこれを途上国の国内要因と外部からの要因に分けて考えてみる。

3. スキル・ディベロプメント再興の背景

3-1　内外のプッシュ要因

　途上国にとってスキル・ディベロプメントのあり方は、自国の経済と教育の状況（国内要因）、世界経済の動向と国際的な協力（外的要因）とに強く左右される。

　外的要因のなかでも重要なものは経済活動のグローバル化とこれに付随した情報通信技術の急速な進歩である。これらは相乗的に、国際的な経済活動にとどまらず途上国内においても知識と技術の必要性を高めている。それはスキル・レベルを高めるためのかつてない機会を途上国に与えていると同時に、この機会を逃せばさらに取り残されかねない、ということへの不安感を煽っている。もうひとつ指摘すべき外的要因は国際機関、ドナーによるスキ

ル・ディベロプメントへの関心の高まりである。後者の、国際機関、ドナーの動きについては少し詳しく見ていきたい。

ILOとユネスコは早くから一貫して職業訓練、職業教育の重要性を提唱している機関である。両機関の間では、1954年に「技術職業教育事項及び関連事項における協力に関する覚書」を締結し、ILOが技術職業訓練、ユネスコが技術職業教育において中心的役割を果たすことに合意している。両機関は、TVETに関連する条約づくりや勧告を通じて重要な役割を果たしてきた（表1）。しかし、1990年代の初等教育への関心の高まりはドナーによるTVETへの取り組みを相対的に弱めることとなった（Johanson, 2002）。図1は教育分野において屈指の開発援助機関である世界銀行のTVETに対する融資が1980年代には絶対額では伸びたものの、90年代には減少していることを示し

表1　ILOとユネスコを中心としたTVET関連主要年表

1939年	「職業訓練に関する勧告」ILO総会にて採択
1948年	「世界人権宣言」国連総会にて採択
1954年	「技術職業教育事項及び関連事項における協力に関する覚書」によりILOが技術職業訓練に、ユネスコが技術職業教育に責任を有することを規定
1962年	「職業訓練に関する勧告」ILO総会にて採択
1962年	「技術職業教育に関する勧告」ユネスコ総会にて採択（1974年改正）
1975年	「人的資源の開発における職業指導及び職業訓練に関する条約」及び「人的資源の開発における職業指導及び職業訓練に関する勧告」ILO総会にて採択
1987年	技術職業教育の開発と向上に関わる第1回国際会議（ユネスコ主催、ベルリン）
1989年	「技術教育及び職業教育に関する条約」ユネスコ総会にて採択
2000年	世界教育フォーラムで「ダカール行動枠組み」を採択
2000年	UNEVOC国際センターがボンに設立
2001年	「技術職業教育に関する改正勧告2001年」ユネスコ総会にて採択
2002年	「21世紀のための技術職業教育：ILOとユネスコの提言」発行
2004年	「人的資源の開発（教育、訓練及び生涯学習）に関する勧告」ILO総会にて採択
2004年	「労働、市民性と持続性のための学習」ユネスコ国際専門家会議開催

（出所）筆者作成

図1　世界銀行によるTVET分野への融資額の推移

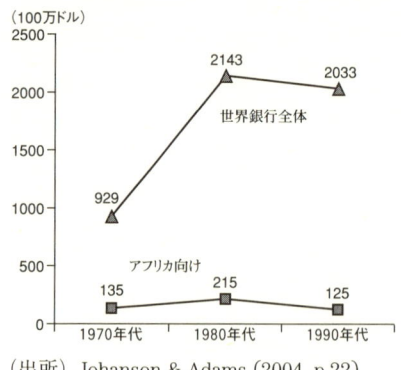

(出所) Johanson & Adams (2004, p.22)

図2　世界銀行の教育分野融資に占めるTVETの割合

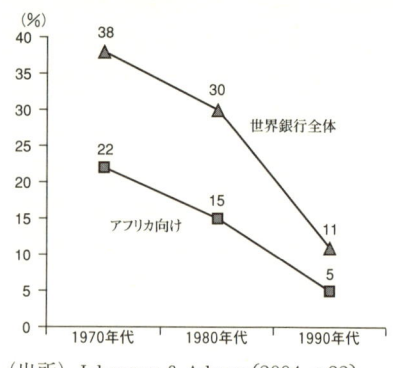

(出所) Johanson & Adams (2004, p.23)

ている。他のサブセクター、とりわけ初等教育への融資が増えるなかで、教育セクター向けの融資に占めるTVETの位置づけ（図2）は、1970年代から90年代まで一貫して低下していることがわかる。

　それが近年、いくつかの重要な動きを見せている。2000年4月には世界教育フォーラムにおいて「ダカール行動枠組み」が採択され、EFA目標の一つにライフ・スキル・プログラムへの平等なアクセスが盛り込まれた[5]。同年7月にはユネスコTVET国際センター（UNEVOCセンター）がボンに開設され、ユネスコのTVET関連活動がさらに強化されている[6]。また世界銀行が中等教育、スキル・ディベロプメントと高等教育それぞれに関する重要な報告書を出版した[7]。特に、公的部門は自ら非効率的なTVET提供者であるよりは効果的な規制監督者となるべきである、と主張する世界銀行が、サブサハラ・アフリカに焦点を当てたスキル・ディベロプメント政策レビューを行い、新たな政策提言を行っていることの意義は大きい。

　ただし、国際機関の関心の高まりが、必ずしも直ちに投入資金の増額へと反映されるわけではない。世界銀行の2000年から2006年までの傾向を見ると、教育分野融資に占めるTVETの割合は、サブサハラ・アフリカでこそ5.7％と1990年台（5％）から増加傾向にあるが、世界銀行全体では4％と1990年台の平均をさらに下回っている（世界銀行EdStatsウェブ版）。TVET分野における政府の役割が、直接のサービス提供者であるよりは質の確保や資格制度

の整備、民間の取り組み強化などを進めるファシリテーターであるべきである、とする世界銀行の基本姿勢には大きな変わりはない、と見るべきかもしれないが、そうしたなかでのサブサハラ・アフリカに対する世界銀行の姿勢はやはり注目すべきである[8]。

　次に国内要因であるが、これにはいくつか考えられる。そのひとつが初等教育の普及である。とりわけ過去十数年間において、途上国の初等教育は飛躍的な拡大を遂げた。1990年以降の「万人のための教育」実現に向けた途上国国内および国際的な取り組みの成果とも言えるであろう。例えば、世界で最も普及が遅れていたサブサハラ・アフリカ地域においては、1999年から2005年のわずか5年間で、総就学率が80％から97％へ（純就学率では同57％から70％へ）と増加している（UNESCO, 2007, Table 5）。短期間での初等教育の規模の拡大は、質の維持あるいは改善という難題を抱えつつも、卒業生の増大、ひいては中等レベルの教育機会拡充への圧力を高めている。事実、同期間のサブサハラ・アフリカ中等教育総就学率は24％から32％へと、他の地域と比べて依然低いながらも増加している（UNESCO, 2007, Table 8）。これら低所得国においては高等教育も比較的速いペースで拡大してはいるものの、大学入学資格を持っていても入学できないほど、依然としてその門は狭い[9]。つまり、途上国の大多数の若者にとって、中等教育レベルは教育のターミナルポイントとなっているのである。進学向けの普通コースに入れなかった生徒たちのなかには、より収入の高い就職先に就くためにTVETに入るものも少なくない。それが、中等教育の普通科にも職業訓練の要素を取り入れさせ、またTVET拡充に向けた取り組みを招いている側面もあると考えられる。

　別の国内要因として、2000年代に入って途上国経済が比較的好調な発展を続けていることが挙げられる。しかし、それが工業化の進展のように経済構造の変化を伴うもの、すなわち新たなスキル・ディベロプメントの需要を高めるものとなっているとは限らない。むしろ多くの途上国が依存している一次産品価格の国際価格が高水準で推移していることに拠っている部分が大きいと思われる。いずれにしても、国ごとによってその状況には大きな差があり、以下に述べるように、経済成長が雇用拡大、技能向上へのニーズの増大、と単純につながらない経済・労働市場事情があるため、個別事例を詳しく見る必要がある。

また、もうひとつの国内要因として、貧困削減と経済成長に向けた国家的取り組みのなかでスキル・ディベロプメントを取り上げる機会が増していることが挙げられる。これは旧来からスキル・ディベロプメントに期待されていた役割に基づくものであるが、先に触れた EFA の一部としてのスキル・ディベロプメントの重要性が認識されていることに加えて、ミレニアム開発目標、PRSP（貧困削減戦略文書）を中心とする貧困削減支援アプローチの登場といった外的要因との相互効果がスキル・ディベロプメントの強化を後押ししているようである。

3-2　途上国の現状

　では高まる期待と圧力に対して、途上国はこれに対応できているのだろうか。いくつかの懸念が指摘される。多くの途上国の労働市場は、年々規模を拡大させている。サブサハラ・アフリカ地域全体では1990年には2億1000万人だった労働力人口が2005年には3億600万人へと約1.5倍に増えている[10]。それ以外の地域の途上国でも押しなべて労働力は増加している（表2）。これは過去の高い人口増加率と教育システムの拡大、そして経済活動に参加する女性の増加などの影響によるものであって、経済成長の重要な要素となりうる。とはいえ、毎年の新卒者とこれまで蓄積された潜在的失業者を吸収するに足るだけ労働市場が拡大しなければ、あるいは労働者のスキルと市場のニーズが合わなければ、失業、または不完全就業が増加する。特に低所得国のフォーマル・セクター[11]では公的部門はその肥大化を抑制するために雇用吸収力が制限され、民間の雇用も労働力の増加に追いついていないのが実情である。すでに多くの国々で若年層の失業の高さが深刻な問題になっている。表2に示されている通り、ここに挙げたすべてのサンプル国において、15歳から24歳までの青年失業率は全体の失業率を大きく上回り、南アフリカでは60％という驚異的な高さに至っている。労働市場に関する情報がタイムリーかつ正確に提供されるシステムが整っていないことも市場の硬直性を招いている。HIV／エイズによるスキル・ディベロプメント投資効果の損失もサブサハラ・アフリカにおいては深刻である。労働力人口の拡大のもうひとつの結果が、インフォーマル・セクターの拡大であるが、これについては後で触れる。

第12章　スキル・ディベロプメントへの国際協力

表2　各国の労働市場・教育関連データ

	労働力供給		労働市場の歪み		労働生産性		人的資本・スキル・ディベロプメント		
	1人当りGNI (US$) 2005	労働力*指数 (1990=100) 2005	失業率 (%) MR**	青年失業率 (15-24歳) MR**	労働者1人当りGDP (US$ 1997年価格) 2003	1人当りGDP (1980=100) 2003	中等教育総就学率 (%) 2005MR**	中等教育就学者中のTVETの割合 (%) 2005MR**	15歳以上人口の教育年数 2000
ガーナ	450	146.2	8.2	15.9	2,826	114.2	43.6	1.6	3.9
ケニア	530	157.6	-	-	1,952	89.3	48.9	0.6	4.2
南アフリカ	4,960	136.2	28.4	60.1	10,097	79.9	93.4	6.0	6.1
インド	720	129.8	4.3	10.1	5,781	219.1	53.5	0.9	5.1
ネパール	270	147.7	1.1	-	-	-	45.7	1.1	2.4
スリランカ	1,160	115.6	9.0	27.2	10,869	171.3	82.5	-	6.9
中国	1,740	119.4	4.0	10.1	8,380	336.2	72.5	13.0	6.4
インドネシア	1,280	142.5	9.9	13.4	8,385	156.7	64.1	13.4	5.0
ベトナム	620	140.7	2.1	4.6	4,261	242.6	75.8	4.7	-
ブラジル	3,460	146.2	9.7	17.9	14,455	97.5	102.0	1.8	4.9
ホンジュラス	1,190	194.4	5.1	7.9	-	-	65.5	37.4	4.8
ペルー	2,610	156.9	10.3	19.2	9,977	75.7	91.6	10.5	7.6

(注)　＊労働力：経済的にアクティブな人口（ILO定義による）で就労者と失業者を含む。
　　　＊＊MR：最近年。
(出所)　世界銀行 EdStats Data Query ウェブ版、ILO Key Indicators of the Labour Market 4th edition (2006) より筆者算出・作成

経済構造の変化に伴って市場が求める人材が単純労働からより高い技能労働へと変わっていく。これに応じた技能労働者の供給がついていけない場合もある。こうした傾向は輸出志向型で技術革新が盛んな経済構造を持つ国で起こりやすい。公的部門による基礎的なスキル・ディベロプメントでは十分対応できず、企業による現場ニーズに即した訓練の強化が必要となるが、それをタイムリーかつ継続的に行うことができるのは主に大企業に限られる (Gill et al., 2000)。

供給サイドとしては、TVET の提供者、内容、期間、といずれも多様で、このうち公的教育・訓練機関だけを見ても、多くの途上国で教育省、労働省、工業省、地方自治体など様々な省庁および公的機関がこれを監督し、あるいは直接提供している。このほかに民間、インフォーマルなものがあるわけだから、その全体像を把握することは容易ではない。サブサハラ・アフリカでは2005年に中等教育就学者のうち6.2％の206万人が技術職業教育プログラムを受けている。先進諸国平均17.3％、東アジア諸国平均11.8％、ラテン・アメリカ10.3％、と比べてかなり低いが、南アジアと南西アジアは2.4％とサブサハラ・アフリカをさらに下回っている (UNESCO, 2007, Table 8)。同割合が、先進諸国など経済の発達した地域で概して高い割合を示しているのは興味深い。

後期中等教育になると職業訓練教育就学者の比率はどの国においても格段に高くなり、特に東欧諸国には5割を超える国が多いが、アルゼンチン(90％)、エジプト(57％)、キューバ(57％)、ルワンダ(56％)、コンゴ(47％)などでも高い数字を示している[12]。一方ではケニア(2％)、イエメン(2％)、インド(2％)などのようにごく小さい規模の国もある (UIS, 2007, Table 5；表2も参照)。また、いくつかの国々では2000年から2005年までの5年間に中等レベルTVET就学者数に顕著な伸びを見せている。エチオピア(2000年の9.9倍)、クウェート(3.8倍)、カメルーン(2.8倍)、モンゴル(2.2倍)、ベトナム(2.0倍)などである。

このように実際のTVETへの取り組み状況は国によってかなりのばらつきがあり、必ずしも教育制度の普及、あるいは経済発展レベルと呼応したものとはいえない。それが基礎教育の普及を受けて起こっている現象なのか。高等教育への進学が制限されているための次善の選択によるものか。経済構造

第12章　スキル・ディベロプメントへの国際協力

と人材需要のあり方に対応するものか。あるいは政府の政策に基づくものか。各事例について注意深く観察する必要がある。

　ただし、TVET 部門の拡大が主に公的機関によるものである場合、途上国の公的 TVET が陥りやすい3つのギャップに注意しなければならない。監督機関が複数多岐にわたるため、公的 TVET 分についてだけでも提供するプログラムに関わる情報を正確に把握されていないことが多い。効果的なスキル・ディベロプメント戦略作りのための情報整備が重要な課題となっている。にもかかわらず、公的 TVET にありがちな弱点として、政策立案者、カリキュラム策定者が労働市場の現場とあまり対話しないこと、その結果、労働市場の動きや産業界のニーズを反映した政策となっていないことがしばしば指摘される（政策ギャップ）。雇用者側が TVET のスキルを評価せず、政府の政策に冷ややかな対応をしていては両者の協力関係は築けない。

　また、変化を続ける労働市場のニーズ、あるいは産業界が求める労働者のスキルと、TVET が提供しているスキルの内容的なミス・マッチ（レリバンス・ギャップ）も問題である。これにはいくつかの側面がある。長年改定されない時代遅れのカリキュラム、あるいは善意の政策によるにもかかわらず職場感覚を伴わないカリキュラムがレリバンス・ギャップの原因となっている場合。すでに現場であまり使われていない古い機械や技法を用いて学ぶため、結果として習得した技能がそのまま役立たない場合。また TVET の提供者は、修了生が雇用後に即役立つ知識と技能を身につけてもらうことを目指すが、企業の中には特定の技能に優れた人材より、むしろ新たな技術に柔軟に対応できる人材を好む場合も多い。さらに、TVET の利用者は高収入につながる高い技能の習得を希望するが、それが TVET によって満たされないだけでなく、労働市場が低コスト・低技能を求めている場合もある。総じて、TVET の意図、プロセス、結果のそれぞれが現場のニーズを反映していない恐れが小さくないのだ。その上、雇用の機会が主としてインフォーマル・セクターに求められるとすれば、つまり裏を返せば、フォーマル・セクターの雇用が十分見込まれる環境が整っていなければ、フォーマル・セクターへの雇用を想定した公的 TVET への投資の拡大を正当化することは難しい。

　財政的にも公的 TVET 部門は難問を抱えている。EFA が初等教育の普及および質的改善に向けての政府による強いコミットメントを求めているのに加

え、同時に前述の外的要因と合わせて中等教育のみならず高等教育の拡充への圧力も強まっている。途上国政府自身がスキル・ディベロプメントに高い関心を抱きつつも、公的TVET分野に対する予算配分を急速に増加することが許容されるような状況ではない（資金ギャップ、図3参照）。TVETを提供するためのコストは中等レベルにおいて普通教育の場合より数割から倍以上高いのは普通である（Gill et al., 2000）。実地で使える技術を身につけさせようとすれば設備への投資がかさむ上に、変化と進歩を続ける雇用現場でのニーズに適時に対応しようとすれば、公的部門にはコスト的にも対応能力的にも負担が大きい。

仮にTVETの目的の一面が高等教育に進めなかった者を受け入れ、または青年の失業増加を防ぐことにあったとしても、労働市場での利用価値が低い、時代遅れの、あるいはニーズに対して不適切なスキルを身につけても意味がない。つまり、TVET強化の政策意図はあっても、予算は増やせないし、また単純に増やすことも危険なのである。むしろ今のところ、改革を条件とするドナー支援の拡大に期待している部分が大きいのだ。利用者負担、民間との協力などによる財源の多様化、あるいは直接のプロバイダーから民間による提供へのファシリテーターへと役割を変えることは、一部のドナーからの

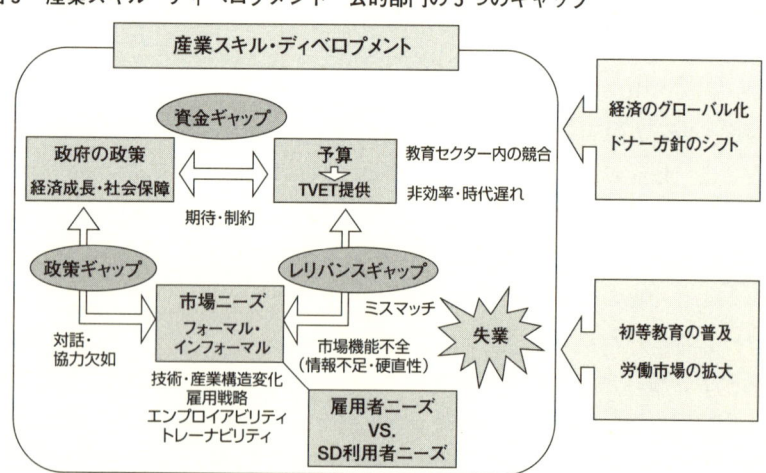

図3　産業スキル・ディベロプメント—公的部門の3つのギャップ

（出所）筆者作成（吉田, 2007に加筆）

第12章　スキル・ディベロプメントへの国際協力

助言によるまでもなく、必要に迫られた改革となっている。

　これに加えて、経済成長と社会保障の二重の目的が期待されるスキル・ディベロプメントは、その政策目的自体に内在する困難な問題を持っている。成長を促すスキル・ディベロプメントは高度化する技術に対応する、まさにスキルの向上を目指す（ダイナミックなスキル・ディベロプメント）。大企業による企業内訓練はこの類である。他方、社会保障政策として貧困削減を目指すスキル・ディベロプメントは、貧困層や社会的に不利な立場にある人びとの経済活動への参加を促すが、多くの場合、既存の簡単な技術をこれら対象者にまず身につけてもらうことでこれを実現しようとするため、スタティック＝停滞的なスキル・ディベロプメントに終わってしまいかねない。

　しかし、スキルそのものにダイナミックなものとスタティックなものがあるわけではない。重要なことは、スキルを習得した労働者がそこから次のより高いレベルに対応できるか、企業がより生産性を高めるための投資をできるかどうか、によって左右される、ということである。そこで決め手になるのがトレーナビリティである。企業内訓練を実施する体力と競争力のある企業は、継続的な訓練が効果（技能、生産性、所得の向上）につながるための前提条件として、その基礎となる教育レベルを労働者に求める（トレーナビリティ）。同様に、貧困層にとってもトレーナビリティが欠如していれば、彼らは結局低レベルのスキルを用いる職種から上に進むことはできない。それは彼らを雇用する企業にとっても弱点となりかねない。

　また多くの場合、中小企業に対しては金融や新技術へのアクセスなど市場の歪みを是正する形での政府による支援と、労働市場の活性化政策との組み合わせを必要とするが、これがちぐはぐだと総合的な効果は期待できない。労働力の供給が増加するなかで、教育、スキル・ディベロプメントの強化が、フレキシブルで吸収力の高い労働市場を通じて労働生産性の向上を実現させるためには、政府と企業と労働者（および将来の労働者）の期待と実際の役割がかみ合っていなければならない。途上国を取り巻く環境の中でこれを成功させることは容易なことではないが、少なくとも過去の経験が示唆する教訓は把握しておかなければならない。

4. 経験から得られる教訓と改革の試み

4-1　世界銀行とILOによる政策的教訓

　1991年の世界銀行のTVET政策報告書は、ILO、米州開発銀行、GTZなどの援助機関と途上国53カ国の協力を得て作成され、その後のTVET支援に大きな影響力を持った報告書である。この中で、世界銀行は、労働力のスキル・ディベロプメントを最も効果的かつ効率的に行うのは民間部門による訓練である、と主張している。しかし、実際には民間部門の訓練機能は量的にも質的にも不十分であるため、とりわけ低所得国においては政府が当面TVETを提供しあるいは資金負担する必要性が生じる (World Bank, 1991, pp.7-8)。同報告書はそうした政策を立案し、実施していく上で留意すべき点をいくつか挙げている（以下、World Bank, 1991 ; Middleton et al., 1993）。

（1）初中等教育の強化

　技術が進歩し、技能職の生産性を確保する上で求められる認知力、論理力が拡大している。雇用後の再訓練が効果的となるためには基本的コンピテンシーの基礎を持った労働者が求められる。したがって公的財源を用いて労働力の生産性と流動性を改善する上で費用対効果が最も高いのは、初中等教育への投資である。

（2）民間による訓練の促進

　このためには、高すぎる水準に設定された最低賃金、公務員としての採用保証など、民間による訓練を阻害する政策的歪みをできる限り是正し、良好な政策環境を作るべきである。それができない場合は、訓練生（徒弟など）は最低賃金の対象から外すなどの補正措置をとる。雇用者による訓練の奨励、徒弟制度の改善（理論的知識の強化など）、民間訓練の規制緩和などの促進政策を取り入れる。

（3）公的訓練の効果と効率性の改善

　民間による訓練が不十分な場合、TVET市場が不完全な場合、外部経済性

が見込まれる場合、あるいは社会的不平等を改善する場合、これら4つの場合には公的部門による助成、または訓練の提供が正当化される。その介入の例としては、①TVETの労働市場志向（雇用機会や労働需要の変化への対応）を改善すること、②訓練と教育の役割と実践を差別化し、訓練機関の専門性、権限と説明責任を強化することでTVET機関の経済への対応力を高めること、③TVET機関の統合および利用率の向上で訓練資源を効率的に活用すること、④TVET機関の政策実施能力を高めること、⑤財源の多様化を図ること、などが考えられる。

(4) 公平化戦略としてのTVET

　労働力が主な資産である貧困層に向けた政策として、初中等教育の拡充を優先政策とする。都市・農村部のインフォーマル・セクターでは、徒弟制度の改善に加え、自営起業、市場・生産品・需要等に関する情報の利用、資金へのアクセスを促進する。職能訓練はこれら雇用と所得向上の諸策の一環として実施する。女性や少数民族に対しては、雇用上の差別をなくし、対象者を絞った訓練を提供する。

4-2　様々なスキル・ディベロプメント改革

　これらの教訓を生かして、1990年代以降はスキル・ディベロプメントの改革期に入っているといってよいだろう。その試みは、教育機関を合併させて職業教育と普通教育を統合するもの、職業教育課程に一般教養を増やすもの、後期中等教育の普通課程に職業科目を取り入れるものなど様々で、途上国においてのみならず、先進諸国でも活発に行われている。ブラジルでは職業教育にコンピテンシーを基本とするアプローチならびに認証制度を導入して、将来の継続的教育・訓練を助け、労働市場への参加を効果的にするための改革が行われている。ブラジルにはまた各州の商工会のもとで運営されるSENAI（工業訓練機関）、SENAC（商業訓練機関）、SENAR（地方訓練機関）が政府とは独立に機能して効果をあげている。シンガポールでは公的なスキルズ・ディベロプメント基金を設け、企業が従業員に公認のノンフォーマルな教育・訓練を受けさせることを奨励している。南アフリカでは従来の狭い職能別の徒弟制度に代えて、異なる職能間で、公的機関、企業などを問わず、

理論と実践をあわせた多種多様な資格をまたぐラーナーシップ制度が展開されている。インドでは企業が一定の徒弟を採用することが義務づけられていて、採用企業は企業内訓練を実施し、政府は訓練センターで理論的指導を行っている (ILO, 2002)。

中進国程度に経済発展が軌道に乗り、労働市場も活性化されてくれば、これに対応してTVETにおける公的部門のあり方も変わるべきである、という主張は理解できる。では引き続き大多数の国が低所得群に属するサブサハラ・アフリカ諸国ではどうか。この地域では過去数年間、経済はそれまでと比べて比較的順調に成長を続けているが、他の地域との所得格差はむしろ広がっている[13]。その中で、先に見たように労働市場はフォーマル・セクターだけでは労働力人口の拡大に対応できず、インフォーマル・セクターが重要な雇用吸収先となっている。自給的な自営業、登録されていない零細企業および小規模企業がこれに含まれ、大多数のサブサハラ・アフリカ諸国において非農業就労の過半を占めている。また、教育の普及に伴って、近年新たにインフォーマル・セクターに参入した人びとの中には、より高い教育を受けており、賃金労働より自営を好むものも含まれる。しかし大部分のインフォーマル雇用は規模が零細で、賃金の支払われない家族労働に頼っている。この分野における生産性の向上が貧困削減のためには重要であり、資金と技術へのアクセス確保などと組み合わせたスキル・ディベロプメントが求められている。

一方で、いくつかのサブサハラ・アフリカの国々においてはTVETの有効性を高めるための改革が進んでいる。例えばガーナにおいては、従来複数の省庁が提供していたTVETの調整機能の強化[14]、質の確保、資格制度の統一に向けた改革が行われている。またウガンダでも同様にTVETの質とレリバンスの向上、資格制度の整備などの改革を展開している[15]。これらの改革の動きが、現実の労働市場の特徴にどれだけ対応したものになるかによってその効果が試されることになるであろう。

世界銀行はスキル・ディベロプメント／TVETに関連する報告書 (Johanson & Adams, 2004) の中で、前回の政策ペーパーの提言を踏襲しつつ、サブサハラ・アフリカのスキル・ディベロプメントを行うにあたっての当面の課題を以下のように述べている。

● 公的訓練を効果的にする

そのための措置として、雇用者、政府および非政府の訓練機関、被雇用者、訓練を受ける人、など多様なステイクホルダーの視点を取りこんだ調整機関を設置する。訓練機関の裁量権と説明責任を高め、スキル・ディベロプメントの質とニーズへの対応性を高める。短期間の、コンピテンシーに基づく訓練（CBT）の成功に学ぶ。

● 非政府系訓練機関の市場を開拓する

NGO、宗教系機関、営利目的の訓練機関がこれに含まれ、サブサハラ・アフリカでは成長している。政府はこれらをモニターし、訓練の標準を設定することで、利用者に有用な情報を提供することができる。

● 企業を訓練者として認識する

企業による訓練は制度的に整ったものとOJT（オン・ザ・ジョブ・トレーニング）があるが、概して効果的である。政府の支援は税制面での優遇程度に限られているが、小規模企業向けの補助の必要性は認めうる。

● インフォーマル経済のスキル強化

訓練基金[16]や被雇用者向けバウチャー（利用券）など需要側の資金負担をすることで訓練内容は改善される。公的資金は成長が見込まれる分野に特定する。

● 改革の推進

費用回収と予算確保の方法（訓練参加料、雇用者への訓練税など）を多様化させ、非政府機関による訓練を奨励することで、財政負担を軽減する。予算配分にあたっては質、効果、レリバンスの改善につながるインセンティブとなるよう、競争を導入し、あわせて社会的公平性にも配慮する。

スキル・ディベロプメント／TVETの形態をもとに、近年の新たな試みと主な教訓を整理すると図4のようになる。従来型モデルでは、制度化された教育・訓練機関が行うTVETは政府が直接運営・提供するものが多く、民間、ノンフォーマルなものも並列し、さらに企業による訓練や徒弟制度などが存在していた。改革型モデルでは、まず政府の役割を直接関与者から補助・促進する立場へと転換する。企業が訓練に取り組みやすい環境を作り、利用者負担制度を導入し、また必要に応じてインフォーマルな訓練を助成する。さ

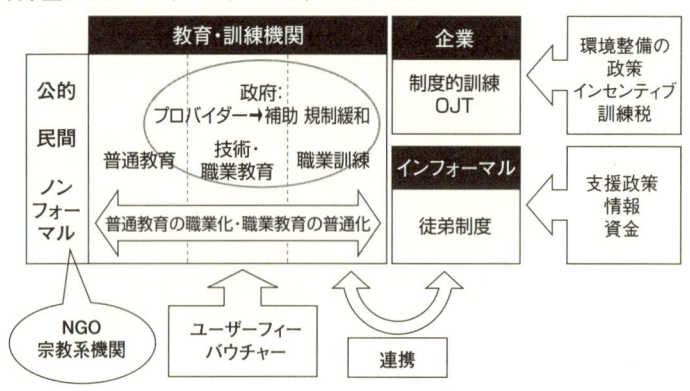

図4 改革型スキル・ディベロプメント／TVETモデル

```
                    ┌─────────────────────────────┬──────────────┐      ┌──────────┐
                    │       教育・訓練機関        │    企業      │      │環境整備の│
            ┌───────┼─────────────────────────────┤              │      │  政策    │
            │ 公的  │       政府:                 │ 制度的訓練   │ ←──  │インセン  │
            │       │   プロバイダー→補助 規制緩和│    OJT       │      │ ティブ   │
            │ 民間  │   普通教育  技術・  職業訓練│              │      │  訓練税  │
            │       │             職業教育        ├──────────────┤      ├──────────┤
            │ ノン  │                             │インフォーマル│      │ 支援政策 │
            │ フォー│                             │              │ ←──  │  情報    │
            │ マル  │ 普通教育の職業化・職業教育の普通化 │ 徒弟制度 │      │  資金    │
            └───────┴──────────┬──────────────────┴──────┬───────┘      └──────────┘
                 ▲              ▲                         ▲
           ┌──────────┐   ┌──────────┐              ┌──────┐
           │   NGO    │   │ユーザーフィー│            │ 連携 │
           │宗教系機関│   │  バウチャー  │            │      │
           └──────────┘   └──────────┘              └──────┘
```

(出所) 筆者作成

らに多様なスキル・ディベロプメント・プレーヤーの間の連携を推進する。その一方で、普通教育に職業教育的要素が取り入れられる傾向、その逆に職業教育に普通教育的要素が取り入れられる傾向について、その動向をモニターし評価することも必要である。

5. おわりに

スキル・ディベロプメントが効果的であるためには、訓練を受ける側のトレーナビリティが求められ、そのためには基礎的な教育が前提となる。そしてその「基礎的」とされる教育のレベルは経済発展の度合いとともに、またそれと相関的に進む教育の普及とともに高まる傾向がある。労働市場が必要とする技能と、身につける技能がマッチしていることも不可欠である。しかし、スキル・ディベロプメントはサプライ・ドリブンであるよりはデマンド・ドリブンで提供されることで、より効率的にニーズに対応できる。政府は情報システムの整備、賃金政策など労働市場の歪みを改善することを含めて、教育訓練機関および企業が行うスキル・ディベロプメントに適切な環境を整備し、必要に応じてこれを支援する。そのためには民間との協力を強化し、変化に対応できるスキル・ディベロプメント体制を確立する必要がある。これらの総合的な取り組みによって、訓練を受けた人びとのエンプロイアビ

リティを高める成果主義のスキル・ディベロプメントが可能となる。

　具体的な政府のスキル・ディベロプメントへの関わり方は定型化できるほど単純なものではない。しかし留意すべき点は共通している。すなわち、労働力の規模が拡大している場合、それが雇用の拡大につながっているか、あるいは失業の増加を引き起こしているか。その原因はどこにあるか。主な雇用吸収産業に自ら訓練を提供する能力があり、それに必要な情報、資金へのアクセスが確保されているか。TVETプログラムの卒業生がその後労働市場で予定された分野で働いているか。労働者の教育水準がどの程度で、したがってどのようなスキル・ディベロプメント投資が個人・雇用者双方にとって有益であるか。これらを注意深く検証することによってTVETの改革、そしてスキル・ディベロプメントの方向性が見えてくるであろう。

　フォスターの警鐘は世界銀行のメッセージに引き継がれ、スキル・ディベロプメントを実施する上での基礎教育、および中等普通教育の重要性が繰り返し指摘されている。今日の途上国では、確かにその後、初等教育が格段に普及している。しかし量的に拡大した初等教育の質を確保し、あるいは向上させることについては、国際数学・理科教育動向調査（TIMSS）などの結果からも明らかなように、さらに取り組まなければならない重要課題として残されている国が多いのが実情である。その一方で、政府が中等教育での普通教育を強化するだけでは途上国のスキル・ディベロプメントは達成されない。

　近年のスキル・ディベロプメント再興の背景には途上国内外からの追い風要因がある。これまでの世界的な経験の蓄積とその教訓が示唆するものもかなり整理されてきた。これらを生かして、従来型のモデルから改革型モデルに移行して、スキル・ディベロプメントの効果を高めようとする取り組みに対しては、国際機関・ドナーも積極的に支援をする姿勢が見えている。これらの好条件を途上国が自分のものとするためには、国全体としてのスキル・ディベロプメントのための仕組みづくりが不可欠である。それには公的TVETが抱える政策、レリバンス、資金の3つのギャップをどのように克服するか、民間、インフォーマル・セクターはどのような役割を果たせるか、各途上国の実態に即して検討し、具体的な成果につなげなければならない。あわせて、その過程におけるドナーや国際機関が果たす役割も、単なる警鐘や一過性のムード作りに終わらせないための強固なパートナーシップ確立に

向けた努力が求められている。

　比較的安定した世界経済、自国経済の成長、国際協力機運の高まり、これらが途上国を取り巻く環境として揃っている時期は貴重である。グローバル化の進展と教育システムの拡大といった圧力を受けるなかで再来したスキル・ディベロプメントへの関心の高まりに対して、安易な政策に基づいて古いワインに酔いしれ、格好の機を逃すことのないよう、慎重な政策立案と実施を支援することが、今、国際協力に求められている。

注
(1) 国際協力機構（JICA）は、スキル・ディベロプメントと産業人材育成を分けて、前者は、主に貧困層や社会的弱者の生計向上のための職業的技能習得の支援と定義し、人々が基礎的な技能を習得することで収入を得られるようにすることで、貧困削減に直接貢献することを目指すもの、としている。他方、産業人材育成については、フォーマル・セクターの企業での雇用を目的とした人材育成で、国の産業の国際競争力を高めることを目指すもの、と定義している（山田・松田, 2007）。本章ではスキル・ディベロプメントを産業人材育成と貧困削減のためのスキル習得の両面を含むものととらえる。
(2) 効果的なスキル・ディベロプメントの条件を検討する上では、さらにPolanyi（1966）の「暗黙知」に関する研究についても検討する余地があるが、議論の拡散を避けるため、本章の議論からは外している。
(3) Working Group for International Cooperation in Skills Development のホームページ [http://www.norrag.org/wg/] より。
(4) ILOは、基礎教育は各個人が人間性を十分に開発することを確実にし、雇用可能性の基礎を確立することを役割とする、ととらえている。初期訓練については、その上に、一般的な中核的労働技能、その基礎となる知識、および、労働の世界への移行を助長する持ち運び可能な、産業に対応した、専門的なコンピテンシーを提供することによって個人の就職可能性をさらに発展させることをその役割としている（ILO, 2002, Annex2「人的資源訓練と開発に関する決議」）。
(5) 世界人権宣言（1948年国連総会で採択）の26条で、初等教育が無償で義務的でなければならないことに加え、「技術教育および職業教育（professional education）は広く一般が利用できるようにされなければならない」と規定していることを思い起こしたい。
(6) UNESCO-UNEVOCの出版にLauglo（2005）がある。また、UNESCO-IIEP（ユネスコ教育計画国際研究所）からもAtchoarena & Delluc（2002）、Atchoarena & Esquieu（2002）などのTVET関連の出版が続いている。
(7) World Bank, 2002 ; 2005 ; Gill et al., 2000 ; Johanson & Adams, 2004 ; Task Force on Higher Education and Society, 2000。また2007年版『世界開発報告』は青年（youth）をテーマとして関連の問題を扱っている（World Bank, 2006a）。
(8) 参考までに、JICAの教育分野に占めるTVETの割合は一貫して重要な位置を占め、

データのある1990年台の後半から2001年まで首位に位置していたが、2002年以降は基礎教育がTVETを上回って最大の割合を占めている（会計年度ベース、山田・松田, 2007）。
(9) 2005年の低所得国（一人当たり国民所得が2005年で875ドル）の高等教育総就学率は8.7％、サブサハラ・アフリカでは同5.1％（世界銀行 EdStats ウェブ版）。
(10) 失業者を含む。
(11) 経済統計に含まれる、公的部門および民間部門。これに対し、零細規模で登録されず統計にも含まれない経済部門をインフォーマル・セクターと呼ぶ。
(12) 先進国でも、オーストリア（79％）、オランダ（68％）、スイス（65％）、オーストラリア（62％）、ドイツ（60％）と比率の高い国が多い。日本は25％（UIS, 2007）。
(13) サブサハラ・アフリカ全体のGDP年平均成長率は、1980年代が1.8％だったが、1990年台は2.4％、2000年から2005年は4.2％と改善している。しかし1990年を100とした2005年の一人当たりGDPは、サブサハラ・アフリカ107に対して、東アジア大洋州282、南アジア173、ラテン・アメリカ／カリブ124とその遅れが際立っている（世界銀行 World Development Indicators ウェブ版）。
(14) 2006年7月には既存のTVET調整機関の機能を大幅に強化するためのTVET評議会（COTVET）法案が成立している。
(15) ドイツ技術協力公社（GTZ）ホームページより。
(16) 政府補助、企業への課税、ドナー資金などからなる。サブサハラ・アフリカでは21カ国で導入されている（Johanson & Adams, 2004）。

参考文献

岡田亜弥（2005）「第8章 産業技術教育・職業訓練」黒田一雄・横関祐見子編『国際教育開発論―理論と実践―』有斐閣, 156-175頁。
尾高煌之助編（1989）『アジアの熟練―開発と人材育成―』アジア経済研究所。
山田肖子・松田徳子（2007）『アフリカにおける職業・産業人材育成（TVET）―変化する支援環境と人材需要への対応―』平成18年度客員研究員報告書, 国際協力機構。
吉田和浩（2007）「スキル・ディベロプメント分野の教育協力と経済発展に関する調査研究」平成18年度拠点システム構築事業「国際教育協力イニシアティブ」国内報告会発表資料。
Atchoarena, D. & Delluc, A. (2002). *Revisiting Technical and Vocational Education in Sub-Saharan Africa: an update on trends, innovation and challenges.* Paris: UNESCO.
Atchoarena, D. & Esquieu, P. (2002). *Private Technical and Vocational Education in Sub-Saharan Africa: Provision patterns and policy issues.* Paris: UNESCO.
Foster, P. (1965). The Vocational School Fallacy in Development Planning. In C. A. Anderson & M. M. Bowman (Eds.), *Education and Economic Development.* Chicago: Aldine Publishing.
Gill, I., Fluitman, F. & Dar, A. (Eds.) (2000). *Vocational Education and Training Reform: Matching Skills to Markets and Budgets.* Oxford University Press for the World Bank.
International Labour Office (ILO) (2002). Learning and Training for Work in the Knowledge Society. Report IV(1). Geneva: ILO.

International Labour Office (ILO) (2004). Recommendation Concerning Human Resources Development: Education, Training and Lifelong Learning (Recommendation 195).
Johanson, R. (2002). Sub-Saharan Africa: Regional Response to Bank TVET Policy in the 1990s. The World Bank.
Johanson, R. & Adams, A. V. (2004) *Skills Development in Sub-Saharan Africa*, World Bank Regional and Sectoral Studies. Washington, D.C.: The World Bank.
Lauglo, J. & Maclean, R. (Eds.) (2005). *Vocationalisation of Secondary Education Revisited*, UNESCO-UNEVOC Book Series, Vol.1. Dordrecht: Springer.
Middleton, J., Ziderman, A. & Arvil, V. A. (1993). *Skills for Productivity: Vocational Education and Training in Developing Countries.* New York: Oxford University Press for the World Bank.
Polanyi, M. (1966). *The Tacit Dimension.* New York: Doubleday and Co. (日本語版：マイケル・ポラニー（1980）『暗黙知の次元―言語から非言語へ―』佐藤敬三訳，紀伊国屋書店）
Task Force on Higher Education and Society (2000). *Higher Education in Developing Countries; Peril and Promise.* Washington, D.C.: The World Bank.
UNESCO (2007) *EFA Global Monitoring Report 2008: Education for All by 2015 Will we make it?* Paris: UNESCO.
UNESCO Institute for Statistics (UIS) (2007) *Global Education Digest 2007: Comparing Education Statistics Across the World.* Montreal: UIS.
Working Group for International Cooperation in Skills Development (2007). Skills Development Policies and International Cooperation in East and South-East Asia. Debates in Skills Development Paper 11. [hppt://www.norrag.org/pdf/Paper%2011.pdf] (October 2007)
World Bank (1991) *Vocational and Technical Education and Training:* A World Bank Policy Paper. Washington, D.C.: The World Bank.
World Bank (2002) *Constructing Knowledge Societies: New Challenges for Tertiary Education.* Washington, D.C.: The World Bank.
World Bank (2005) *Expanding Opportunities and Building Competencies for Young People: A New Agenda for Secondary Education.* Washington, D.C.: The World Bank.
World Bank (2006a). *World Development Report 2007: Development and the Next Generation.* Washington, D.C.: The World Bank.
World Bank (2006b). *Africa Development Indicators 2006.* Washington, D.C.: The World Bank.

第13章

ジェンダー平等を目指した女子教育の拡充
―UNGEI とユニセフ―

勝間　靖

1. はじめに

　今日の国際社会は、2000年9月に国連総会およびミレニアム・サミットで採択された「国連ミレニアム宣言」に基づき、「ミレニアム開発目標（Millennium Development Goals：MDGs）」を2015年までに達成するべく国際開発協力を進めている。具体的には、「極度の貧困と飢餓の軽減」「初等教育の完全普及」「ジェンダー平等と女性の地位向上」「乳幼児死亡の削減」「妊産婦の健康の改善」「HIV／エイズ、マラリアなどの疾病の蔓延防止」「環境の持続可能性の確保」「開発のためのグローバル・パートナーシップの推進」が開発目標として含まれている。

　本章では、ジェンダー平等へ向けた女子教育を取り上げる。まず、1990年頃からの女子教育への関心の高まりを振り返る。そして、教育における男女格差を解消する取り組みの遅れを確認したのち、その認識に基づいて2000年に新たに設定された「ダカール行動枠組み」といった目標を概観する。そして、MDGs という国際社会において共有された国際開発政策へ貢献しようとするなかで、国連児童基金（ユニセフ）がいかなる教育開発戦略をとっているかを考察したい。その際、女子教育を進めていくための国際的なパートナーシップの枠組みである、国連女子教育イニシアティブ（United Nations Girls' Education Initiative：UNGEI）に注目する。今後の教育開発国際協力の展開を考えるうえで、示唆に富むことも多いと思われる。

2. 女子教育への関心の高まり

　第二次世界大戦後の国際社会において、初等教育を普及することへの関心

が国際的に高まってきた。また、「世界人権宣言」に代表されるように、教育への権利という国際的な規範が発展してきた。その後、その国際規範を実現するために、国際開発の潮流のなかで、教育開発が進められてきた。以上のような背景から、とくに女子教育への関心が高まってきたことを振り返りたい。

2-1　人権としての教育

　初等教育の完全普及について、最初の国際的なコミットメントは、1948年の「世界人権宣言」にみることができる。それは、その後、多くの国際会議において再確認されてきた。なかでも、世界のほとんどすべての国々が締約国となっている「子どもの権利条約」は、子どもの教育を受ける権利を国際法上の人権として確立したという点で重要である。

　「子どもの権利条約」は、1989年11月に国連総会において採択され、翌年の1990年9月に発効した。その28条では、子どもの教育への権利が認められた。さらに、28条は「機会の平等」に基づいて教育への権利を実現するよう求め、2条にある「非差別（non-discrimination）」という一般原則を強調している。「機会の平等」という場合、女子、村落部の子ども、少数グループ、障害をもつ子どもなどへの配慮が考えられる。こうした「非差別」の視点は、開発における人権の主流化を推進してきた（勝間、2008a）。1998年には、「教育への権利に関する国連特別報告者」が人権委員会によって設置され、カタリナ・トマチェフスキー氏が初代特別報告者となった（Tomasevski, 2003）。その後、2004年から現在に至るまで、ベルノール・ムニョス・ビリャロボス氏が特別報告者を務めている。

2-2　開発としての教育

　国連教育科学文化機関（ユネスコ）は、1960年から1966年に至るまで、教育に関する地域国際会議を開催し、1980年までに初等教育を完全普及させるための国際的な合意を形成するうえで主導的な役割を果たした。その後、1990年3月には、ユネスコのほか、世界銀行やユニセフなどの共催により、「万人のための教育世界会議」がタイのジョムティエンにおいて開催され、教育開発のための国際的なパートナーシップが強化された。また、同年9月

には「子どものための世界サミット」がニューヨークで開催された。

　その結果、2000年までの10年間で、すべての人（女子を含む）が基礎教育を受けられるようにし、学齢期の子どもの少なくとも80％が初等教育を修了できるようにするという目標が設定された。「子どものための世界サミット」では、世界で基礎教育を受けていない1億人の子どものうち3分の2は女子であると推定され、女子教育の重要性が強調された。この問題は1995年に北京で開催された「第4回世界女性会議」でも再確認された。

　女子教育の遅れの原因としては、慣習的な態度、児童労働、早婚、資金不足および適切な学校施設の欠如、10代の妊娠、社会および家庭におけるジェンダー不平等などが挙げられた。また、国によっては、女性教師の不足や、早期からの家事の手伝いのため、女子の就学が困難であることが指摘された。こうした背景から、「第4回世界女性会議」は、女子教育の進展の遅れを指摘したうえで、「子どもの権利条約」28条の完全な実施を求めたのである（United Nations, 1995）。

　2000年までの10年間における進展は、必ずしも順調ではなかった。1990年に世界全体として80％であった初等教育の就学率は、1999年には82％までしか向上しなかったと報告された。また、若干の進展があったものの、人口増加もあり、小学校へ行っていない学齢期の子どもの絶対数は1億2000万人のままで改善されていないと推定された。さらに、男女の格差についても、世界全体として6％から3％へと半分に減ったものの、三つの地域においては大きな差が依然として残っていた。サブサハラ・アフリカでは6％、南アジアでは6％、中東および北アフリカでは7％の男女格差があり、これらの地域における女子教育の遅れがとくに懸念された（UNICEF, 2001）。こういった問題の深刻さへの危機感から、1999年には、NGOや教員組合による「教育のためのグローバル・キャンペーン」が設立され、その後も、活発な啓発活動が展開されてきている。

2-3　「ダカール行動枠組み」とMDGs

　以上のような問題意識から、2000年以降に相次いで開催された国際会議では、新たな目標設定が行われた。4月には、セネガルのダカールで世界教育フォーラムが開催され、「ダカール行動枠組み」が採択された。ダカール会

議は、ジョムティエン会議での「万人のための教育世界宣言」の理念を再確認するとともに、これを実現するための関心と努力の再結集を国際社会へ呼びかけた。

そうして、9月には、ニューヨークで国連総会およびミレニアム・サミットが開催され、「国連ミレニアム宣言」が採択された。1990年代の国際開発目標と「国連ミレニアム宣言」からMDGsが生まれたということもできる。「ダカール行動枠組み」とMDGsは、2015年までという全体的な時間的枠組みを設定したところに共通点がある。教育に関連した部分について比較すると、次の**表1**のとおりとなる。

「万人のための教育」という観点から「ダカール行動枠組み」の方がより包括的である。それに対し、複数の分野にまたがるMDGsを見ると、教育分野については、初等教育の修了と学校教育における男女格差の解消に焦点を絞っ

表1 「ダカール行動枠組み」とMDGsの比較

「ダカール行動枠組み」	MDGs
1. 包括的な乳幼児ケアと教育を拡大・改善する。	―
2. 2015年までに、すべての子どもたち（とくに女子および困難な状況にある子どもたち、民族的マイノリティ）が良質で無償の義務的な初等教育へアクセスでき、修了できるよう保障する。	目標2：2015年までに、男子および女子とも、あらゆる場所の子どもが小学校全課程を修了できるよう保障する。
3. 若者と成人の学習ニーズが、適切な学習およびライフスキル（生活技能）のプログラムへの均等なアクセスを通して満たされるよう保障する。	―
4. 2015年までに、とくに女性について、成人識字の水準を50％改善する。	―
5. 2005年までに、初等・中等教育における男女格差を解消し、2015年までに教育におけるジェンダー平等を実現する。とくに、良質な基礎教育についての女子の完全かつ平等なアクセスと学業成績の確保に焦点を当てる。	目標3：初等・中等教育における男女格差をできるだけ2005年までに解消する。2015年までにすべての教育レベルにおいて解消する。
6. 教育の質のあらゆる側面を改善する。	―

（出所）筆者作成

ているのが特徴となっている。男女格差の解消へ向けて、両者とも初等・中等教育については2005年を年限として設定されていたが、これは既に1996年に経済協力開発機構の開発援助委員会 (Development Assistance Committee：DAC) がまとめた「DAC新開発戦略」(OECD, 1996) でも提言されていた内容である。もっとも、この目標は、実際には、後述のとおり、2005年までに達成することはできなかった。

　2002年3月には、メキシコのモンテレーで開催された国連の開発資金国際会議において、各国首脳は、貧困国および富裕国がともに貧困と闘う用意があることを宣言し、それは「モンテレー合意」と呼ばれるようになった。世界銀行を見ると、4月の開発委員会会合において「万人のための教育」行動計画が発表され、MDGsと「ダカール行動枠組み」の共通目標である「2015年までにすべての子どもへ無償初等教育の普及」を実現するため、一定の基準を満たす国へ支援を集中させることを目的とした「ファスト・トラック・イニシアティブ (Fast Track Initiative：FTI)」を発足させている。

　他方、2002年5月のニューヨークでは、1990年「子どものための世界サミット」以降の進展を振り返りながら、国連子ども特別総会が開催された。そして、成果文書として「子どもにふさわしい世界」が採択された (United Nations, 2002)。その教育分野の目標は、「ダカール行動枠組み」とほぼ同じであるが、一箇所だけ違う部分がある。「子どもにふさわしい世界」では、2010年までの目標として、非就学の初等教育学齢期の子どもを50％減らし、小学校の純就学率または良質の代替的な初等教育プログラムへの参加率を少なくとも90％に高めることが挙げられている。これは、2015年までの目標へ向けて、その通過点となる2010年の中間目標を設定したということができる。

　ところで、2008年は、2015年までの年限をもった「ダカール行動枠組み」とMDGsが設定された2000年からの中間年として位置づけられる。2008年版の『万人のための教育グローバル・モニタリング報告書』(UNESCO, 2007) によると、2005年までに初等・中等教育における男女格差をなくすことができたのは、データがある国のうち、59カ国だけであった。初等教育に限ってみると、データがある国の75％はすでに達成しているか、近いうちに達成できる見込みである。1999年時点の達成状況から比較すると、新たに17カ国が加わったことになる。

逆に、2005年までに初等・中等教育における男女格差をなくすことができなかったのは、113カ国であったが、そのうち2015年までに達成が見込まれるのは18カ国しかない（UNESCO, 2007）。また、数量的に測定できる女子教育へのアクセスの問題のほかに、HIV／エイズを含めた保健・栄養の課題、暴力からの子どもの保護といった関連の深い開発課題への「入り口」として女子教育を捉えるときに、ジェンダーの視点からの教育の質を問い直す必要もある。

3. ユニセフの教育開発戦略

　ユニセフのミッションは、「子どもの権利条約」の実現である。4年ごとに中期戦略計画を策定し、優先的に取り組むべき課題を決めている。その優先課題は、国連が国際社会のために貢献しようとするなか、ユニセフが比較優位をもつとされる分野において役割分担を果たすために設定される。子どもの教育はその一つであるが、その課題に取り組むにあたって、UNGEIというパートナーシップが協力のための重要な枠組みとなっているのである。

3-1　ユニセフの中期戦略計画

　「子どもにふさわしい世界」およびMDGsという国際社会が取り組むべき目標を受けて、ユニセフは2005年までの「中期戦略計画(2002-2005)」を設定した。ここでは、5つの優先課題が設定された。①女子教育、②包括的な乳幼児発達、③予防接種など、④HIV／エイズとの闘い、⑤暴力・虐待・搾取・差別からの保護、である。また、5つの分野を個々に扱うのではなく、相互の連関性が強調された。

　そして、女子教育を進めるうえでは、2005年までに就学していない女子の数を少なくとも30％減らすこと、教育の質を改善すること、学習の達成について進展をもたらすこと、の3点に重点を置いた。ユニセフでは、MDGs達成へ向けて、女子教育の拡充を加速化するための新たな戦略を策定してきた。

　次の「中期戦略計画(2006-2009)」では、「国連ミレニアム宣言」およびMDGsとの関係をより緊密なものとした。つまり、MDGsへ貢献するためのユニセフとしての計画、という色彩を強めた。ここでは5つの優先課題が設

表2 ユニセフ「中期戦略計画（2006-2009）」とMDGsの比較

ユニセフ「中期戦略計画（2006-2009）」	MDGs
幼い子どもの生存と発達	目標1、4、7
基礎教育とジェンダー平等	目標2、3
HIV／エイズと子ども	目標6
脆弱な子どもの保護	『国連ミレニアム宣言』IV
子どもの権利のための政策アドボカシーとパートナーシップ	目標1

（出所）筆者作成

定されている。①幼い子どもの生存と発達、②基礎教育とジェンダー平等、③HIV／エイズと子ども、④脆弱な子どもの保護、⑤子どもの権利のための政策アドボカシーとパートナーシップ、となっている（表2）。この「中期戦略計画（2006-2009）」という枠組みのなかで、ユニセフはさらに教育開発戦略を策定している（UNICEF, 2007）。

3-2　教育開発のためのパートナーシップ

　教育に関連したMDGsの達成へ向けて、国際的なレベルにおいて、現在、いくつかの重要なパートナーシップが存在していることを再確認したい。まず、第1は、当然のことながら、「万人のための教育」世界行動計画であり、ユネスコによって調整されている。これは、「ダカール行動枠組み」の6つの目標（表1）を達成するための国別教育計画を準備するために各国へ技術協力を行い、「万人のための教育」へ向けた進捗状況をモニターするためのパートナーシップである。

　第2のパートナーシップは、前述した、世界銀行が主導するFTIである。教育セクターの計画策定を支援すると同時に、初等教育の完全普及を目指した国別計画における資金ギャップを埋めようとするものである。ユニセフとしては、各国の教育セクター計画の策定プロセスにおいて、教育におけるジェンダー平等に十分に配慮するよう働きかける役割を担っている。

　第3は、本章でとくに注目している、UNGEIである。UNGEIはユニセフが事務局を務めるパートナーシップであり、ジェンダー平等のための啓発や技術協力を行うものである。UNGEIは、国際機関だけでなく、二国間援助

機関や NGO をメンバーとして、非常に広範なパートナーシップを構築しているところが注目される。

第4のパートナーシップは、緊急事態における教育のための人道機関間常任委員会 (Inter-Agency Standing Committee：LASC) クラスターである (中満, 2008)。紛争や自然災害による緊急事態によって影響を受けている子どもたちに教育機会を提供するために調整を行うものである。また、緊急事態下にあった国が復興するために、教育システムを再建する支援を調整する役割も果たしている。

以上の4つの国際的な教育パートナーシップは最も重要なものである。このすべてに参加している国際機関は、ユネスコ、ユニセフ、世界銀行の3機関であり、国際教育開発における中核的な存在となっている。

上記の4つ以外にも、教育開発パートナーシップは存在しており、ユニセフは選択的に協力している。例えば、多くの国連機関の参加による、教育とHIV／エイズのための機関間タスク・チームがある (勝間, 2007)。また、世界銀行、ユニセフ、アメリカ国際開発庁、ユネスコが中心となった、授業料廃止イニシアティブも教育開発パートナーシップの一つである。さらに、特定の地域に焦点を絞った活動であるが、アフリカにおける教育開発のための同盟 (Association for the Development of Education in Africa：ADEA) も重要である。

3-3 女子教育を拡充するためのユニセフの戦略

UNGEI は2000年に提唱され、その後、ユニセフが中心となってパートナーシップが構築されていった。この UNGEI を前提としながら、ユニセフは女子教育の拡充を加速化するための戦略を策定したが、それは相互に関連した5つの柱から構成される。

まず第1に、女子純就学率、男女格差、100万人以上の非就学女子、FTI対象国、その他のリスクの高い国といった基準によって選択された国へ集中的な支援を行う。これは、既にある FTI の代替を提示しようとするものではなく、むしろ女子教育を拡充するという観点から、それを補完することを意図している。

第2の柱として、積極的 (proactive) で集約的なアプローチが挙げられる。つまり、教育の機会を拡大して子どもが来るのを待つだけでなく、女子が学

校へ行くことを妨げる障壁を積極的に取り除くことを目指している。もちろん、非就学の女子の数を減らすうえで、教育機会へのアクセスを拡大することは当然に重要であるが、それだけでは不十分だという場合が多い。女子の就学または出席を妨げる教育および教育以外の障壁を取り除くことが、女子教育の拡充にとって重要だといえる。そして、そういった障壁は、教育セクターの外にある場合が多い。この点で、児童労働などの問題を考慮した柔軟な対応が求められている。

第3の柱は、国および国際レベルにおける啓発活動の強化である。さらに、国レベルだけでなく、コミュニティにおける啓発も重要である。長老組織や宗教家を含めたコミュニティの支援なくしては、持続的な教育の実施は困難となる。

第4に、計画、調整、サービス提供のためのパートナーシップの強化が求められている。政府教育省、国際機関、二国間援助機関、NGOが協力して女子教育の拡充を進めるためには、UNGEIを国際レベルから国レベルへ持っていき、現場に近いところで実践的な協力関係を深める必要があるであろう。

第5の柱は、複数のセクターにまたがるアプローチである。とくに、HIV／エイズ、乳幼児ケアと教育、保健・栄養、子どもの保護など関連の深い開発課題への「入り口」として女子教育を捉え、ライフスキル（生活技能）を高めるための総合的なアプローチを取ることが有効であると考えられている。

以上のように、ユニセフは、UNGEIの枠組みを使いながら、女子教育を拡充するための教育開発を展開している。女子教育を拡充する戦略は、ジェンダーの主流化とも密接に関わっており、女性のエンパワーメントを目指すものとなっている。ジェンダー主流化のための具体的な支援としては、例えば、ジェンダー別のデータの収集がある。とくに社会的に弱い立場に置かれたグループの状況の把握については、複数指標クラスター調査が有効な方法である（勝間, 2008b）。また、ジェンダーの視点からの教育予算の分析も重要である。さらに、ジェンダーに配慮したライフスキル教育（勝間, 2008c）の普及も、女子のエンパワーメントにつながる効果的な支援策である。

4. UNGEI の意義

　ジェンダー平等、そして女子教育に重点を置く UNGEI の重要性はこれまで以上に高まっている。その背景として、いくつかの要因を考えることができる。まず、サブサハラ・アフリカ、南アジア、中東および北アフリカの3地域を中心として、教育における男女格差が依然として縮まらない状況がある。2005年までに初等・中等教育における男女格差をなくすことができなかった国の数は、113カ国もあった。そのうち2015年までに達成が見込まれるのは18カ国しかない (UNESCO, 2007) という非常に厳しい予測がある。こうしたなか、女子教育を重点的に進めるために、これまで以上に強力なパートナーシップが求められているといえよう。

　第2に、教育における差別、とくに男女格差をなくすことが「万人のための教育」を達成するうえでの前提条件であると考えられるようになってきた。女子が学校へ行けない構造的な問題に本格的に取り組むことなしには、ジェンダー平等の進展は難しいことが指摘されている。こういった認識は、「子どもの権利条約」や「女性差別撤廃条約」に基づいた「開発への人権アプローチ」とも合致する (UNICEF, 1998 ; UNICEF & UNESCO, 2007 ; 勝間, 2008a)。

　第3に、女子教育は、男女両方の子どもの教育を進めるうえでのカギだという研究がある。例えば、アメリカ国際開発庁の女子教育の評価によると、女子のニーズに焦点を絞った政策またはプログラムであっても、男子にも裨益する。実際、女子教育イニシアティブによって、男子の総就学率も改善したと報告されている (O'Gara et al., 1999)。

　さらに、図1にあるように、女子教育への支援を通して、次の世代の子どもに対して効果を期待する考え方も強い (Mehrotra & Jolly, 1997 ; Bernard, 2002)。つまり、女子は、教育を受けると、結婚が遅れるが、そうすると、生まれる子どもの数が減るだけでなく、自分自身および子どものために、より早く治療を求め、より良いケアと栄養を提供するようになる。その結果、自分自身と子どもの生存の確率が高まり、学習および教育が向上すると考えられる。

図1　女子教育の世代を超える効果

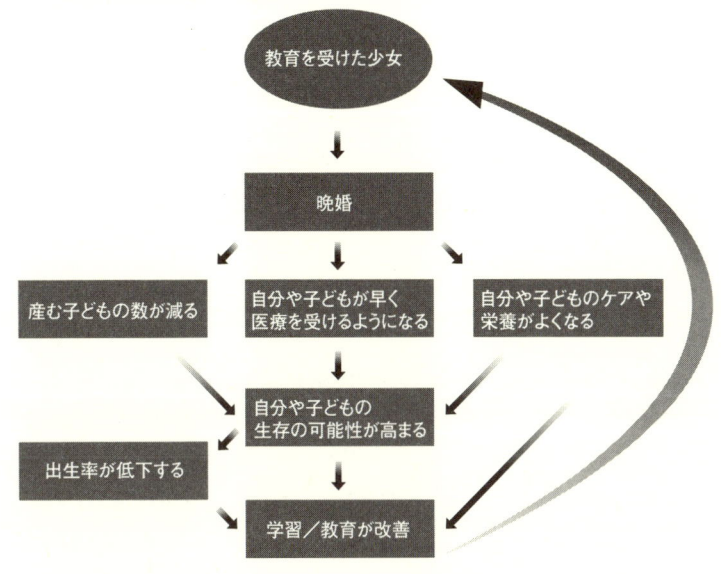

```
          教育を受けた少女 ←──────────┐
               ↓                    │
              晩婚                   │
          ↓    ↓    ↓                │
産む子どもの   自分や子どもが早く   自分や子どものケアや
数が減る      医療を受けるようになる  栄養がよくなる
      ↓        ↓        ↓            │
          自分や子どもの               │
          生存の可能性が高まる ────────┤
   ↓           ↓                      │
出生率が低下する  学習／教育が改善 ─────┘
```

（出所）UNICEF（1998, p. 57）

5. おわりに

　今後、UNGEI というパートナーシップを国際レベルから国レベルへ持っていき、現場に近いところで実践的な協力関係を深める必要がある。つまり、よりフィールドの現場レベルに近いところで、その社会の子ども、とくに女子の視点に立った活動が求められている。

　教育の質を改善し、学習の達成について進展をもたらすことが優先課題であるとしても、その社会の女子にとって「教育の質」とは何かを現場レベルで検証していく必要がある。例えば、教室のなかで行われている学習の質だけでなく、その周辺の生活環境の質も重要である。女子専用の適切なトイレがないために、進学するにつれて女子が中途退学する傾向が顕著な社会も多いのである。

　さらに、女子教育を「入り口」として、相互に関連した他の開発課題についても積極的に取り組んでいくべきであろう。その際、女子が生活していく

うえで必要とされるライフスキルを向上させるようなアプローチが望ましいと思われる。以上のような課題をフィールドで実現していくためには、支援する側の課題もまだまだたくさんあるのではないだろうか。

参考文献

勝間靖（2007）「教育と健康— HIV／エイズを中心として—」『国際開発研究』16巻2号, 35-45頁.

勝間靖（2008a）「人権基盤型アプローチの発展における国連機関の役割—脆弱な社会層への政策を求めて—」アジア・太平洋人権情報センター編『アジア・太平洋人権レビュー2008—新たな国際開発の潮流「人権基盤型開発の射程」—』現代人文社, 82-90頁.

勝間靖（2008b）「ミレニアム開発目標へ向けた進展と今後の課題—アフリカにおける感染症対策を中心として—」毛利勝彦編『環境と開発のためのグローバル秩序』東信堂, 27-42頁.

勝間靖（2008c）「EFAにおけるライフスキルの意義」小川啓一・西村幹子・北村友人編『国際教育開発の再検討—途上国の基礎教育普及に向けて—』東信堂, 231-248頁.

中満泉（2008）「国連人道問題調整室（OCHA）」内海成治・中村安秀・勝間靖編『国際緊急人道支援』ナカニシヤ出版, 36-55頁.

Bernard, A. (2002). *Lessons and implications from girls' education activities: A synthesis from evaluations.* New York: UNICEF Evaluation Office.

Mehrotra, S. & Jolly, R. (Eds.) (1997). *Development with a human face: Experiences in Social Achievement and Economic Growth.* Oxford: Clarendon Press.

OECD (1996). *Shaping the 21st century: The contribution of development co-operation.* Paris: OECD.

O'Gara, C., Benoliel, S., Sutton, M. & Tietjen, K. (1999). *More, but not yet better: An evaluation of USAID's programs and policies to improve girls' education.* USAID Program and Operations Assessment Report, No.25. Washington, D.C.: USAID.

Tomasevski, K. (2003). *Education denied: Costs and remedies.* London: Zed Books.

United Nations (1995). Beijing Declaration and Platform for Action. Fourth World Conference on Women, 4-15 September 1995, Beijing (A/CONF.177/20/Rev.1).

United Nations (2002). A world fit for children. UN Special Session of the General Assembly on Children (A/S-27/19/Rev.1).

UNESCO (2007). *EFA global monitoring report 2008: Education for All by 2015, Will we make it?* Oxford: Oxford University Press.

UNICEF (1998). *The state of the world's children 1999: Education.* New York: UNICEF.

UNICEF (2001). Progress since the World Summit for Children: A statistical review. New York: UNICEF.

UNICEF (2007). UNICEF education strategy. (E/ICEF/2007/10).

UNICEF & UNESCO (2007). *A human rights-based approach to Education for All.* New York: UNICEF.

第 14 章

留学効果評価のための能力開発論からのアプローチ
―インドネシア行政官の日本留学を事例として―

黒田則博

1. はじめに

　我が国では1983年のいわゆる「留学生受け入れ10万人計画」[1]以来、外国人留学生の受け入れが国策として展開されてきた。そして2003年にはついに目標の10万人受け入れを達成し、引き続き日本で学ぶ留学生数は伸び続けている。この留学生の拡大を支えてきた大きな柱が、文部科学省の国費留学生制度であった。

　当時野心的 (OECD, 1986) とされた計画も、その策定からほぼ25年を経た現在、一応量的には成功したかに見えるが、実はその計画に基づく留学支援政策・事業全体が果たして、当初の目的を達成したかどうかの評価は定かではない。そもそもこの目的達成の評価が定まらないことの大きな原因のひとつは、長期的な計画であったためか、目的・目標の設定があまりにも曖昧かつ一般的でその上多岐にわたっていたことである。"日本の国際貢献"、"途上国の発展に寄与する"、"日本との友好関係の確立・維持"、"日本社会や日本人の国際化"等々 (21世紀への留学生政策懇談会, 1983)、その達成をどう評価するか困難なものばかりである。

　この曖昧模糊とした目標の達成を評価するという困難な課題に対して、事後的により具体的な目標を設定して、なんとか目に見える形で留学の効果を測定しようする努力がなされてこなかったわけではない。日本留学による日本イメージの形成についての調査 (岩尾ほか, 1988 ; 1997)、事後的に評価PDM (Project Design Matrix) を作成しインドネシア人の日本留学の効果を測ろうとする試み (佐藤, 2002a ; 2002b ; 2004) などがある。しかしあまりにも抽象的、一般的に目標が設定されていることはいかんともし難く、留学支援政策・事業全体の評価は困難な状況にあることには変わりない。

他方近年、以上のような一般的で広範な目的をもつ文部科学省の国費留学生制度とは別に、外務省の留学生支援無償や国際協力機構 (JICA) のいわゆる長期研修生受け入れ、さらには国際協力銀行 (JBIC) の留学借款など、より発展途上国側のニーズに沿った事業が開始されるようになった。これら事業のひとつの特徴は、それがより直接に途上国のニーズに応える事業であることから、より特定化された目標を設定している、あるいは設定しやすいことである。例えばこのような事業のひとつとして、1989年から始まった3期にわたるインドネシアにおける高等人材開発事業 (JBICによる留学借款事業) があるが、この事業は、「インドネシアの政府職員を対象に、日本ないしインドネシア国内において、留学及び短期研修を行うことにより、政府機関における中核となる高度な知識・技能を有する人材を育成し、もって同国の経済発展を促進することを目的とする」としており、「高度な知識・技能を持つ」行政官を育成するという比較的具体的な目標が掲げられている。

そこでここで試みたことは、ほぼ25年にもわたる日本の積極的な留学支援政策や事業全体の評価枠組みや手法を提示するといった野心的なことは無理としても、上記のJBIC事業の第二期事業 (1995年～2004年) をひとつの事例として取り上げ、留学目的がより特定された事業について、その成果を測るためのひとつの方法を提示するとともに、それを使ってこの事例を分析するとどのような留学の効果が発見できるのかを示すことである[2]。より具体的には、以下のことを行おうとした。

(1) 第一は、能力向上という観点から、本「高等人材開発事業 (II)」による留学の効果を示すことである。従来留学の成果についてこのようなアプローチは、ほとんどとられておらず、一つの新しい方法論の提示を意図している。
(2) しかし、これを行うにはまずその前提として、単に「高度な知識・技能」といった上位の目標設定だけでなく、さらにより具体的なレベルでどのような能力の向上を目標としていたのかを明らかにする必要がある。ところが実は、本事業自体において具体的な能力が目標として設定されていないため、事後的にではあるが、今回の調査を通じ行政官に有用とされる能力 (行政官に求められている能力) を抽出する作業も行う必要が

あった。
(3) もうひとつの今回の調査の重要な狙いは、本事業には日本とインドネシアの両大学の留学者がおり、その比較を通じ日本留学の特徴を抽出することである。もちろん留学の国別の違いを見ようとする研究はこれまでもなかったわけではないが、今回の調査では、留学先が主要な違い（日本かインドネシア国内か）で、他は同じ行政官という比較的同質な集団を比較することができた。
(4) 最後は、大学におけるどのような活動が能力の向上に結びついているかを考察することである。留学生が日本留学中にどのような活動に参加し、その満足度はどうかといった研究は少なくないが、それと能力向上とを関係づける研究はあまり見られず、この点でも意義ある調査研究であるといえよう。

2．コンピテンシー論と「大学の職業的レリバンス」論の活用

　留学の成果を能力向上の観点から測定するという発想に至ったひとつの手がかりがコンピテンシー論であった。これは、1970年代にアメリカのマクレランドらによる達成動機の研究から生まれ、アメリカで成果主義や能力主義の人事管理の手法と結びついて発展してきた。日本でも企業を中心とする人事・評価制度の見直しに伴って、1990年代の後半から2000年代初頭にかけて盛んに紹介されるようになったものである。現在のコンピテンシーの理論と実践においては一般に、コンピテンシー（competency）とは「特定の仕事（職務）において高い業績をあげ続けている人に固有な行動特性」（高木, 2004, p.25）や「ある状況または職務で高い業績をもたらす類型化された行動特性」（太田, 1999, pp.27-28）などと職務の遂行に関連づけられて定義される。これらの定義ではいずれもコンピテンシーは行動として定義されているが、コンピテンシー論では単に目に見える特性だけが対象とされているのではなく、思考能力、価値観、意欲、信念などといった目に見えないものもその射程に入っており、むしろこのような特性こそ重要なものとされている。
　このようなコンピテンシー論の発想から、今回の調査研究の対象である行政官に求められている能力とはどのようなもので、（単に表面的な行動レベル

を超えて）どのような構造をしているのか、そしてその向上はどのように測定されるかなどの課題が提起された。

一方高等教育においても、必ずしも上記のコンピテンシーとまったく同じ概念を使用しているわけではないが、類似の研究として「大学教育の職業的なレリバンス」（小方, 1998）をめぐる一連の研究が行われている。このような研究は量的にはまだ多くないものの、専門職大学院の進展や成人学生の受け入れなど、高等教育に対して新たな期待と需要が高まる中、重要な研究として認知されつつある。この研究は、従来の「大学教育と雇用」（同書, p.6）との関係（例えば、どの分野の学生をどれだけ排出し、それが産業界の需要にマッチしているかといったいわば量的研究）ではなく、「大学教育と仕事」（同書, p.6）との関係（大学教育が学生にどのような能力を身につけさせ、それが企業の求めるものとマッチしているかといった質的研究）に焦点がある。

まさに本事業において行政官に必要な能力の向上を図ることは、受け入れる大学側から見れば「大学教育の職業的レリバンス」の問題でもありこの視点も大いに参考になった。

3. インドネシアの行政官に有用と思われる能力の抽出プロセス

第1節で述べた4つの作業のなかで最初に行う必要があったのは、行政官に有用と考えられる能力の抽出である。すなわち、留学事業によって向上を図ろうとする能力は何であるかを設定することである。当然これは、事後的な評価の段階で初めて行われるべきものではなく、事前にプロジェクトをデザインするひとつの過程（プロジェクトの目標設定の過程）として行われているべきものであるが、本事業ではその点が必ずしも明確でなかったので、今回の調査の最初の作業として行われた。今回の調査ではまず、以下のようなプロセスを経て、暫定的に42項目の能力を抽出した。

その際まず、コンピテンシー論でいわば常識とされているコンピテンシーの重層的構造（例えば、太田, 1999, pp.99-104；小方, 2001, p.73）を行政官の能力にも適用するとともに、石附（1972）などが強調する留学における態度や価値変容効果をも考慮して、行政官の能力を表層から深層へ、あるいは、顕在部分から潜在部分へと、「知識」「技能・思考能力」「態度」「価値」の4カテ

ゴリーに分けることとした。もちろんこれらは、相互に独立して存在しているものではないが、ここでは一応別の能力のカテゴリーとした。

次に以下の調査等で使われている項目を参考に、インドネシアの行政官に求められると思われる能力をできるだけ幅広くリストアップした（57項目）。

①インドネシアの行政官の勤務評定を行う際の8項目（忠実性、責任感、規則遵守など）（JICA 地方行政人材プロジェクト, 2006）
②伊藤（2006）がインドネシアの行政官に対して行った同様の調査の項目（25項目）
③日本労働研究機構編（1997）が行った社会人のための大学院教育に関する調査の項目（大学院で身につけるべきと考える能力）（33項目）
④三鷹市（2004）が公表している、職員に求められる資質・能力（18項目）
⑤OECD が提唱する、キー・コンピテンシー（9中カテゴリー）（ライチェン・サルガニク編, 2006, pp. 200-224）
⑥二宮ほか（2005）が実施した、Cross-Cultural コンピテンシーに関する調査の項目（53項目）

このようにコンピテンシー論の考え方や既存の類似調査の項目を参照しつつ作成された57項目の予備的な能力リストについて、小規模かつ簡便な予備調査を実施し、最終的な能力項目の絞り込みを行った。対象は、広島大学のインドネシア人留学生2名、同大学インドネシア人客員教授1名、インドネシア人中・上級行政官5名であった。この予備調査から、重要とは考えられないと指摘された能力のほか、意味が理解しにくい項目や重複しているとされたものなどが削除され、また一部項目が追加され、結局42項目となった。

このようにして抽出された42項目の能力は表1のとおりである。

4. 調査の方法・内容

4-1 調査対象と実施方法

第1節で述べたとおりこの調査研究は、JBIC の借款によりインドネシア政府が実施した「高等人材開発事業 (II)」により日本の大学およびインドネ

表1　インドネシアの行政官に有用と思われる能力

「知識」に関するもの（5項目）	○社会・経済、人間、科学等についての幅広い教養、○インドネシアの全般的な開発課題や政策課題に関する知識、○職務の関連分野に関する基礎知識・理論・方法、○職務の関連分野に関する最新の知識・理論・方法、○職務の関連分野に関する実務的な知識
「技能・思考力」に関するもの（17項目）	○科学的な調査・分析能力、○論理的な思考能力、○情報収集・処理能力、○問題解決能力、○新たな発想や構想をする力、○IT活用能力、○コミュニケーション能力（発表能力や説明能力を含む）、○英語運用能力、○日本語運用能力、○国際性（国際的な観点から課題に対処できる能力）、○リーダーシップ、○対人交渉・調整能力、○決断力、○学習能力、○自己評価能力、○時間管理能力、○長期展望
態度に関するもの（12項目）	○倫理性、○規律性、○寛容性、○責任感、○柔軟性、○奉仕精神・献身、○自信を持って仕事に取り組む態度、○チャレンジ精神、○積極性、○目標達成志向、○好奇心、○合意志向
価値に関するもの（8項目）	○グローバル・国際的価値基準重視、○インドネシアの国益重視、○地方重視、○愛国心、○宗教心、○アスピレーション（志を持っていること）、○仕事中心主義、○家族優先

（出所）筆者作成

表2　回答者数と回収率

	対象者（人）	回答者（人）	回収率（％）
日本留学者	493	145	32.1
インドネシア留学者	323	91	28.2
計	816	236	28.9

（出所）筆者作成

シアの大学に留学し学位を取得した者を対象とする質問票によるものである。

2006年11月上旬から2007年3月中旬の間、対象者計816名（日本留学者493名、インドネシア留学者323名）のうち、住所等連絡先が判明した者709名に主として郵便により（一部インターネット等による回答もあった）質問票を送付・回収した。

回答回収率等は、表2のとおり。

4-2　調査内容

質問票では調査対象者（留学者）にまず、調査対象者のプロフィール（表3①、以下同じ）や留学の全体的評価（②）を尋ねた後、第3節で抽出した42の項目について有用度を評価してもらった（③）。ついでそれらの項目について、留学による向上の度合いを質問し（④）、さらに、これらの能力向上に

第14章　留学効果評価のための能力開発論からのアプローチ

表3　主な質問項目

①回答者のプロフィール	○性別・現在の年齢、○留学直前の、学歴、所属、役職、等級・号俸等、○事前研修、留学先・分野・期間、取得学位等、○現在の所属、派遣前の職場での職務内容、役職、等級・号俸等
②留学に対する全体的評価	○全体的な意義、○能力向上への貢献、○行政官としての自信向上への貢献、○将来の昇進への希望の増大、○全体として、留学中に身につけたことが職場復帰後活用されているか （最低「1」、最高「4」の四段階評価）
③各能力の有用度評価	上記「3」で抽出した42項目 （最低「1」、最高「4」の四段階評価）
④留学による上記能力向上度評価	上記「3」で抽出した42項目 （最低「1」、最高「4」の四段階評価）
⑤留学中の様々な活動への参加が能力向上に貢献した度合評価	＜教員や大学主導による活動＞（7項目） ○講義、○ゼミナール、○実習・実験（フィールド調査を含む）、○インターンシップ、○教員による個別指導、○教員が行なう研究活動への参加・補佐、○授業補佐・マスター学生の指導（ティーチング・アシスタント） ＜自主的なアカデミックな活動＞（5項目） ○図書館やインターネット等を通じた資料収集・検索、○参考文献等資料解読、○レポート・論文の作成、○学内の勉強会・研究会の組織あるいはそれへの参加、○学外の勉強会・研究会の組織あるいはそれへの参加 ＜カリキュラム以外の自主的な知識・技能開発活動＞（3項目） ○英語学習、○日本語学習（インドネシア留学生に対してはその他の言語学習という項目になっている）、○コンピュータ等ITに関する学習 ＜課外活動等＞ 日本留学者（6項目） ○日本人学生との交流や共同活動、○インドネシア人留学生との交流や共同活動、○他の国の留学生との交流や共同活動、○地域住民との交流や共同活動、○日本での日常生活、○日本国内の旅行 インドネシア留学者（3項目） ○インドネシアの学生との交流や共同活動、○地域住民との交流や共同活動、○外国人（学生を含む）との交流や共同活動 （最低「1」、最高「4」の四段階評価）

（出所）筆者作成

留学中のどのような活動が貢献しているかを評価してもらった（⑤）。5つのグループの調査内容を整理すると、表3のとおりである。

5．主な調査結果

5-1　留学の全体的評価

　図1は、いくつかの観点から本事業による留学経験を全体的に評価しても

第Ⅲ部　教育協力政策・実践をめぐる諸研究

らった結果である。①全体的に見て意義があったかどうか、②能力の向上への貢献、③行政官としての自信の向上への貢献、④昇進の希望を高めたかどうか、そして⑤身についたことが今の職場で現に活用されているかどうか[3]、の5つである。各項目の評価は、最高4、最低1の4段階で行い、図に示されている数値はその平均である。主なファインディングは以下のとおりである。

○留学の全体的評価はきわめて高い
　図1に明らかなように、日本留学者、インドネシア留学者ともに本事業による留学の意義をきわめて高く評価している。
○留学は行政官としての自信を高める効果もある
　留学は能力の向上の観点から高く評価されているだけでなく、むしろそれ以上に行政官としての自信の向上にもつながっている。ただし、行政官としての自信を深めたことは、留学の経験に基づくだけでなく、留学者として選ばれたことそれ自体による効果もあるかもしれないことに留意する必要がある。それよりは程度が下がるが、昇進への希望を高める意味合いもある。この点では、日本への留学者として選ばれることが、よりその希望を高めているようである。

図1　留学の全体的評価

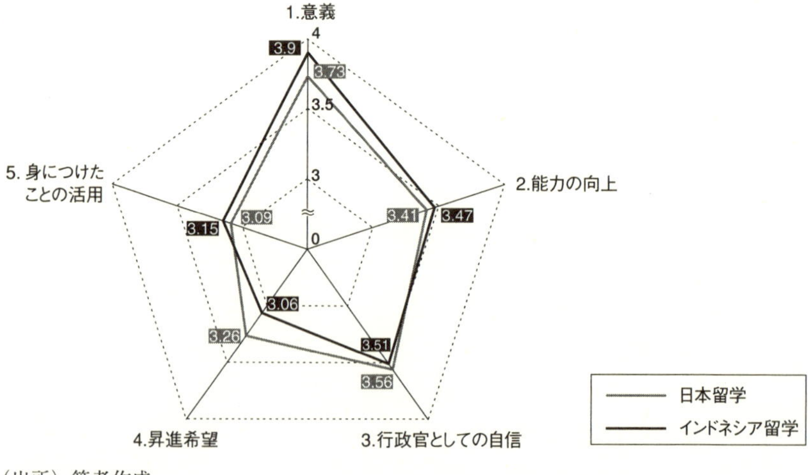

（レーダーチャート：5項目の評価）
- 1. 意義：日本留学 3.73、インドネシア留学 3.9
- 2. 能力の向上：日本留学 3.41、インドネシア留学 3.47
- 3. 行政官としての自信：日本留学 3.51、インドネシア留学 3.56
- 4. 昇進希望：日本留学 3.06、インドネシア留学 3.26
- 5. 身につけたことの活用：日本留学 3.09、インドネシア留学 3.15

（出所）筆者作成

○身につけた能力の活用は相対的に低い評価

　留学が能力の高まりや、自信向上につながっている反面、身につけたことを実際に活用しているかどうかになると、その評価は相対的に低い。能力を活用するには、上司、同僚の理解など職場環境その他の様々な要因が関わってくるものであり、必ずしも十分に能力が活用し切れていない状況が窺える。

5-2　能力の有用性の評価

　表4は、42項目の能力について、日本留学者およびインドネシア留学者別に、それぞれの職務遂行上の有用度を、「最低1」～「最高4」の4段階で評価してもらい、その平均値を示したものである。また図2は、それをカテゴリー別に示したものである。

○ほとんどの能力についてその有用性を高く評価

　日本およびインドネシア留学者いずれにおいても、調査票に示された能力の有用性の評価は高い。「かなり有用」（ポイント3）以下の項目は、日本留学者では、「地方重視」と「日本語運用能力」、インドネシア組では「国際性」と「日本語運用能力」のみである。

○「知識」よりも「技能・思考能力」や「態度」がより重要

　有用性の評価を「知識」「技能・思考能力」「態度」「価値」の4カテゴリーごとに見てみると、図2のとおり、行政官としての職務遂行上有用な能力は、日本留学者、インドネシア留学者のいずれを問わず平均して、「技能・思考能力」[4]に関わる能力が最も有用とされ、続いて「態度」に関わるものであり、「知識」や「価値」に関わる項目は相対的に見て高く評価されていない。

○日本留学者とインドネシア留学者とでは、有用度評価に若干の違い

　表4に示すとおり、全体として、日本留学組とインドネシア留学組との間で、有用な能力に関する認識に大きな差は見られないが、「**」および「*」の印が付いた項目において両者に統計的に有意な差が見られる。「国際性」や「英語力」あるいは、「グローバル」な価値観は、外国に出てみてその有用性や必要性を感じるようである。他方、インドネシア留学者は、インドネシアに関する知識や価値の重要性を再認識するようである。また、日本留学

第Ⅲ部　教育協力政策・実践をめぐる諸研究

表4　有用性の評価（評価の高いもの順）

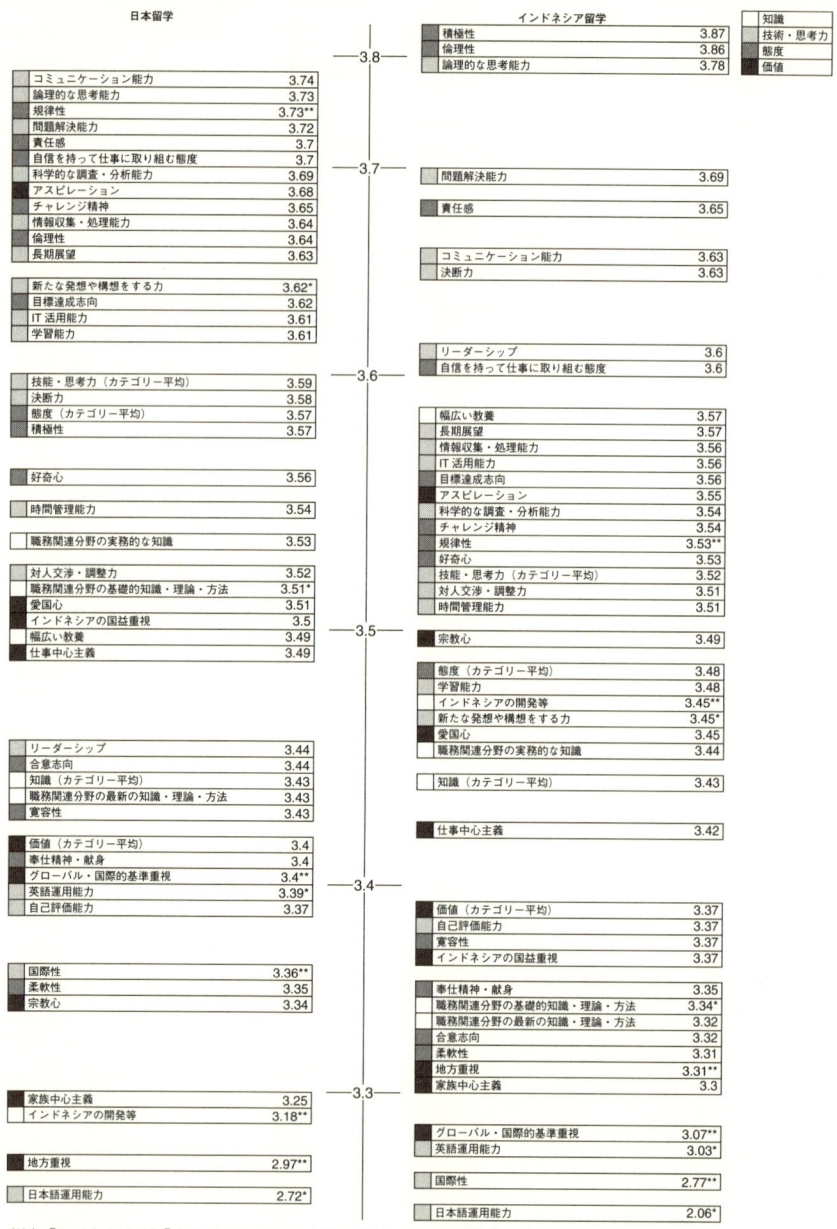

凡例（知識区分）:
- ■ 知識
- ■ 技術・思考力
- □ 態度
- ■ 価値

日本留学	評価		インドネシア留学	評価
		3.8 —	積極性	3.87
			倫理性	3.86
			論理的な思考能力	3.78
コミュニケーション能力	3.74			
論理的な思考能力	3.73			
規律性	3.73**			
問題解決能力	3.72			
責任感	3.7			
自信を持って仕事に取り組む態度	3.7			
科学的な調査・分析能力	3.69	3.7 —	問題解決能力	3.69
アスピレーション	3.68			
チャレンジ精神	3.65		責任感	3.65
情報収集・処理能力	3.64			
倫理性	3.64			
長期展望	3.63		コミュニケーション能力	3.63
			決断力	3.63
新たな発想や構想をする力	3.62*			
目標達成志向	3.62			
IT活用能力	3.61			
学習能力	3.61			
			リーダーシップ	3.6
			自信を持って仕事に取り組む態度	3.6
技能・思考力（カテゴリー平均）	3.59	3.6 —		
決断力	3.58			
態度（カテゴリー平均）	3.57			
積極性	3.57		幅広い教養	3.57
			長期展望	3.57
			情報収集・処理能力	3.56
			IT活用能力	3.56
好奇心	3.56		目標達成志向	3.56
			アスピレーション	3.55
時間管理能力	3.54		科学的な調査・分析能力	3.54
			チャレンジ精神	3.54
職務関連分野の実務的な知識	3.53		規律性	3.53**
			好奇心	3.53
対人交渉・調整力	3.52		技能・思考力（カテゴリー平均）	3.52
職務関連分野の基礎的知識・理論・方法	3.51*		対人交渉・調整力	3.51
愛国心	3.51		時間管理能力	3.51
インドネシアの国益重視	3.5			
幅広い教養	3.49	3.5 —	宗教心	3.49
仕事中心主義	3.49			
			態度（カテゴリー平均）	3.48
			学習能力	3.48
			インドネシアの開発等	3.45**
			新たな発想や構想をする力	3.45*
			愛国心	3.45
			職務関連分野の実務的な知識	3.44
リーダーシップ	3.44			
合意志向	3.44			
知識（カテゴリー平均）	3.43		知識（カテゴリー平均）	3.43
職務関連分野の最新の知識・理論・方法	3.43			
寛容性	3.43			
			仕事中心主義	3.42
価値（カテゴリー平均）	3.4			
奉仕精神・献身	3.4			
グローバル・国際的基準重視	3.4**	3.4 —		
英語運用能力	3.39*			
自己評価能力	3.37			
			価値（カテゴリー平均）	3.37
			自己評価能力	3.37
			寛容性	3.37
			インドネシアの国益重視	3.37
国際性	3.36**			
柔軟性	3.35		奉仕精神・献身	3.35
宗教心	3.34		職務関連分野の基礎的知識・理論・方法	3.34*
			職務関連分野の最新の知識・理論・方法	3.32
			合意志向	3.32
			柔軟性	3.31
			地方重視	3.31**
			家族中心主義	3.3
家族中心主義	3.25	3.3 —		
インドネシアの開発等	3.18**			
			グローバル・国際的基準重視	3.07**
			英語運用能力	3.03**
地方重視	2.97**			
			国際性	2.77**
日本語運用能力	2.72*			
			日本語運用能力	2.06**

（注）「**」および「*」はそれぞれ、1％、5％の水準で統計的に有意な差があったことを示す。
（出所）筆者作成

図2　カテゴリー別の有用性評価

(知識) 3.43 / 3.43
(技能・思考力) 3.52 / 3.51
(態度) 3.57 / 3.48
(価値) 3.4 / 3.37

凡例：日本留学／インドネシア留学

（出所）筆者作成

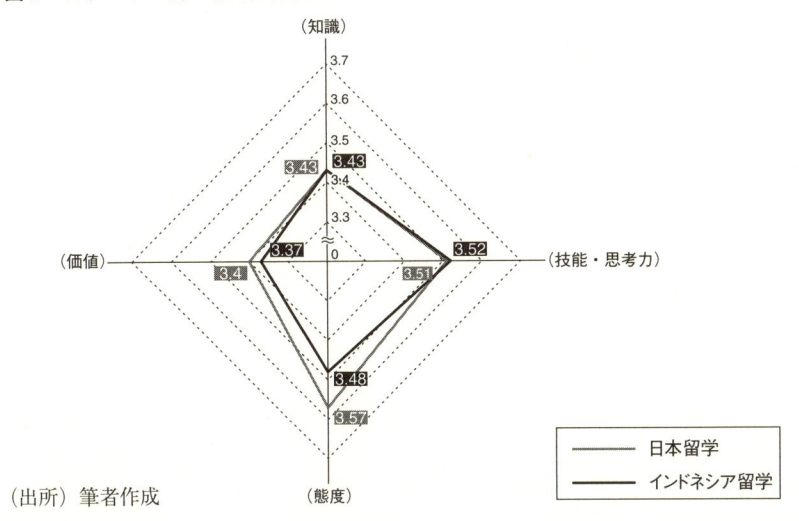

表5　コア能力

知識	なし
技能・思考能力（10項目）	○論理的思考、○問題解決能力、○コミュニケーション能力、○情報収集・処理能力、○長期展望、○IT活用能力、○科学的な調査・分析能力、○決断力、○時間管理能力、○対人交渉・調整能力
態度（8項目）	○責任感、○倫理性、○自信を持って仕事に取り組む態度、○目標達成志向、○規律性、○チャレンジ精神、○積極性、○好奇心
価値（1項目）	○アスピレーション

（出所）筆者作成

者に、「規律性」が行政官にとって有用な能力であるとする者が有意に多いことも興味深い。

○特に有用性が高い能力群（コア能力）の抽出

　上記のとおり、各能力の行政官にとっての有用性については、全体として評価は高いが、その中でも特に高く評価されているものの抽出を試みたのが表5である。ここでは、日本留学者とインドネシア留学者の両グループにおいて高く評価されている（仮に3.5以上とした）項目をピックアップしてみた。

　この表には、調査票に提示した42項目の能力のうち19項目が挙っている。仮にこれを"コア能力"と呼び、特に行政官にとって重要な能力と解釈する。またこの19項目は、「技能・思考能力」に属するものが10項目、「態度」が8

項目、「価値」が1項目で、「知識」に関する項目がここでも上位に挙げられていない。留学や訓練の目的や目標設定、さらにはその内容を考える上で示唆するものが大きいと思われる。

5-3　能力の向上の評価

　表6は、42項目の能力について、留学によってどの程度向上したかを、日本留学者とインドネシア留学者に評価してもらい（「最低1」～「最高4」の4段階）、高いと評価されたものの順位に並べ直したものである。また図3はそれをカテゴリー別に見たものである。

　主な考察は以下のとおりである。

○全体として能力向上の認識は高い

　ここでも、日本およびインドネシア留学者いずれにおいても、能力向上の自覚は高い。「かなり向上した」（ポイント3）未満の項目は、日本留学者では、「インドネシアの全般的な開発課題や政策課題に関する知識」、「地方重視」の価値観および「日本語運用能力」で、インドネシア留学者では、「英語運用能力」、「国際性」および「日本語運用能力」のみであった。

図3　カテゴリー別の能力向上評価

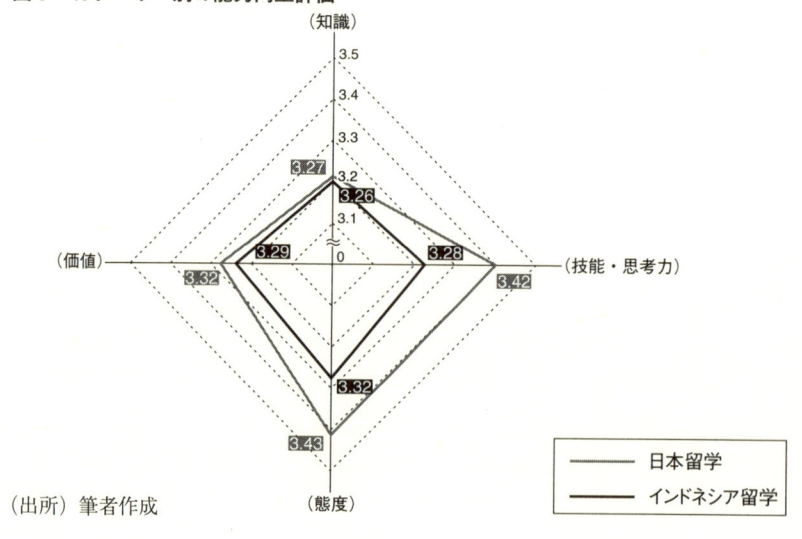

(知識) 3.27 / 3.26
(技能・思考力) 3.28 / 3.42
(態度) 3.43 / 3.32
(価値) 3.32 / 3.29

凡例：細線　日本留学／太線　インドネシア留学

（出所）筆者作成

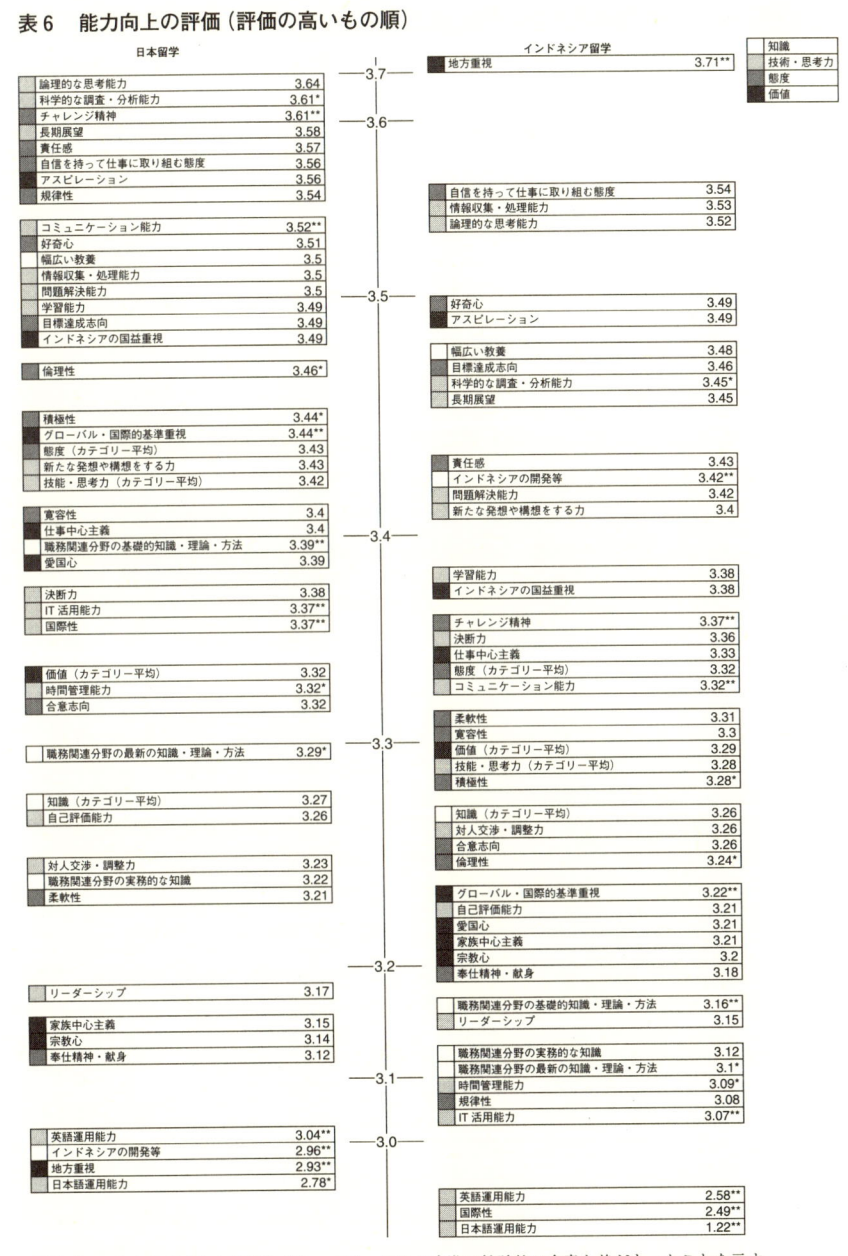

第14章　留学効果評価のための能力開発論からのアプローチ

表6　能力向上の評価（評価の高いもの順）

凡例：知識／技術・思考力／態度／価値

日本留学

能力	評価
論理的な思考能力	3.64
科学的な調査・分析能力	3.61*
チャレンジ精神	3.61**
長期展望	3.58
責任感	3.57
自信を持って仕事に取り組む態度	3.56
アスピレーション	3.56
規律性	3.54
コミュニケーション能力	3.52**
好奇心	3.51
幅広い教養	3.5
情報収集・処理能力	3.5
問題解決能力	3.5
学習能力	3.49
目標達成志向	3.49
インドネシアの国益重視	3.49
倫理性	3.46*
積極性	3.44
グローバル・国際的基準重視	3.44**
態度（カテゴリー平均）	3.43
新たな発想や構想をする力	3.43
技能・思考力（カテゴリー平均）	3.42
寛容中心主義	3.4
仕事中心主義	3.4
職務関連分野の基礎的知識・理論・方法	3.39**
愛国心	3.39
決断力	3.38
IT活用能力	3.37**
国際性	3.37**
価値（カテゴリー平均）	3.32
時間管理能力	3.32*
合意志向	3.32
職務関連分野の最新の知識・理論・方法	3.29*
知識（カテゴリー平均）	3.27
自己評価能力	3.26
対人交渉・調整力	3.23
職務関連分野の実務的な知識	3.22
柔軟性	3.21
リーダーシップ	3.17
家族中心主義	3.15
宗教心	3.14
奉仕精神・献身	3.12
英語運用能力	3.04**
インドネシアの開発等	2.96**
地方重視	2.93**
日本語運用能力	2.78*

インドネシア留学

能力	評価
地方重視	3.71**
自信を持って仕事に取り組む態度	3.54
情報収集・処理能力	3.53
論理的な思考能力	3.52
好奇心	3.49
アスピレーション	3.49
幅広い教養	3.48
目標達成志向	3.46
科学的な調査・分析能力	3.45*
長期展望	3.45
責任感	3.43
インドネシアの開発等	3.42**
問題解決能力	3.42
新たな発想や構想をする力	3.4
学習能力	3.38
インドネシアの国益重視	3.38
チャレンジ精神	3.37**
決断力	3.36
仕事中心主義	3.33
態度（カテゴリー平均）	3.32
コミュニケーション能力	3.32**
柔軟性	3.31
寛容性	3.3
価値（カテゴリー平均）	3.29
技能・思考力（カテゴリー平均）	3.28
積極性	3.28*
知識（カテゴリー平均）	3.26
対人交渉・調整力	3.26
合意志向	3.26
倫理性	3.24*
グローバル・国際的基準重視	3.22**
自己評価能力	3.21
愛国心	3.21
家族中心主義	3.21
宗教心	3.2
奉仕精神・献身	3.18
職務関連分野の基礎的知識・理論・方法	3.16**
リーダーシップ	3.15
職務関連分野の実務的な知識	3.12
職務関連分野の最新の知識・理論・方法	3.1*
時間管理能力	3.09**
規律性	3.08
IT活用能力	3.07**
英語運用能力	2.58**
国際性	2.49**
日本語運用能力	1.22**

（注）「＊＊」および「＊」はそれぞれ、1％、5％の水準で統計的に有意な差があったことを示す。
（出所）筆者作成

○「知識」よりも「技能・思考能力」や「態度」面でより向上
　能力を「知識」「技能・思考能力」「態度」「価値」に分けてみると、**図3**のとおり、留学の効果は、日本、インドネシアいずれも「知識」の面に限られるのではなく、むしろ「態度」の変容において最も大きく、その後に「技能・思考能力」「価値」が続き、「知識」は相対的に見て向上の認識が最も低い。有用度の評価とまったく同じ結果となっている。

○日本留学者とインドネシア留学者とでは能力向上にかなりの差
　同じく**図3**が示すように、日本留学組とインドネシア留学組の比較では、前者が後者に比べ「技能・思考能力」「態度」を中心に、全体的に能力が向上したという認識は高い。

　また個々の能力について、日本留学者とインドネシア留学者で能力向上の評価に有意な差があった項目は、上記**表6**の中で「**」や「*」で示すとおりである。これによると42項目のうち約40％に当たる16項目において、留学先により能力向上に有意な差が見られる。これは有用性については9項目にしか差がなかったことと比べれば、留学経験の違いが異なった能力向上についての認識の相違をもたらしていることが示唆される。

　「インドネシアの開発等に関する知識」と「地方重視」の価値観において、インドネシア留学者が高い向上度を示しているほかは、いずれも日本留学組の方が高い。特に、「規律性」「チャレンジ精神」「コミュニケーション能力」「グローバル・国際的基準重視」「国際性」などが日本での方がより身についたことが示唆されている。

5-4　能力向上の観点から見た留学中の活動の意義付け[5]

　表7は、留学中のどのような活動が能力向上に貢献したかについて、4段階（「最低1」～「最高4」）で評価してもらい、それぞれの活動の貢献度を日本留学者、インドネシア留学者別に高い順に並べ替えたものである。主なファインディングスは以下のようである。

○留学生自身の自主的な勉学が能力向上により貢献
　日本留学者、インドネシア留学者いずれのグループも、講義やゼミなどの大学が提供する活動よりも、レポート作成など自らのアカデミックな活動が

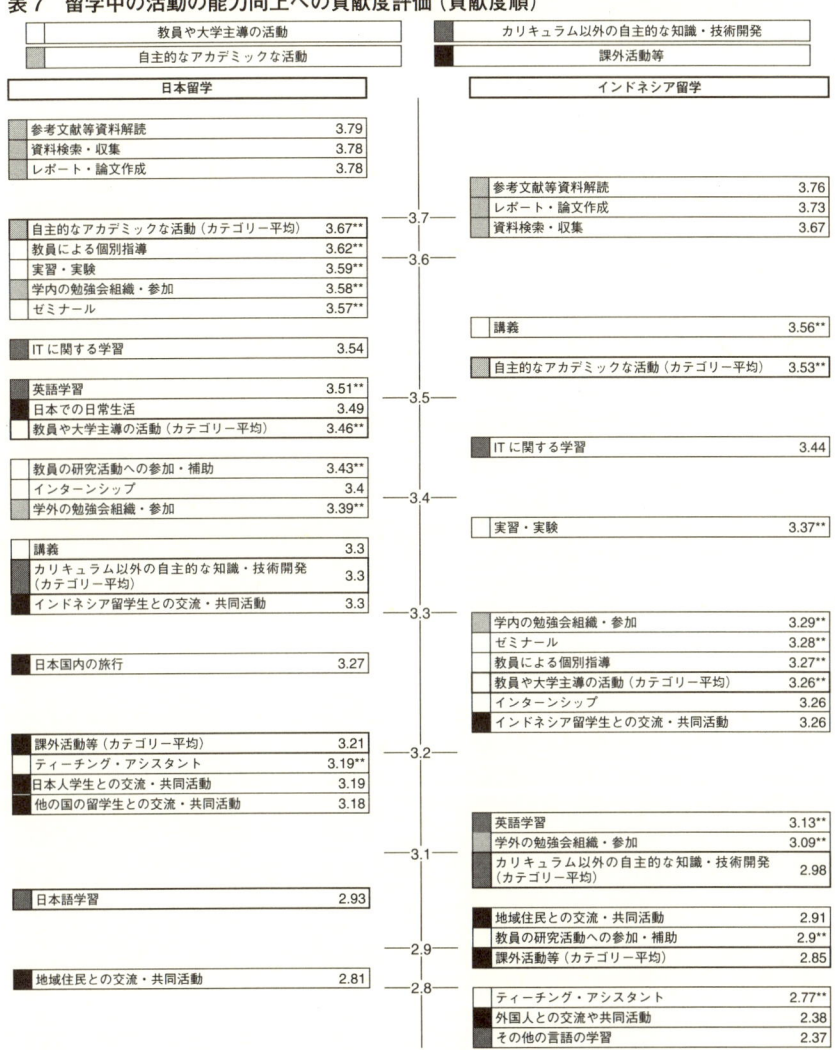

第14章　留学効果評価のための能力開発論からのアプローチ

表7　留学中の活動の能力向上への貢献度評価（貢献度順）

凡例：教員や大学主導の活動／自主的なアカデミックな活動／カリキュラム以外の自主的な知識・技術開発／課外活動等

日本留学		インドネシア留学	
参考文献等資料解読	3.79		
資料検索・収集	3.78		
レポート・論文作成	3.78		
		参考文献等資料解読	3.76
		レポート・論文作成	3.73
自主的なアカデミックな活動（カテゴリー平均）	3.67**	資料検索・収集	3.67
教員による個別指導	3.62**		
実習・実験	3.59**		
学内の勉強会組織・参加	3.58**		
ゼミナール	3.57**		
		講義	3.56**
IT に関する学習	3.54	自主的なアカデミックな活動（カテゴリー平均）	3.53**
英語学習	3.51**		
日本での日常生活	3.49		
教員や大学主導の活動（カテゴリー平均）	3.46**	IT に関する学習	3.44
教員の研究活動への参加・補助	3.43**		
インターンシップ	3.4		
学外の勉強会組織・参加	3.39**	実習・実験	3.37**
講義	3.3		
カリキュラム以外の自主的な知識・技術開発（カテゴリー平均）	3.3		
インドネシア留学生との交流・共同活動	3.3	学内の勉強会組織・参加	3.29**
		ゼミナール	3.28**
		教員による個別指導	3.27**
日本国内の旅行	3.27	教員や大学主導の活動（カテゴリー平均）	3.26**
		インターンシップ	3.26
		インドネシア留学生との交流・共同活動	3.26
課外活動等（カテゴリー平均）	3.21		
ティーチング・アシスタント	3.19**		
日本人学生との交流・共同活動	3.19		
他の国の留学生との交流・共同活動	3.18	英語学習	3.13**
		学外の勉強会組織・参加	3.09**
		カリキュラム以外の自主的な知識・技術開発（カテゴリー平均）	2.98
日本語学習	2.93	地域住民との交流・共同活動	2.91
		教員の研究活動への参加・補助	2.9**
		課外活動等（カテゴリー平均）	2.85
地域住民との交流・共同活動	2.81	ティーチング・アシスタント	2.77**
		外国人との交流や共同活動	2.38
		その他の言語の学習	2.37

(注)「**」は、1％の水準で両グループに有意な差があることを示す。
(出所) 筆者作成

能力の向上につながったと認識している。特に、「参考文献等資料解読」「レポート論文作成」「資料検索・収集」は高く評価されている。大学院で学んだ者が大半を占めていることから、当然の結果といえるかもしれない。

第Ⅲ部　教育協力政策・実践をめぐる諸研究

○全体として日本留学者の方が留学中の活動をより高く評価

　他方、表7からも明らかなように、留学中の活動の評価については、両グループでかなりの相違が見られる。日本留学者は、インドネシア留学者よりも全体として、留学中の活動の能力向上への貢献度を高く評価している。

　個々に見ても、ほとんどの項目で、日本留学者の評価が有意に高い。「教員による個別指導」「実習・実験」「ゼミナール」「学内外の研究会の組織・参加」「教員の研究活動への参加・補佐」「ティーチング・アシスタント」などがその項目である。また、日本留学者の間では、大学外の活動である「日本での日常生活」を能力向上に貢献するものとして比較的高く評価していることは注目される（「カリキュラム以外の自主的な知識・技能開発」と「課外活動等」については、項目が異なるので両者の差の検定は行なっていない）。

　他方、「インターシップ」の評価については両者で有意な差はなく、また「講義」については、インドネシア留学組の方がその意義を積極的に評価している。

6. まとめと結論

　以上、個々のファインディングを示してきたが、ここではそれらをまとめるとともに、それらが、今後特定の職業人の能力向上のための留学支援事業を考える上でどういう意味を持っているかを述べてみたい。

○留学の評価は極めて高いが、身につけた能力の活用が課題

　本事業全体についての受益者（留学者）の評価は、極めて高いといっていい。能力向上の観点からの評価も、「きわめて向上した」と「かなり向上した」の間に評価されている。

　しかし一方、実際の職場での活用となると「かなり活用している」と評価は低くなる。この種の調査では、全体的に高めの評価がなされるので、より実態を把握する上で、今後この点に着目した調査も必要であろう。

○有用度が特に高い"コア能力"の抽出—「技能・思考能力」や「態度」が重要

　今回の調査の中の能力の有用度に関する質問から、"コア能力"とでも呼ぶべき有用度が特に高いとされた19の項目を抽出した（表5参照）。

ここで留意すべきは、これらの項目はほとんどが「技能・思考能力」と「態度」に関するもので、「知識」に関する項目は含まれていないことである。もしこの"コア能力"の向上が行政官のための留学の目的であるとすれば、従来の知識中心型の留学一般の考えとは異なる留学の意義を考える必要があろう。

　行政官に求められる能力は、業務内容や職階などにより様々に異なっていると思われるが、ここに示したのは将来を期待されている中堅のインドネシアの行政官が選んだ中核的な能力であり、今後行政官の能力について議論する場合（特にインドネシアにおいて）、一つの出発点として役立つであろう。

○能力向上の観点から見て留学事業は概ね成功―「技能・思考能力」や「態度」がより向上

　上記のコア能力の向上という観点から、今回の留学事業を見た場合、これら19項目の能力は、「きわめて向上した」と「かなり向上した」の中間ぐらいに評価されており、この限りにおいて本事業は有効であったといえよう。

　能力の有用性の評価と同様、留学による能力の向上についても、「知識」よりも「技能・思考能力」や「態度」がより大きく向上したという結果になっており、今後類似の事業を行うとすれば、この点からも留学の目的・プログラムの内容を再検討する必要があろう。

○日本留学は有効

　本調査のもうひとつの重要な結論は、日本留学がインドネシア留学に比べて概してより有効であると評価されていることである。日本留学において多くの点でインドネシア留学より能力の向上があったとされ、また日本留学で提供される様々な学習機会（講義、ゼミ、勉強会等）がインドネシア留学に比べより能力向上に貢献したと評価されている。ただそれが、他の国に留学した場合にも見られる外国留学一般の効果なのか、日本留学特有の効果なのかを知るにはさらなる調査と分析が必要である。

○留学中の多様な活動が能力向上に貢献

　さらに、留学における能力向上には、講義やゼミなど大学における主要な活動だけでなく、ティーチング・アシスタントや教員の研究への参加や補助といったいわば副次的な活動、レポートや論文の作成など自主的なアカデミックな活動、さらには、日常生活や学生同士の交流など課外の活動までもが関わっていることが明らかになった。今後、行政官等の職業人育成のため

の留学生受け入れプログラムの作成に当たっては、この点に十分配慮する必要がある。

○本調査研究の限界と今後の展望

　今回の調査には時間的、経費的制約などから、2つの大きな限界があった。ひとつは、この調査では、能力の向上について受益者（留学者）本人の主観的な評価しか聞いていないことである。一部少数に対してインタビューも行われたが、上司や同僚など第三者の評価は十分に考慮されていない。このことから、例えば、評価が甘くなりがちでスコアが高くなる傾向が見られたのかもしれない。

　第二は第一の点とも関連して、能力の有用度や向上度を主観的に判断してもらうにせよ、何らかの共通の基準を示すことも可能であったかもしれないが、今回はこれも上記のような制約から行われていない。例えば、「アスピレーション」とはどういうものを指しており、それが「おおいに向上した」とはどういうことなのかの判断は、回答者に委ねられた。今後の同様な調査では、特にコンピテンシー論などで用いられている具体的な行動レベルでの定義や評価基準などを用いることが考えられる。

　いずれにしても職業人に求められている能力の向上という観点から留学を見た場合、従来の知識取得中心の留学観では十分とらえきれないことが明らかになった。また、それとも関連して、留学中の多様な活動がこのような能力向上に関与していることが示唆されており、この点でも受け入れ側としての大学側の教育・訓練の提供の仕方に問題を投げかけるものである。先に述べたように、大学に対する多様な期待や需要に応えるという意味でも、このような観点からの留学の効果（より一般的に大学教育の効果）に関する研究がもっと蓄積される必要があろう。

注
(1) 当時、約8000人であった在日外国人留学生を、20世紀末までに10万人にまで増加させる計画。
(2) 本章は、国際協力銀行（JBIC）の委託による「高等人材開発事業（II）」事後評価調査の特定テーマ報告書「受益者の能力向上の観点からみた留学事業評価」に基づく。ここでの分析や見解は筆者のものであり、JBICのそれを表すものではない。また、この報告書を使用することを許諾いただいたことについて、JBICに謝意を表する。

(3) ここでは、ある能力が実際に活用されているかどうかと、能力の有用性とは一応別の概念として区別している。前者はまさに現に使われているかどうかであり、後者は有用であると認識されているが、現実の様々な諸条件あるいは部署により、実際に使われている場合もあれば、そうでない場合もあり得る。
(4) やや特異なスコアを示す「英語運用能力」と「日本語運用能力」は、カテゴリー別の平均からは除いて考察した。以下、カテゴリー別の比較では同様の処理をした。
(5) 「課外活動等」については、項目の内容が異なるので、カテゴリーとして日本留学者とインドネシア留学者の比較は行っていない。

参考文献

石附実 (1972)『近代日本の海外留学史』ミネルヴァ書房.
伊藤彩子 (2006)「日本留学の学習・生活体験が職務能力の向上に与える効果に関する研究―インドネシアの政府行政官の日本留学を事例として―」広島大学大学院国際協力研究科修士論文.
岩男寿美子・萩原滋 (1987)『留学生が見た日本―10年目の魅力と批判―』サイマル出版会.
岩男寿美子・萩原滋 (1988)『日本で学ぶ留学生―社会心理学的分析―』勁草書房.
太田隆次 (1999)『アメリカを救った人事革命コンピテンシー』経営書院.
小方直幸 (1998)『大学卒業者の就職と初期のキャリアに関する実証的研究―大学教育の職業的レリバンスに関する研究―』広島大学大学教育研究センター.
小方直幸 (2001)「コンピテンシーは大学教育を変えるか」『高等教育研究』4集, 71-91頁.
佐藤由利子 (2000a)「日本の留学生政策のインドネシアにおける影響―人材養成の観点から―」『国際開発研究』11巻2号, 201-219頁.
佐藤由利子 (2000b)「日本の留学生政策のインドネシアにおける影響―親日家養成の観点から―」『日本評価研究』2巻2号, 59-78頁.
佐藤由利子 (2004)「政策評価マトリックス (PEM) を使った定量的政策評価の事例―インドネシアとタイに対する日本留学政策評価―」『日本評価研究』4巻2号, 39-56頁.
JICA地方行政人材プロジェクト (2006)『インドネシアの公務員制度』国際協力機構.
高木史朗 (2004)『コンピテンシー評価と能力開発の実務―成果主義時代の人材アセスメント手法と展開方法―』日本コンサルタントグループ.
21世紀への留学生政策懇談会 (1983)『21世紀への留学生政策に関する提言』文部省学術国際局留学生課.
二宮皓・中矢礼美・出口真弓 (2005)「Cross-Cultural Competencyを育成するカリキュラムの開発と検証」『カリキュラム研究』14巻, 89-102頁.
日本労働研究機構編 (1997)『大学院修士課程における社会人教育 (調査研究報告書)』日本労働研究機構.
三鷹市 (2004)『三鷹市人財育成基本方針』三鷹市.
ライチェン, ドミニク, S／サルガニク, ローラ, H.編 (2006)『キー・コンピテンシー―国際標準の学力をめざして―』立田慶裕監訳, 明石書店.
OECD/CERI (1986). *Background Report for Innovation Exchange Seminar on Higher Education and the Flow of Foreign Students.* Paris: OECD Centre for Educational Research and Innovation.

第Ⅲ部 教育協力政策・実践をめぐる諸研究

第15章

教育援助プロジェクトの事後評価
―厳密性と有用性―

長尾眞文

1. はじめに

　教育援助は、発展途上国（以下、途上国）に対する人づくり援助の中核領域としてODAが本格化した1960年代当初から常に優先的に扱われてきた。しかし、その優先的性格とは裏腹に（あるいはそれゆえに）長い間教育援助の評価が重要検討課題として取り上げられることはなかった。たとえ評価関心があったとしても、援助実施プロセスのモニタリングとマクロ的・平均的統計による結果のチェック程度（例えば、就学率や識字率）であった。教育援助の評価、とりわけ事後評価により高い関心が集まるようになったのは、1990年代後半からで、その背景には対途上国援助の効果に関する一般的関心の高まりがあった。ドナー諸国政府が1990年代にほぼ例外なく採用した成果管理主義の影響で、援助の成果重視志向が強まり、評価に対する関心が顕著に拡大した。具体的には、援助評価システムの整備・拡充が進むとともに、援助評価を事前・中間・事後とサイクル的に捉えるアプローチ、ドナー間で合同評価する試み、途上国の評価への参加など、多様な評価の取り組みが試みられた。DAC（OECD開発援助委員会）が1996年に発表した「新開発戦略」で、ドナー諸国が開発目標設定型の援助を謳ったことも、事後評価重視の流れを後押しした。

　一方、教育援助の分野においても、事後評価関心の覚醒につながる展開が見られた[1]。第一に、1990年の「万人のための教育 (EFA) 世界会議」（ジョムティエン会議）を契機として、世界的に未就学児童の減少や初等・中等教育における男女間格差解消の目標が共有されるに従い、その目標の達成度のモニタリング・評価が国際社会の重要関心事となった。また、多数の二国間・多国間援助機関が合同で基礎教育分野におけるドナー支援の効果を検討する

試みが企てられたりもした (Netherlands Ministry of Foreign Affairs, 2003)。第二に、援助全般にわたって開発効果の持続可能性が問われるようになり、それに関連して途上国のキャパシティ・ビルディングの取り組みが重視されるようになったことで、派生的に教育・訓練・研修活動の評価に対する関心が高まってきた (Chapman & Nagao, 2006)。第三に、日本の途上国協力において近年教育協力の比重が急速に高まってきたことが挙げられる。それ自体は世界規模での EFA 支援の流れに押された動きであるが、日本の援助総額が減少傾向にある中での教育援助の増加であり、教育援助内容の多様化や教育 NGO の関与の拡大等の事情も相まって、援助機関には通常以上の評価圧力が掛かっているように見受けられる。

　そのような状況認識のもとで、本章では教育援助プロジェクトの事後評価に関する理論的裏づけについてレビューするとともに、その実践的課題について整理を行うこととしたい[2]。その際の視点として、特に評価の目的に照らした有用性と結果の信頼性を左右する厳密性に注目することとする。援助評価の分野では実施事業の継続的改善のための評価の有用性を重視する視点が定着しているが (長尾, 2003a)、近年アメリカを中心として援助の有効性を改善するため評価手法の厳密性を追求する動きがある[3]。実際に事後評価を行う際には、評価に掛ける時間や費用等の条件に応じて、有用性と厳密性との間で適当なバランスを見つける必要がある。各国の援助機関や国際機関が評価の実施にロジック・モデルを採用するのは、このバランスの課題に対処しつつ理論から実践への橋渡しのツールを提供するからに他ならない。以下では、次節で事後評価の理論的な根拠とその厳密性と有用性をめぐる議論のレビューをし、第3節で事後評価の実践におけるロジック・モデルの活用について分析し、第4節で仮説的な小学校建設プロジェクトについて事後評価の厳密性と有用性のバランスに関する選択肢を検討した上で、第5節で残された課題についてまとめることにする。

2. 事後評価の理論的裏づけ

2-1 評価理論の基礎

　Shadish et al. (1991) によると、評価の理論とは評価方法の選択の理論の

ことで、個別の事業の評価をいかに行うかの方法に関する系統的理解と表現できる。具体的には、①評価結果の活用の理論（誰のために、何を目的に評価を行うか）、②事業計画の理論（事業の想定している因果関係をどう捉えるか）、③判断に関わる価値の理論（判断基準を何に求めるか）といった構成要素を組み合わせることで体系化される。なかでも個別の評価作業の方向づけに最も大きく影響するのは①で、評価目的の設定は取りも直さず有用性の決定であり、それは評価理論の基礎を成すものと考えてよい。②の事業計画の理論は、評価手法に関係し、具体的には因果関係をどれだけ厳密に検証するかに関わる。③はそもそも評価対象とする事業や評価行為を支える価値基準に関係する本源的要素で、評価の有用性と厳密性のバランスをいかに達成するかに関する実践的配慮を導く。

　Patton (1997) は、評価を行う目的（特に、誰が評価結果を活用するか）によって、評価作業を下記の通り「判断志向型」、「改善志向型」、「知識創出型」の3つのタイプに分ける。

(1) 判断志向型評価

　評価対象となる事業について、主として説明責任の視点から事業の価値や扱い（例えば、完了、中止、継続、改善）について総括的判断を行うために実施する評価。総括評価がその典型で、行政監査、会計監査、費用便益分析、品質管理も広義にはこのタイプの評価と考えられる。事後評価で通常想定されるのは、このタイプの評価である。この種の評価で最も重要な点は、判断基準の特定で、事業のインパクトを何で評価し、何を尺度とするかである。

(2) 改善志向型評価

　事業の継続を前提として、主として発展的視点から改善案の提示を行うために実施する評価。形成評価がその典型で、継続的学習、SWOT分析、品質改善等がこの範疇に入る。このタイプの評価では、改善提案の妥当性が重要であることはもちろんであるが、改善の実現可能性は事業管理者をはじめ事業に関与する関係者の当事者意識に掛かる部分が大きいので、評価の実施プロセスをどう組むかが重要な意味を持つ。

(3) 知識創出型評価

　共通性のある複数の事業を対象に、学術的あるいは管理的視点から一般的

な知識・理解を導くこと、あるいは理論を構築することを目的として行う評価。横断的・総合的分析が特徴。援助機関が何年間か援助を行った分野で、支援経験からの教訓の抽出を行うことが典型例として挙げられる。そのような評価の結果は、将来的な援助プログラムの企画・運用や援助政策の見直し等に活用される。

　援助機関が実施するプロジェクトの事後評価では、上記の3つの目的別評価タイプが多様な形で使われる。例えば、国際協力機構 (JICA) にしても国際協力銀行 (JBIC) にしても、個々のプロジェクトの完了時および一定期間後にそのプロジェクトで達成した成果あるいはインパクトについて説明責任の遂行の視点から判断志向型評価を行うことが慣行化している。教育開発援助の例を挙げるなら、JBICの円借款による小学校建設のインパクト評価がそれである。一方、JICAの理数科教育支援がそうであるように、教育分野における技術協力プロジェクトはフェーズを重ねることが多いが、先行フェーズの終了時に実施される評価は、実質的にフェーズ間の改善志向型評価の性格を有する。また、近年、JICAは基礎教育やNGO参加等の分野別や課題別に過去に実施したプロジェクトの評価を横並びにして再検討することにより総合分析評価を行っている。これは過去の教訓を将来の事業実施に生かすための知識創出型評価の典型的な例である。このように、個々の評価の有用性は、その目的に則して決まる。

2-2　事後評価に求められる厳密性

　事後評価の多くは、実施した事業のインパクトを問うものである。事後評価に求められる厳密性は、典型的にインパクト評価の課題として提起される。インパクト評価 (impact evaluation) とは、一般的に、プロジェクトの実施が効果をあげたかどうか、実際にどのような結果をもたらしたかを検証することで、その意味では成果評価 (outcome evaluation) と同じである (Weiss, 1998, p.8)。DACの評価5基準の用語を使うと、「有効性」（プロジェクトの効果）を問うことも、「インパクト」（プロジェクトの長期的、波及的効果）を問うこともインパクト評価の範疇に入る。後者の意味でのインパクトの評価だけがインパクト評価ではない。例えば、1年プロジェクトでは、この後者の意味で

のインパクトを評価することはできないかもしれないが、前者の有効性を見る意味でのインパクト評価は実施できる。いずれにしても、インパクト評価には、プロジェクトの成果やその価値について判断を提供する総括的な意味合いがあるので、その実施時期はプロジェクトの終了時、あるいはプロジェクトが安定的に展開し、十分効果を発揮する時間を経た成熟段階であることが望ましい (Owen, 1999, p.263)。

　事後のインパクト評価に最も強い関心を持つのは、通常プロジェクトの実施に関する意思決定者 (途上国政府) や資金提供者 (援助機関) である。インパクト評価の結果を用いて、プロジェクトに対する資源配分が適切であったかどうかに関する説明責任を果たすことができるし、プロジェクトの拡大や延長に関する説得材料を提供することもできる。開発援助の分野に限らず、公的部門一般で成果管理志向が強まる中で、インパクト評価の重要性はますます大きくなっている。

　インパクト評価で「プロジェクトの実施がどのような結果をもたらすか」という場合に、「結果」をより厳密に (あるいは科学的に) 判別しようとすると、「プロジェクトを実施しなかった場合と比較してどうであるか」、「プロジェクトの外部要因の影響はなかったか」、さらには「評価手法やデータの選択が適切であったか」といった問い掛けが必要となる。プロジェクトを実施しなかった場合と比較してどうであるかを見るには、プロジェクトから受益するグループ (受益グループ) の他に受益しない同質的なグループ (比較グループ) を設けて、プロジェクトの成果指標に関する事前・事後データを両者について求め、受益グループに起こった変化から比較グループに起こった変化を引いて、プロジェクトの「純粋な」効果を求めればよい (Campbell & Russo, 1999)。

　例えば、立地、規模、生徒構成等あらゆる意味で似通っているふたつの小学校の一方の6年生 (受益グループ) に対して、1年間通常の公立小学校の国語の授業に加えて漢字ドリルの宿題を課し、もう一方の学校の6年生 (比較グループ) が通常の国語の授業だけを受けた場合に、年度初めと年度末の漢字テストの平均点が比較グループでは2％上昇したのに対して、受益グループの平均点が10％上昇したとすると、8％分を漢字ドリル・プロジェクトの「純効果」とするのである。もちろん、年度途中で漢字ドリル・プロジェク

トが新聞で取り上げられて、気をよくした受益グループの生徒が一層頑張ったこと（外部要因の影響）や両校の6年生の国語の先生を比べると必ずしも同質ではなかったこと（評価手法の影響）等も考慮して、このパーセンテージを少し下方に修正する必要があるかもしれない。要するに、厳密な意味でのインパクト評価は、プロジェクトの純効果を問題にするのである。

　しかし、この厳密な意味でのインパクト評価の実施にはいくつか問題がある。第一に、受益グループと比較グループが同質的であるという条件を徹底するためにいわゆる「実験モデル」手法を採用しようとすると、プロジェクトを始める前に対象とする集団からランダム（無作為）に両グループ（実験グループと制御グループ）に人を配する必要があるが、「良かれと考えて実施する」プロジェクトをあるグループだけ選んで提供することには実際的にも倫理的にも問題がある。これは前掲の例で、受益・対象両グループを同一の学校の同じ先生に習っている6年生の中からそれぞれ選んで実施することを考えてみれば、容易に想像できるであろう。保護者の反対、担当教員の良心の呵責等の難しさに加えて、両グループを厳密に別々のグループとして維持することは実際に無理であろう。

　そこで、同質性の条件を少し緩和して、前掲例のように類似した近接2校の同学年で比較することが考えられる（「準実験モデル」手法）が、それでも関係者の了承を得ることも含めて、作業の準備・実施に掛かる手間をはじめ時間や費用が掛かりすぎるという第二の問題が残る。Bamberger & Fujita (2003) によると、準実験モデルの活用にも、制御グループを設けるかどうか、事前・事後の比較をどの程度厳密に行うか等、条件次第で様々な場合があるという。要するに評価の厳密性に絶対的な判断基準が存在するのではなく、実施する評価の目的に則した有用性の判断基準に従って、要求される厳密性が決まるということである。

　第三に、プロジェクト介入の純効果を求めるのは、そもそも介入と結果の間に想定する因果関係を証明するためであるが、介入が多岐多様なプロジェクトでは、結果との関係を厳密に特定するのは難しい。生徒に国語力をつけたい先生が、漢字ドリルの宿題を出すだけでなく、読書力強化のために朝読みを、表現力強化のために作文の宿題を、国語の得意でない生徒だけに放課後の特別指導を、といった複合的取り組みを実施する場合は特にそうである。

教員の中には、取り組みの効果の判定にどのような根拠データを用いるか、因果のループをどう描くか等の問題を回避するため、最初から介入の粗効果があるかどうかだけを課題と考え、評価の厳密性の設問を迂回する傾向がある。

　繰り返しになるが、評価をどれだけ厳密に行うかは、評価の目的や結果の活用に関する想定次第である。一般に、プロジェクトの実施に関して賛否が分かれるような場合、プロジェクトが現状の大幅な変更を提起するような場合、政治的な理由等でプロジェクトの結果に注目が集まる場合、プロジェクトの結果が実施に関係する組織の社会的評価を左右する場合には、より厳密なインパクト評価を行うことが望ましい。逆に、プロジェクトが予定期間を終えるが、関係者の間で既に継続について合意がある場合、プロジェクトが案件形成的な性格を持ち、当初から予定成果を特定しにくい場合、組織にとってあまり重要でないプロジェクトの場合、プロジェクトが明らかに失敗して効果があがらなかった場合等には、厳密なインパクト評価は不要である。要するに、インパクト評価をどれだけ厳密に行うかは、評価結果の組織にとっての有用性と評価に掛けられる時間と費用に依存することになる (Rossi et. al., 2004, p.240)。

2-3　評価システムに依拠する事後評価の厳密性

　以上のインパクト評価の厳密性の考察は、個々の事業の実施で想定している取り組みと成果の間の因果関係の検証に関する手法的な厳密性に関してであった。しかし、JICAのような援助機関は何百という数の事業を実施しており、毎年終了する事業だけとっても百を下らない。理屈としては、その一つひとつについて説明責任が問われる。それぞれの事業について、適切かつ厳密な事後評価を行うことは望ましいが、それで援助組織がその事業全体に関する信頼性を獲得できるかというと、必ずしも定かではない。援助組織が納税者に信頼されるには、個々の評価を包含する評価システムあるいは慣行自体が認知される必要がある。その意味で、評価を事業から独立した行為と考えるのでなく、事前の計画段階から実施の期中段階を経て成果の出る終了段階まで一貫して進捗を評価の視点からフォローする評価システムの形成が、事後評価の厳密性を担保する効果を持つといえる[4]。

また、外務省やJICAが外部専門家の力を借りて実施している終了時評価の2次評価の試みも、評価システムに依拠する事後評価の厳密性の確保の取り組みとして注目される。これは終了時評価が内部的に実施されるのに対して、外部者がその結果を評価することで、評価システム全体の信頼性を改善しようとするものである[5]。後述するように、世界銀行でもそのような取り組みを行ってきた。

3．ロジック・モデルの活用による理論と実践の橋渡し

　教育分野であれどの開発分野であれ事業の事後評価の主要な関心は、事業計画に盛り込んだ取り組み・介入の実施により、想定通りに成果が生まれ、当初立てた目標を達成できたかを検証し、もし達成できなかった場合には、なぜできなかったかを説明することである。事業、プロジェクトは一定期間内の取り組みであるから、その効果を見るには事前と事後の状況をなんらかの形で比較しなければならない。事後評価といえども、正確に評価しようとすると事前（つまり事業が始まる前）に事業計画の中に組み込まなければならない。

　実際の事業計画の作成は、時間的制約、不十分な事前調査等により、必ずしも適切に組まれているとは限らない。とりあえず予算確保のために作成した企画素案がそのまま事業計画となったり、課題の重要性のゆえにとにかく事業を起こして「走りながら」計画を立てるといった形でスタートすることも少なくない。事業計画作成プロセスに恣意的な政治的介入があって本来適切に設計された事業を歪めてしまうこともあろう。事業実施体制が突然の人事異動で変更されたり、事業の環境的条件に急激な変化があったりすることも珍しくない。実際の開発援助の評価では、ランダム・サンプルの実験デザイン・アプローチに代表されるような理論的配慮が貫徹されるケースはごくごく限られる（Picciotto, 2007）。

　開発現場でより一般的な状況は、事業による取り組み・介入と期待される成果の間の因果関係の想定が不明確なことである。例えば学校教育では、当然毎日の授業の積み重ねが一定の教育効果をあげることを想定して教育を行っているが、教員の中には十年一日のごとく同じ授業を繰り返し、期末テ

ストで生徒の成績をつけるだけで、どれだけ教育効果があがったかを真剣に考えない、そもそも毎日の教育行為を計画の対象として捉えない者もいるであろう。また、学校建設プロジェクトで、学校を必要としている地域と実際に建てられる地域が異なったり、学校建設の目途は立ったが教員手配が追いつかないといった不適切・不十分な計画事例もあろう。さらには、現職教員研修プロジェクトで、開催した研修会の回数を成果としたり、教員の教科指導力の向上を成果と特定するが成果の測定は行わない、というように計画は立てるが、系統的な評価に耐えない場合も考えられる。

　しかし、開発に携わるものであれば誰でも、計画段階で取り組み・介入と成果の間の因果の想定を明確にすることが望ましいことには異議をはさまないであろう。それができると事業を支える理論的枠組みが備わることになるからで、この枠組みは事業の実施を下支えするだけでなく、そのまま事業の進捗状況の把握や期末の評価にも活用できる。例えば、事業実施段階では取り組み経過のチェックや中間的成果のモニタリング（プロセス評価あるいは実施評価）に、そして事業終了時や事後的には通常のDAC評価5基準（妥当性、有効性、効率性、インパクト、持続可能性）を使った達成度の評価（成果評価）に活用するといった具合である。評価の世界では、この枠組みを「ロジック・モデル」(Owen, 2006)、「プログラム理論」(Rogers et al., 2000 ; Rossi et al., 2004)、「変化の理論」(Patton, 1997) と多様に表現する。ここでは、JICAも含めて多くの援助機関や国際機関が使っているロジック・モデルに的を絞って、簡単な説明を加えておこう（国際協力機構, 2004）。

　ロジック・モデルは、特定の課題に対する取り組みが理論上どう組み立てられ、最終成果がどのように実現するかを簡潔に示すためのツールで、①取り組み・活動、②必要な投入、③活動結果、④成果・インパクトをフローチャート、表、図等を使って体系的に表現する。取り組みから期待される成果・インパクトがこのプロジェクトで目指す目標に対応する。プロジェクトによっては、「Aを実施すればBが実現し、BのインパクトでCが達成される」というように、活動（A）の先に成果に対応する中間的な目標（B）とインパクトに相当する最終的な目標（C）が想定されることもある。その場合の因果関係の想定は、「目標の体系」として捉えられる。また、教育開発のように長期にわたる事業では、教育政策の変更のようにプロジェクトを取り

囲む状況が変わることがよくある。ロジック・モデルでは、予めプロジェクトの理論が作用するための前提条件の形で鍵となる外部的与件も特定する。

事業でロジック・モデルを活用することの価値は、その作成プロセスにある。因果関係の想定や外部条件の特定をし、モデルの素案を作ることは、経験豊富な事業管理者であればそれほど難しくないかもしれない。しかし実施段階で多様な形で係わる関係者がその想定の通りに行動するか、そして行動の結果期待される効果が生まれるかは不確かな場合の方が多い。できるだけ作成プロセスで利害関係者の意見を聞き、分析を重ね、それに基づく判断や見通しを取り組みの構築に反映する方が実現性の高いモデルとなることは明らかである。そうすることで、取り組みのあり方と期待される成果について関係者と共通理解を持つことができ、事業の実施に筋道をつけることができる。このように、ロジック・モデルの活用は、事業実施に理論的枠組みを付与するだけでなく、評価についても理論と実践の橋渡しをしてくれる。

表1は、仮説的な小学校施設整備パイロット・プロジェクトをロジック・

表1　小学校施設整備パイロット・プロジェクトのロジック・モデル

課題：	学校施設の整備上の欠陥（教室数の不足、水供給の不備、トイレ施設の未整備等）のため、児童・保護者に対して登校に対する誘引動機を提供することができず、結果として低就学の状況が現出している。
目的：	「万人のための教育」政策の一環として、全国的に学校施設の整備を推進する施策の妥当性を検証するため、施設整備の取組みと就学状況の改善の関係に的を絞ったパイロット・プロジェクトを実施する。
活動：	①地域・保護者に対する小学校施設整備計画の説明 ②小学校施設の整備（教室の追加、水道の整備、トイレの新設等） ③学校設備メンテナンス体制の確立（含研修）
投入：	・追加・新規施設建設のための技術的・人的・資材的・資金的インプット ・メンテナンス専門家 ・教職員の時間
結果：	・整備済み施設（教室数の追加、水道施設、新設トイレ） ・メンテナンス研修を受講した教職員、児童・生徒
成果：	・在校生の出席率の改善 ・新規登録児童・生徒の増加による地域内就学率の向上 ・改善施設の維持のための体制の確立
外部条件：	教室数の増加に見合う教員数の増加が実現することにより、対生徒比率が悪化することがなく、教育の質が維持される。

（出所）筆者作成

モデルで表現したものである。プロジェクトの目的は極めて限定的で、小学校教育の就学状況を改善するための全国的取り組みとして学校施設の整備を行う施策を全国展開する前に、パイロット的に、いくつかの学校で先行的に施設の改善を行い、その効果を測定しようというものである。このプロジェクトの事後評価を考える際には、いくつかの選択肢があり得る。

このプロジェクトは、全国レベルで学校施設整備施策を実施する前にパイロット的に行うものであるから、前述したような準実験モデルを活用することが考えられる。例えば、パイロット・プロジェクト対象校グループに加えて、介入を行わない同様の地理的、組織的、社会経済的条件を備えた制御グループを設定して、成果指標の根拠データを事前・事後で比較することにより、施設整備の取り組みがどれだけ有効であるか検証することがそれである。もし、事前の検討によりかなり施策の実施について確信が得られている場合には、実施の有無ではなく、施設改善の内容について適切な示唆を得ることを目的に、パイロット・プロジェクトの対象として地理的、組織的、社会経済的条件の異なる学校グループをいくつか選び、グループごとに適切と思われる施設整備の取り組みを実施し、介入を行わない制御グループも加えて、事後的な効果を比較することも可能である。

ロジック・モデルを採用する場合に、より一般的に用いられる事後評価は、複数の根拠データ源、複数の評価方法、複数の評価者を組み合わせるトライアンギュレーションの方法である (Patton, 1997)。この方法は、プロジェクトの取り組みが**表1**のケースより複雑な場合にも適用できる。プロジェクトの期中の成果モニタリングを通して予定成果の追跡ができるので、パイロット事業の展開の最中にも次の全国展開の準備をすることもできる。

ロジック・モデルの活用でよくあるもうひとつのケースは、事業が終了し評価を実施する段階になって取り組みと成果を結ぶ明確な因果の想定が不明瞭なことが判明する場合である。大規模で多様な介入を組み合わせた事業では、事業関係者の間で事業の組み立てについて共通理解を持たないままに活動だけが進んでいってしまうことが多々ある。そのような場合には、評価を行うために事業活動の体系を見直し、成果目標に応じてロジック・フレームを事後的に作成することが試みられる。国際開発高等教育機構がPCM手法[6]を活用して作成したLEAD評価[7]の手法はこの種の試みに有用で、それも理

論と実践を橋渡しするツールといってよい (国際開発高等教育機構, 2003)。

4. 教育援助分野の事後評価の実践—世界銀行の場合

　事後評価の実施方法は、各援助機関によって異なる。ここでは、組織的な取り組みとして最も進化していると考えられる世界銀行を例にとって考察してみることにする[8]。

　世界銀行の事業評価慣行の特徴は、事業担当部局による自己評価を基軸とする重層的な内部評価の仕組みである。世界銀行は銀行組織であるから、事業立ち上げ時の事前投資案件調査が徹底していることはもちろんであるが、それに加えて事業の品質管理グループ (Quality Assurance Group) による事前段階でのチェックを行っている。このチェックはランダム選択ベースで、全案件数の1/4程度が対象となるが、平均的な事業の質の判定に役立っている。年によって違うが、最近年で92％が「良好」あるいは「ほぼ良好」の範疇に入っているようである (World Bank, 2005)。この事前チェックの持つ意味は、新規案件の事前評価が担当部局外の専門単位によって行われることにあり、選択ベースでありながらかなり全案件に対して案件デザインの良質化のインパクトを持つと考えられている。

　世界銀行の事後評価慣行の基本は、全ての事業の終了時 (融資終了日から6カ月以内) に、担当部局 (地域部) が作成する「実施完了報告 (Implementation Completion Report：ICR)」である。ICR作成の目的は、事業に関する経験・知識・教訓の共有とアカウンタビリティー (説明責任) で、その作成様式は標準化されていてコンピューター画面上で作業するようにマニュアルができており、重要項目については「ベスト・プラクティス」事例がホームページで提供されている。ICRの構成は、(a) 事業概要データ、(b) 主要実績評定、(c) 開発目標、デザインおよび初期条件のアセスメント、(d) 目標とアウトプット達成度、(e) 実施と成果に対する主要な影響要因、(f) 自立発展性、(g) 世界銀行および融資先のパフォーマンス、(h) 教訓、(i) パートナーの見解、(j) 追加的情報、(k) 添付資料の12項目で、添付資料を除いて通常シングル・スペースで7頁以内 (複雑な事業では10頁以内) とされている。最も重要な (b) の主要実績判定は、下記の通り成果が6段階評価、他は4段階評価さ

れる。

- **成果**：かなり満足／満足／わずかに満足／わずかに不満足／不満足／かなり不満足
- **自立発展性**：かなり見込みあり／見込みあり／見込みなし／とうてい見込みなし
- **組織制度的開発インパクト**：高い／かなりあり／低い／ほとんどなし
- **世界銀行パフォーマンス**：かなり満足／満足／不満足／かなり不満足
- **融資先パフォーマンス**：かなり満足／満足／不満足／かなり不満足

判定の基準については、ガイドラインで説明が付与されているが、判定の根拠は次の諸項目から成る添付資料で提供されるようになっている。

①主要実績指標（ログ・フレーム・マトリックスの提示）
②事業コスト（活動項目別、拠出先別、支出費目別）
③費用便益分析
④世界銀行インプット（現場訪問、スタッフ投入）
⑤目標達成度の評定
⑥世界銀行と融資先のパフォーマンスの評定
⑦補足文書

世界銀行の教育分野における融資事業は、1件当たりの金額が5000万ドルから2億ドルの金額が示す通り、かなり規模が大きい。したがって、個々の事業を構成する要素もたくさんあり、事業の成果、自立発展性、組織制度的開発インパクト等について評価するための指標も多種多数になる。例えば、1990年代後半に実施されたガーナの基礎教育セクター改善事業（World Bank, 2003）の場合、(i) 教育・学習の質の改善、(ii) 経営管理の改善、(iii) 教育アクセスの改善の3事業要素で構成されているが、ロジカル・フレームワークの成果目標として、(i) については学力テスト結果、教員の欠勤率、主要科目の生徒・教科書比率等4指標、(ii) については生徒・教員比率、教員・管理者比率等3指標、(iii) については学年別就学率、留年率、修了比率等8指

標、計15指標が挙げられた。さらに財政指標として、政府予算中の教育予算比率、教育予算中の基礎教育支出比率、給与外支出比率等も加えられている。必ずしも全ての指標について、事業終了時の到達目標値を特定しているわけではないが、ICRではそれぞれについて事業開始年の当初値と終了時の実績値を提示している。費用便益分析については、融資決定の一助としてかなり無理をして初等・中等教育の内部収益率を計算しているが、ICRでは教育投資の収益を計算するには早過ぎるとして数値をはじいていない。他の教育事業についてもほぼ同様のようで、初等・中等教育に対する支援の場合には、基本的に事前・事後の就学率と学力テスト結果の変化を主とし、教育組織の管理効率の改善を従として、諸目標の判定をしており、経済的・財務的収益計算はしていないようである。

　世界銀行には内部に独立した「評価者」の役割を持つ業務評価局（Operations Evaluation Department：OED）がある。理事会に直属する独立部局で、評価手法の開発も含めて評価活動全般に責任を持つ。OEDは、事業終了時に各部局が作成するICRの質を主にデスク・ワークでレビューし、評価要約（Evaluation Summary：ES）をまとめる。これは担当部局評価の2次評価に当たり、その際にICRの成果、自立可能性等の判定を追認することもあるし、修正を加えることもある。OEDの刊行する年次報告書によると、レビューしたICRの92%は、総合的な質の評価で「満足」以上のレベルにあったとしている。しかし、ICRの事後経済分析については、「満足」以上のレベルにあるのは85%、判定の検証材料が十分で説得的なのは83%とかなり辛口の評価もしている。事業の将来的なモニター・評価に関する計画については75%で、自立発展性について世界銀行プロジェクトでも問題があることを示唆している。

　OEDは、さらに、全終了事業の約1/4の案件について独自の評価調査を行い、事業パフォーマンス評価レポート（Project Performance Assessment Report：PPAR）を作成する。これは限定案件に関する3次評価に相当する。PPAR調査では既出資料に加えて、通常1週間程度の現地出張による事業関係者へのインタビュー等により定性的インプットを加えてより厳密な評価を下す。世界銀行の内部評価メカニズムがどの程度うまく機能しているかを測る指標として、ICRの成果評価の結果がES、PPARの2次、3次評価の段階でどう修正されるかをみることができる。例えば、1998年度と2000年度には担当部局

の成果の判定に対するOEDの2次評価(ICR→ES)で4～5％(20～25件に1件)が「満足」段階から「不満足」段階に下方修正されたが、上方修正の件数は比較的少なかった。OED内での再評価に当たる3次評価(ES→PPAR)では、2年度ともにESの評価をさらに8～10％(10～12件に1件)下方修正したが、ほぼ同等の比率で上方修正も加えた。両者を合わせると、15～20％(5～7件に1件)が判定を修正される計算である。要するに、事業担当者の評価判定は、OEDの厳密評価よりかなり「甘い」確率が高いということで、OED当局は判定の再検証を2次評価段階でとどめず、より多い案件について3次評価を実施すべきとの議論が成立する。

　以上の世界銀行の内部評価システムが教育援助事業の評価に実際にどう適用されるかについて、ブラジルに対する基礎教育援助事業のPPAR (World Bank, 2002) を例に引いて見てみよう。このPPARでは、1990年代に実施された4件の関連融資プロジェクトを評価している。それぞれの案件につき、成果、自立発展性、組織制度的開発、融資先パフォーマンス、世界銀行パフォーマンスの5項目について、ICR、ES、PPARと3段階の評定を比較しているが、**表2**は、項目ごとに4件の2次、3次評価による判定修正がどうであったかを示したものである。

　この事例の4案件の場合には、2次評価(ICR→ES)の段階で、成果だけでなく、組織制度的開発、世界銀行パフォーマンスについても3件で下方修正が行われている。3次評価の段階では、さらなる下方修正はないが、成果目標に関する判定では下方修正された3件のうち2件について上方修正している。これは、細かくみると2件ともICRで「満足」の判定をESが「わずかに不満足」と判定したものを、「わずかに満足」とやや戻したもの。それでもOEDの判定は事業担当部門の判定よりは厳しく出ていることがわかる。この例示案件の場合、OED内の修正はあまり多くない。教育援助事業の場合、効果の発現の把握が難しいだけに、PPARで現地調査してもデスク判定を大幅に覆す判定には導かないことを示唆しているのかもしれない。**表2**で興味深いのは、融資先パフォーマンスについて、概ねICRの判断を踏襲しているのに対して、世界銀行パフォーマンスに対してICRの判定を下方修正していることで、事業担当部局に対するOEDの独立性を象徴している。

　世界銀行のICRを起点とする評価システムは、主にアカウンタビリティを

表2 世界銀行の教育援助事業の2次、3次評価による判定修正
（ブラジルの基礎教育支援プロジェクトの4案件の例）

判定項目	ICR → ES			ES → PPAR		
	下方	上方	無修正	下方	上方	無修正
成果	3	0	1	0	2	2
自立発展性	0	0	4	0	1	3
組織制度的開発	3	0	1	0	0	4
融資先パフォーマンス	1	0	3	0	0	4
世界銀行パフォーマンス	3	0	1	0	1	3

（出所）World Bank（2002, p.vの判定総括表）より作成

目的としているが、OEDの機能の中には実施事業からの経験と教訓のフィードバックが含まれている。実際、ICRでもかなりの頁を割いているが、2000年から従来のICRを「中核アカウンタビリティICR（Core Accountability ICR：CAICR）」とした上で、主に事業経験からの教訓導出に的を絞った「集中的学習ICR（Intensive Learning ICR：ILICR）」の範疇を新たに設けている。ILICR案件は全案件の約30％の見当で、①フォローアップの可能性のある事業、②パイロット事業、③新規事業主体、④問題発生事業等の基準に基づき、組織全体の学習の観点から選ばれることになっている。CAICRと比較すると、ILICRにはより詳しい説明が加わる（ただし、使う様式は同じ）ほか、作成の過程で、事業からの教訓に関する利害関係者ワークショップを開くこと、それに向けて受益者調査を行うこと、他の関連部局（地域）スタッフが学習目的で参加すること、OEDが場合によっては並行的に監査を実施し、担当部局の評価をレビューすること等々の追加要件がつく。

　以上の世界銀行の事例は、評価システムに依拠した事後評価の厳密性を示すものであった。世界銀行の個別プロジェクトの事後評価には、制御グループを設定したより厳密性の高いアプローチを採用したものもある。Kapoor（2002）のOED調査によると、1979年以降に実施された78件のインパクト評価のうち、21件でそのようなアプローチが採られていた。世界銀行はその後内部の評価体制を変更し、OEDはIndependent Evaluation Group（IEG）に衣替えすると同時に、評価手法の厳密性に配慮し、事後的なインパクト評価についても制御グループを設けた準実験モデル・アプローチを重視する方向に

舵を切っている（World Bank, undated）。

5. 教育援助評価の実践的課題

　以上見てきたように、教育援助評価の事後評価については、ロジック・モデルの活用や援助評価システムの進化により、援助関係者間での共通理解は進んできた。各国援助機関および国際機関の共同による基礎教育分野の援助のインパクト評価の試み（Netherlands Ministry of Foreign Affairs, 2003）は、そのことを示唆している。それは同時に評価の理論とそれに基づく評価手法の定着を示唆している。しかし、評価の実践レベルでは、それだけでは解決できない重要な課題がいくつかある。

　第一の課題は、理論的配慮をいかに評価の実践に反映するかで、特に評価において不可欠な価値判断をどう事業の理論的枠組みと矛盾しない形で取り込むかである。例えば、教育アクセスの拡大と教育の質の向上というように場合によっては二律背反的な（しかし二者択一できない）ふたつの政策目標が掲げられている時に、いかに評価の基準を設けるかといった課題が生じる。希少な学校建設資源を、教育アクセスの限られている農村に向けるか、児童数が多く教室が過密状態で教育の質の劣悪な都市に向けるかで、実際の政策が明確な配分基準のないままに実施された時に、政策インパクトをどう評価するかといった課題に理論はどう答えてくれるのだろうか。この関連で注目に値するのは、アメリカの評価専門家の間で普及しているチェック・リスト・アプローチで、評価の理論と実践のバランスを標準的な評価手順に置き換えて、簡便な評価を提案している（Davidson, 2005）。例えば、複数の事業目的間で相対的な重要性の判定をしなければならない時に、利害関係者の投票、専門家の判断、当該分野の文献の活用等により目的間のウェイト付けを行う手法である。それは、手法の透明性を確保することにより、実践的な困難を緩和する試みである。

　第二の課題は、途上国政府の教育開発政策との整合性をどう図るかである。EFAの推進のためのファスト・トラック・イニシアティブ（Fast Track Initiative：FTI）では、世界銀行を中心とするドナー・コミュニティの協調支援の枠の中で途上国政府が「運転席」に座り、セクター・ワイド・アプロー

チを推進しようとしている。援助活動の評価の軸となる成果の設定は当然途上国の教育政策に基づくものでなければならないが、それが援助国側の目標設定と整合的である保証は必ずしもない。また、伝統的なプロジェクト・ベースの援助と異なり、多数の援助国による多様な取り組みで取り組みと成果の間の因果関係が複雑であること、特定の介入のインパクトの効果を把握することが難しいこと等のため、個々の援助国にとって「出資相当分」の評価を行うことは極めて困難となる。この実践的な課題は、各ドナー国における評価文化の浸透を待つより仕方がないのかもしれない。

第三の課題は、教育援助事業の持続可能性の評価をどうするかである。持続可能性はDAC評価5基準のひとつであるが、その評価方法は確立されていない。通常の終了時評価では、援助受け入れ国側の政府や組織が援助終了後もプロジェクト活動を継続するための予算的・人材的措置を講じているかをチェックする程度である。教育の効果の発現には長期を要することから、教育援助は短期的な効果を狙うより、教育システムの構築・整備に向けられるべきとの考え方がある。その場合には評価の主要観点が持続可能性の検証になるが、住民参加といった受け入れ国側の参加を重視するそのようなプロジェクトでは、支援対象となる組織とそれをめぐる状況に関する政治・経済・社会的分析を必要とすることもあり、画一的に考えることはできない(Platteau, 2005)。

最後に、第四の課題として、援助評価の国際化がある。援助の有効性については、常に援助懐疑論者からの批判が付きまとい、「厳密な」インパクト評価の実施が叫ばれている(Center for Global Development, 2006)。ODA評価にまつわるあいまいさを除くには、無作為サンプル方式を活用した評価を多用すべきとの考え方は、世界銀行内部でも広がっており、二国間ドナー機関も無視できなくなってきている(Pitman et al., Eds., 2005, Part 3)。EFAの動きの中で評価活動についても国際的に共通理解が進み、共同の取り組みが普及した結果として、評価の実践についても各国が独自の評価システムや慣行を維持することが難しくなってきた。日本のようにプロジェクト・ベースの援助パターンを維持している国にとっては、援助評価の国際化に折り合いをつけることは必ずしも容易ではない。しかし、国際社会で日本の援助政策や援助方法について正しい理解を広げるには、単に評価に関する国際的議論に参

加するだけでなく、積極的に自らの評価慣行について発言することが必要であろう。

6. 結びに代えて

本章では、教育援助プロジェクトの事後評価について、理論的裏づけと実践的課題の整理を試みた。事後評価については主に終了時評価を念頭においてまとめたが、プロジェクト完了後3〜5年の期間をおいて主としてインパクトに的を絞って行う事後評価についてもほぼ本稿で書いたことは当てはまる。援助機関が中心になって行う援助評価では、常に評価手法や基準の一貫性と評価対象となる個々のプロジェクトの固有の状況の間で適正なバランスをとることが求められる。この課題に対する解は常に実践における反省の形で与えられるが、そこにおける経験則はプロジェクト開始前に十分な事前評価を行うことによりプロジェクトの設計段階でその実施と効果の現出について確度の高い見当をつけることにある。評価理論の理解と応用の深化がそのプロセスを支えていくことはいうまでもない。

注

(1) 以下の議論の詳細については、長尾 (2003b) を参照されたい。
(2) 事後評価には、プロジェクトの終了時前後に行う「終了時評価」とプロジェクト終了後一定期間を経てから行う文字通りの「事後評価」とがあるが、本章では前者を検討対象とすることとする。その主たる理由は、JICA と JBIC といった日本の援助機関だけでなく、他国の援助機関や国際機関でも実質的に終了時評価により重点を置いた評価体制を敷いているからである。
(3) この動きは、ワシントンに本拠を置く Center for Global Development (2006) というシンクタンクが刊行した開発援助の有効性を問う報告書に端を発して、DAC 評価委員会も巻き込んだ国際的議論に拡大している。この議論の内容、背景も含めて、開発援助におけるインパクト評価に関する展開については、青柳 (2007) を参照されたい。
(4) この考え方をマニュアル化したものが国際協力機構の評価方法 (国際協力機構, 2004) である。同様の考え方は他の援助国、例えばイギリスの援助機関によってもより以前から採用されており (Carr-Hill, 1999)、継続的な内容の改善も図られている (DFID, 2005)。
(5) この試みについては、国際協力機構の『事業評価年次報告書2007』の「第4部 外部有識者評価委員会による2次評価」(国際協力機構, 2008, pp.80-114) を参照されたい。

(6) Project Cycle Management。プロジェクト・サイクル・マネジメントは、開発プロジェクトの計画・実施・評価に用いる運営・管理手法。ロジック・モデルの援助プロジェクト用の応用ツール。
(7) Log-Frame Evaluation Application Design。プロジェクトを対象として開発されたPCM手法を、プログラムや政策の評価にも適用できるよう開発された政策評価手法。
(8) 以下の記述は長尾 (2003b) に依拠している。

参考文献

青柳恵太郎 (2007)「第4章 インパクト評価を巡る国際的動向」佐々木亮・湊直信・高木桂一・青柳恵太郎編『国際開発における評価の課題と展望』国際開発高等教育機構, 87-153頁.

国際開発高等教育機構 (2003)『開発援助のためのプロジェクト・サイクル・マネジメント：モニタリング・評価編』国際開発高等教育機構.

国際協力機構 (2004)『プロジェクト評価の実践的手法—JICA事業評価ガイドライン改定版—』国際協力出版会.

国際協力機構 (2008)『事業評価年次報告書2007』国際協力機構.

長尾眞文 (2003a)「実用重視評価の理論と課題」『日本評価研究』3巻2号, 57-68頁.

長尾眞文 (2003b)「教育援助評価の現状と課題」『国際教育協力論集』6巻1号, 1-18頁.

Bamberger, M. & Fujita, N. (2003). *Impact Evaluation of Development Assistance,* Tokyo: Foundation for Advanced Studies on International Development (FASID).

Campbell, D. T. & Russo, M. J. (1999). *Social Experimentation.* Thousand Oaks, CA: Sage Publications.

Carr-Hill, R. (1999). *Monitoring the Performance of Educational Programmes in Developing Countries,* Serial No. 37. London: Department for International Development (DFID).

Center for Global Development (2006). *When Will We Ever Learn? Improving Lives Through Impact Evaluation,* Report of the Evaluation Gap Working Group (May 2006), Wshington, D. C.

Chapman, D. & Nagao, M. (2006). Editorial: Assuring Quality and Effectiveness during Rapid Change. *Journal of International Cooperation in Education,* Special Issue: The Evaluation of International Cooperation in Education, 9(1), 1-5.

Davidson, J. (2005). *Evaluation Methodology Basics: The Nuts and Bolts of Sound Evaluation.* Thousand Oaks, CA: Sage Publications.

Department for International Development (DFID), UK (2005). *Guidance on Evaluation and Review for DEFID Sfaff,* London.

Kapoor, A. G. (2002). *Review of Impact Evaluation Methodologies Used by the Operations Evaluation Department over 25 Years.* Washington, D.C.: Operations Evaluation Department, The World Bank.

Netherlands Ministry of Foreign Affairs (2003). *Local Solutions to Global Challenges: Towards Effective Partnership in Basic Education,* Joint Evaluation of External Support to Basic Education in Developing Countries, The Hague.

Owen, J. (2006). *Program Evaluation: Forms and Approaches.(3rd Ed.)*. Crows Nest NSW: Allen & Unwin.

Patton, M. (1997). *Utilization-Focused Evaluation: The New Century Text (3rd Ed.)*. Thousand Oaks, CA: Sage Publications.（日本語抄訳版：マイケル・パットン（2001）『実用重視の事業評価入門』大森彌監修，山本泰・長尾眞文編，清水弘文堂書房）

Picciotto, R. (2007). The New Environment for Development Evaluation. *American Journal of Evaluation*, 28(4), 509-521.

Pitman, G. K., Feinstein, O. N. & Ingram, G. K. (Eds.) (2005). *Evaluating Development Effectiveness*. World Bank Series on Evaluation and Development, Vol. 7. New Brunswick, NJ: Transaction Publishers.

Platteau, J. P. (2005). Institutional and Distributional Aspects of Sustainability in Community-Driven Development. In G. K. Pitman, O. N. Feinstein & G. K. Ingram. (Eds.), *Evaluating Development Effectiveness* (pp.275-297). World Bank Series on Evaluation and Development, Vol.7. New Brunswick, NJ: Transaction Publishers.

Rogers, P. J., Hacsi, T. A., Petrosino, A. & Huebner, E. A. (Eds.) (2000). *Program Theory in Evaluation: Challenges and Opportunities*, New Directions in Evaluation, No. 87. San Francisco: Jossey-Bass.

Rossi, P. H., Lipsey, M. W. & Freeman, H. E. (2004). *Evaluation: A Systematic Approach, (7th Ed.)*. Thousand Oaks, CA: Sage Publications.（日本語版：ピーター・ロッシほか（2005）『プログラム評価の理論と方法』大島巌ほか監訳，日本評論社）

Shadish, W. R., Cook, T. D. & Leviton, L. C. (1991). *Foundations of Program Evaluation: Theories of Practice*. Newbury Park, CA: Sage Publications.

Weiss, C. (1998) *Evaluation, 2nd Edition*. Upper Saddle River, NJ: Prentice Hall.

World Bank (2002). Project Performance Assessment Report: Brazil (Innovation in Basic Education Project, etc.). Washington, D.C.

World Bank (2003). Implementation Complete Report on a Credit to the Republic of Ghana for a Basic Education Sector Improvement Project, Report No: 26095, Washington, D.C.

World Bank (2005). Quality Assurance Group: Assessment of the Quality of "Other Economic and Sector Work". [http://siteresources.worldbank.org/QAG/Resources/OESWSynthesisReport.pdf] (March 15, 2005)

World Bank (undated). Impact Evaluation - The Experience of the Independent Evaluation Group of the World Bank. [http://Inweb90.worldbank.org/oed/oeddoclib.nsf/DocUNIDView ForJavaSearch/35BC420995BF58F8852571E00068C68D/$file/impact_evaluation.pdf] (April 30, 2008)

第16章

国際教育協力事業の評価
― 課題と展望 ―

牟田博光

1. 国際教育協力事業の変容

　1990年にタイのジョムティエンで採択された「万人のための教育 (Education for All：EFA)」宣言は、それまで職業・技術教育や高等教育への国際協力が中心であった日本の国際教育協力政策にも、他ドナー同様、大きな影響を与えた。「開発と教育分野別援助研究会」は日本が今後国際教育協力分野に力を入れることの重要性について述べ、今後の国際教育協力における基本方針として、1991年度における二国間ODAにおける国際教育協力の割合である8.1％を2000年度までに、ODA全体の15％程度までに増大させること、また、基礎教育への援助を最も重視すべきであること、さらに、基礎教育だけに集中するのではなく、各国の教育開発の段階を見極めて、相手国が最も必要としている国際教育協力を実施すること、の3点を提言した（国際協力事業団, 1994）。

　分野の分類の仕方が異なるため、直接の比較はできないが、例えば、「国際教育協力懇談会」の報告書 (2006) によれば、国際教育協力が二国間ODA全体に占める割合は近年増加傾向にあり、2004年には10.4％と計算されている。また、技術協力に占める教育分野の協力の割合は、1991年以降1999年までは緩やかな上昇であったものが、2000年以降顕著に上昇してきたことが示されている。2000年に国連ミレニアム・サミットで採択された「国連ミレニアム宣言」に基づくミレニアム開発目標 (Millennium Development Goals：MDGs) が一つの契機になったとも考えられる。

2. 評価の範囲とレベル

　「開発と教育分野別援助研究会」では、教育分野の定義を、就学前教育か

ら高等教育までの各段階における学校教育、ノンフォーマル教育、公的機関での就業前、就業後の技術教育や職業訓練、としている。また、教育的行為を手段として他の分野の目的達成を図る国際協力事業は、その目的とする分類に含めるために除外している（国際協力事業団, 1994）。本章では基本的にはこの定義に従うことにする。

　すべての国際協力事業は基本的には評価の対象となる。国際協力事業の数が増えれば評価結果もそれだけ増える。それでは、国際教育協力事業について、評価結果はどのようになっているであろうか。長尾（1999）は教育援助評価に関する課題として、個別的教育援助事業、国際的教育援助協調、援助評価システム構築に関して9課題を挙げているが、それらは教育分野に限らず、他分野にもある程度共通にいえることでもある。国際協力事業の評価は、プロジェクト・レベルだけではなく、プログラム・レベル、政策レベルでも行われる（牟田, 2004）。世界の教育援助評価の現状については長尾（2003）の詳細な研究があるので、本章では主にそれ以降の、日本で行われてきたそれぞれのレベルの主な評価結果をレビューすることを中心に、国際教育協力事業評価の現状を明らかにするとともに、教育以外の関連分野も念頭に置きつつ、今後の課題について検討する。

3. 各種レベルの評価結果

3-1　プロジェクト・レベルの国際教育協力事業の評価

　本項では比較的国際教育協力案件数が多い、無償資金協力と技術協力について、一般的な傾向を述べる。

（1）無償資金協力

　無償資金協力による国際教育協力事業の典型は学校校舎建設事業や教材・教具などの整備事業などである。学校建設事業は1977年から始まったが、当初は職業学校・訓練所や大学など高等教育機関が主な対象であった。その後、1988年に開始されたフィリピン学校校舎建設計画を契機として、基礎教育学校校舎の建設が全体に占める割合でも絶対額でも多くなった。

　供与限度額が10億円を超え、完了後3～5年を経過した無償資金協力事業

については、2005年度から事後評価がなされている。2006年度の評価報告書は、大使館・外務省による1次評価に加え、第三者による2次評価を加えた分析がなされている。分析対象は、1999年〜2001年度に完了した事業の中で2005年度に事後評価を実施しなかった事業、および2002年度に完了した事業、合計67事業である。このうち9事業が教育分野の国際協力事業である（外務省国際協力局ほか, 2007）。

評価項目はDAC（開発援助委員会）の評価5項目（事業の妥当性、有効性、施設／機材の適切性・効率性、インパクト、自立発展性）に加えて、広報性の計6項目である。2次評価結果は評価者に依らない評価値であり、プロジェクト間で比較が可能である。図1は分野別評価項目別の2次評価による12段階の評点（A+〜D-）を示してある。分野にかかわらず事業実施の妥当性が高い一方で、自立発展性は事業の分野における違いが大きいなど、評価項目によっては分野によって評価結果が異なる。教育分野の事業は保健・医療と並んで、ほとんどの評価項目において、高い評価を得ている。

図1　分野別項目別の無償資金協力案件の評点（平均）

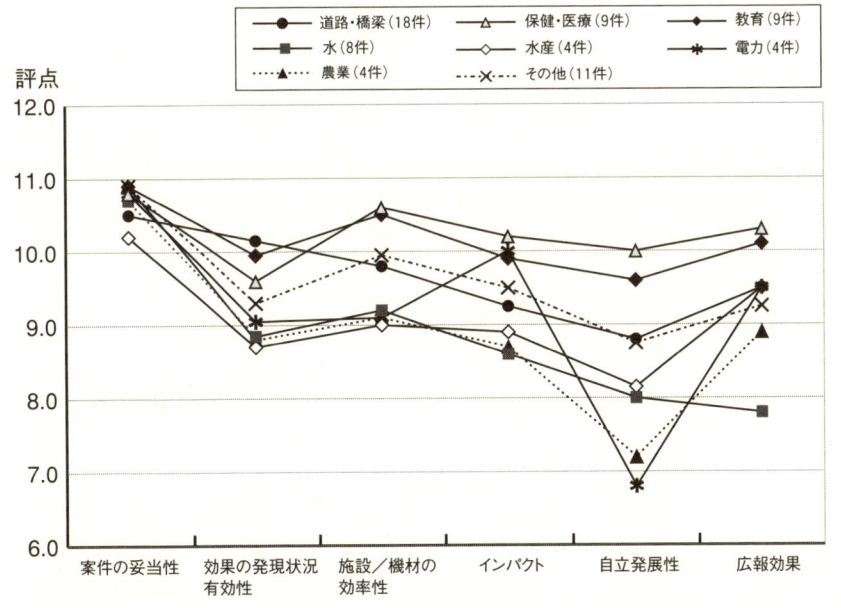

（出所）外務省国際協力局ほか（2007, p.372）図9を加工

図1では、評価の際、費用をほとんど考慮していないこともあり、効率性は高いとされている。しかし、一般プロジェクト無償資金協力による学校校舎建設事業は他ドナーと比較してコストが高いことについて、これまで多くの批判があった（例えば、牟田、1999a；澤村、1999）。建設費は設計・施工だけではなく、地盤の形状や地域住民の協力の有無など多くの要素を考慮しなければならないので、単純な比較は困難ではあるが、日本の協力で作る学校のすべてが高いわけではない。費用が高いことは仕様の問題だけではなく、契約形態の問題もある。開発調査で学校建設を行った例では、現地仕様ながら、小学校として十分な機能を持つ学校を他ドナーよりも安く、1㎡あたり1万円以下で作っている（KRI, 2005, Appendix I Table 3）。また、世界銀行との協調融資によって国際協力銀行（JBIC）が建設に協力したフィリピンの初等教育事業では、低いコストで大量の学校を建設し、小学校教育の量と質の改善に寄与したと評価されている（国際協力銀行、2001）。

スマトラ沖地震・津波の復興支援でスリランカで実施したノン・プロジェクト無償資金協力では、現地仕様・設計、現地業者などを活用して迅速に低コストの学校建設を行うことができた実績もあり、小学校建設を念頭に置いて、外務省は2006年度から現地仕様の設計・施工段階における現地業者の積極的な活用を可能とする「コミュニティ開発支援無償」を導入した。このスキームによって、2006年度から2010年度までの5年間でアフリカにおける学校校舎建設事業において30％以上のコスト縮減目標を設定している。セネガル「小中学校教室建設計画」で従来比約57％減、ニジェール「マラディ州及びザンデール州小学校教室建設計画」で約46％減を見込んでいる（外務省、2007）。

無償資金協力としては、草の根・人間の安全保障無償資金協力もある。小額だが数多くの案件があり、仕様は落ちるにしても安価で学校校舎建設、教育機材整備・購入などの支援を行っている。一件あたりの規模としては小さな国際協力であるところから、個別に第三者が評価することは通常ないが、プログラム・レベルの評価、政策レベルの評価の際含まれることがある。さらに、文化無償資金協力で行われた国際協力にも、学校における視聴覚教育機材の提供など、教育分野の協力事業が含まれている。美術館、博物館への支援なども広義の教育分野への支援と考えられる（ODA評価有識者会議、2004）。

（2）技術協力

　国際協力機構（JICA）が行う終了時評価は、国際協力機構の評価部門、国際協力実施部門、国内委員会委員などが協力して実施しており、ある程度の独立性は保たれているが、国際協力機構の関係者が評価するのには違いがなく、公平性の点で問題なしとはいえない。そこで、国際協力機構が行った評価報告書を第三者が定量的にレビューする2次評価を行っている。

　2006年度の事業評価報告書では、さまざまな分野にわたって実施された事業が評価されているが、評価対象の事業60件の内、社会開発分野は30件であり、さらにそのうち16件は教育分野である。図2はこの報告書で用いられたデータを加工することにより、分野別のプロジェクト事後評価結果を示したものである。評価項目毎に、普通を3点として、不十分から十分まで5段階で評点をつけているが、事業の評価には分野によってかなり違いがみられる。教育分野は保健医療分野、鉱工業開発分野同様に、いずれの評価項目においても評価の平均が3.0以上で「普通」レベル以上の評価を得ている。他分野

図2　分野別項目別の技術協力案件の評点（平均）

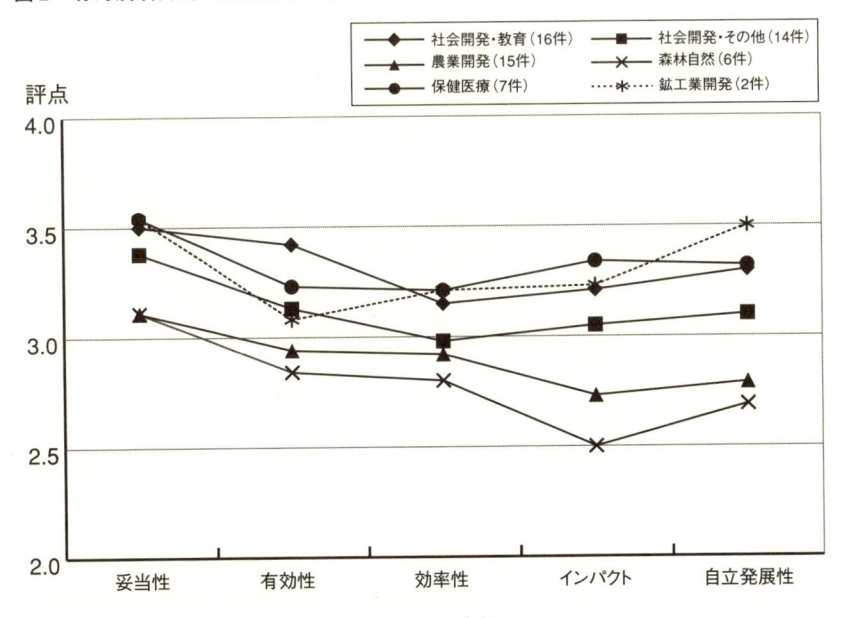

（出所）国際協力機構（2007a, p.130）付表1の全案件

と比較して、妥当性、有効性が高く、事業を実施する正当な理由があり、しかも効果が発現しやすい分野といえる (国際協力機構, 2007a)。

(3) 教育分野プロジェクト・レベルの評価結果のメタ評価

前節で述べた2次評価は個々の評価結果を一つの分析対象のサンプルとして取り扱う一種のメタ評価である。国際教育協力分野でも、評価結果を計量的にレビューするメタ評価は以前からも行われている。「援助評価検討部会」の報告書 (2000) 以降、外務省は主として政策レベル、プログラム・レベルの評価、国際協力実施機関はプロジェクト・レベルおよびプログラム・レベルの評価を行うこととなったが (牟田, 2005)、それ以前は外務省もプロジェクト・レベルの評価を行い、毎年の「経済協力評価報告書」にもその評価結果が掲載されている。

1985年度から1997年度版に記載されている事後評価のうち、教育分野 (学校教育およびノンフォーマル教育) に含まれる個別評価結果は63件である。これらをメタ評価した結果は、有効性やインパクトは比較的高いものの、自立発展性や効率性が相対的に低いと結論づけている。また、事業の種類では、ハードやソフトだけよりも、ハードとソフトを組み合わせた事業の方が、評価5項目のすべてについて、とりわけ、自立発展性や効率性について評価が高いことを明らかにしている (牟田, 1998)。

職業訓練分野でも1982年～1998年までの「経済協力評価報告書」に記載のあった108件についてメタ評価した結果は、教育分野と類似している。有効性や妥当性が高く、効率性や自立発展性が低いこと、ハードやソフトだけよりも、ハードとソフトを組み合わせた事業の方が、評価5項目のすべてについて、とりわけ、妥当性と有効性について評価が高い。さらに、どのような変数がこれら5項目得点を説明するかという分析では、その国の豊かさが最も説明力が高く、次いで地域と援助金額が説明力が高い。国の豊かさは金銭的に潤沢であると同時に、経済発展を可能にした社会的諸制度の充実を代替しているため、と解釈している (牟田, 1999b)。

3-2 評価結果に基づく教訓の一般化

事後評価結果は将来の類似事業に活用されることが期待されているものの、

現実には、個別評価結果から得られる教訓が個別に過ぎて、必ずしも一般化、概念化されておらず、他の事業に使いづらいという点が指摘されている。そこで、国際協力分野別に一般的な教訓を得ることを目的に、分野ごとに特徴的な事業をレビューする作業がこれまで行われてきた。以下、主な知見をまとめてみる。

（1）初等中等教育レベル

初等中等教育／理数科分野については、8カ国における12事業について、レビューが行われている（国際協力機構, 2004）。これら12事業は1994年から2008年にかけて実施され、現職教員研修を実施する事業が10件、現職教員研修と教員養成研修を実施するもの2件と、初等・中等レベルの理数科教育での教員研修を代表的な事業としてレビューしたものである。事業の正否を左右する要素として、以下の5つが抽出されている。

①企画・立案——事業の重要な成功要因の一つは事業の企画段階に起因している。企画立案段階における入念なニーズ分析や、因果関係を十分に踏まえたロジック構築と投入内容の選定は、特に事業の効率性に影響を及ぼす要因となっていた。
②成果の普及手段——教員研修の方法として、「カスケード方式」（伝達講習方式）と「クラスター方式」（学区内研修方式）はそれぞれ異なる特徴を持っている。この特徴を踏まえた上で研修を実施しているか否かは、インパクトの発現に大きな影響を及ぼしていた。
③連携——事業内外の関係機関との連携のあり方は、特に効率性に影響を及ぼす要因となっていた。
④制度化——事業に対する政策的支援の獲得は、中央および地方レベルでの財源の確保につながっている。基金の設立や研修の平日開催などに対する政策的支援は、特に自立発展性に大きく関係していた。
⑤モニタリング——モニタリングや評価を通じて事業の計画をいかに適切かつタイミング良く修正するかが、事業の目標達成に大きく貢献していた。

(2) 高等教育レベル

　高等教育レベルでは、8カ国12事業についてレビューがなされている。高等教育機関の役割を「教育活動の改善」「研究機能の強化」「社会活動の実践」に分けて、国際協力実施からインパクトの発現までのロジックを考え、評価報告書に照らし合わせて見ている。「教育活動の改善」型には就労機会、「研究機能の強化」型には研究成果の活用機会の確保という外部条件を抱え、これらの制約条件を乗り越えないとインパクトが発現せず、これら制約条件を乗り越える何らかの対処策が事業のコンポーネントとして組み込まれることが望ましいと考えている。また、「社会活動の実践」型は他の2類型の複合型であるが、関係者が目標に関して認識を一致させておくことの重要性を指摘している。さらに、インパクトの発現において、日本国内の協力大学の影響が非常に大きいことを、自立発展性については、大学の財務マネジメントが重要な役割を果たしていることを示している（国際協力機構, 2006a）。

(3) 職業訓練・職業教育分野

　職業訓練、職業教育分野のレビューは1964年から1996年までに開始された34件について行われた。一般教育分野とは異なり、職業訓練、職業教育分野は国による独自性が強い。民間企業の機材は進歩するが、教育・訓練機関の機材に常に最新のものを取りそろえるのは難しい、社会のニーズに合わせて教育・訓練機関のカリキュラム、施設、設備機械を常に進歩させるためには、教育・訓練機関がそれに対応できる体制と柔軟性を持つ必要がある、などの基本的な問題がある。また、多くの発展途上国では欧米の職業教育・職業訓練制度を取り入れているが、その制度が必ずしもその国の状況に適応しているとはいえない点、日本の職業教育・職業訓練制度は西欧のそれとは異なるが、発展途上国の現状に照らし合わせると適応可能な部分が多い点、将来的には二元性に示される民間との協調による教育・訓練手法をある程度取り入れて、民間の発展とともに、民間との協力を進める必要がある点、などが指摘されている（国際協力事業団, 2000）。

3-3　プログラム・レベルの国際教育協力事業評価

　国際教育協力事業によって直接生産されるアウトプット（校舎、設備、訓

練された教員など）よりも、それらがもたらす社会的な成果（アウトカム：就学率の向上、教育の質の向上、教え方の向上など）が重要である、さらにはそのような社会的成果によってもたらされる広範な社会的変化（インパクト）が重要であるといわれる。どのような国際教育協力事業もこれら上位目標を念頭に置いて実施されることになっている。しかし、アウトカムやインパクトの評価はまだ十分なされてはいない (World Bank, 2006a)。

　目標が上位になればなるだけ、それに貢献すると考えられる要因は多くなる。就学率の向上が当面の目標であれば、学校建設事業だけではなく、親に対するキャンペーン、学校給食、教育内容改善、女子教育改善などに関する事業を組み合わせて、プログラムとして実施する必要があろう。現地政府や他ドナーとの連携・協調は当然必要となる。しかし、目標が高次になれば評価は複雑になり、インプットと成果の関係はわかりづらくなる (Chapman & Dykstra, 2006)。

　各ドナーはそれぞれ独自の援助方法を持っており、現地政府にそれに応じた対応やプロジェクトの維持のための予算措置をもとめる。ドナーが増えれば増えるほど、現地政府は複雑な対応をしなければならず、人的にも資金的にも大きな負担となる。個別プロジェクトが増えることは現地政府の能力強化にもつながらない。そこで、関係者で達成すべき上位目標を合意し、どのように援助協調すれば目標達成が可能かを十分話し合う必要が出てくる。このような、目的指向型の「プログラム化」の推進については日本も今後力を入れていくところである（外務省, 2007）。しかし、プログラム的な国際協力は事前の十分な現状分析、および各ステークホルダーとの綿密な打ち合わせが必要とされることもあり、必要性はいわれながらまだ十分実施されているわけではなく、援助協調にも十分つながっていないのが現状である (Netherlands Ministry of Foreign Affairs, 2003)。プログラム・レベルの評価といわれているものは、現実には、個々バラバラに実施されている事業をいくつか束ねて、当初から意図されたプログラム的な国際協力であるがごとくに評価してみる、というものが大半である。しかしそうではあっても、いくつか重要な知見を得ることはできる。

（1）事業量の総体が大きいプロジェクト群

　外務省がNGOと合同で実施した、「フィリピン教育分野評価」（外務省, 2006）は、2000-2004年度に日本がフィリピンの教育分野で実施したODA事業の集合体を評価対象としている。具体的には、無償資金協力、草の根無償資金協力、青年海外協力隊チーム派遣、草の根・人間の安全保障無償資金協力、草の根技術協力、日本NGO支援無償資金協力、技術協力事業の37事業、およびJBICとの借款契約が結ばれ、対象期間中に実施されている世界銀行との協調融資事業、貧困地域初等教育事業、アジア開発銀行との協調融資事業、貧困地域中等教育拡充事業である。対象は、基礎教育、高等教育の他、職業訓練も含む。

　基礎教育を対象とした事業群では、校舎建設に多大な貢献が見られ、数千を超える教室やトイレの整備を支援した。またこれらハードに加えて、教員や教育管理者の訓練などソフト面での支援を世界銀行やアジア開発銀行などと役割分担をしながら行った。このようなハード・ソフト両面での支援により、学校の運営が円滑になされ、児童生徒の学力向上に寄与していると考えられる。さらに、現地の教育機関や現地NGO、日本のNGOなどと協力して、一つ一つの規模は小さいが、現場のニーズにあわせて、教室整備にとどまらず、ストリート・チルドレンを保護する施設建設や、ノンフォーマル教育、職業訓練を通して貧困を削減しようとする事業など、きめ細かな支援が行われている。これらは結果として、家庭に問題を抱える子どもが学校に通えるようになることに貢献していると考えられる。

　これらの協力が総体として社会にインパクトを与えたかどうかをマクロ指標の変化によって見てみると、初等中等教育の教室の増加数、生徒数などで明確な改善が見られ、就学率で限定的な効果があった。また、フィリピン政府の教育政策、自立発展性などにも効果が見られた。事業実施地域では教育の質的向上についても、改善が見られ、一定の相乗効果があったと判断されている。これらのインパクトに対する日本の寄与は、国際協力の規模が大きいことから貢献度合いは大きいと判断される。高等教育や職業訓練についても正のインパクトが見られる、とされている。

（2）事業量は中位のプロジェクト群

　ベトナム初等教育改善プログラムの評価では、「教員の質と教育行政の向上による初等教育の質の改善」を目標として、初等教育分野の開発計画策定支援を行った開発調査と、これに基づき策定された技術協力事業「現職教員研修改善計画」をプログラムの主な構成事業としている。この技術協力事業は初等教育開発アドバイザー派遣、協力隊派遣、無償協力による学校建設との連携を考慮して構成されている。シナリオとしては、初等教育分野の課題解決を目的として初等教育開発計画の策定支援を行い、その上で、この計画をもとに優先的な分野を選択し、技術協力事業を実施するなど、初等教育の質向上に向けて一貫性の取れた計画になっている（国際協力機構, 2007b）。

　成果については、初等教育開発計画の完成や新カリキュラムに基づいたモデル授業研修のキー・トレーナー養成など、プロジェクト・レベルの成果のほか、青年海外協力隊と技術協力事業の連携により新カリキュラムに即したモデル授業の実施が促進された、初等教育開発計画の策定によりEFA計画のプロセスが進展した、などプログラム目標の達成に向けて成果も発現しつつあるとされている。

（3）事業量は小さいが有機的な連携のあるプロジェクト群

　ホンジュラスの基礎教育分野で行ったプログラム・レベルの評価では、ホンジュラス政府や他ドナーと同じくファスト・トラック・イニシアティブ（First-Track Initiative：FTI）計画に沿って、プログラム・ベースト・アプローチ（Program-based Approach：PBA［Lavergne & Alba, 2003］）に基づき、国際的援助協調の下で、教員研修・教材の全国展開に際しての資金提供、現職教員研修と新規教員研修の分担を行った事業の評価を行っている。修了率の向上という、EFA-FTIの共通の目標の達成にむけて、比較的規模の小さなJICA事業と他ドナーの成果が連携して、より上位の成果につながりつつあることが示されている。「算数指導能力向上プロジェクト」で作成された教材は国定教材として採用され、全国配布の印刷代はスウェーデンが拠出し、軍が全国に配布し、スペインの資金で全国レベルで研修するなど、援助協調の優れたモデルとなっている。JICAの投入が相対的に限られている場合、プログラム目標・シナリオの明確化や援助協調を通じた成果の拡大を含めたシナリ

オの作成、プログラムの実施、達成目標に応じた投入形態の選択などが課題として挙げられている（国際協力機構、2006b）。また、三輪（2007）は政府の実施能力の強化とコモン・ファンドの進展が、今後の EFA-FTI の計画実施の重要な鍵となることを指摘している。

（4）事業量は小さいプロジェクト群

マラウイの教育分野でのプログラム・レベル評価では、初等中等教育セクターにおけるアクセスの拡大と質の向上をプログラムの目標とし、3つのコンポーネントで構成されている。教育行政強化コンポーネントではアドバイザー派遣による政策策定支援のほか、他の2つのコンポーネントの橋渡しが期待されている。地方教育行政強化コンポーネントは地方教育計画策定能力の向上（および計画の策定・更新）を目標として2つの開発調査が実施された。中等理数科教育向上コンポーネントでは、中等理数科教育の質の向上を目指して、技術協力事業が実施されているほか、協力隊派遣、無償資金協力による学校建設と連携を取りつつ事業が行われている（国際協力機構、2007b）。

当初、地方行政強化コンポーネントと中等理数科教育向上コンポーネントを別プログラムとして実施していたが、プログラムの見直しに際して、目標のレベルを上げ、2つのコンポーネントを併せたプログラムとしたため、プログラムの目標に対して双方のコンポーネント間の関連性が十分ではなく、それぞれのコンポーネントではそれぞれなりの成果が生じているが、戦略性が弱くなっている。

3-4　政策レベルの国際教育協力事業評価

（1）ODA 中期政策

1999年に「政府開発援助に関する中期政策」（旧 ODA 中期政策）が閣議決定された。旧 ODA 大綱の基本理念、原則の下に向こう5年程度の日本の ODA の基本方針となるものであった。この中期政策の策定後、貧困削減戦略文書（Poverty Reduction Strategy Paper : PRSP）や MDGs のような、世界の援助潮流に影響を与える事象も発生し、2001年のアメリカ同時多発テロ事件、安全保障問題もクローズアップされ、国内的にも ODA の費用対効果が求められるようになった。そこで、2003年に新 ODA 大綱が閣議決定されたこともあっ

て、2005年に新しい中期政策が発表されたが、それに先だって、旧ODA中期政策の評価が行われた（ODA中期政策評価検討会, 2004）。旧ODA中期政策には重点課題として貧困対策や社会開発分野への支援が挙げられ、その中に、基礎教育が含まれ、以下のように書かれている。

・校舎・資機材のようなハード面での協力と共に、学校運営などの組織・能力強化への支援、カリキュラム・教材開発、教員養成など、教科教育・教育行政両面にわたるソフト面での協力強化を図る。
・特に女子の基礎教育支援を重視していく。
・開発の主体である住民への啓蒙活動や、協力事業実施において住民参加を進めるため、青年海外協力隊の活用や民間援助団体（NGO）との積極的な連携を図る。
・基礎教育への支援が各地の実情に応じ職業教育の促進や就業能力の向上に結びつくよう努める。

ODA中期政策でこのように基礎教育の重視が示されたことは、その後の2000年の「世界教育フォーラム」、2002年の「第2回アフリカ開発会議」、あるいはサミットなど国際会議でも取り上げられたように、開発ニーズとの関連度合いが高かったと評価されている。しかし、従来のトレンドから比較すると、金額的に増え、JICAにおいては基礎教育分野の調査研究などが活発化しているとはいえ、他の重点課題と比較して相対的に多いわけではなく、その投入実績はやや不十分であった、と評価されている。評価報告書の提言では、評価に関して、成果重視の考え方に基づき、開発目標の明確化と体系化をはかること、評価を前提とした政策の記述を行うことを挙げている。さらに内容として、MDGsへの対応を次期中期政策の基本的な考えおよび重点課題とすることを述べている。

(2) MDGs

教育関連MDGs達成に向けた日本の取り組みの評価に関しては、ODA評価有識者会議が行った評価報告書（2005）がある。この報告書ではMDGsのうち教育分野に関連する以下の目標と指標を取り上げて分析している。

目標2：普遍的初等教育― 2015年までに、すべての子どもが男女の区別なく初等教育の全課程を修了できるようにする。
　指標6　初等教育の就学率
　指標7　1年生から5年生までの課程を修了する児童の割合
　指標8　15歳～24歳の識字率
目標3：ジェンダーの平等の推進と女性の地位向上―初等・中等教育における男女格差の解消を2005年までには達成し、2015年までにすべての教育レベルにおける男女格差を解消する。
　指標9　初等・中等・高等教育における男子生徒に対する女子生徒の比率
　指標10　15歳～24歳の男性識字率に対する女性識字率

　この評価調査では、これら指標の向上に寄与するであろう各種の取り組み（国際協力事業）を体系図として取りまとめ、直接的に貢献が期待される取り組み、間接的に貢献が期待される取り組みに分け、2001年度から2003年度（政策については1990年度から2004年度）について分析している。この体系図（ロジック）に沿って、どの程度の投入がなされたかの分析は可能であるが、上記のマクロ指標の変化のどれだけがこれら投入によるかは、日本以外も含めた全投入量の把握が不可能なことから、極めて困難である。

　教育関連MDGsに直接的貢献が期待される取り組みに関する2001年度～2003年度の国際協力実績としては、「子供／家庭／コミュニティ・レベルの課題」に対する取り組みが755.12億円、中でも、「保健・栄養サービスの拡充」への取り組みは748.92億円である。「初等教育と関連分野（教育現場）レベルの課題」に対する取り組みは700.61億円であるが、中でも、「教育の質の改善」に対する取り組みは276.34億円、「教育サービスの拡大」186.81億円、「関連サブセクター」168.49億円と続く。「行政レベルの課題」に対する取り組みは27.04億円などとなっている。

　「教育の量の拡大」「質の改善」「子どものレディネス（学習準備）向上のための保健・栄養改善」を対象とする初等教育関連サブセクターでは、協力のスキームとして、一般無償資金協力の投入量が最も多く、草の根・人間の安全保障資金の全投入額はその約4分の1の規模である。しかし、建設コストの関係から考えると、両資金協力によってカバーされた対象学校数はほぼ同じではないかと推定され、さらに草の根・人間の安全保障無償資金による学

校建設の方がアクセスの困難な場所に建設されることが多いことから、教育改善により貢献していると考えられる、と評価している。

　教育関連 MDGs に間接的貢献が期待される取り組みに関しては、7747.81億円の投入実績があるが、この額は直接的貢献が期待される取り組みに対する投入合計、1540.13億円の5倍に当たる。この間接的貢献が期待されるインフラ整備事業などの多くは、教育課題への貢献を明確な目標としないで計画策定、実施されていることが多い。これらの事業が教育開発をより意識した形で実施されれば、成果は明確に、かつ大きくなると期待される。

　また、識字教育や未就学児童を対象としたノンフォーマル教育については、NGO との連携事業による成果の高さが挙げられる。日本ユネスコ連盟との開発パートナー事業による支援で実施された識字教育推進のための事業は、「寺子屋プロジェクト」と呼ばれ、アジア各国で進められている。

(3) BEGIN

　「成長のための基礎教育イニシアティブ (Basic Education for Growth Initiative: BEGIN)」は2002年のカナナスキス・サミットで、日本がリーダーシップをとりながら、各国に EFA の達成を呼びかけるために発表した、日本が教育に特化した政策としては最初の国際協力政策であった。無償資金協力、技術協力、有償資金協力のみならず、国連の「人間の安全保障基金」、世界銀行の「政策・人的資源開発基金 (PHRD)」、「日本社会開発基金 (JSDF)」、ユネスコの「人的資源開発信託基金」、「万人のための教育信託基金」、「エイズ教育特別信託基金」、「IT 教育信託基金」など国際機関信託基金による基礎教育支援が行われた。しかし、BEGIN 発表後も、国際協力の現場では BEGIN とはあまり関係なく、これまでの施策や年間事業計画に従って事業が実施されている、と評価されている (ODA 評価有識者会議, 2005)。

　BEGIN は国際的な場で日本の国際教育協力戦略として発表したものであり、単に宣言するだけではなく、政府の強力なイニシアティブにより、各種の資源を動員、総合化して、目標の実現をはかる必要があることを、2007年度に BEGIN に特化した評価で提案している (ODA 評価有識者会議, 2008)。

4. 評価の活用

　国際協力事業を評価する目的は大きく二つある。説明責任と学習（フィードバック）である（牟田, 2005）。説明責任に関しては誰が評価してどう公表するかという問題がある。まず評価者に関しては、終了時／事後評価レベルでは、有償資金協力はコンサルタントが、技術協力は国際協力機構が評価し、さらに有識者が2次評価を行っている。また無償資金協力（プロジェクト・レベル事後評価）については、2005年度は在外公館が評価し、2006年度からは在外公館に加えコンサルタントも評価を行い、さらに2次評価も実施しており、いずれにしても外部者の眼を通した評価を行っている。無償資金協力におけるプロジェクト・レベル事後評価は2005年度以前には組織的に行われていなかったが、「ODAの点検と改善」（外務省, 2005）に基づき実施されるようになった。外部者の眼は2次評価という形でも十分機能するか、という疑問については、2次評価対象案件を実際に現地視察によって確認するという作業により、その妥当性は検証されている（国際協力機構, 2007a）。

　内部評価が必ずしも悪いわけではない。担当者は案件のことをよく理解している。外部評価といっても案件のことをよく知らなければ適切な判断はできない。内部評価を行った上で外部者が2次評価をすれば、客観性は担保できる。ただ2次評価の基礎が1次評価報告書であるという制約があるため、1次評価報告書に事実を客観的に書き、それに対して評価という判断を加える「事実プラス判断」が明記されていることが必要である。評価ガイドラインのさらなる改善によって、1次評価の質が高まり、ひいては2次評価の改善も図れよう。

　国民への説明責任を果たすためには、評価結果をわかりやすく表示することが必要である。上記結果はいずれも図表を入れるなど、わかりやすく工夫され、報告書の他にホームページで公開されている。さらに、有償資金協力、無償資金協力の評価報告書では、評価結果をレーティングすることによって、A、B、Cなどに明確に分類している。技術協力案件についてはこれまで評価結果が上位および下位案件についてのみプロジェクト名を公表していたが、2007年度評価報告書からは全レーティング結果を公表することになった。

学習（フィードバック）という視点からは、評価結果をどうやって案件実施の改善に役立てるかが問題である。統計的等化手法を用いて、案件の評価結果を時系列的に分析した例では、2003年度と2004年度のプロジェクト間で評価5項目すべてにおいて、評価結果の平均には統計的に有意な差が見られ、2004年度のほうが評価が高い。この間に生じた出来事は、評価ガイドラインの改定であり、評価はもとより、事業実施も改訂ガイドラインに沿って改善されたことが主な要因と考えられている（国際協力機構, 2007a）。良い評価のためには案件の目標を明確にし、モニタリングによって適時にデータを収集・蓄積しておかなければならないが、これらは適切な案件管理のためにも重要である。評価の充実のための準備は案件の効果的実施にも役立つ。評価能力の高い人はプロジェクトのツボを押さえて、そこが上手くいっているかどうかを見極める能力が高く、プロジェクトの運営管理能力にも優れている。国際協力機構では、プロジェクトを策定する段階で事前評価を行っているが、その際、過去の類似案件から得た教訓・提言を必ず挙げる形で評価結果を活用している。また、ナレッジサイトというホームページで過去の評価経験のとりまとめを公開している。このような努力の成果は評価結果の上昇という形で証明することが可能と思われる。

　評価報告書は作成されても十分利用されていない、という状況があったのは事実であるが（牟田, 2004）、評価報告書の議論をもとに、外務省のODA評価有識者会議、国際協力銀行の円借款外部有識者評価委員会、国際協力機構の外部有識者事業評価委員会などで出される総括的な提言に対しては、必要な対応策が講じられるとともに、フォローアップも行われるなど、評価が改善に結びつく仕組みが整い始めており、またその役割の重要性が強調されている（外務省, 2007）。

5. 国際教育協力事業評価の課題

　国際教育協力事業は成果発現まで時間がかかるところから、評価時点ではなかなか成果が見えにくい、とよくいわれている。しかし、2次評価の結果から見ると、無償資金協力にしろ、技術協力にしろ、一般的には教育分野の国際協力は、その必要性が理解しやすく、成果も出やすい分野であるといえ

る。世界銀行の分析結果を見ても、教育分野の援助はプロジェクトアウトカムでもセクターアウトカムでも満足度が比較的高い(World Bank, 2006b)。長期的なインパクトや自立発展性が確保しにくいことは他の分野でも同じことであり、教育分野であるから、ことさら成果が測れないということはない。効率性の評価結果は不十分ではあるが、他の分野も同様である。

教育分野に限らず、プロジェクト・レベルの事後評価ではインパクト、自立発展性について十分な分析ができるほどの資料がなく、今後の期待を込めて評価するため、結果が甘くなる可能性がある。これら上位あるいは長期の目標の達成度はプログラム・レベルや政策レベルの評価がないと十分わからない。しかし、プログラム化の重要性はいわれながらも各事業は十分には構造化されておらず、政策が出されても既存の事業を束ね直すのが主で、政策に基づいて新規事業が創出されたわけでは必ずしもなく、政策の立案が上位目標の達成を促したとはいえない。

さらに、上位目標に関するマクロ指標が改善されたとしても、今度は貢献の度合いがわからないという問題が発生する。1990年代半ば以降世界銀行は貧困削減を主要なテーマとして各種の援助を行ってきたが、貧困問題に改善は見られるものの、それに対する各種プログラムの寄与は証明できない(World Bank, 2005)。ロジックに基づいてミクロな部分で各種の実証を積み重ることに加え、成果の中間指標を設定してその動きを分析するとともに、マクロなレベルの分析も組み合わせて、総合的に評価・考察することが重要となる。中間指標として、社会的キャパシティ(OECD, 2006)、社会資本(結城, 2003)などの概念の数量化も重要であろう。

以下に、これまで見てきた各種レベルの国際教育協力の評価結果から、今後考慮すべき課題についていくつか述べておく。

(1) メタ評価の活用

メタ評価により、個々の評価結果を超えて、評価結果を総合的に活用することができる。個々の事業評価がしっかり行われなければならないことはいうまでもないが、事前、中間、終了時、事後評価を材料として、上手に総合的な分析をすれば、大きな傾向や問題点などを明確にできる。メタ評価することは、極めて創造的かつ重要な仕事である。テーマを選んでこのような分

析作業を継続すれば、貴重な知見が得られるであろう。

(2) 事前評価に基づく案件設計と中間評価に基づく必要な変更

　事業の設計が現実に合っていなければ、いくら関係者ががんばっても空回りするばかりで成果は出ない。効果的な事業設計のためには事前評価の充実が必要である。事前評価で考えた、活動→アウトプット→アウトカム→インパクトのロジックが現実的であるか、発生する可能性が低い要素の連鎖を仮定していないか、様々なリスクをどの程度見込むか、の吟味が重要である。しかし、どんなに丁寧に事前評価をしても、所詮は多くの予想や仮定に基づいて事前評価するのだから間違うことはある。あるいは情報不足から適切な事前評価ができていない場合もある。現実問題として、事業を実行しながらでないとデータが取れないことが多い。そこで、事業を始めた後になって必要なデータを取り分析することになる。適宜行われるモニタリングなどによる分析によっても多くの情報が得られる。分析の結果、当初の計画のままでは目標の達成が困難なことが理解されれば、目標を達成するための方法を途中で思い切って変えることが大事である。

(3) 効率性や費用に関する評価の強化

　これまでの評価報告書では費用や効率性の分析が弱いが、この面の評価分析を今後強化する必要がある。効率的かどうかは基本的には比較の問題である。それぞれの事業について、目標を達成するために、そこで実際に行われた事業が最適かどうかはもちろん、他と比べてベターであるかどうかの吟味も十分なされていない。ODA予算が増える見込みが薄い中で成果を問われるということになれば、ますます効率性の視点が重要になっている。

　発展途上国のような、何もない状態で多くの投入をすれば、なにがしかの成果が得られて当たり前である。しかし、成果を得るのにあまりに多くの投入が必要であれば、持続的な協力にならない（牟田, 2003）。相手国が自力でそれだけの投入を将来にわたって担保できないからである。費用対効果で考えれば効率的ではあっても、多額の費用を要するものであれば当面は実用的でない。

（4）プログラムとしての体系的な国際教育協力に基づく評価

多くのドナーが活動する環境の中で、特定のアクターの活動とアウトカム、インパクト指標との関連を単に見ても意味が少ない。そのアクターがプログラム活動全体の中でどのような働きをしているかという位置づけと、プログラム全体としての活動がアウトカムやインパクトにどのような効果をもたらすかというロジックを、詳細に検討する必要がある。そのためには、各アクターの行う事業間の連携、プログラムとしての体系的な構築が重要である。プログラムとしての構築が弱く、各アクターがそれぞれ関連の無い事業を行っているのでは、プログラム全体としての効果は十分発現しない。EFAやPRSPといった、現地政府や各ドナーが合意した、国家的な上位目標達成のための大きなプログラムの中のコンポーネントとして、事業が組み込まれ、プログラムの体系的構造がしっかりしていることが、意味のあるプログラム評価を可能にする。

（5）援助協調の下で、より本質的な事業を選択

様々な事業活動が全体としてプログラムを構成するにはそれら事業が有機的に連携している必要があるが、誰がどのような役割を担うかは重要な課題である。上位目標の達成には様々な事業活動が複雑に関連しており、達成された成果への寄与を個々の事業に帰属することは容易でないとはいえ、個々の事業活動の貢献度は当然異なる。担当する事業が、プログラムの中で戦略的な位置を占めていなければ、成果に貢献するのは難しい。わが国の協力がプログラムの中の重要な要素であるためにも、援助協調の動きの中で、リーダーシップを取り、日本の教育経験を超えても（澤村, 2003）、より本質的、効果的、効率的な事業分野を指向していく努力が必要である。

（6）評価結果に基づく制度化とスケールアップ

地域、内容、方法などの範囲を定め、実験的な事業を行えば、通常それなりの効果は期待できる。しかし、それを制度化し、スケールアップするのは容易ではない。多くの評価報告書は、上位目標達成へ向けて、社会的インパクトの双葉が芽生えていることを明らかにしているが、双葉が大木に成長するためには制度化とスケールアップが必要である。モデルを見せてやってご

らんと言うだけではなく、制度化とスケールアップの部分にまで踏み込み、社会的成果を確実にするために、今後どのような事業を強化すべきかを考えなければならない。日本の援助スキーム間の連携だけではなく、他ドナーとの連携も十分視野に入れて、制度化とスケールアップの事例を多く築くことが必要である。

(7) 効果的な評価

　評価結果を日本国民に開示するのは当然としても、国際協力事業の直接の目的が発展途上国の民政の安定、社会経済水準の向上にあり、相手国の人、もの、資金なども使いながら共に実施している事業と考えれば、相手国に対しても説明責任がある。現在は、評価を基本的にドナー・ドリブン（援助国主導）で行っており、日本側が投入した資金や技術、人材などが現地でうまく働いて、効果を上げているかを調べることが目的となっている。しかし、相手国の人が日本の評価目的や手法を理解していれば、現地の人にもっと評価に携わってもらうべきであろう。相手国の人との合同評価はコスト面のメリットもあるはずであり、また、評価結果の現地へのフィードバックにも役立つ。その意味で、合同評価などの充実を通じて、発展途上国の評価能力の向上を支援することが重要である。極端に言えば、近い将来、評価は発展途上国側に任せて、ドナーはその結果をもらうことも考えられる。

　一方で、フィードバックを行うためには、評価の内容が十分に専門的かつ説得的でなければならない。最近では先発の医療保険分野、社会科学分野同様に、教育分野でも科学的根拠のある研究成果に基づく施策の改善が強くいわれるようになった。アメリカの「子どもを一人も落ちこぼれにしないための2001年法」もその動きを後押ししている（田辺, 2006）。国際教育協力事業についても、Poverty Action Lab. がもっとも厳密なエビデンスが得られるランダム化比較実験に基づく評価を行うなどの試みを積み重ねている（佐々木, 2006）。しかし、必要性は認識されながらも、実際上の困難さなどから、完全なランダム化実験に基づく評価を実施することは容易ではない。

参考文献

ODA中期政策評価検討会(2004)『中期政策評価報告書』外務省経済協力局.
ODA評価有識者会議(2004)『文化無償協力の評価報告書』外務省経済協力局.
ODA評価有識者会議(2005)『教育関連MDGs達成に向けた日本の取り組みの評価』外務省経済協力局.
ODA評価有識者会議(2008)『成長のための基礎教育イニシアティブ(BEGIN)に関する評価』外務省国際協力局.
援助評価検討部会・評価研究作業委員会(2000)『「ODA評価体制」の改善に関する報告書』外務省経済協力局.
外務省(2005)『ODAの点検と改善2005〜より質の高いODAを目指して〜』外務省.
外務省(2006)『フィリピン教育分野評価報告書:平成17年度外務省・NGO合同評価』外務省.
外務省(2007)『ODAの点検と改善2006〜より質の高いODAを目指して〜』外務省.
外務省国際協力局無償資金・技術協力課;特定非営利法人日本評価学会(2007)『無償資金協力におけるプロジェクト・レベル事後評価報告書(平成18年度)』外務省国際協力局.
国際協力銀行(2001)「初等教育事業」『円借款案件事後評価報告書2000』国際協力銀行, 127-131頁.
国際教育協力懇談会(2006)『大学発 知のODA〜知的国際貢献に向けて〜』文部科学省.
国際協力事業団(1994)『開発と教育 分野別援助研究会報告書』国際協力事業団.
国際協力事業団(2000)『人造り協力事業経験体系化研究 職業訓練・職業教育分野報告書』国際協力事業団国際協力総合研修所.
国際協力機構(2004)『評価結果の総合分析「初中等教育/理数科分野」』国際協力機構企画・調整部.
国際協力機構(2006a)『評価結果の総合分析「高等教育」』国際協力機構企画・調整部.
国際協力機構(2006b)『特定テーマ評価 プログラム評価(ホンジュラス基礎教育分野)報告書』国際協力機構企画・調整部.
国際協力機構(2007a)「外部有識者事業評価委員会による2次評価」『事業評価年次報告書2006』国際協力機構, 99-144頁.
国際協力機構(2007b)『特定テーマ評価 プログラム評価(マラウイ・ベトナム教育分野)報告書』国際協力機構企画・調整部.
佐々木亮(2006)「ODA分野における『エビデンスに基づく評価』の試み:『貧困アクションラボ』の動向」『日本評価研究』6巻1号, 43-54頁.
澤村信英(1999)「日本の基礎教育援助の経験と展望―小学校建設計画を中心として―」『国際教育協力論集』2巻1号, 75-88頁.
澤村信英(2003)「国際教育協力の日本的特質―その複雑性と優位性―」『国際教育協力論集』6巻1号, 83-90頁.
田辺智子(2006)「エビデンスに基づく教育―アメリカの教育改革とWhat Works Clearinghouseの動向―」『日本評価研究』6巻1号, 31-41頁.
長尾眞文(1999)「教育援助評価に関する研究課題」『国際教育協力論集』2巻2号, 143-154頁.
長尾眞文(2003)「教育援助評価の現状と課題」『国際教育協力論集』6巻1号, 1-18頁.

三輪徳子（2007）「初等教育分野におけるプログラム・ベースト・アプローチの援助に関する評価分析―ホンジュラス及びベトナムの EFA-FTI の事例から―」『日本評価研究』7 巻 1 号，87-104 頁．

牟田博光（1998）「事後評価分野別分析からの教訓―教育分野―」『ODA 評価研究会報告』世界経営協議会，119-139 頁．

牟田博光（1999a）「英国国際開発省（DFID）との合同評価（フィリピン）」『経済協力評価報告書（各論）』外務省経済協力局，211-236 頁．

牟田博光（1999b）「事後評価分野別分析から得られた教訓―人材育成（職業訓練）―」『事後評価分野別分析から得られた教訓 II、ODA 評価研究会報告書』世界経営協議会，33-65 頁．

牟田博光（2003）「総合的国際教育協力の可能性と問題点―マラウイ前期初等学校プログラムを例として―」澤村信英編『アフリカの開発と教育』明石書店，101-128 頁．

牟田博光（2005）「援助評価」後藤一美・大野泉・渡辺利夫編『シリーズ国際開発第 4 巻 日本の国際開発協力』日本評論社，137-156 頁．

結城貴子（2003）「国際協力におけるソーシャル・キャピタルの概念の有用性―世界銀行支援 イエメン基礎教育拡張プロジェクトの事例分析―」『国際教育協力論集』6 巻 1 号，111-121 頁．

Chapman, D. W. & Dykstra, A. (2006). From Money to Action: Strategies in U.S. Support to Education in the Developing World. *Journal of International Cooperation in Education*, 9(1), 27-43.

KRI International Corp. (2005). The National Implementation Program for District Education Plans (NIPDEP) in the Republic of Malawi -Final Report-.

Lavergne, R. & Alba, A. (2003). *CIDA Primer on Program-Based Approaches*. Ottawa: CIDA.

Netherlands Ministry of Foreign Affairs (2003). *Local Solutions to Global Challenges: Towards Effective Partnership in Basic Education*, Joint Evaluation of External Support to Basic Education in Developing Countries, The Hague.

OECD (2006). *The Challenge of Capacity Development: Working towards Good Practice*. Paris: OECD/DAC.

World Bank (2005). *Improving the World Bank's Development Effectiveness: What Does Evaluation Show?* Washington, D.C.: Independent Evaluation Group, The World Bank.

World Bank (2006a). *From Schooling Access to Learning Outcomes: An Unfinished Agenda*. Washington, D.C.: Independent Evaluation Group, The World Bank.

World Bank (2006b). *Annual Review of Development Effectiveness 2006, Getting Results*. Washington, D.C.: Independent Evaluation Group, The World Bank.

索　引

【あ行】

アイデンティティ　53, 63, 70, 93, 124, 173, 175
アカウンタビリティ(説明責任)　93-96, 100, 103, 278, 285, 288, 289
アジア　54, 56, 96, 104, 110, 126, 183, 206, 213, 230, 241, 245, 252, 309
アフリカ開発会議　307
アメリカ　56, 148, 250, 252, 257, 275, 290, 306, 315
イギリス　182, 184, 185, 187, 292
イスラム教　52, 127
イリイチ　61
因子分析　34
インタビュー(聞き取り)　28, 30, 31, 34, 35, 37, 38, 41, 44, 71-73, 97, 105, 143, 148, 154, 158, 287
インディカティブ・フレームワーク　211-215
インド　57, 96, 105, 206, 209, 218, 219, 230, 236
インドネシア　96, 97, 218, 255-260, 262, 263, 265, 266, 268, 270, 271, 273
インフォーマル・セクター　115, 228, 231, 235, 236, 239, 241
ウェーバー、マックス　50, 105
ウガンダ　11, 15, 44, 99-101, 105, 144, 219, 236
HIV／エイズ　16, 17, 124, 228, 243, 248-251
エスノグラフィー　27, 30, 42
NGO　45, 105, 122, 126, 128, 129, 136, 138, 139, 166, 171, 177, 207, 208, 218, 237, 245, 250, 251, 275, 277, 304, 307, 309
援助依存　186, 199, 214, 217
援助協調　182, 198, 218, 296, 303, 305, 314
援助形態　182, 185, 186, 198
エンパワーメント　124, 127, 251
オーナーシップ　83, 182, 184-186, 196, 198, 199, 218

【か行】

ガーナ　56, 62, 79, 80, 96, 97, 219, 236, 286

回帰分析　113
学習到達度調査(PISA)　53, 54, 82
家計調査　10, 17, 18
価値観　33, 40, 48, 52, 53, 59, 60, 62, 63, 80, 116, 257, 263, 266, 268
学校運営　27, 38, 95-99, 101, 103-105, 123, 127, 128, 131, 133-139, 168, 307
ガバナンス　90, 103, 182, 185, 189, 190, 192, 193, 196
カリキュラム　48, 52, 56, 62, 63, 65, 69, 82, 83, 92, 96, 125, 126, 129, 132, 138-140, 165, 166, 168, 169, 175, 188, 231, 270, 302, 305, 307
機会費用　16, 17, 111, 198, 199
技術協力　83, 199, 249, 277, 295, 296, 304-306, 309-311
技術職業教育訓練(TVET)　223, 225-227, 230-232, 234-237, 239-241
キャパシティ・ビルディング(能力構築)　96, 103, 123, 275
教育改革　56, 69, 83, 96, 160-175, 197-199
教育行政　48, 52, 96, 99, 105, 162, 163, 165, 168, 170, 175, 190, 305-307
教育財政　99, 217
教育政策　10-12, 27, 30, 52-54, 58, 93, 97, 98, 103, 118, 145, 161, 163, 166, 170, 174, 175, 211, 282, 291, 304
教育生産関数　186, 193, 198
教育の質　44, 56, 75, 76, 90, 96-98, 100, 102, 103, 105, 135, 136, 139, 154, 193, 213, 216, 239, 248, 253, 290, 303-306, 308
教員給与　129, 130, 133, 135, 148, 168, 169, 188, 214, 215
教員教育　75, 82
教員組合　78, 160-177, 218, 245
教員研修　45, 75, 78, 79, 130, 132, 134, 137, 139, 282, 301, 305
教科教育　68, 75, 80, 82, 84, 307

索引

教科書　16, 45, 62, 77, 104, 129, 173, 188, 189, 286
教材　30, 62, 69, 77, 81, 96, 132, 139, 188, 189, 296, 305, 307
教師の力量　75, 76, 82
教授言語　70, 71, 92, 93, 105, 165
教授法　78, 80, 81, 130, 132, 134, 135, 137, 169, 175
キリスト教　160, 167, 170, 171
近代化論　51, 55-57, 183
グッド・ガバナンス（良い統治）　182
クロスナショナル分析　111, 113, 117
経済開発　82, 110-120
経済成長　113, 114, 116, 160, 166, 224, 227, 228, 233
経済発展　10, 57, 61, 111-113, 118-120, 122, 126, 183, 224, 230, 236, 238, 256, 300
計量モデル　15, 18
ケニア　28, 37, 40, 44, 99, 101, 104, 105, 143, 146, 151, 153, 157, 219, 230
構造調整　164, 182-184, 186, 197
高等教育　10-13, 25, 56, 83, 112, 113, 226, 227, 230, 232, 241, 258, 284, 295, 296, 302, 304
国際教育協力懇談会　295
国際数学・理科教育動向調査（TIMSS）　76, 82, 239
国際通貨基金（IMF）　164, 169, 183, 203, 204
国家統一試験　127, 129-131, 143
コミュニティ開発　30, 33, 298
コミュニティスクール　123, 126-140
雇用　18, 82, 96, 105, 114, 188, 224, 227, 228, 231, 232, 235, 236, 239, 258
コンピテンシー　234, 235, 237, 240, 257-259, 272

【さ行】

再生産理論　59
財政支援　138, 182, 186, 196, 198, 199, 204, 206-208, 210, 213-217
債務　90, 160, 164, 177, 183, 195, 202
サカロポロス　111, 112

サブサハラ・アフリカ　25, 27, 28, 30, 36, 42, 45, 101, 104, 105, 110, 183, 206, 213, 222, 226-228, 230, 236, 237, 241, 245, 252
ザンビア　73, 74, 219
参与観察　34, 36, 38, 42, 134
ジェンダー　40, 243, 245, 248, 249, 251, 252, 308
識字教育　20, 56, 62, 112, 122-125, 309
事業評価　272, 285, 292, 296, 299, 302, 306, 311, 312
事後評価　272, 274-277, 280, 281, 284, 285, 289, 290, 292, 297, 299, 300, 310, 312
自助努力　83, 123
事前評価　285, 292, 311
失業　115, 164, 224, 228, 232, 239
児童労働　245, 251
質問紙調査　32, 71, 78
収益率分析　111-113, 115
重債務貧困国（HIPC）　206, 207
従属論　51, 57-59, 183, 187
住民参加　90, 98, 104, 291, 307
授業観察　131, 132
授業計画　130-132, 135, 137
授業研究　30, 78, 79, 81, 84
授業分析　75, 76
授業料　16, 25, 90, 99-102, 104, 105, 129, 133, 250
小学校建設（施設整備）　99, 275, 277, 283, 298
職業訓練（教育）　13, 25, 83, 125, 222, 225, 230, 235, 238, 240, 296, 300, 302, 304, 307
植民地　55-57, 63, 161, 173, 175
女子教育　110-113, 119, 243-245, 248, 250-253, 303
初等教育普遍化（完全普及）（UPE）　10, 11, 54, 90, 91, 95, 98-104, 139, 204, 207-209, 213, 214, 217
初等教育無償化　13, 16, 90
自立発展性（的）　45, 183, 185, 186, 195-197, 285-288, 297, 300-302, 304, 312
事例研究　27, 30, 31, 43, 123
新開発戦略　83, 184, 247
シンガポール　54, 235

319

人口増加　114, 116, 117, 228, 245
人的資源　25, 61, 78, 118, 160
人的資本論　117, 183, 195, 222
スキル・ディベロプメント　125, 222-224, 226-228, 230-240
スティグリッツ　184, 186-188, 197, 198
成果主義　239, 257
生活言語　38, 71
生活世界　36, 37, 40, 157, 158
政策形成　161, 162, 165, 174-176
成長のための基礎教育イニシアティブ（BEGIN）309
生徒フローダイアグラム　143, 152, 156
制服　16, 104, 128, 129, 154-159
世界教育フォーラム　54, 110, 184, 226, 245, 307
世界銀行　10, 18, 27, 102, 104, 111-113, 119, 124, 166, 173, 177, 182-185, 197, 202-207, 209-211, 213, 218, 219, 225-227, 234, 236, 239, 244, 247, 249, 250, 281, 285-291, 298, 304, 309, 312
世界システム論　51, 58, 59, 183
セクター・プログラム　182, 183, 186, 196-199, 208
セクター・ワイド・アプローチ（SWAp）　182, 186, 196-198, 290
説明変数　15, 18, 19, 22, 188, 199
セン　184, 186
相関分析　113

【た行】

ダカール行動枠組み　122, 185, 218, 226, 243, 245-247, 249
タンザニア　44, 56, 99, 101, 105, 219
男女間格差　54, 110, 113, 126, 127, 274
地域間格差（地方格差）　15, 97
チェンバース、ロバート　29, 30, 40
地方分権化　42, 62, 90, 95, 160, 165, 190
中進国　236
中途退学　16, 18, 23, 90, 125, 126, 143, 145, 146, 157, 253
低所得国　28, 90, 91, 93-95, 97, 102, 104, 185, 207-209, 214-216, 218, 219, 222, 223, 227, 228, 234, 241
伝統社会　46, 55, 63, 114, 144
トライアンギュレーション　38, 284

【な行】

ニカラグア　96, 98, 219
二言語教育　165, 169, 171-174, 176, 177
ネオマルクス主義　50, 51, 53, 55, 57, 59, 60, 62, 183
ノンフォーマル教育　122-126, 129, 139, 300, 304, 309

【は行】

パートナーシップ　137, 184, 207, 208, 217, 239, 243, 244, 248-253
パキスタン　123, 124, 126, 127, 132, 137-139, 219
バングラデシュ　78, 123, 125, 130, 132, 134, 138, 139, 218, 219
万人のための教育（EFA）　54, 56, 58, 59, 63, 80, 90, 110, 126, 184, 185, 187, 195-197, 202-209, 213, 215, 217, 218, 226, 227, 231, 247, 249, 252, 275, 290, 291, 295, 305, 309
万人のための教育（EFA）世界会議（ジョムティエン会議）　10, 54, 67, 110, 184, 244, 246, 274
費用対効果　15, 193-195, 234, 306
費用便益分析　276, 286, 287
貧困　12, 15, 16, 29, 94, 115, 125, 127, 133, 158, 183, 184, 196, 206, 224, 235, 240, 243, 247, 304, 307, 312
貧困削減　54, 90, 122, 182, 184-186, 195-197, 228, 233, 236, 240, 312
貧困削減戦略　93, 94, 98, 184, 185, 198, 199, 204
貧困削減戦略文書（PRSP）　12, 23, 184, 204-206, 228, 306, 314
ファスト・トラック・イニシアティブ（FTI）　90, 184, 185, 196, 197, 202-211, 213, 215-220, 247, 250, 290, 305, 306
フィールドワーク（フィールド調査）　28, 32-

45, 64, 98, 144
複式学級　128, 130, 137
ブラジル　218, 235, 288
フレイレ、パウロ　51, 56, 60, 123
紛争　27, 52, 97, 124, 250
ベトナム　209, 219, 230, 305
ポストモダニズム　50, 51, 53, 55, 57, 59, 60
ボリビア　160-162, 164-167, 169, 171-177, 219
ホンジュラス　219, 305

【ま行】

ミレニアム開発目標（MDGs）　10, 24, 44, 54, 56, 58, 59, 63, 110, 184, 187, 195-197, 228, 243, 246-249, 295, 306-309
民営化　91, 92, 105, 164, 165
無償資金協力　296, 298, 304, 306, 308-311
メタ評価　300, 312
モニタリング　99, 101, 103, 123, 130, 131, 132, 134, 135, 137, 138, 186, 198, 247, 282, 284, 301, 311
モンテレー合意　210, 247

【や行】

有償資金協力（円借款）　277, 309-311
ユニセフ（国連児童基金）　104, 173, 213, 243, 244, 248-251
ユネスコ（国連教育科学文化機関）　10, 27, 67, 124, 144, 205, 225, 226, 249, 250, 309

【ら行】

ライフスキル（生活技能）　138, 251, 254
ライフヒストリー（ライフストーリー）　30, 81
ラテン・アメリカ　230, 241
理数科教育　67-69, 80, 81, 83, 84, 277, 301, 306
留学　255-263, 265, 266, 270-273
留年　90, 152-158, 211, 286
レソト　10-16, 18, 22, 24, 25, 219
レリバンス　82, 231, 236, 237, 239, 258
労働市場　11, 25, 114, 115, 198, 224, 227, 228, 231-233, 235, 236, 238, 239
労働生産性　233

ロジック・モデル　275, 282-284, 293

執筆者紹介 （50音順）

内海　成治（うつみ　せいじ）
お茶の水女子大学大学院教授
経歴：京都大学農学部および教育学部卒業、博士（人間科学）。専門は国際教育協力論。民間企業、国際協力事業団国際協力専門員、文部省国際協力調査官、大阪大学大学院人間科学研究科教授などを経て、現職。
研究関心：教育を中心とした「子どもと開発」論。具体的には紛争後の国での教育復興、伝統的社会における教育の現状と支援策の調査研究。子どもの学びや暮らしに寄り添った政策の実現を目指し、フィールド調査と政策のコラボレーションをテーマとして研究している。
主要著作：『国際緊急人道支援』（共編）ナカニシヤ出版、2008年．『国際協力論を学ぶ人のために』（編著）世界思想社、2005年．

岡村　美由規（おかむら　みゆき）
広島大学教育開発国際協力研究センター研究員
経歴：名古屋大学大学院国際開発研究科修士課程修了、同研究科博士後期課程単位取得退学。専門はラテンアメリカ地域の教育政策研究。青年海外協力隊員（グアテマラ、社会学）、国際協力事業団ジュニア専門員、技術協力個別専門家（ボリビア）、広域企画調査員（ホンジュラス・中米）、民間コンサルティング会社を経て、現職。
研究関心：ラテンアメリカ地域の教育改革の動向やそれからみえる社会の変化及び教育制度の発展プロセスに関心がある。現在はボリビアをフィールドとして、マクロな教育政策の変化とミクロな社会動態の変化から教育発展の諸相を研究している。
主要著作：「多様性を超えた統合へ——ボリビアの教育改革、異文化間二言語教育の例——」『国際教育協力論集』11巻2号、2008年．

小川　啓一（おがわ　けいいち）
神戸大学大学院国際協力研究科教授
経歴：サンフランシスコ大学大学院修士課程修了（M.A.）、コロンビア大学大学院修士課程修了（M.Ed.；M.A.；M.Phil.）、同大学院博士課程修了（Ph.D.）。専門は教育経済、教育財政、教育政策・教育計画。世界銀行本部教育エコノミスト、神戸大学大学院国際協力研究科助教授、ラオス国立大学経済経営学部長アドバイザー、コロンビア大学ティーチャーズカレッジ客員教授などを経て、現職。
研究関心：貧困削減と持続的な経済発展にフォーカスした公共政策に関心があり、定量的なアプローチを使い、東南アジア、中東、南部アフリカ、旧ソ連諸国を含む20カ国で開発研究に携わってきた。
主要著作：『国際教育開発の再検討——途上国の基礎教育普及に向けて——』（共編）東信堂、2008年．*The Political Economy of Educational Reforms and Capacity Development in Southeast Asia: Cases of Cambodia, Laos and Vietnam*,（分担執筆）Springer, 2008．

勝間　靖（かつま　やすし）

早稲田大学大学院アジア太平洋研究科（国際関係学専攻）教授

経歴：ホンジュラスでのボランティア活動とカリフォルニア大学サンディエゴ校留学を経て、国際基督教大学教養学部と大阪大学法学部を卒業後、同大学院で法学修士。海外コンサルティング企業協会に勤務後、ウィスコンシン大学マディソン校でPh.D.（開発学）取得。その後、国連児童基金に入り、メキシコ、アフガニスタン／パキスタン、東京の事務所での勤務を経て、現職。

研究関心：「開発と人権」が主な研究テーマ。途上国における子どもの健康と教育という課題へ、人権の視点からアプローチ。フィールドでの実践とグローバルな政策形成との連繋に関心。

主要著作：『国際緊急人道支援』（共編）ナカニシヤ出版、2008年．『テキスト社会開発―貧困削減への新たな道筋―』（分担執筆）日本評論社、2007年．

北村　友人（きたむら　ゆうと）

名古屋大学大学院国際開発研究科准教授

経歴：慶應義塾大学文学部卒業（教育学専攻）、カリフォルニア大学ロサンゼルス校（UCLA）教育学大学院修了（M.A.；Ph.D.）。専門は比較教育学、国際教育開発論。国連教育科学文化機関（UNESCO）本部教育局勤務を経て、現職。

研究関心：途上国における教育と政治の関係に関心をもっている。バングラデシュの学生運動や国際教育協力におけるグローバル・ガバナンスに関する研究を経て、現在はインドシナ諸国（特にカンボジア）の教育改革と教育セクターの能力開発についての研究に取り組んでいる。

主要著作：『国際教育開発の再検討―途上国の基礎教育普及に向けて―』（共編）東信堂、2008年．*The Political Economy of Educational Reforms and Capacity Development in Southeast Asia: Cases of Cambodia, Laos and Vietnam*,（共編）Springer, 2008.

黒田　一雄（くろだ　かずお）

早稲田大学大学院アジア太平洋研究科（国際関係学専攻）教授

経歴：早稲田大学政治経済学部卒業、アジア経済研究所開発スクール修了、スタンフォード大学大学院修士課程修了（国際教育開発）、コーネル大学大学院博士課程修了、Ph.D.（教育・開発社会学）。専門は国際教育政策論。Overseas Development Council研究員、広島大学教育開発国際協力研究センター講師・助教授などを経て現職。他に、アジア経済研究所開発スクール客員教授、東京大学大学院教育学研究科非常勤講師等。

研究関心：国際教育協力政策・評価、途上国における教育政策・ジェンダーと教育・障害児教育、アジアの高等教育連携・教育交流等。国境を越えてダイナミックに展開する教育活動とそのための政策的対応を、体系的に理解することを目指している。

主要著作：『東アジア共同体の構築3―国際移動と社会変容―』（分担執筆）岩波書店、2007年．『国際教育開発論―理論と実践―』（共編）有斐閣、2005年．

黒田 則博（くろだ　のりひろ）
広島大学教育開発国際協力研究センター／大学院国際協力研究科教授
経歴：東京大学大学院教育学研究科修士課程修了。文部省（この間、ユネスコ・バンコク事務所（2年間）及びOECD・教育研究革新センター（3年間）に専門家として出向）、広島大学留学生センター助教授を経て、現職（この間、国際協力事業団専門家としてインドネシア長期派遣（1年間））。
研究関心：国際教育協力・交流に関する研究。特にこの分野における、日本の政策・実践についての分析・評価、及び今後の可能性に関する研究に大きな関心がある。
主要著作：『日本の国際教育協力手法に関する調査研究―7教育協力プロジェクトの比較分析―』広島大学教育開発国際協力研究センター、2006年．「日本における国際教育協力研究の展開」『比較教育学研究』31号、2005年．

笹岡 雄一（ささおか　ゆういち）
国際協力機構研究所上席研究員、早稲田大学平和学研究所客員教授
経歴：ハーバード大学大学院ケネディスクール行政学修士課程修了（MPA）。専門は政治学、行政学、平和研究、アフリカ研究。国際協力機構職員、ウガンダ財務計画経済開発省アドバイザー、国際協力機構国際協力専門員（客員）、政策研究大学院大学教授などを経て、現職。
研究関心：分権化、市民社会を含むガバナンス、貧困削減戦略および地方開発戦略、紛争予防・平和構築、援助協調に関心を持っている。
主要著作："Politics of Fiscal Decentralization in Kenya," UNCRD Regional Development Dialogue, Fall, 2008.『開発援助動向シリーズ4　日本の開発援助の新しい展望を求めて』（共編）国際開発高等教育機構（FASID）、2005年．

澤村 信英（さわむら　のぶひで）（編者）
広島大学教育開発国際協力研究センター／大学院国際協力研究科教授
経歴：愛媛大学大学院理学研究科修士課程修了、英国エジンバラ大学アフリカ研究センター修士課程修了（M.Phil.）、博士（人間科学）。専門はアフリカ教育開発論。青年海外協力隊員（マラウイ、理数科教師）、国際協力事業団職員、広島大学教育開発国際協力研究センター助教授などを経て、現職。
研究関心：ケニアを中心とするサブサハラ・アフリカ諸国の教育開発について、学校現場のリアリティと社会の文脈性に寄り添った、フィールドワークを中心とした生活感のある研究を目指している。
主要著作：『国際教育開発の再検討―途上国の基礎教育普及に向けて―』（分担執筆）東信堂、2008年．『アフリカの教育開発と国際協力―政策研究とフィールドワークの統合―』明石書店、2007年．

高柳 妙子（たかやなぎ　たえこ）
広島大学教育開発国際協力研究センター研究員
経歴：文教大学教育学部初等教育課程理科専修修了、マンチェスター大学大学院成

人識字教育・コミュニティ開発コース修了 (M.Ed.)。専門はアジア、アフリカの識字教育とコミュニティ開発。(財) 茨城県国際交流協会職員、青年海外協力隊員 (パキスタン、識字教育)、国際NGOハビタット・フォー・ヒューマニティ・ジャパンインターナショナルプログラムオフィサーなどを経て、現職。
研究関心：アジアとアフリカ諸国の識字・ノンフォーマル教育、住民主体のコミュニティ開発、ジェンダーなど。住民が文化を守りつつも自発的に教育とコミュニティ開発をどのように進めていくのかに関心を持っている。
主要著作：「ケニアにおける自発的なコミュニティ開発—小学校女性教師の経験から—」『国際教育協力論集』11巻2号、2008年．「発展途上国のスキル・ディベロップメントに寄せる日本の経験−戦後日本の高度経済成長期における職業教育の隆盛と衰退−」(共著)『国際教育協力論集』10巻2号、2007年．

長尾　眞文（ながお　まさふみ）
国際基督教大学政治学・国際関係学デパートメント客員教授
経歴：一橋大学大学院経済学研究科博士課程単位修得退学 (経済政策)。専門は経済開発論、事業評価論。国連貿易開発会議経済問題担当官、(財) 笹川平和財団主任・主席研究員、広島大学教育開発国際協力研究センター教授などを経て、現職。
研究関心：教育分野を中心として内外の開発・改革事業における評価の役割に関する実践的研究を行っている。開発協力における南南（アジア・アフリカ）協力、国際機関との連携のための仕組みづくりと取り組んでいる。
主要著作：『評価論を学ぶ人のために』(分担執筆) 世界思想社、2008年．*Mathematics and Science Education in Developing Countries: Issues, Experiences and Cooperation Prospects*, (共編) University of the Philippines Press, 2007.

西村　幹子（にしむら　みきこ）
神戸大学大学院国際協力研究科准教授
経歴：サセックス大学開発学研究所修士課程修了 (M.Phil.)、コロンビア大学ティーチャーズカレッジ博士課程修了 (Ed.D.)。専門は教育社会学・教育経済学、国際教育開発論。アクションエイド英国本部教育ユニットリサーチインターン、国際協力機構ジュニア専門員、グローバルリンクマネージメント株式会社研究員を経て、現職。
研究関心：教育政策や改革、教育行財政制度における公平性、アフリカにおけるEFA政策の効果、学校選択制やノンフォーマル教育等の政策の評価に関心を持っている。
主要著作：『国際教育開発の再検討—途上国の基礎教育普及に向けて—』(共編) 東信堂、2008年．"Impacts of the Universal Primary Education Policy on Educational Attainment and Private Costs in Rural Uganda," (共著) *International Journal of Educational Development*, 28(2), 2008.

野村　真作（のむら　しんさく）
世界銀行中東北アフリカ地域人的開発局・教育経済コンサルタント

経歴：カリフォルニア大学ロサンゼルス校（UCLA）国際開発学学士課程卒業後、民間会社勤務を経て、神戸大学大学院国際協力研究科修士課程修了。修士課程在籍中より、世界銀行のイエメン事務所にて現職。現在神戸大学大学院国際協力研究科博士課程にも在籍中。専門は教育経済学。
研究関心：現場で実務者として、家計調査などの量的調査を中心に実施・分析。量的分析の結果をより現場の視点から教育政策へ結びつける研究を目指している。
主要著作：『教育から職業へのトランジション―若者の就労と進路職業選択の教育社会学』（分担執筆）東信堂、2008年．「レソト王国における EFA 達成に向けての需要サイドからの分析―家計調査に基づくミクロデータ分析から―」（共著）『国民経済雑誌』193巻1号、2006年．

馬場　卓也（ばば　たくや）
広島大学大学院国際協力研究科准教授
経歴：大阪大学理学部数学科卒業、広島大学大学院国際協力研究科博士課程前期修了、同博士課程後期満期退学、博士（教育学）。専門は数学教育開発論。青年海外協力隊隊員（フィリピン、理数科教師）、大阪府高校教員、国際協力事業団派遣専門家、広島大学大学院国際協力研究科助手などを経て、現職。
研究関心：バングラデシュ、ザンビアなどで国際協力に参画するとともに、各国の学校教育の取り組みに関し、数学教育を中心とした教科教育の視点から分析。国際協力実践と理論研究の統合的発展、そして教室の中から発想する教育開発研究を目指している。
主要著作：「多様な価値観を有する社会・時代における算数教育」『日本数学教育学会誌』89巻10号、2007年．「理数科教育分野の国際協力」『国際開発研究』16巻2号、2007年．

廣里　恭史（ひろさと　やすし）
アジア開発銀行上級教育専門官
経歴：上智大学大学院国際関係論専攻博士前期課程修了、ピッツバーグ大学教育学大学院教育行政・政策学科（国際開発教育プログラム）博士課程修了（Ph.D.）。専門は、教育政策・教育計画、国際教育開発・協力論。世界銀行特別任務官、アジア開発銀行ヤング・プロフェショナル／教育専門官、名古屋大学大学院国際開発研究科助教授・教授を経て、現職。他に、国際協力銀行シニア・アドバイザー、国際協力機構派遣専門家、チュラロンコン大学経済学部研究フェロー、等。
研究関心：政治経済学的アプローチによって、途上国（特に、東南アジア地域）の「自立発展的」な教育改革・開発支援や高等教育を巡る地域協力のあり方を考察している。
主要著作：*The Political Economy of Educational Reforms and Capacity Development in Southeast Asia: Cases of Cambodia, Laos and Vietnam,*（共編）Springer, 2008．『国際教育開発の再検討―途上国の基礎教育普及に向けて―』（分担執筆）東信堂、2008年．

牟田　博光（むた　ひろみつ）
東京工業大学理事・副学長
経歴：東京大学大学院教育学研究科修士課程修了、同研究科博士課程中退、学術博士。専門は、ODA 評価、教育開発、教育計画、教育工学。国立教育研究所研究員、同主任研究官、東京工業大学工学部助教授、同学部教授、大学院社会理工学研究科教授、同研究科長などを経て、現職。
研究関心：教育開発プロジェクトの効果測定、インパクト評価をとおして、効果的・効率的なプロジェクトやプログラムの形成を図ること、広くは、人的資源の開発とその社会的活用に関心。
主要著作：『評価論を学ぶ人のために』（分担執筆）世界思想社、2007年．*Educational Decentralization, Asian Experience and Conceptual Contribution*、（分担執筆）Springer、2006．

山田　肖子（やまだ　しょうこ）
名古屋大学大学院国際開発研究科准教授
経歴：コーネル大学修士課程（国際開発）修了、インディアナ大学博士課程修了（Ph.D.）。専門は比較国際教育学、アフリカ研究。笹川平和財団、Winrock International Institute of Agriculture and Rural Development、グローバルリンクマネージメント株式会社、広島大学教育開発国際協力研究センター研究員、政策研究大学院大学助教授を経て、現職。
研究関心：アフリカを中心とする途上国における教育政策の形成及び実施プロセス、教育政策と他の国家政策（産業、経済、人材育成）の関係、教育に関する価値形成の社会的プロセス、教育に関わる家庭、コミュニティの社会・文化・経済要因と政策の整合。
主要著作：『産業スキルディベロプメント―グローバル化と途上国の人材育成―』（共編）日本評論社、2008年．『アフリカのいまを知ろう』（編）岩波書店、2008年．

吉田　和浩（よしだ　かずひろ）
広島大学教育開発国際協力研究センター／大学院国際協力研究科准教授
経歴：サセックス大学開発学研究所修士課程修了（M.Phil.）。専門は国際教育協力論。貿易商社、コンサルティング企業協会研究員、世界銀行アフリカ局人的資源エコノミスト、人間開発ネットワーク業務官、国際協力銀行開発セクター部課長などを経て、現職。
研究関心：途上国の教育政策、教育改革の戦略と手法、スキルディベロプメント。マクロ・レベルの議論をどう教育現場の実態とつなげるか腐心している。
主要著作：『産業スキルディベロプメント―グローバル化と途上国の人材育成―』（共編）日本評論社、2008年．『国際教育開発論―理論と実践―』（分担執筆）有斐閣、2005年．

【初出一覧】

第1章　小川啓一・野村真作（2006）「レソト王国における中等教育のアクセス―教育の需要側の視点から―」『国際教育協力論集』9巻2号, 59-70頁.

第2章　澤村信英（2007）「教育開発研究における質的調査法―フィールドワークを通した現実への接近―」『国際教育協力論集』10巻3号, 25-39頁.

第3章　山田肖子（2007）「教育開発研究における社会学的アプローチ」『国際教育協力論集』10巻3号, 41-53頁.

第4章　馬場卓也（2007）「教育開発研究における教科教育アプローチ―理数科教育の視点より―」『国際教育協力論集』10巻3号, 55-72頁.

第5章　廣里恭史・林田和則（2006）「発展途上国の教育開発に関する政治経済学試論―『自立発展的』教育開発モデルの構築に向けて―」『国際教育協力論集』9巻2号, 37-49頁.

第6章　笹岡雄一・西村幹子（2007）「低所得国における教育の地方分権化―初等教育普遍化（UPE）政策との矛盾―」『国際開発研究』16巻2号, 21-33頁.

第7章　黒田一雄（2000）「発展途上国における女子教育の教育経済学的考察」『国際教育協力論集』3巻2号, 133-141頁.

第8章　高柳妙子（2007）「初等教育普及の観点から見たパラフォーマル教育システムの考察―パキスタンを事例として―」『国際教育協力論集』10巻2号, 175-187頁.

第9章　内海成治・澤村信英・高橋真央・浅野円香（2006）「ケニアの『小さい学校』の意味―マサイランドにおける不完全学校の就学実態―」『国際教育協力論集』9巻2号, 27-36頁.

第10章　岡村美由規（2007）「ボリビアにおける教育政策形成の政治的構造―教育改革法策定過程の歴史的分析から―」『国際開発研究フォーラム』35号, 189-201頁.

第11章　北村友人（2007）「開発途上国における初等教育普及のための国際的イニシアティブ― EFAファスト・トラック・イニシアティブ（FTI）に関する一考察―」『国際教育開発連続講座報告書　CICE叢書3』広島大学教育開発国際協力研究センター, 36-48頁.

第12章　吉田和浩（2007）「再興するスキル・ディベロップメントへの国際協力― Old Wine in a New Bottle?―」『国際教育協力論集』10巻3号, 73-89頁.

第13章　勝間靖（2008）「ミレニアム開発目標へ向けた女子教育開発における国際連合の役割」『アジア太平洋討究』11号, 215-222頁.

第14章　黒田則博（2007）「能力開発の観点からの留学の効果に関する調査研究―インドネシア行政官の日本留学を事例として―」『国際教育協力論集』10巻2号, 65-79頁.

第15章　長尾眞文（2007）「教育援助プロジェクトの事後評価―理論的裏付けと実践的課題―」『国際教育協力論集』10巻2号, 81-90頁.

第16章　牟田博光（2007）「国際教育協力事業の評価」『国際開発研究』16巻2号, 77-90頁.

教育開発国際協力研究の展開
―EFA（万人のための教育）達成に向けた実践と課題

2008年11月20日　初版第1刷発行

編著者	澤村信英
発行者	石井昭男
発行所	株式会社 明石書店

〒101-0021　東京都千代田区外神田6-9-5
電　話　03（5818）1171
ＦＡＸ　03（5818）1174
振　替　00100-7-24505
http://www.akashi.co.jp

組版／装丁　明石書店デザイン室
印刷　モリモト印刷株式会社
製本　本間製本株式会社

（定価はカバーに表示してあります）　　　ISBN978-4-7503-2876-8

アフリカの教育開発と国際協力
政策研究とフィールドワークの統合

澤村信英 著

A5判／上製／260頁 ◎3900円

アフリカ地域の多くの国々において、教育の普及と質的改善は喫緊の開発課題である。本書は、日本の国際教育協力およびアフリカ支援を概観し、各国別の初中等教育の現状と諸問題を現場体験と調査データを元に論考し、さらに今後の他の開発途上国への共有化を考察する。

◆内容構成◆

序章　アフリカの教育開発と国際協力

第Ⅰ部　日本の国際教育協力とアフリカ支援
第1章　国際教育協力の日本的特質／第2章　日本の開発援助の非西欧的特質／第3章　アフリカに対する教育援助の展開

第Ⅱ部　アフリカ諸国における教育開発の諸問題
第4章　ガーナ・ポリテクニック教育改革の展望／第5章　エチオピアの初等教育の量的拡大と質的改善／第6章　ケニア受験中心主義の初等教育／第7章　ザンビアー国際教育協力とオーナーシップ

第Ⅲ部　ケニアの初等教育と学校調査
第8章　ケニアの初等教育と国際協力／第9章　ケニアにおける初等教育完全普及への取り組み／第10章　ケニアの小学校における留年と中途退学の実態／第11章　ケニア小学校教師のライフヒストリーから学ぶ

終章　新たな国際教育協力の展開へ向けて

アフリカの開発と教育
人間の安全保障をめざす国際教育協力

澤村信英 編著

A5判／並製【オンデマンド版】 ◎6000円

開発途上国援助の中でも重点地域となっている日本におけるアフリカ地域に対する教育分野での国際協力。本書はアフリカ主要国の教育現場での事例研究をベースに、教育と国際協力を概観し、独立、地域格差、ジェンダーなど多用な側面から今後の課題を考察する。

◆内容構成◆

第1部　アフリカの教育と国際協力の動向
アフリカの教育開発と日本の国際協力ポテンシャル〈澤村信英〉／アフリカ地域における教育協力の動き〈横関祐見子〉／国際教育協力における調査手法〈内海成治〉

第2部　アフリカにおける教育協力経験の活用
発展途上国の自立に向けた教育政策調査研究と政策立案〈黒田一雄・齋藤みち子〉／総合的国際教育協力の可能性と問題点〈長尾眞文・又地淳〉／日本の大学における「経験提供型」技術協力モデルの提唱〈牟田博光〉／開発途上国の教育開発にどのように協力してきたか〈馬場卓也〉／開発途上国における数学教育の内発的展開に向けて〈黒田則博〉

第3部　アフリカの教育課題への挑戦
コートジボワール〈堀田泰司〉／ガーナ〈宮川めぐみ〉／ナイジェリア〈米澤彰純〉／ケニア〈高橋真央〉／タンザニア〈大津和子〉／ザンビア〈山本伸二〉／ジンバブエ〈浜野隆〉／南アフリカ〈澤村信英〉

〈価格は本体価格です〉

国境を越える高等教育
教育の国際化と質保証ガイドライン
OECD教育研究革新センター、世界銀行編著
斎藤里美監訳　徳永優子、矢倉美登里訳
●3800円

図表でみる教育 OECDインディケータ(2008年版)
経済協力開発機構(OECD)編著
●7600円

開発教育 2008 [vol.55]
『開発教育』編集委員会 編
●2200円

国際協力と開発教育
「援助」の近未来を探る
田中治彦
●2000円

貧困の克服と教育発展
メキシコとブラジルの事例研究
米村明夫編著　近田亮平、受田宏之、江原裕美著、小貫大輔著
●4000円

移民・教育・社会変動
ヨーロッパとオーストラリアの移民問題と教育政策
ジークリット・ルヒテンベルク編　山内乾史監訳
●2800円

ベトナムの教育改革
「子ども中心主義」の教育は実現したのか
田中義隆
●4000円

アメリカの教育開発援助
理念と現実
佐藤眞理子
●4800円

まんがで学ぶ 世界と地球の困った現実
飢餓・貧困・環境破壊
日本国際飢餓対策機構 編
みなみななみ まんが
●1200円

図表でみる世界の主要統計
経済、環境、社会に関する統計資料
OECDファクトブック(2007年版)
経済協力開発機構(OECD)編著　トリフォリオ訳
●6800円

開発のための政策一貫性
東アジアの経済発展と先進諸国の役割
経済協力開発機構(OECD)、財務省財務総合政策研究所共同研究プロジェクト
河合正弘、深作喜一郎編著／監訳
●10000円

参加型ワークショップ入門
ロバート・チェンバース著　野田直人監訳
●2800円

第三世界の農村開発
貧困の解決―私たちにできること
ロバート・チェンバース著　穂積智夫、甲斐田万智子監訳
●3390円

開発の思想と行動
「責任ある豊かさ」のために
ロバート・チェンバース著　野田直人監訳　中林さえ子、藤倉達郎訳
●3800円

参加型開発と国際協力
変わるのはわたしたち
明石ライブラリー104　ロバート・チェンバース著　野田直人、白鳥清志監訳
●3800円

参加型開発による地域づくりの方法
PRA実践ハンドブック
明石ライブラリー24　ソメシュ・クマール著　田中治彦監訳　(特活)開発教育協会企画協力
●3800円

〈価格は本体価格です〉

変容する参加型開発 「専制」を超えて
明石ライブラリー119 サミュエル・ヒッキィ/ジャイルズ・モハン 編 真崎克彦 監訳、谷口英里 共訳
●3900円

諸刃の援助 紛争地での援助の二面性
明石ライブラリー93 メアリー・B・アンダーソン 著 大平剛 訳
●2900円

開発途上国の都市環境 バングラデシュ・ダカ 持続可能な社会の希求
三宅博之
●3800円

アジアの開発と貧困 可能力、女性のエンパワーメントとQOL
松井範惇、池本幸生 編著
●3800円

ブータンにみる開発の概念 若者たちにとっての近代化と伝統文化
明石ライブラリー96 上田晶子
●4500円

アフリカの人間開発 実践と文化人類学
みんぱく実践人類学シリーズ2 松園万亀雄、縄田浩志、石田慎一郎 編著
●6400円

日本のフェアトレード 世界を変える希望の貿易
長坂寿久 編著
●2300円

人々の資源論 開発と環境の統合に向けて
佐藤仁 編著
●2500円

国際交流・協力活動入門講座Ⅰ 草の根の国際交流と国際協力
毛受敏浩、榎田勝利、有田典代 編著
●2300円

国際交流・協力活動入門講座Ⅱ 国際交流の組織運営とネットワーク
毛受敏浩、榎田勝利、有田典代 編著 榎田勝利 編著
●2300円

国際交流・協力活動入門講座Ⅲ 国際交流・国際協力の実践者たち
毛受敏浩、榎田勝利、有田典代 監修 有田典代 編著
●2500円

国際交流・協力活動入門講座Ⅳ 「多文化パワー」社会 多文化共生を超えて
毛受敏浩、鈴木江理子 編著
●2300円

国際協力NGOのフロンティア 次世代の研究と実践のために
金敬黙、福武慎太郎、多田透、山田裕史 編著
●2600円

グローバル問題とNGO・市民社会
馬橋憲男、高柳彰夫 編
●2600円

国際開発ハンドブック NGOのフィールドメソッド
友松篤信 編著
●2800円

越境するNGOネットワーク 紛争地域における人道支援・平和構築
金敬黙
●5400円

〈価格は本体価格です〉